민주적 이상과
현실

Democratic Ideals and Reality

핼포드 맥킨더

민주적 이상과 현실

이병희 옮김

공주대학교 출판부

한국미학예술학회

차례

머리말

1. 제1차 세계 대전 이후의 전망 • 11
2. 사회의 관성 • 17
3. 뱃사람이 보는 관점 • 49
4. 육상 사람의 관점 • 109
5. 여러 제국(帝國)의 각축 • 167
6. 여러 나라의 자유 • 221
7. 인류의 자유 • 271
8. 후기 • 297

부록: 1919년 1월 25일 프랑스 외무성에서 있었던
    불가피한 사건에 대한 단평 • 304

추가 논문
 지리학의 범위와 방법(1887) • 309
 지리에서 본 역사의 전개축(1904) • 357 토론 • 396
 공처럼 둥근 세계와 평화의 쟁취(1943) • 415

역자 해제: 강의노트 • 439

역자후기/번역 대조표 • 455

▶일러두기

1. 이 책은 맥킨더의 정치 지리학에서 고전적 저술인, 『*Democratic Ideals and Reality*』와 그의 논문 가운데 가장 중요한 「The Scope and Methods of Geography」 *Proceedings of the Royal Geographical Society*. Vol.9(1887), pp. 141-60, 「The Geographical Pivot of History」 *Geographical Journal*, Vol.23(1904), pp. 421-37, 「The Round World and the Winning of the Peace」 *Foreign Affairs*, Vol.21(July 1943), pp. 595-605를 우리말로 옮긴 것입니다.
2. 『민주적 이상과 현실』 번역 텍스트로는 National Defense University Press(1942) 판으로 하였습니다. 텍스트에 실린 오자는 W. W. Norton & Company(1962) 판을 참고하였습니다. «지리에서 본 역사의 전개축»에서 번역하기 어려운 부분은 이탈리어 판(Mackinder, Halford John(1996) Il perno geografico della storia. I Castelli di Yale, I (1). pp. 129-162. ISSN 1591-2353)을 참조하였습니다.
3. 인명, 지명은 문맥상에 문제가 없을 경우에는, 현재 사용하는 지명, 인명으로 옮겼습니다.
4. 역주는 각주로 처리하였습니다. 맥킨더의 주는 본문 안에 표시하였습니다. 역자의 주가 1000개가 넘어서, 인용 출처(대체로 사전)는 생략하였습니다. 본문의 역자 주는 ▶로 표시하였습니다.
5. 본문의 이탤릭체는 한글 **고딕체**로 표기하였습니다.
6. 맥킨더의 책에 처음 접하는 독자는 «역자 해제: 강의노트»를 참고하여 이 책을 읽으면 더 좋을 것 같습니다.

머리말

 본서는 그 가치가 무엇이든 그저 제1차 세계 대전 동안 열정적 이었던 사상 이상의 결론이다. 이 책이 바탕으로 삼은 사상을 정확히 십이 년 전에 줄거리만 대충 발표한 바 있다. 1904년 왕립 지리학회에서 강독한 논문 《지리에서 본 역사의 전개축(pivot)》을 통하여 필자는 세계도(World Island)와 심장 지대 이론(heartland theory)을 약기하였다. 1905년 나는 「내셔널 리뷰(National Review)」 지에 《국가와 제국이 지닌 힘의 척도로서 인력》이란 논문을 실었다. 이 논문으로 인력(Manpower)이란 용어가 처음으로 유행하게 되었다고 생각한다. 이 용어에는, 부(富)라기 보다, 전투력(fighting strength)의 사상뿐만 아니라 생산성의 사상도 경제적 추론(推論)

의 초점으로 내재하고 있다. 오늘날 내가 꽤 상세하게 이 주제에 관하여 감히 쓴다면, 그 이유는 제1차 세계 대전으로 내가 제시한 십 년 전의 관점이 규명되었으며 결코 흔들리지 않았다는 생각을 가지고 있기 때문이다.[1]

H. J. M.
1919년 2월 1일

---

[1] 제1차 세계 대전이 끝나자 맥킨더는 이 책을 1919년 봄 서둘러 출판하였다. 이 책에서 맥킨더는 1904년 개술한 전개축(pivot) 개념을 심장 시대로 변환하고 있다.

제1장 제1차 세계 세계 대전 이후의 전망(展望)

    미래와 평화 • 12

    지난 전쟁들의 원인 • 13

    대립적 세력들의 증대 • 14

    단순히 법률적 개념의 국제 연맹에서 발생하는 위험 • 15

    세계 전제정의 가능성 • 15

    언급할 문제 • 15

우리의 기억은, 모두를 얼빠지게 한 전쟁과 관련된 생생한 세목으로 지금도 가득차 있다. 말하자면, 우리 자신의 생애 동안에 일어난 지난 사건과 우리가 단절되고 있다. 그러나 결국 더 넓은 견지(見地)에서 고려할 시기가 도래하였다. 우리가 겪은 기나긴 전쟁을, 역사 흐름 가운데 있는 한 분류(奔流)[2] 즉 유일의 대사건으로, 생각하기 시작해야만 한다. 최근의 사 년은 중요했다. 그 까닭은 지난 사 년이 19세기의 결론이고 20세기로의 전주(前奏)였기 때문이다. 국제 긴장은 천천히 고조되었으며, 외교 용어를 빌려 말하면, 우리는 이제 데탕트(détente) 상태에 있다. 단지 지친 인간이 전쟁이 더 이상 없을 것이라고 확신하는 단순한 이유 때문에, 순간의 유혹에 빠져 부단한 평화가 계속될 것이라고 믿을 수 있다. 하지만 국제 긴장은 – 처음에는 느릴지라도 – 다시 고조될 것이다. 말하자면 워털루(Waterloo) 전투[3] 이후, 한 세대 동안 평화 시대가 이어졌다. 1814년 비엔나 회의[4] 석상에 참석한 어느 외교관이 프로이센이 장차 세계를 위협하리라고 예견하였까?. 미래 역사의 하상(河床)에 더 이상 분류(奔流)가 없을 것이라고 우리가 단언할 수 있을까? 비엔나 회의에 군집한 외교관과 비교하여, 우리가 지혜가 있었다고 후손이 생각해 주기를 바란다면, 전쟁을 막고 평화 시대를 확보하는

---

[2] 매우 힘차게 변화·발전하는 상태

[3] 1815년 6월 벨기에의 워털루 근처에서 영국·네덜란드의 연합군과 프랑스 황제 나폴레옹 1세가 이끄는 프랑스군 사이에서 터진 전투이다. 프랑스군이 패하였다.

[4] 1814년부터 1815년 6월까지 오스트리아의 메테르니히의 주도로 비엔나에서 열린 국제 회의이다. 목적은 나폴레옹 전쟁 이후의 중대한 문제를 해결함으로써, 유럽의 질서와 평화를 확보하려는 것이었다. 비엔나 의정서 채택 이후의 국제 질서를 빈 체제라고 한다.

일은 우리 앞에 놓인 대과제이다.

역사상의 대전(大戰)[5] – 우리는 지난 사백 년 동안 약 백 년 마다 발생한 세계 대전을 경험하고 있는데 – 이 터진 직접적인 혹은 간접적 원인이 바로 국가들의 불균형 성장이었다. 이런 불균형 성장이 전적으로, 다른 국가들에 비해 몇몇 국가가 더 큰 천부적인 재능과 에너지를 지녔기 때문인 건 아니다. 대체로 지구상에 산출력[6]과 전략적 기회[7]가 불균등하게 분포된 결과라고 할 수 있다. 바꾸어 말하면, 국가들에서 기회의 균등과 같은 것은 원래 없다. 내가 지리적 사실을 전적으로 곡해하지 않는다면, 더 나아가 이렇게 말하고 싶다. 즉 육지와 바다의 배치, 산출력과 자연 교통로(natural pathway)를 함께 이용함으로써, 제국들을 성장하게 하고 결국 유일의 세계 제국 건설에 이바지할 정도라는 뜻이다. 앞으로 전쟁을 예방할 것이라는 국제 연맹[8]의 이상을 실현하려고 한다면, 반드시 이와 같은 지리적 사실을 인정하고, 그 영향력에 대처할 수 있는 방안을 강구해야만 한다. 다윈(Darwin)[9]의 진화론이 부린 마술에 걸렸던 19세기 동안, 자신의 자연 환경에 최고로 적응한 다원적 형태의 조직만이 생존할 거라고 사람들이 생각

---

[5] 여러 나라가 참여하는 큰 규모의 전쟁

[6] 자원의 부존 상태

[7] 이점·단점

[8] 제1차 세계 대전 이후 미국 대통령 윌슨의 이상에 따라 1920년 세운 국제 평화 유지를 위한 국제 조직이며, 제2차 세계 대전을 막지는 못했으며, 1945년 창건된 국제 연합으로 승계되었다. 존속 기간은 약 이십육 년이다.

[9] 1809~1882, 영국의 자연 과학자, 지질학자, 생물학자. 자연 선택(자연 도태)이 진화의 가장 핵심적인 원동력이라고 주장하였다.

하게 되었다. 최근, 불같은 시련에서 벗어나면서, 인간 승리가 이와 같은 단순한 숙명론보다 우월한 우리의 소생(蘇生)[10]에 있다는 지혜를 우리가 터득하고 있다.

문명은, 우리가 서로 봉사하도록 하는 사회 조직에 근거한다. 문명이 고도화하면 할수록, 분업은 더욱더 세분화되고, 조직은 더욱더 복잡해지기 쉽다. 진보된 대사회는, 그 결과로, 강력한 관성(慣性)에 빠지므로, 사회 자체를 파괴하지 않고 그 흐름을 갑자기 멈추거나 전환할 수 없다. 따라서 수년 앞질러 냉정한 관찰자가, 같은 방향을 향해 발전하는 사회들이 곧 충돌할 것이라고 우연히 예측할 수 있다. 역사가는, 불길한 경고(the writing on the wall)를 거부하는 지도자의 맹목성과 무지를 지적함으로써, 흔히 전쟁사를 쓰기 시작한다. 다른 모든 활동 기업형 조직[11]처럼, 국가 사회가 요람기(搖籃期)에 있을 때 원하는 진로를 따라 형성될 수 있으나, 노경(老境)에 놓이면 그 특징은 고정이 되며, 그 존재 양식에 큰 변화를 줄 수 없다는 건 사실이다. 현재 세계의 모든 국가가 새로 출발하려 한다. 지리적 유혹에도 불구하고 – 국가들이 우리의 손자들 시대에 충돌하지 않도록 – 인류가 선견 지명을 가지고 알 수 있는 슬기의 범위 안에서, 국제 사회의 경로를 세울 수 있을까?

역사적으로 제1차 세계 대전의 원인이었던 세력 균형 이론과 연관된 사상을 배척하고 싶어 하므로, 국제 연맹을 창건함에 있어 단순히 법적 구조와 절차가 우리의 사고를 지배하게끔 내버려 두는 건 어쩌면 상당히 위험하지 않을까? 인간의 사회적 지위와 관계없이 개인 간 문제를 공평(公平)하게 처

---

[10] 부활

[11] 위업, 사업, the going concern

리해야 하는 게 정확히 우리의 이상인 바와 같이, 국가가 크든 작든 국가 간 문제에 공정(公正)을 기해야한다는 것이 다름 아닌 우리의 이상이다. 개인 간 공정한 관계를 유지하기 위하여 국가 권력을 발동한다. 국제법은 제1차 세계 대전을 막는 데 쓸모가 없었다. 따라서 제1차 세계 대전과 같은 전쟁의 참화를 미래에 예방하려는 목적을 지니고, 국가 간 공정한 관계를 유지하기 위해 상당한 힘(power) ─ 달리 말하면 법률학자들이 말하는 바와 같 상당한 제제 조처 ─ 이 있어야만 한다고 우리가 현재 인정한다. 하지만 시민들 간 법의 지배에 필요한 권력이, 전제 정치(tyranny)로 쉽게 변질되기도 한다. 대국과 소국의 관계에서 합법(合法)을 유지하는 데 충분하며 세계 전제 정치로 퇴락할 위험이 없는, 국제 권력을 세울 수 있을까? 세계 전제 정치로 전개될 가능성은 두 가지이다. 하나는 일국이 다른 모든 국가를 정복하는 것이다. 다른 하나는 무법(無法)의 국가에 강제하기 위해 세운 진정한 국제 권력을 남용하는 것이다. 제1차 세계 대전 이후의 인류 사회를 광대하게 재계획하면서, 능숙하게 강도(强盜) 행각을 벌이는 자의 기술과 기회가, 강도를 규제하는 법보다 앞설 수 있다는 사실을 우리가 반드시 인정해야만 한다. 달리 말하면, 우리가 ─ 기업의 성장과 기회란 현실을 이용하고 조직하는 상인처럼 ─ 복잡다단한 문제를 직시하지 않을 수 없다. 단순히 권리와 변상을 정의하는 법률가처럼 해서는 안된다.

  최근 사 년 동안 전개된 제1차 세계 대전 시대의 역사를 포함한, 역사적 사건이 검증한 세계 지리의 두드러진 특징의 상대적 의의를 평가하고, 다음에 이와 같은 우리 고향 지구의 불변의 지리적 현실에 자유(自由)의 이상(Ideals)이 순응(順應)할 수 있는 최선의 방법을 고찰하기 위해 애쓴 것이 바로 이 책의 내용이다. 그러나 이보다 앞서, 모든 형태의 정치 조직에서 드러나는 인간 본성의 몇몇 경향을 먼저 꼭 지적해야 한다.

제2장 사회의 관성(Social Momentum)

민주적 이상주의, 민주적 이상주의의 이어진 비극 • 18
현실과 민주적 이상주의의 관계 • 20
활동 기업형 조직의 경제적 현실 • 21
활동 기업형 조직의 조직자 • 23
혁명으로 등장한 조직자 • 24
조직자와 사회적 규율 • 26
위대한 조직자는 탁월한 현실주의자이다 • 27
전문가에 반하는 민주적 이상주의자의 편견 • 29
조직자는 전략적으로 사고한다 • 30
조직자의 "수단과 방법" 질서에 대한 마음 가짐 • 30
나폴레옹 • 31
비스마르크 • 31
프로이센의 전략적 사고 방식 • 35
"쿨툴"과 전략 • 35
독일 전쟁 지도 • 38
경제학의 전략적 사고 • 38
그러나 민주주의는 윤리적으로 사고한다 • 42
"병합없이, 배상없이" • 44
불가피하게 자위을 위한 경우를 빼고, 민주주의자의 입장에 선 사람은 좀처럼 전략적으로 사고하지 않는다 • 46
이런 사람은, 지리적·경제적 현실을 고려하지 않으면, 실패하는 건 뻔하다 • 47

"있는 자는 받을 것이요."

1789년 명석한 프랑스 사람은 – 파리(Paris)의 중심 지구에서 – 비전 관대한 비전 – 자유, 평등, 박애 – 을 보았다. 그러나 얼마 안 되어 프랑스 이상주의(理想主義)는 현실(Reality)을 장악하지 못하였으며, 운명의 지배 – 나폴레옹이란 인물에 구현된 운명의 지배 – 아래 표류하였다. 나폴레옹은 군사적 효율화로써 질서를 회복했다. 그러나 프랑스의 국가 권력을 이렇게 조직함으로써, 나폴레옹의 진정한 기본 원리는 다름 아닌 자유의 부정이 되었다. 프랑스 대혁명과 프랑스 제국의 역사는, 이어서 모든 정치 사상에 영향을 미쳤다. 이것은, 바로 혁명적 이상주의란 성격에 운명지워진 재앙(災殃)이라는 점에서 보면, 고대 그리스적 의미의 비극(悲劇) 같았다.

따라서 1848년[12] 유럽 민족들이 다시 한번 비전을 갈구하는 분위기에 휩싸였을 때, 이들의 이상주의는 훨씬 복잡한 성격을 띠게 되었다. 민족 독립 원칙(the principle of Nationality)을 자유의 원칙에 덧붙였으며, 무리하게 권력을 남용하는 조직자에 대항하여 자유가 민족들의 독립 정신을 수호할 수 있을 거라는 희망을 품었다. 불행하게도, 혁명들이 연이어 터진 1848년 그 해, 훌륭한 선박(船舶) 이상주의 호(號)는 다시 그 닻을 질질 끌고 표류하면서 운명에 휩쓸려 비스마르크(Bismarck)란 인물[13]에 체현(體現)된 운명의 수중으로 떠 밀리게 되었다. 나폴레옹이 자유와 평등이라는 아주 순박한 프랑스적 이상을 망용(妄用)했던 것과 비슷하게 비스마르크

---

[12] 1848년 유럽의 각지에서 비엔나 체계의 붕괴를 초래한 혁명을 의미한다. 민족들의 봄(Printemps des peuples)이라고도 불린다.

[13] 1815~1898

도 프로이센의 탁월한 능률주의를 비뚤어지게 하여 독일 민족의 새로운 이상을 남용하였다. 최근의 전쟁에서 절정에 달한 민족적 이상주의의 비극은, 하지만, 자유가 일으킨 혼란 속에 운명지워진 것이 아니라, 조직자의 실리주의(materialism)[14]에 예정된 것이었다. 실리주의를 보통 비스마르크가 즐겨 말한 쿨툴(Kultur)이라고 한다. 프랑스적 비극은 이상주의의 몰락이라는 단순한 비극이었지만, 독일적 비극은, 사실 대용(代用)된 현실주의(Realism)의 비극이 되어 버렸다.

1917년 러시아 제정(帝政)이 몰락하고 미합중국이 참전(參戰)을 결정하자, 세상의 민주주의 국가들은 어두운 세계에 빛을 밝혀주는 하나의 큰 항구 등대(燈臺)를 보았다고 생각하였다. 하여튼, 러시아 혁명은 얼마 동안 일상적인 혁명 경로에서 벗어나지 않았다. 하지만 우리는 보편적(세계적) 민주주의에 여전히 희망을 걸고 있다. 18세기 이상 자유의 이상, 19세기 이상 민족 독립의 이상에, 20세기 우리의 이상 국제 연맹을 추가하였다. 만약 제3의 비극이 뒤이어 일어난다면, 이것은 대규모의 비극이 될 것이다. 그 까닭은 오늘날 민주주의의 이상이 인류 대부분의 일상 생활에서 기본 강령(綱領)이기 때문이다. 독일인은, 그 레알 폴리틱(Real-Politik),[15] 그 현실 정치 – 다름 아닌 단순히 실용적인 정치 – 와 더불어, 이와 같은 재앙을 조만간(早晩間) 불가피하다고 본다. 군벌(軍閥) 영수(領袖)와 프로이센의 군부 특권 계급이 단순히 현존 권력 지위를 지속하기 위해 싸웠을지도 모른다. 다른 한편 독일 사회의 중요한 부분을 차지하는 다수의 총명한 시민은

---

[14] 옛이상주의에서, 효율성과 실천적 실리주의로 변환을 의미한다.
[15] 현실 정치, 실재 정치라고 하며, 이데올로기, 윤리, 도덕보다는 국가 이익과 국가 힘, 강제 등을 중시하는 외교 혹은 정치를 뜻한다.

그런데도 일종의 독특한 정치 철학에 굳은 신념을 지니고 행동하였다. 왜냐하면 이 철학을 잘못이라고 우리가 보기 때문이다. 제1차 세계 대전 동안 독일인의 기대가 많은 점에서 잘못되었다는 점이 입증되었다. 그러나 우리가, 불요불굴(不撓不屈)의 노력과 소수의 현명한 정치 원칙으로써 이 같이 증명하게끔 하였기 때문이다. 그럼에도 불구하고 정책상 우리가 잘못을 저지르지 않았다는 건 아니다. 우리는 가장 큰 시련을 당할 수밖에 없다. 세계가 민주주의 국가들의 안전한 장소로 오랫동안 남을 수 있다면, 어느 정도의 국제 재건 노력이 필요할까? 만약 우리가 제1차 세계 대전에서 영웅적 노력을 고무했던 이상(理想)을 전후 사회 재건을 위한 육중한 쟁기로 이용하는 성과를 거둘 수 있다면, 이와 같은 민주주의 국가들의 국내 구조에서 보아, 어떤 조건을 반드시 충족해야만 할까? 이보다 더 중대한 문제가 있을 수 없다. 우리의 새로운 이상주의를 현실과 진지하게 결합하게 하는 성과를 앞으로 올릴 수 있을까?

❦ ❦ ❦ ❦ ❦

이상주의자는 세상의 소금이다. 우리를 움직이게 하는 이상주의자가 없다면, 사회는 곧 정체될 것이고 문명의 쇠퇴가 오기 마련이다. 그러나 이상주의는 매우 다른 두 차원의 기질과 관련이 있었다. 불교, 스토아주의, 중세 기독교와 같은 옛 이상주의는, 극기(克己)를 바탕으로 삼았다. 프란체스코 파 수도사는 순결, 가난, 봉사의 헌신을 맹세하였다. 그러나 현대의 민주적 이상주의, 미국·프랑스 혁명의 이상주의는, 자아 실현에 기초를 둔다. 현대 이상주의의 목표는 모든 인류가 충실하고 자존적인 삶을 누려야만 한다는 것이다. 미국 독립 선언의 전문(前文)에 따르면, 만인은 평등하게 창조되었고 자유와 행복 추구의 권리를 받았다고 한다.

　이와 같은 이상주의의 두 경향은, 현실의 두 발전 과정과 역사적으로 대응 관계를 이루었다. 옛적에 인간을 지배하는 자연의 힘은 한층 컸고, 가혹한 현실 때문에 인간의 야망은 제한되었다. 달리 말하면, 세계 전체는 대체로 빈곤하였고, 체념은 행복에 이르는 유일의 일반적 첩경(捷徑)이었다. 의심할 바 없이 소수가 어느 정도 삶의 자유와 풍요를 향유할 수 있었으나, 이는 단지 다수의 사람이 농노제란 대가를 감수한 결과였다. 말하자면 고전기 아테네의 민주주의와 플라톤의 유토피아[16]조차도 가내·산업 노예제에 기반을 두었다. 그러나 현대 세계는 풍요하다. 인간은 오늘날 자연의 힘을 적지 않게 지배하며, 모든 계급 – 과거 그 운명에 굴복했던 계급 – 은, 더 공평하게 부를 분배함으로써 기회 평등에 더 근접해야 한다는 사상에 고무 되었다.

　민주적 이상들 가운데 어느 것이 소용이 없을 것인가라는 문제를 제쳐놓고, 인간이 자연을 지배하는 오늘날의 현실이, 전적으로 과학적 지식의 진보와 발명에서 연유한다고 할 수 없다. 현재 인간이 자연에 휘두르고 있는 지배 능력의 증가는, 잠정적이지 절대적이라고 할 수 없다. 그리고 이는, 기근과 질병을 통해 자연이 인간을 지배하는 것과는 근본적으로 다르다. 현재 인간이 누리고 있는 풍요와 상당한 안정은, 분업과 협업, 원시 사회의 단순한 도구를 대신한 복잡한 공장 기계의 끊임없는 수선 작업에 달려 있다. 바꾸어 말하면, 현대 사회에서 부의 생산은 우리 사회 조직과 자본의 유지 여부(與否)에 달려 있다. 이 같은 의미로 보면 사회는, 활동 기업형 조직[the going concern] 이다. 우리 복지의 조그마한 일부도 사업의 막연한 '신용

---

[16]　이상 국가. 고전기 아테네 민주정은 다수의 노예제에 기반하였다.

도(信用度, goodwill)'와 비교가능한 유(類)는 절대 아니다. 기업주는 자신의 공장 기계의 순조로운 운전 못지않게 고객의 습관(嗜好) 변화에 의존한다. 양쪽을 반드시 고치고 조정해야 한다. 이렇게 한다면 양쪽은 활동 기업형 조직 본래의 가치를 발휘하게 한다. 하지만 사업이 멈춘다면, 단순히 붕괴 가치를 지닌다. 즉 기계는 동량의 분해해서 팔 수 있는 금속의 가격만을 지닐 것이고 신용도는 장부상(帳簿上)의 적자로 변한다.

인간이 습관의 피조물이라는 사실은, 사회의 기초가 된다. 다수의 인간이 지닌 다양한 습관을 연결시킴으로써, 운전 중인 기계 구조와 비교 가능한 구조를 사회가 지닌다. 바운서씨 부인(Mrs. Bouncer)은 — 밤에 자고 낮에 일하는 복스 씨(Box)와 낮에 자고 밤에 일하는 콕스 씨(Cox)에게 하나의 방을 임대하여 — 단순한 하나의 사회를 형성할 수 있었다.[17] 그러나 바운서씨 부인이 임대한 하나의 하숙방에 숙박 중인 두 사람 가운데 한 사람이 휴일을 즐기거나 임시로 습관을 바꾸었을 때, 그녀의 사회는 붕괴하였을 것이다. 인간이 의존하는 모든 사람 — 우편 배달부, 철도 종업원, 푸주한, 빵 굽는 사람, 인쇄 업자, 그 밖에 다른 많은 사람 — 이 일정한 일상 과정에서 갑자기 벗어난다면, 그에게 어떤 일이 일어날 것인가를 누구나 이해할 수 있도록 해보자. 그러면 사회 전체가, '활동 기업형 조직' 혹은, 전문가의 말을 빌리면, 관성(momentum)을 지니므로 인하여, 자연에 대한 현대인의 지배력이 얼마나 큰가를 그가 인정하기 시작할 것이다. 인간의 습관을 서로 통제할 수 없게 내버려 두어 보자. 사회의 운전을 중단시켜 보라. 그러면 사회는 급속히 자연의 지배라는 단순한 현실로 주저앉을 것이다. 그 결과 굉장한 수의 사람이 죽을 것이다.

---

[17] 복스씨와 콕스씨는 한 가지 일을 번갈아 맡아보는 두 사람을 뜻한다.

간단히 말하면, 현대 문명과 연관해서 축적된 부보다 훨씬 더 중요한 현실 요소가 바로 생산력이다. 한 문명국의 재보(財寶)가 오랫동안 축적되어왔음에도 불구하고, 그 명백한 부의 총액은 기껏해야 7~8년 동안 산출한 양 과 같은 부(富)라고 보통 평가된다. 이 같은 언명의 중요성은, 그 통계적인 정확성이 아니라 현대인에게 그 실질적 의미가 급속히 증가하고 있다는 데 있다. 말하자면 ― 현대인이 기계 설비와 사회의 생산 구조에 의존하고 있으므로 ― 그 의미는 지난 4세대 또는 5세대에 걸쳐 점차 기묘하고 복잡한 성질을 지니게 되었다. 과학 기술의 응용 면에서 진보가 이루어질 때마다, 이에 상응하는 사회 조직의 변화가 생겼다. 제임스 와트(James Watt)[18]가 증기 엔진의 발명에 전념하고 있었을 때, 아담 스미스(Adam Smith)[19]가 분업을 설명한 게 결코 단순한 우연의 일치라고 할 수는 없다. 우리 시대에 내연(內燃) 기관 ― 자동차, 잠수함, 비행기의 발달에 있어 핵심 ― 의 발명과 보조를 맞추어 신용 제도가 지금까지와는 다르게 확대·발전되어야만 한다는 것은 맹목적인 우연은 아니다. 금속 기계류에 기름을 치는 일은 살아 있는 인간의 습관에 좌우된다. 인문 과학 분야 연구의 중요성이 감소할 것이라는 일부 과학 열광자의 가정은, 검토할 가치가 없을 정도의 우론(愚論)이다. 지위고하에 관계없이 인간을 관리하는 일의 중요성은 커지고 그 어려움도 많아질 것이다. 현실의 조건을 참작하면 종래와는 비교가 안 된다.

사회 기구(機構)의 관리자를 조직자(Organizers)라고 말한다, 그러나 이

---

[18] 1736~1819, 스코틀랜드 출신의 기계 기술자, 발명가, 화학자이다. 증기 기관을 개량하여 잉글랜드의 산업 혁명에 도움을 주었다.

[19] 1723~1790. 스코틀랜드 출신의 경제학자, 철학자. 경제학의 아버지로 불린다. 주 저로는 『도덕 감정론』과 『국부론』이 있다.

일반 용어에는 두 독특한 범주의 인간이 보통 포함된다. 첫째, 엄밀히 말하면, 조직자가 전혀 아닌 관리자 — 말하자면 어느 유기체에서 새로운 발전을 위한 기관(器官)을 만드는 사람 — 가 있다. 관리자의 기능은, 가동 중의 사회 기구를 수선하고 기름을 쳐 원활하게 하여 상태를 보존하는 일이다. 인간이 죽거나 또는 건강이 나쁘거나 노령(老齡)으로 퇴직할 때, 미리 훈련을 받은 인간으로 이 공석을 적절히 채우는 임무를 그가 한다. 현장 감독자는 본래 일종의 관리자이다. 재판관은 — 이론상으로는 아닐지라도 사실상 그가 법을 제정할 경우를 빼고 — 법을 집행한다. 순수하고 단순한 관리자의 과업에서, 진보의 방식은 전혀 찾아 볼 수 없다. 일정의 조직체가 있다면, 능률은 관리자의 이상 — 작업의 완전하고 원활한 진행 — 이다. 그의 전형적 병폐를 '붉은 끈(Red Tape)'이라고[20] 부른다. 양호하게 관리된 복잡 다양한 사회는, 사실 중국적(中國的) 정체(停滯)와 비슷한 상태에 놓이게 된다. 그 이유는 관성(慣性)의 참된 위력 때문이다. 오랫동안 유지되고 제대로 관리된 사업의 신용도를 높은 시장 가격으로 가끔 판매할 수 있다. 어쩌면 사회적 관성의 가장 두드러진 실례(實例)를 시장 자체의 부동성(不動性)에서 들 수 있다. 모든 판매자는 — 그의 상품 구매자로부터 신뢰를 얻으려고 — 모여드는 습관이 몸에 밴 구매자가 있는 곳에서 판매를 원한다. 다른 한편, 모든 구매자는 — 할 수 있다면 — 판매자의 상호 경쟁 때문에 낮은 가격으로 상품을 구매할 수 있고 판매자가 늘 군집하는 장소로 갈 것이다. 당국은 가끔 런던의 시장들을 분산하려고 했으나 실패하였다.

다른 유형의 조직자 — 사회 기구(mechanism)의 창조자 — 를 평하기

---

[20] 관료적 형식주의

전에, 잠시 동안 혁명의 일상 경로를 다시 감안해 보자. 볼테르(Voltaire)[21] 같은 계몽주의 사상가는 프랑스 정부로 알려진 가동 중인 기업형 조직(the running concern)을 비판하고 있고, 루소 같은 정치 사상가는 현존 사회보다 더 나은 행복한 사회의 이상을 그리고, 대 백과전서의 기고가(寄稿家)는 이와 같은 사회의 물질적 기초가 존재한다는 증명을 보여준다. 곧 새로운 사상이 몇몇 선의의 열광자 — 그러나 보통 인류에게 습관의 변화를 가져올 수 있는 기술의 경험이 결핍된 사람 — 를 사로잡을 것이다. 이 사상은 프랑스 사회의 구조를 변혁할 수 있는 기회를 잡고 있다. 우연히 그러나 불행하게도, 이는 멀리 나아가지 못하고 머뭇거리고 있다. 노동 파업, 생산 설비와 정부 기구의 실질적인 파손 진행, 유경험 관리자의 면직, 부적당한 아마추어로의 대용(代用)이 결합해서, 생활 필수품의 생산성 감소를 낳는다. 그 결과로 상품 가격이 오르고 사회 신뢰와 신용은 떨어진다. 혁명의 지도자는, 분명히, 그 이상을 실현하기 위하여 잠시 빈곤을 참고 견딜 각오를 기꺼이 하려고 하나, 굶주린 대중이 그 주위에서 봉기를 일으킨다. 시간을 벌려고 폐위된 세력이 개입해서 궁핍하게 되었다고 대중을 꾀어 의심하도록 한다. 필연적으로 공포 시대(the Terror)[22]가 뒤를 잇는다. 인간은 마침내 숙명론자가 되어, 일체의 이상을 포기함으로써, 사회의 능률을 회복할 수 있는 어떤 조직자를 찾는다. 외적(外敵)이 국가 영토를 침범하고 있다는 사실 및 생산이 줄어들고 규율이 느슨해짐에 따라 국방력이 약해진다는 사실

---

[21] 1694~1778, 프랑스의 철학자, 문학자, 역사가이다. 계몽주의의 대표적 인물이다. 저술로는 『샤를 12세의 역사』, 『캉디드』 등 있다.

[22] 투옥, 살육. 학살 등을 통하여 반대자를 탄압하는 시대이다. 보통 공포 정치라고 하기도 한다.

을 통하여, 이 같은 지도자 요구는 필시 더 강해진다. 그러나 재건의 과업에 필요한 조직자는, 단순한 행정 관리자가 아니다. 그는 단순히 사회 기구를 수선하고 매끄럽게 하는 것이 아니라, 기획·실행할 재능이 있어야 한다. '승리의 조직자'[23] 카르노(Carnot)[24]와 민법전(民法典)을 제정한 나폴레옹은, 창의적 노력으로 불멸의 명성을 얻었다.

건설적 의미에서 보면 조직의 가능성은 규율(規律)에 달려 있다. 가동 중인 사회는, 다수의 인간이 지닌 상이한 습관이 무수히 상호 작용함으로써 성립된다. 비교적 경미한 점에서라도 가동 중인 사회 구조가 변하면, 많은 남녀가 동시에 그들의 다양한 습관을 상호보완적으로 바꾸어야만 한다. 정부 포고(布告)로만 일광 절약 시간제[25]를 도입할 수 있다. 그 까닭은 서머타임을 부분적으로만 지키면, 사회가 혼란에 빠질 것이기 때문이다. 따라서 서머타임의 시행은 사회 규율에 달려 있다. 따라서 이것은, 인간의 습관이 아니라 이와 같은 습관을, 동시에 그리고 상호 연관하여, 변경할 수 있는 능력에 있다는 점을 알 수 있다. 규율은 제2의 천성이다. 질서 정연한 국가에는 규율 의식(sense)이 내재한다. 그러니 규율을 시행하기 위하여, 경찰 권력이 개입하는 경우는 거의 없다. 달리 말하면 사회 규율 달리 말하면 뜻대로 혹은 명령으로 습관을 변경하는 것, 자체가 하나의 습관이 된다. 군대의 규율은 － 명령 아래 개개 행동들로 이루어지는 한 － 더 단순한 종류에 속한다. 그러나 속성(速成)으로 훈련받은 군인이 아주 지능적인 전투를 하는

---

[23]   l'organisateur de la victoire

[24]   1753~1823. 프랑스의 장군, 정치가, 수학자. 프랑스 혁명 당시 프랑스군의 군제 개혁을 지도하였다. Lazare Nicolas Marguerite Carnot이다.

[25]   서머타임

것조차도 습관적 규율에 근거를 둔 전투와는 다르다는 점을, 직업 군인은 잘 안다.

　혼란의 시기에 생산적 습관의 연결이 차츰차츰 망그러지며, 이런 저런 유의 약탈자들이 잠시 동안 풍요해질 수 있다. 하지만 전체로서 사회는 점점 빈곤해진다. 그러나 더욱더 심각한 것은 규율을 지키는 습관의 결핍이다. 이는 회복력의 상실을 뜻하기 때문이다. 누적적 혁명으로 소란하였던 일 년 동안 러시아가 어떤 상태에 빠졌는가를 생각해 보자. 러시아의 조건은, 정신은 멀쩡하여 여전히 깨닫고 명령하고 있으나 신경이 근육에서 어떤 반응도 끌어내지 못하는 인간이 놓인 참혹한 무기력의 상태와 같았다. 이와 같은 괴로움을 당했을 때 국가는 죽지 않는다. 그러나 그 사회의 전체 기구는 회복되어야만 한다. 그 곤궁에서 살아남은 남녀가 습관을 망각하지 않고 문명이 의존하고 있는 태도를 간직한다면, 재건은 급속히 이루어져야 한다. 역사는 － 치유책이 아니라 － 이와 같은 상황에서 규율의 신선한 토대를 마련할 수 있는 강력한 물리적 힘(force)을 보여준다. 하지만 이런 힘에 의존하는 조직자는, 필연적으로 단순한 효율의 회복을 그의 목적으로 생각하기 쉽다. 그가 지배하는 동안 이상주의는 번창하지 못한다. 바로 역사가 이와 관련하여 명료하게 말하기 있으므로, 지난 두 세대 동안 다수의 이상주의자는 국제주의자였다. 보통 군사력의 규율은 － 타국의 군대가 정복함으로써 또는 우연하게 외적의 침입에 국민이 성공적으로 저항해서 － 회복되었다.

　위대한 조직자는 탁월한 현실주의자이다. 그가 상상력이 부족하다는 뜻은 아니다. 정 반대이다. 그의 상상력은 '수단과 방법(ways and means)'에 의지하고 막연한 목적에 매달리지 않는다. 그의 마음은 마리아(Mary)가 아니라 마르다(Martha)의 것이다.[26] 조직자가 산업 수장이라면, 그는 노동과 자본의 문제를 계산하여 숙고할 것이다. 그가 장군이라면, 그는 부대 단위와 병참(兵站)을 계산하여 곰곰 헤아릴 것이다. 그의 조직화는 중간 목표를 겨냥한다. 즉 그가 산업 조직자라면 자금 조달, 군인이라면 전술적 승리이다. 그러나 자금 조달과 전술적 승리는 단지 궁극의 목적을 달성하기 위한 중간 단계에 불과하다. 이와 같은 궁극의 목적은 그가 보기에 시종 알 수 없는 채로 남아 있다. 돈을 벌지만 그는 여전히 죽어 갈 것이다. 또는 그가 승전 장군이라면 정복할 영토가 더 이상 없기 때문에 알렉산드로스 대왕처럼 슬퍼할 것이다. 그의 제일가는 유일한 관심사는 그가 조직한 사업이나 군대를 효율적으로 관리해야 하는 것이다. 그는 행정 관리자에게 심한 요구를 한다. 무엇보다도, 그는 최고의 도덕을 규율의 습관으로 간주한다. 그가 레버를 누르면 그의 기계는 신속하게 응답해야 한다.

조직자는, 필시 인간을 자신의 도구로 보는 습성(習性)이 있다. 조직자의 정신은 이상주의자의 정신과는 정반대이다. 그가 인간을 집단 사업을 위한 조(組) 단위로 행동하도록 하며 따라서 물리적 한계를 유념하기 때문이다. 다른 한편 이상주의자는 우리 각자의 심금을 울리는 경향이 있고, 감동을 받은 우리의 영혼은 날개를 달고 날아오를 수 있다. 조직자가 배하(配下)에 둔 사회의 복지에 전혀 개의치 않는다는 결론은 아니다. 반대로 그는 이

---

[26] 마리아와 그의 누이 마르다에 관해서는 '마르다는 준비하는 일이 많아 마음이 분주한지라 예수께 나아가 이르되 주여 내 동생이 나 혼자 일하게 두는 것을 생각하지 아니하시나이까 그를 명하사 나를 도와 주라 하소서. 주께서 대답하여 이르시되 마르다야 마르다야 네가 많은 일로 염려하고 근심하나 몇 가지만 하든지 혹은 한 가지만이라도 족하니라 마리아는 이 좋은 편을 택하였으니 빼앗기지 아니하리라 하시니라.'(눅 10:40~42) 참고

사회를 인력(manpower)의 원천으로 보면서 효율적 상태로 유지하기 위해 몹시 마음을 쓴다. 만약 그가 선견지명이 있다면, 전략가이든 자본가이든, 이 사실은 불변이다. 정치 영역의 조직자는 인간이 국가 - 스튜어트 왕조 시대의 철학자 홉스(Hobbes)[27]가 지적한 '리바이어던(Leviathan)' - 를 위해 존재한다고 생각한다. 그러나 민주주의 진영에 속한 이상주의자는 국가를 일종의 필요악으로 관대히 다루지 않는 경향이 있다. 왜 그런가 하면 국가가 자유를 속박하기 때문이다.

민주주의를 확립한 서구 국가에서 자유란 이상은 보통 시민의 편견으로 변화되어 왔다. 우리 자유를 확보하는 일은 - 이상주의의 일시적 황홀이라기 보다 - 이와 같은 '사고의 습관'에 달려 있다. 천 년 동안 이 편견은, 섬이라는 지형적 보호를 받아 영국에서 뿌리를 내렸다. 이 편견은 계속하여 행해진 실험의 산물이다. 우리가 자신의 선조를 바보라고 생각할 각오를 하지 않는다면, 이 편견을 적어도 상응하는 경의(敬意)를 가지고 다루어야 한다. 이런 편견 중의 하나가 장관으로 전문가를 기용하는 일이 현명하지 못하다는 것이다. 민주주의 국가에서조차 자유가 능률에 희생당하고 있는 현 전쟁의 시기에, 얼마 동안 몇몇 고위 관직을 이제부터 전문가가 이어야만 하고 우리의 편견이 낡았다고, 강조하는 사람이 있다. 그런대도 오히려 전시(戰時)에도 영국은 민간인을 군부 대신(a Civilian Minister for War)으로 임명하지 않았던가! 물론 사실 정상으로 운영되어온 영국 헌정은 비효율적이라는 평가를 받았다. 이는 단지 진실 - 민주주의가 독재주의 국가에 대항하는 전쟁에 필요한 조직과 양립하기 어렵다는 진실 - 의 이면(裏面)

---

[27] 1588~1679, 영국의 철학자, 수학자. 사회 계약 이론을 체계화하였다. 대표작은 절대 군주론을 옹호한 『리바이어던』이다.

이다. 1919년 칠레 공사가 영국에 처음 부임(赴任)하였을 때, 몇몇 하원 의원이 그를 환영연(宴)에 초대하였다. 태평양 너머에서 본 의회의 모체인 영국 의회 — 런던에 도착하자 마자 곧 알게 된 영국 의회 정치의 만성적 불평과 어리석음 — 에 주목하면서, 그는 '대영 제국 의회의 중요 기능 가운데 하나가 일의 진행을 방해하는 것이란 점을 여러분이 잊은 모양입니다!'라고 거리낌없이 털어놓았다.

　조직자의 사상은 본래 전략적임에 반하여 진정한 민주주의자의 사상은 윤리적이다. 조직자는 인간의 이용 방법을 생각한다. 그러나 민주주의자는 인권을 머리에 떠올린다. 인권은 조직자에게 방해가 되는 많은 암초이다. 분명히, 조직자는 모든 걸 지배해야 한다. 왜냐하면 인성이 변덕스럽고 습관이 뿌리깊다고 가정하면, 그가 다른 방법으로 거의 진보할 수 없기 때문이다. 하지만 그는 '수단과 방법' 마음으로 인간을 이용하는 일에만 전념하기 때문에, 최악의 주인공이 될 수 밖에 없다.

　만약 민주적 이상주의가 현실의 굴레에서 벗어난다면, 조직자는 절대적 규칙과 맹목적인 효율을 추구함으로써 민주적 이상주의에 최고의 복수를 할 수 있다. 조직자 자신의 처음 의도는 결백하다. 그의 경영적 마음은 무질서에 대한 반감을 품고 있고, 유달리 그 주위에서 일어나는 무규율을 아주 싫어한다. 군대와 같은 효율로써, 프랑스 혁명을 겪은 프랑스가 분명히 구원을 받았다. 그러나 활동 기업형 조직이 성공을 거둠으로써 그 기세는 거대해지고 결국 창시자의 의도를 무시(無視)할 경지에 이르렀다. 조직자는 지배하의 인력의 효율을 향상시키기 위해, 그는 결국, 그 모든 행동 — 작업과 생각 - 을 완전히 통제하려고 애쓴다. 그는 전투 행동과 일상 행동의 차이가 없다고 본다. 최고 지휘관의 생각으로 비효율은 그에게 고통이다. 따라서 나폴레옹은 그의 대군과 그의 민법전[28]에 교황과의 콩코르다툼(Concordat)을[29] 덧붙였다. 이로써 가톨릭 사제가 나폴레옹의 신민이 되었다. 아미앵(Amiens) 조약[30] 이후, 그는 항구적 평화를 향유하였을지도 모른다. 그러나 나폴레옹은 기필코 전쟁의 행진을 늦출 수 없었다. 마치 대부호가 너무 욕심을 부려 실패하여 파산으로 끝장에 이른 것처럼, 마침내 그는 모스크바 원정(遠征)을 추진해야만 하였다.

비스마르크[31]는 프로이센인의 나폴레옹 말하자면 프로이센인의 철혈(鐵血) 인간에 비유된다. 하지만 이 책이 다루고 있는 연구 테마에 비추어 생각하면, 주의를 쏟을 가치가 있는 철혈 재상(鐵血宰相) 비스마르크는, 몇몇 점에서, 그의 프랑스적 원형인 나폴레옹과 달랐다. 비스마르크의 말로(末路)

---

[28] 1804년, 나폴레옹 치세 동안 제정된 법전이다. 나폴레옹 법전이라고도 한다.

[29] 정교 조약이라 불리며, 로마 교황과 주권국가 사이의 조약에 국제법 기준에 따라 맺어진 조약이다. Concordat는 불어로 협정, 협약, 협정이란 의미이다. 여기에서 콩고르다툼은 1801년 나폴레옹 보나파르트와 교황 7세와 맺은 조약이다.

[30] 1802, 아미엥 강화 조약, 아미엥 화약(和約)이라 할 수 있는데, 프랑스 혁명 전쟁 동안 영국과 프랑스 사이에 일시적으로 적대적 관계를 종식한 평화 조약이다. 1803년 5월 끝났다.

[31] 1815~1898, 독일의 정치가, 귀족, 프로이센 왕국의 수상. 독일 제국의 수상을 지냄, 철혈(鐵血) 재상(宰相)으로 불린다. 비스마르크는 황제없이 국가없다(ohne Kaiser kein Reich)라고 말하였는데, 군사력을 겸비한 절대주의를 신봉하였으며 그의 정치적 신념을 이루는 두 기둥이 바로 철과 혈이란 정책이었다. 그는 일련의 전쟁과 외교를 통하여, 소국 프로이센이 독일을 통일하게끔 하고 독일을 유럽의 다섯 강국으로 부상하게 하였다. 비스마르크의 국가 숭배는 당시 유행하였으며 독일 국가인 'Deutschland ueber alles(세계에서 으뜸가는독일)'에서 이해할 수 있다.

는 나폴레옹을 닮지 않았다. 모스크바 전투[32]에 패한 뒤 엘바섬[33]으로의 유형(流刑), 워털루 전투[34]에 패한 뒤 세인트 헬레나섬[35]으로의 유배 같은 일은 비스마르크에게는 없었다. 국가 수반으로 삽십 년을 보낸 노련한 파일럿인 비스마르크를, 해적 정신(海賊 精神)을 지닌 새 함장(艦長)[36]이 1890년 내쫓았다. 그러나 그 이유는 솟구쳐 날뛰는 야심(野心)이 아니라, 비스마르크의 신중(愼重) 때문이었다. 나폴레옹과 비스마르크 양쪽은 '수단과 방법' 질서에 관한 한 최고의 달인(達人)이라는 공통점을 지녔다. 그러나 비스마르크는 니폴레옹보나 훨씬 더 나은 점이 있었다. 에머슨(Emerson)[37]은 '나폴레옹'[38]이란 에세이에서, 나폴레옹을 부자가 되려고 노력하는 현대 사회의 상인 계급 즉 위대한 상인으로 칭한 바 있다. 하지만 비스마르크는 나폴레옹 유의 단순히 위대한 상인은 아니었다. 비스마르크보다 더 명쾌한 판단력으로 전쟁을 정책에 적용시킨 어떤 정치가도 없었다. 그는 세 차례 단기 전투에서 승리를 거두었고, 이어 세 평화 조약을 체결하였다. 각 조약으로

---

[32]　1812년 러시아가 대륙 봉쇄령을 지키지 않는다는 이유로 프랑스의 나폴레옹 1세가 러시아를 침공하였으나, 모스크바 전투에서 패한 뒤 퇴각하였다.

[33]　1814년 퐁텐블로 조약으로 나폴레옹이 유배된 섬

[34]　1815년 6월 벨기에의 워털루 근처에서 영국·네덜란드의 연합군과 프랑스 황제 나폴레옹 1세가 이끄는 프랑스군 사이에서 터진 전투이다. 프랑스군이 패하였다.

[35]　엘바섬에서 탈출한 나폴레옹이 워털루 전투에서 배한 뒤에 영국은 나폴레옹의 감금 장소로 세인트헬레나섬을 선택하여, 1815년 나폴레옹을 그 섬으로 유배시켰다.

[36]　빌헤틈 2세 1859~1941, 제9대 프로이센 국광, 제3대 독일 제국 황제이다.

[37]　1803~1882, 미국의 사상가, 철학자, 시인 특시 수필가이다. 19세기 초월주의 운동을 지도하였으며, 무교회주의자이다.

[38]　Napoleon or The Man of the World

프로이센은 큰 수확(收穫)을 거두었다. 그러나 세 평화 조약의 내용을 검토하면, 그 성격이 얼마나 서로 다른 조약인가를 쉽게 알 수 있다! 1864년 독일-덴마크 전쟁[39] 이후 — 틀림없이 킬(Kiel) 운하를 염두에 두고 — 비스마르크는 쉴레스비히 공국(公國)와 홀스타인 공국(公國)을 오스트리아와 함께 합병하였다. 1866년 프로이센-오스트리아 전쟁[40]에 승리한 뒤, 그가 보헤미아[41] 점령을 거부하자, 빌헬름 1세는 노발대발(怒發大發)하였다. 1870년 프로이센 프랑스 전쟁에서 프로이센이 승리한 뒤에야 빌헬름 1세와 비스마르크가 완전히 화해하였다. 이와 같은 자비로운 태도에서, 장래에 프로이센이 오스트리아와 동맹을 맺을 필요가 있는 시기(時機)를 비스마르크가 예견하고 있었음은 분명하다. 스당(Sedan) 전투에서[42] 대승과 파리 포위 공격[43]에 성공한 뒤, 1871년 비스마르크는 군부 배후 세력의 압력에 굴복하여 알자스뿐만 아니라 로렌[44]도 프랑스로부터 할양받는 데 동의하였다.

사실 이 위대한 재상은, 일반 프로이센인의 부족한 능력 — 달리 말하면

---

[39]   덴마크는 이를 제2차 슐레스비히 전쟁으로 부른다. 슐레스비히 공국과 홀스타인 공국을 둘러싸고 프로이센 왕국과 덴마크 등이 개입한 전쟁. 두 차례 전쟁이 있었는데, 제2차 슐레스비히 전쟁에서 프로이센 왕국이 승리하였다.

[40]   7주 간 전쟁, 통일 전쟁 등 여러 명칭으로 불리며, 쾨니히그레츠 전투에서 프로이센이 완승을 거두었다.

[41]   현재 체코 서부·중부 지방을 지칭하는 역사적 지명

[42]   1870년 8월 프로이센-프랑스 전쟁에서 터진 전투 가운데 하나이다. 프로이센이 승리를 거두고 최고 사령관 나폴레옹 3세는 포로가 되었다.

[43]   1870년 10월

[44]   알자스-로렌 지역을 프랑크푸르 강화 조약에 의거하여 독일이 병합하였다. 우여곡절 끝에 1945년 독일이 제2차 세계 대전에서 패하자 다시 프랑스 영토가 되었다.

자민족보다 타민족의 마음을 통찰할 수 있는 능력 – 을 지녔다. 그가 프로이센의 주도(主導)로 독일 통일을 성취하자마자, 다시 전쟁을 하지 않았다. 그의 방법은 선호(選好)에 의거한 심리적인 것이었다. 그러나 그는 위대한 업적을 남겼고 얼마 동안 유럽 전체를 지배하였다. 그의 방법이 단순히 군사적 위신을 이용한 것은 아니었다. 1878년 베를린 회의[45]에서 그는 오스트리아에 보스니아와 헤르체고비나 지역을 획득하는 데 확고한 지지를 보냈다. 따라서 발칸반도에서 오스트리아와 러시아의 적대 관계가 급속히 깊어졌다. 같은 베를린 회의에서, 그는 암묵(暗默)으로 프랑스를 선동하여 튀니스를 점령하게 하였다. 프랑스가 곧 튀니스 점령을 완료했을 때, 튀니스를 해외 진출의 교두보로 생각한 이탈리아는 – 비스마르크가 예견한 바와 같이 – 신경을 곤두세우고 있었다. 독일은 1879년에 오스트리아와 2국 동맹[46]을 맺고 그리고 1881년 오스트리아와 이탈리아의 3국 동맹[47] 이건 마치 비스마르크가 그의 양떼를 자신의 수중에 넣기 위하여 주위에 번견(番犬)을 보내는 것 같았다. 같은 유(類)의 음흉한 심리적 책략과 수완을 사용하여, 비스마르크는 프랑스와 영국이 대립하도록 하는 혹은 영국과 러시아가 상호 적대 관계를 유지하는 방향으로 유도하였다. 다른 한편 그는 국내 정책에도 같은 방법을 사용하였다. 1886년 그는 바티칸과의 종교 분

---

[45] 러시아-터키 전쟁의 결과로 발칸반도 국가들의 영토 획정을 위해 비스마르크가 주재한 국제 회의이다. 당시 유럽의 6대 강국과 오스만 제국, 발칸반도 4개국이 참기하였다.

[46] 독일-오스트리아 헝가리 제국 동맹

[47] 독일과 오스트리아, 이탈리아가 맺은 비밀 군사 동맹이다. 동맹국은 다른 강대국이 침략당할 때 상호 지원을 약속하였다.

쟁[48]에 종지부를 찍었다. 그래서 가톨릭 당이 그에게 지지를 보냈다. 따라서 산업 지대가 밀집되고 있으나 가톨릭적 색채가 농후한 라인란트의 사회주의적 경향과 남독일 바바리아(Bavaria) 가톨릭 왕국 특유의 분리주의적(particularist) 경향을 서로 섞어 그 성질을 잃게하는 성과를 올렸다.

이런 측면에서 보아, 나폴레옹과 비스마르크를 비교하는 것은 실수이다. 그러나 나폴레옹과 전(全) 프로이센 지배 계급은 확실히 비교할 수 있다. 우리가 현재 목격하는 프로이센 지배 계급의 말로는, 나폴레옹의 말로와 비슷하다는 생각이 든다. 맹목적인 조직자 나폴레옹은 모스크바로 향하고 있고, 맹목적 조직 국가 프로이센은 국제 대결전장(Armageddon)으로 향하는 도중(途中)에 있다. 쿨툴(Kultur)[49]은, 전국민을 '수단과 방법' 사고로 물들게 했던, 철학과 교육을 칭하는 개념이다. 프랑스 국민은 예술적이다. 따라서 이상이 높은 민족이다. 나폴레옹은 그의 천재적 위업을 악용하여 프랑스 국민의 이상을 이용하여 비열한 목적을 이루려고 하였다. 한편 비스마르크는 실리적인 쿨툴(materialistic Kultur)의 자식이었으나 프로이센인의 평균보다 더 명석하였고, 종교적·정신적 세력도 생각하고 헤아려 행동할 수 있었다.

---

[48]   프로이센은 15년 동안 로마 교황청과 대립하였다.

[49]   독일의 경제학자 좀바르트는 독일의 영웅과 영국의 상인을 비교하면서, 전자는 항상 주기를 원하며, 후자는 항상 얻기를 원한다고 하였다. 독일의 Kultur은 불어의 civilisation과 다른 의미라고 한다. 개인이 국가 이익에 예속되며, 호헤졸레른 가문의 팽창주의자들에 의해 서구의 문화에 비해 우수하다는 신념 즉 민족의 차이도 포함된다. 지성적·예술적·종교적 사실도 들어간다. 독일인 자신의 성취 혹은 독일인 자신의 존재를 강조한다. 독일의 쿨툴은 과학적 진보를 강조하는 민족주의적 성격이 강하며, 특히 힘, 민족, 군사력(군사주의), 국가를 숭배하는 경향도 나타낸다.

쿨툴의 기원은, 프리드리히 대왕이 이룬 일련의 승리가 아니라 예나(Jena) 전투에서의 패배[50]에서 출발하였다. 18세기 프리드리히 대왕[51]의 국가 통치는 나폴레옹과 비슷하게 사적인 지배였다. 한편으로, 다른 어떤 핑계가 이면에 있든지 간에, 총명한 '전문가' – 참모 장교, 관료, 대학 교수 – 로 이루어진 일군의 지적이고 전문적인 과두 조직이 19세기 프로이센을 지배하였다. 유일의 조직자인 프리드리히 대왕은, 단순히 관리자만을 육성하였으며, 그 결과 그가 사망하였을 때, 그는 예나 벌판에서 와해될 단순한 국가 기구를 프로이센에 남겼다. 달리 말하면 예나(Jena)에서 프로이센이 프랑스에 참담한 패배를 당할 국가 기구이다.

바로 그해[52] 몹시 추운 겨울 프랑스군이 점령 중인 베를린에 철학자 피히테 (Fichte)[53]가 강연을 위해 도착하였다(1. The Evolution of Prussia, by Marriot and Grant Robertson, Claredon Press, 1915를 볼 것). 당시 프로이센의 수도[54]에는 대학에 걸맞은 교육 기관은 없었다. 그는 젊은 학생이 아니라 국가 대위기의 고뇌에 빠진 프로이센의 가장 성숙한 지식인에게 애국심에 대하여 연속

---

[50] 1806년 나폴레옹 전쟁 중에, 프랑스 군대와 프로이센 왕국의 빌헬름 3세의 군대가 예나·아우어슈테트 전투를 벌였다. 프로이센군이 패하였다. 프랑스군이 예나에 입성할 때, 철학자 헤겔은 예나 대학 교수였는데, 나폴레옹을 '세계 정신'이 말을 타고 있다고 평하였다.

[51] Friedrich der Grosse, 1712~1786, 프로이센 왕국의 제3대 국왕. 계몽 전제 군주이며, 합리적 국가 관리로 프로이센을 강대국화하였으며, 시인이기도 하다.자신을 '국가 제일의 히인'이라고 하였다.

[52] 1807년 12월~

[53] 1762~1814, 독일의 철학자, 독일 민족주의의 창건자 가운데 한 사람을 간주된다.

[54] 베를린

강연을 했다. 독일의 대학이 지식과 예술에 대한 추상적인 숭배에 전념하였던 시기에, 피히테는 애국의 철학을 설파(說破)하였다. 그 뒤 몇 해가 지나자, 구체적으로 말하면 1806년부터 1813년까지의 시기 동안 군대, 관료, 학교 — 바꾸어 말하면 프로이센 정부의 필요와 교육의 목적 - 가 밀접히 결합되었다. 이것으로 프로이센 국가 조직 체계의 기초와 괴팍한 힘이 형성되었다. 국민 개병(皆兵) 제도는, 1870년 실시된 영국 교육법(The English Act of 1870)이[55] 제정되기 약 육십 년 전에 프로이센이 도입한 일반 의무 교육 제도와 관련이 깊다. 뛰어난 교수진을 지니고 개교한 베를린 대학은, 사실상 참모 본부(the General Staff)와 자매 관계를 맺었다. 따라서 프로이센에서는 지식을 단순히 지식 그 자체를 위해 추구하는 습성은 사라지고, 목적 달성을 위한 수단으로 지식을 추구하는 학풍이 설립되었다. 그 목적은, 참혹한 재앙을 겪은 국가의 재생과 번영이었다. 더군다나 프로이센은, 스페인 프랑스 혹은 영국 같은 국가가 지닌 자연의 보루(堡壘)가 없는, 대평원 가운데 위치한 병영 국가(兵營 國家, Camp State)였다. 목적이 수단과 방법을 결정한다. 프로이센의 목적은 필시 엄격한 규율에 바탕을 둔 군사 국가의 재건이었으므로 그 수단은 부득이 물적 생산을 중시(重視)하는 실리 추구였다. 베를린을 중심으로 고찰하면, 쿨툴(Kultur) 혹은 **전략적 사고 방식**(*Strategical mentality*)의 습관을 전 국민 가운데 교양 계급에 심은 것은 놀라운 성과이나, 대체로 전체 문명 세계의 입장에서 보면, 이것은 한 민족에게 주어진 운명적 관성이다. 말하자면, 결과적으로, 문명 세계 전반의 문명 또는 독일 민족에게 결국 숙명적인 의미를 지닌다.

---

[55] 잉글랜드와 웨일스에서 5세~12세 연령의 모든 아동에 대한 의무 교육을 규정한 법률로 보통 포스터(Forster) 교육법이라고 한다.

요즈음 우리는 웃음거리로 독일 전쟁 지도를 갖고 있었다. 독일인의 지도사랑은 유명하다. 그러나 대부분의 영국과 미국 사람이, 지난 세 세대 동안 독일의 국민 교육에서 지도가 한 중대한 역할을 충분히 이해하였는지 의문을 품을 수 있다. 지도는 쿨툴의 중대한 도구이다. 극소수의 영국인 혹은 미국인이 지리학자에 해당된다고 보면, 모든 교육을 받은 독일인은 지리학자라고 할 수 있다. 독일인은 휴지나 다름없는 조약이 설정한 전통적 경계선[56]만을 통해서가 아니라, 불변의 지형적 요소(physical opportunities)를 발전의 계기로 만들어 성장할 수 있도록 즉 지형적 요소 ‒ 엄밀한 의미에서 보면 '수단과 방법' ‒ 를 통하여 독도법을 배웠다. 독일인의 현실주의 정책(Real-Politik)은, 머리 속의 지도(mental map) 위에 있는 독일인의 마음속에 살아있다. 독일 고등 학교와 대학의 진지한 지리 교육은, 쿨툴(Kultur)의 초창기에 시작되었다. 예나 전투 패배 이후 삼십 년 동안에 걸쳐 네 사람 ‒훔볼트(Alexander von Humboldt)[57] 베르크하우스(Heinrich Berghaus)[58], 리터(Karl Ritter)[59], 슈틸러(Adolf Stieler)[60] ‒ 의 노고로 지리 교육이 체계화되었다. 이들은 신설 베를린 대학과 그 이래 죽 유명한 고타의 페르테스 지도원(map-house of Perthes of Gotha) 회사 소속이

---

[56] 국경

[57] 1769~1859, 독일의 지리학자, 식물학자, 탐험가이다. 현대 지리학의 대저 『코스모스』로 유명하다.

[58] 1797~1884, 독일의 지리학자, 지도 제작자

[59] 1779~1859, 독일의 지리학자, 교육가, 지리학 방법론의 확립에 기여하였다. 현대 지리학의 아버지로 불린다.

[60] 1775~1836, 독일의 지도 제작자, 법률가

었다. 오늘날까지 영국의 둘 또는 셋 정도의 우수한 지도 회사가, 양질의 지도를 출판하여 왔다. 그럼에도 불구하고 만약 진짜 훌륭한 지도 ─ 정확한 측정을 근거로 하고 동시에 지형의 기본적 대비를 재현하는 지도 ─ 를 구하기 원한다면, 당신은 종종 독일에서 제작한 지도에 의지하지 않을 수 없다. 그 까닭은 단순히 측량 기사 또는 제도사가 아닌, 학구적인 지리학자라고 할 수 있는 지도 제조업자가 독일에는 많기 때문이다. 바로 뛰어나게 제작된 지도의 진가를 인정하고 높은 가격으로 지도를 구입하도록 교육을 받은 폭넓은 대중 덕분에 존재할 수 있다(1.입스위치(Ipswitch)에 있는 영국 협회의 지리학 분과(Geographical Section of British Association)에서 1895년 내가 행한 연설을 보면, 독일 지리학파의 부상에 관한 설명이 있다.).

영국에서는 교육의 도덕적 측면을 소중히 하는 경향이 우세하다. 바로 지리학의 실리적 측면을 아마도 직관적으로 경시(輕視)하는 분위기가, 널리 퍼져있다. 내가 아는 바로는, 제1차 세계 대전 이전 ─ 군국주의 조장(助長) 경향이 있다는 이유를 달아 체육이 교과목이 될 수 없다고 한 것처럼 ─ 제국주의 조장 경향이 있다는 이유를 대면서 실리적 지리학(materialistic geography)이 교과목이 될 수 없다고 아마도 직관적으로 주장한 적지 않은 선생이 있었다. 옛 사람이 세상을 등진 은자를 비웃었던 것처럼, 이런 주장을 ─ 정치 문제에 대한 지나치게 소심한 태도라고 ─ 냉소할 수 있다. 그러나 체육과 지리학에 대한 이와 같은 입장은 ─ 역 방향으로 지나치게 흐른 것에 대한 일종의 경고라고 할 수 있고 ─ 무시해도 상관없다.

단순한 지명을 열거한 것이 아니라 기복과 고저를 나타낸 지형(地形) 지도를 마음속에 뚜렷이 떠올리면, 베를린-바그다드(Berlin-Baghdad) 베를린-헤라트(Berlin-Herat)[61] 베를린-북경의 관계는, 새로운 양식의 사상을 포함한다고 대부분의 앵글로 색슨인은 생각한다. 신문에 실린 단순한 지도가 최근 불완전하게 우리에게 이를 소개한다. 하지만 이른바 프로이센인, 프로이센인의 아버지와 할아버지는, 평생 동안, 손에 연필을 들고 이 개념을 숙고하면서 전쟁을 준비하였다. 제1차 세계 대전 이후 평화 조건의 세목을 위한 협상에서 영국의 정치가는 분명히 지리학에 정통한 전문가의 충고를 받을 것이다. 그러나 강화 회담에 파견된 독일 대표는 두 세 명의 전문가뿐만 아니라 지리 교육을 받은 많은 대중으로부터 지지를 받고 있다. 발생 가능한 문제들의 모든 중요한 양상에 오랫동안 환한 독일의 대중은, 선견지명을 갖고 자신의 지도자들을 신속히 옹호할 것이다. 특히 영국민이 적인 패전국 독일에 대하여 관대한 태도를 취한다면, 독일은 아무래도 결정적 이익을 얻을 것 같다. 1814년 비엔나 회의에서 프랑스의 탈레이랑(Talleyrand)[62]과 오스트리아의 메테르니히(Metternich)[63]는 비밀 외교로 큰 성과를 거둔 대가이다. 우리 시대의 패전국들의 대표가 – 이 처럼 만약 민주 정치(popular goverment)가 외교에 강요한 조건에서 – 이와 같은 성공을 다시 거둘 수 있다면, 이것은 희한한 일이 될 것이다!(1. 우리 가운데 여행 경험이 있는 사람 중에, '실용적인 지리학 상식'이 있다는 것은 사실이다. 철자용 단어 사전을 참조하는 바와 같이, 참고용 지도를 사무실과 도서관에 비치하는 것도 사실이다. 그러나 정확한 철자가 항상 문학적 힘을 함축하는 않는다! 여기에서 문제가 되는

---

[61]   헤라트는 아프가니스탄 북서부에 있는 전략적으로 중요한 도시이다.

[62]   1754~1838, 프랑스의 외교관이며 정치가이다. 비엔나 회의에 프랑스 대표로 참가하였으며, 뒤에 수상, 외상, 대사를 지냈다.

[63]   1773~1859, 오스트리아 제국의 정치가. 오스트리아 외상으로 비엔나 회의를 주재하였다.

사고의 양식에 꼭 필요한 것은, 훈련된 지리적 관점의 감각이다.)

지도를 보고 지도에 의거하여 말하는 습관은, 전략 영역 못지않게 경제 영역에서도 의미심장하다. 사실 자유 무역론자(Laissez-faire)가 이 같은 습관을 무시하는 것은 사실이다. 하지만 1871년 프랑크푸르트 조약[64]에서 패전국 프랑스에 독일이 강요한 최혜국 조항을, 전략적으로 사고한 독일인의 심상에서 본 의미와 정직한 코브던주의자(Cobdenites)[65]가 지지·해석한 의미는 크게 달랐다. 독일 관료는 이 조항을 바탕으로 삼아 자국 무역에 특혜를 줄 수 있는 전반적 체계를 세웠다. 올리브유 수입 관세 문제에서 독일이 이탈리아에 양보했을 때, 이런 유의 최혜국 조항이 북쪽 하늘 아래 살고 있는 영국인에게 무슨 소용 가치가 있었을까? 또한 올리브유를 수송한 이탈리아 화물 열차가 독일 공업 수출 제품을 싣고 같은 철로를 따라 이탈리아로 돌아갈 수 있지 않았을까? 독일과 그 이웃 국가들 사이에 맺은 크고 복잡한 전(全) 상업 협정 조약은, 상업 통로와 유리한 생산 지역 형세(lie)에 대한 정밀한 연구에 근거를 두고 성립되었다. 독일 관리(官吏)는 '생활권(生活圈)'을 상세히 생각하고 있었던 반면, 영국의 통상 외교 관리는 '생활권(生活權)'의 위협을 전혀 고려하지 않는 소극적 원칙을 시종일관 고수하였다.

❦ ❦ ❦ ❦ ❦

빌헤름 황제(Kaiser)[66]는 제1차 세계 대전이 두 세계관의 투쟁이라고 우

---

[64] 1870년 프로이센-프랑스 전쟁의 결과로 맺어진 평화 조약

[65] 19세기 자유 무역을 통하여 세계 평화가 가능하다고 설파한 경제학파

[66] 빌헤름 2세, 1859~1941. 제9대 프로이센 국왕이며 제3대 독일 제국의 황제

리에게 말했다. '관(觀)'은 조직자의 특징이다. 말하자면 그는 사물을 위에서 본다. 키플링(Kipling)[67]은 — 단지 미개한 세계의 야만적인 원주민의 보기를 들어 — 인간적 감정과 독일적 감정이 있다고 주장한 빌헤름 황제와 의견이 같았다. 조직자는, 위에서 지적한 조직자의 입장에서 보면 불가피하게 비(非)인간적이고 더 정확히 말하면 탈(脫)인간적이다. 분명히 황제와 시인 말하자면 빌헤름 2세와 키플링은 상반된 경향을 강조하기 위하여, 과장하였다. 쿨툴(Kultur)의 사도(使徒)조차도 약간 인정미가 있어야만 하는 것처럼 민주주의조차도 조직자가 있어야 하지 않겠는가. 진짜 문제는 국가 정책 결정에서 어느 쪽 — 이상주의자 혹은 조직자 — 이 강력한 발언권을 갖고 있는가이다. 조직자의 사고에 쓸데없는 반감을 품는 국제 평화주의자의 목소리는, 부르주아 계급에 대항하는 프롤레타리아의 투쟁 앞에서는 쓸모없다.

자위(defense)[68]의 목적을 빼고 그리고 불가피하게 자위를 위하여 행동하지 않을 수 없는 경우가 아니면, 민주주의의 입장에 선 사람은 좀처럼 전략적으로 생각하지 않는다. 물론 이 같은 연유(緣由)로, 민주주의가 이상(理想)을 위하여 선전(宣戰) 포고하는 걸 막지는 못한다. 이것은 프랑스 혁명 동안 경험한 바 있다. 현대 평화주의자들의 모순 가운데 하나는, 이들이 너무나 자주 타국에 대한 내정 간섭(內政 干涉)을 요구하고 있다는 점이다. 중세 유럽에서 거대한 무조직의 군중이, 십자군 전쟁[69]이라는 이교도 정벌을

---

[67] 영국의 작가, 1865~1936. 노벨 문학상을 받았으며, 대표작으로 『정글북』이 있다.
[68] 방어
[69] 1095~1291 동안 드문드문 있었던 종교 전쟁. 주로 예루살렘을 중심으로 진행되었다.

시작하였으나, 도중에 무기력하게 사라졌다. 경고가 부족해서, 서구 민주주의 측에서 먼저 전쟁[70] 준비를 차리지 않았다고 할 수 없다. 20세기 초반, 대영 제국의 경우만을 인용하면, 존경스러운 3인의 두뇌(頭腦)가 동시에 주권자인 국민에게 호소하였다. 말하자면 로즈베리(Lord Rosebery) 경[71]은 행정의 효율성을 챔벌린(Chamberlain) 씨[72]는 경제적 방위를, 로버츠(Roberts) 경[73]은 군사 훈련 강화를 주장하였다. 하지만 이들의 말에 영국인은 귀를 기울이지 않았다. 민주주의는 보통 시민의 동의에 의한 지배를 뜻한다. 보통 시민은 언덕의 꼭대기에서 사물을 바라보지는 못한다. 그 까닭은 보통 시민은 기름진 평야에서 일해야만 하므로 높은 곳과 낮은 곳을 등한시하는 습관이 몸에 배었기 때문이다. 대중 정부의 특징을 이 같은 이유에서 비난하는 일은 쓸모가 없다. 왜 그런가 하면 이것은 대중 정부의 특질이며 단순한 결함이 아니기 때문이다. 미국의 윌슨(Wilson) 대통령[74]은 ─ 우리가 장차 세계를 민주주의를 위한 안전한 장소로 만들어야만 한다고 주장함으로써 ─ 이런 특질을 충분히 받아들이고 있다. 해군의 방어 능력이란 한 부분을 제외하고, 영국이 전혀 전쟁에 대비하지 않았다고 사실을 책임 대신(大臣)들이 자랑하고 있었을 때, 그런데도 영국 하원은 민주 정치의 특질을 수용하였다.

---

[70] 제1차 세계 대전

[71] 1847~1929, 영국의 정치가, 귀족, 영국 수상을 지냄.

[72] 1869~1940, 영국의 정치가, 수상은 지냄. 독일에 대한 유화 정책으로 유명하다.

[73] 1832~1914, 영국의 장군이며 군사 지도자

[74] 1856~1924, 미국의 정치가, 정치학자, 제28대 미국 대통령, 국제연맹 창건에 이바지한 공로로 노벨 평화상을 수상하였다.

민주주의 이론가는 그의 개성 따라, 원칙 – 원칙이 이상(理想), 편견, 또는 경제 법칙이든 – 으로 사물을 고찰한다. 다른 한편, 조직자는 건설하는 입장에서 계획하고, 건축가처럼, 기초 지반과 소요 자재(資材)를 생각 해야만 한다. 조직자는 세심한 배려와 구체적인 세목에 따라 – 보기를 들면 벽돌은 벽면에 가장 적합하도록 그러나 석재는 상인방(上引枋)에, 판재와 슬레이트는 지붕에 가장 잘 들어맞게끔 – 살펴야만 한다. 만약 창건하고 있는 국가 – 말하자면 발전 도상의 국가가 아닌 국가 – 가 있다면, 당연히 점령의 가치가 있는 영토, 역사적 유산으로 힘들이지 않고 장악할 수 있는 사회 구조 – 경제적 법칙이 아니라 – 를 그가 주의 깊게 감안해야만 한다. 그래서 그의 전략관은 민주주의 이론가의 윤리관과 충돌한다.

유혹이 끊임없을지라도, 모진 도덕론자는 정상(情狀)을 참작하여 죄를 용서하려 하지 않는다. 의심할 바 없이, '정직하게 사는' 빈민(貧民)에게 천국에서 만족한 생활을 할 수 있는 낙(樂)이 있어야 한다. 그러나 실제 개혁파는 적절한 거주상의 문제(the housing prbolem)에 훨씬 신경을 곤두세우고 있지 않는가! 최근 정치 도덕론자는 매우 맹렬해졌다. 즉 전후 평화 협상의 프로그램으로 '병합 없이 배상 없이(no annexations, no indemnities)'[75]란 좁고 험한 길(정의)을 설파하였다. 바꾸어 말하면, 정치 도덕론자는 지리·경제 현실을 고려하지 않았다. 만약 우리가 보통의 인간 본성에 대해 겨자씨만한 믿음이라도 있다면, 우리가 산을 옮길 수 없을까!

그러나 현실 감각의 분별력이 우리에게 다음과 같이 경고한다. 민주주의

---

[75] 제1차 세계 대전 말기, 병합없이, 배상없이, 인민의 자결권에 기초하여 정당한 민주적 평화를 이룰 수 있다는 뜻이다. 영토의 강제 합병과 배상없는 즉각적인 세계 평화 수립 프로그램이다.

국가들이 평온무사한 세계에서 그 일상적 재건에 힘을 기울이고 있지만, 세계를 민주주의를 위한 안정된 장소로 만들기 위해 민주주의 국가들을 한 번만 효율적으로 무장하려고 한다면, 현 호기를 놓치는 것은 현명하지 못하다는 것이다. 바꾸어 말하면, 곧 창건될 국제 연맹의 적절한 거주상의 문제(the housing problem)[76] 해결에 나서야 한다. 우리는 선견지명으로 공간과 시간의 현실을 충분히 인식해야만 하며, 단지 선(善)한 행동 원칙을 백지(白紙) 위에 쓰는 데 만족해서는 안 된다. 현재 동맹국들의 선(善)에 대한 기본 견해가 항상 일치할 수 없을 것 같다. 적어도 당분간 현재의 적국 즉 패전국의 처지에서 보면, 당연히 정반대가 되고 말 것이다.

분명히 '병합 없이 배상 없이'라는 평화 프로그램은, 그 창안자가 현존의 적국[77]을 지지하기 위한 의도가 깔려있는 고무적 외침은 아니었다. 하지만, 법률가과 실무가의 태도는 너무 다르다. 법률가는 반대의 논거에서 추정하여 자신의 견해를 정하고 이에 근거하여 사물을 본다. 다른 한편 실무가는 교조(敎條)와 법식(法式)에 얽매이지 않는다. 후자는 일을 실행하는 입장에 있으나, 전자는 하게끔 허용한다.

지난날 민주주의는, 민주 정치의 활동마저 의심스러운 눈빛으로 보았다. 그리고 이 점에서 보면 현명한 자각을 갖게 하였다. 자유로운 나라들에서 국가의 중요 기능은 국내의 범죄자 또는 외국의 침략자에 의해 야기될 수 있는 전제적(專制的) 사태를 막는 것이라고 늘 생각하였다. 이를 조만간 재고할 시기가 필요하다. 일반 시민이 대담한 혁신을 할 수 있는 유망한 기초

---

[76] 인구의 일부가 민족·지역적 당국이 바람직하지 않다고 생각하는 조건에서 살고 있는 문제이다.

[77] 전제국, 독일과 오스트리아를 비롯한 중앙 동맹국

는 아니다. 따라서 단독이든 단체이든 모험가가, 진보로의 길을 밝게 비추이고 일반 시민이 따를 수 있도록 자유롭게 행동하게끔 하는 방법 외에는 없다. 군국주의·관료주의 국가에서 사정은 영 딴판이다. 말하자면 요제프 2세(Joseph II)[78]의 보수적인 신하가 반란을 일으켜 성공하지 않았다면 그가 선구자가 될 수도 있었던 바와 같이, 나폴레옹 1세[79]도 일종의 선구자가 될 수 있었을 것이다. 프로이센에서 모든 진보는 국가가 감독 하에 추진되었으나, 그곳에서 진보는 단지 능률의 향상을 뜻했다(1. 내가 십이 년 전에 만났던 프로이센 참모 장교는 농원 시간을 반시간 줄이는 데 평생을 보냈다고 말한 바 있다.).

하지만 최근 위험에 빠진 민주주의를 건지려고, 우리는 민주주의의 참된 안전 장치를 일시 정지시켰고 우리 정부가 방어 목적뿐만 아니라 공격 목적을 위해서도 우리를 조직하게끔 하였다. 제1차 세계 대전이 단기간에 끝났다면, 이 전쟁은 역사의 단순한 막간(幕間)의 극(劇)이었을 것이다. 그러나 유감(遺憾)스럽게도 이 전쟁은 장기간 지속되었다. 그 결과 사회 구조가 부분적으로 황폐화되었으며, 부분적으로 다른 목적으로 전용되는 결과를 초래하였다. 그러니 습관과 기득권은 사라져 버렸다. 그리고 사회 전체가 우리의 수중에 있는 진흙 덩어리(粘土) 상태에 있는 것 같다. 진흙 덩어리가 굳기 전에 새기거나 깎아서 조각상(彫刻像)을 만드는 예술가처럼, 우리는 훌륭한 기술이 있다면 사회가 관성에 빠지기 전에 빚거나 덧붙여서 사회 구조를 재건할 수 있다. 하지만 이 같은 기술은 - 금속 기기를 주조(鑄造)하는 노동자가 녹인 금속을 다루는 기술처럼 - 그가 무엇을 만드는가에 대한 지식만으로 불충분하다. 그가 다루고 있는 재료의 특성을 자세히 검토하고

---

[78]   1741~1790, 신성 로마 제국의 황제, 대표적인 계몽 전제 군주이다.

[79]   1769~1821

조사해야 한다. 말하자면 그는 예술상의 목적뿐만 아니라 동시에 기술 지식이 있어야만 한다. 즉 그의 인간적 구상(構想, initiative)은 현실을 생각하고 헤아려 보아야할 필요가 있고 '수단과 방법' 전략을 연마(研磨)해야만 한다. 이상(理想)과 유지할 형상(形象)을 항상 망각하지 않고, 마음에 두어야 한다.

　예술가는 죽는 날까지 세공하고 있는 재료의 성질을 – 더 과학적인 의미뿐만 아니라 실천적인 '지각적' 방법으로 – 더욱더 익히려고 노력함으로써, 어떤 의미에서 보면, 자신의 목적에 맞게 자유자재(自由自在)로 재료를 다룰 수 있게 된다. 함께 살 복잡한 기술을 실천해야만 할 구형(球形)의 세계에서, 인류의 지식도 예술가의 것과 흡사(恰似)하다고 할 수 있다. 이것은 우리가 백과 사전처럼 방대한 사실의 기록을 축적했다는 것만을 뜻하지는 않는다. 우리가 – 각 신시대를 경험하면서 – 새로운 각도와 새로운 관점에서 과거와 현재 모두를 이해할 것이라는 의미이다. 사 년 동안 계속된 제1차 세계 대전으로 – 우리 가운데 현재 노경에 든 사람이 평생 동안 경험한 바 없었던 – 인류가 보는 관점의 변동이, 발생하였다. 하지만 현재 우리가 지닌 지식의 범위 내에서 되돌아 보면, 지금 흐르는 사상의 격류(激流)가 분명 약 이십 년 전에 이미 천천히 시작되지 않았을까? 19세기 말과 20세기 초, 베를린의 조직자 및 런던과 파리에 있는 소수의 인간이 이미 새로운 시대를 향한 미미(微微)한 흐름을 의식하였다(1. 지도자로서의 지위에서 벗어나기 위해 체임벌린(Chamberlain)씨는 1903년 9월 내각에서 사임하였다. 1904년 1월 로버츠 경(Lord Roberts)은 이와 비슷한 생각으로 최고 사령관직을 사퇴하였다.).

　나는 지리적이고 경제적인 몇몇 현실 – 20세기 이런 현실을 전망하면서 – 기술할 생각이다. 대부분의 사실은, 오래되고 독자가 잘 알고 있는 것이다. 그렇지만 중세학자의 말을 빌리면, **진정한 원인**(*Vera causa*)과 **최초의 원**

인(*Causa causans*)[80] — 단순한 학구적(學究的) 학습과 행동을 재촉하는 인식 — 은 크게 다르다.

---

[80] 직접 원인

제3장 뱃사람이 보는 관점

대양의 통일, 첫 지리적 현실 • 38

아직 충분히 받아들이지 않는 결과 • 52

따라서 역사적 관점이 필요하다 • 52

고대 이집트에서 하천 세력(river power)의 대립 • 56

육상 세력에 의한 나일 강의 "폐쇄" • 56

지중해에서 해양 세력의 각축 • 56

육상 세력에 의한 지중해의 "폐쇄" • 61

해양 기지로서 라틴 반도 • 61

라틴 반도 기지의 해양 세력에 의한 세계 갑의 포위 • 66

라틴 유럽 반도 내에서의 재편성 • 82

따라서 작은 도서 해양 기지, 브리튼의 해양 세력을 위한 기회 • 84

일반적인 해양 기지 • 91

제1차 세계 대전에서 해양 세력의 기회 •92

세계도 • 97

해양 세력의 궁극적 기지 • 105

"하나님이 가라사대, 천하의 물이 한 곳으로 모이라."

오천 년 혹은 육천 년에 걸친 인류 역사에서 지구상의 지형은, 본질적으로 변화하지 않았다. 산림을 벌채(伐採)하고, 늪지는 간척되고, 사막의 면적이 넓어질 수 있었다. 하지만 육지와 바다의 외형, 산맥과 강의 형세는 ― 세부의 변화를 제외하면 ― 불변(不變)하였다. 그러나 인간 행동에 지리적 조건이 미치는 영향은, 하지만, 우리가 예나 지금이나 존재하여 왔다고 생각하는 현실뿐만 아니라 이 보다 훨씬 더 크게 이런 현실에 대해 인간이 상상한 것에도 좌우된다. 바다는 역사를 통틀어 하나였다. 하지만 겨우 사백 년 전에 희망봉[81] 우회 항로를 발견할 때까지, 효율적인 인간의 목적에 따라, 바다가 동서 양(兩)대양(大洋)으로 이분(二分)되었다고 보았다. 따라서 마한(Mahan) 제독[82]은, 19세기 말쯤 우연히 제3장의 맨앞에서 인용한 창세기 1장의 성구(聖句)를 바탕으로 삼아 해양 세력(sea power)이란 새로운 메시지를 세상에 우연히 발표할 수 있었다. 바다는 줄곧 하나였다. 그러나 이와 같이 굉장한 현실의 진짜 의미를 몇 년 전만 해도 충분히 이해할 수 없었다. 단지 최근 들어 아마도 이를 완전하게 납득하고 있다.

각 세기는 그 나름대로 고유의 지리적 세계관이 있었다. 병력 의무 연령을 넘긴 사람은, 아프리카 대륙의 내지 대부분을 백지로 나타낸 세계 지도로

---

[81] 남아프리카 공화국 남서쪽 말단에 있는 곳

[82] 1840~1914, 미국의 해군 제독, 역사가, 전략 연구가이다. 대표작은 『해상 세력이 역사에 미친 영향, 1660~1783』이다. 마한은 영국이 세계 세력이 된 가장 핵심적 이유가 바로 해양 세력이라고 강하게 주장하였다.

교육을 받았다. 그러나 중앙 아프리카를 탐험 한 결과로, 지난 해[83] 왕립 지리학회에서 스마츠(Smutz) 장군[84]은 이 지역을 전진 거점으로 삼아 세계를 지배하려는 독일인의 야심에 대해 연설할 수 있었다. 그러나 20세기의 지리적 세계관은 지난 모든 시대의 것과는 다르다. 하지만 지난 세기들의 문제를 단순히 확대한 것은 아니라는 뜻이다. 현재 지구의 전체와 그 낱낱에서 보면, 우리의 지리 지식은 완전하다. 최근 북극점(北極點, North Pole)에 도달하였고, 거기가 심해의 가운데라고 알게 되었다. 남극에 도달했으며 남극이 대륙의 고원(高原) 위에 있음을 발견하였다. 이와 같은 최근의 발견으로, 우리의 선구적인 개척자의 기록은 완결되고 있다. 금후 상당히 풍요한 새로운 대륙, 중요한 산맥, 일급의 강(江)을 탐험하는 것은 모험할 만한 성과를 낳지 못할 것이다. 더욱이 모든 육지에 대한 정치적 점유권 요구가 해결될 때 비로소 정밀한 세계 지도를 그릴 수 있다. 지표면에 일어나는 사태들의 지형적·경제적·군사적 혹은 정치적 상호 접속를 생각하든 말든, 현재 인류 역사상 처음으로 일종의 완결 체계(完結 體系)로서 세계가 등장하고 있다. 과거 시대에 알게 된 사실이 애매하다고 해서 망각되지 않는다. 즉 정치적 국경(國境)을 넘어선(beyond the Pale)[85] 영토 팽창의 여지(餘地)는 이미 없다. 모든 충격적 사건, 모든 재앙(災殃) 혹은 무한하게 뻗어 나가는 사태는, 지구의 반대 측에서도 그 여파를 감지할 수 있다. 반대 측에서 다시 원래 위치로 정말 되돌아 올 수도 있다. 보기를 들면 1883년 크라카타

---

[83]   1918년
[84]   1870~1950, 영연방 남아프리카의 정치가, 철학자, 군인
[85]   합의된 예절의 기준을 넘어서

우(Krakatoa) 화산[86]이 폭발해서 생긴 공기의 진동파가 원을 그리면서 전 지구(全地球)로 확대되어 반대 지점에서 수렴되었다가 다시 발산되어 발생원(發生源)인 크라카타우 화산 상에서 다시 마주친 바 있다. 이처럼, 금후 모든 인간 행동의 영향은 확산되 지구를 돌아서 반향·재반향될 것이다. 최근 전쟁의 보기처럼 ― 전쟁이 예상(豫想)과는 다르게 장기간 지속되었다면, 지속된 바처럼 ― 상당한 규모의 모든 국가가 전쟁에 말려들지 않을 수 없었던 이유를 결국 알 수 있다.

  오늘날에 이르기까지, 하지만 과거 품었던 세계 지리에 대한 선입견을 포기하지 못하고 있다. 그래서 인류 사회는, 실용적인 목적을 위하여 본래의 지리적 현실에 대한 우리의 관점을 왜곡한다. 바꾸어 말하면, 있는 그대로가 아니라 역사 경로에서 검토한 지리적 사실은, 적지 않게 우리와 여전히 결부(結付)된다. 20세기의 진실하고 완전하고 따라서 객관적인 전망에서, 지리적 사실을 자각(自覺)하려는 노력만을 쏟아야만 한다. 제1차 세계 대전으로 우리는 그 단서를 곧 잡게 되었다. 하지만 다수의 시민은 주로 목전에 활발히 움직이는 서구 사회를 바라보고 있으나 다른 한편 배경을 이루는 아시아 사회를 멀리 떨어진 것처럼 생각하는 경향이 여전히 있다. 따라서 지금까지 설명한 이유는, 현재 우리가 도달한 역사적 지위를 평하기 위해서, 우리가 도달한 지금까지의 여러 단계를 개관하는 게 유익할 것이다. 우선 뱃사람이 과거 어떤 안목(眼目)에서 세계를 보았는가를 연속적 국면들을 통하여 검토해 보자.

---

[86] 자바와 수마트라섬 사이의 순다 해협에 위치한 칼데라(화산 지형)이다. 1883년 대폭발로 인하여 이 섬의 70%이상 그리고 그 주변 군도가 파괴되었다. 적어도 삼만육천 명 이상이 죽었다고 한다.

❦ ❦ ❦ ❦ ❦

　해발(海拔) 수 백 미터의 고지에 있는 넓은 갈색 사막 지대를 머리 속에 그려보자. 이 평탄한 사막의 일부에 있는 험한 암석 비탈(slope)로[87] 된 계곡, 흑토 대상 지대(帶狀地帶, strip)[88]로 덮인 계곡 바닥 및 이 바닥 가운데를 관통하여 북쪽으로 오백 마일[89]을 굽이쳐 흐르는 은과 같이 빛나는 가항천(可航川)을 상상해 보자. 이 강이 바로 나일 강이다. 나일 강은, 아스완(Asswan)의 화강암으로 된 암벽(岩壁) 때문에 항행(航行)이 제1폭포에서 중단된다. 여기에서 델타(the Delta)[90]의 상단에서 수류가 갈라지는 곳까지 흐른다. 이 계곡을 가로질러 한 사막 가장자리(desert edge)에서 다른 사막 가장자리에 이르는 직선 거리는, 약 십 마일[91] 혹은 이십 마일[92]이다. 여러분이 일방(一方)의 사막을 등지고 강안(江岸)위에 서보라. 아마 여러분의 발 아래로 바위가 많은 내리받이가 하방(下方)의 대상 평야(帶狀 平野, the strip of plain)로 경사져 있음을 알게 될 것이다. 여름철에 강의 유수(流水)는 풍부하고 또한 겨울에 근처의 나무는 초록의 물결을 이루고, 혹은 봄에 황금빛 결실의 계절을 볼 것이다. 강의 반대편에 암벽(岩壁)이 있고, 그

---

[87]　사면

[88]　좁고 긴 땅

[89]　약 804 킬로미터

[90]　나일 삼각주

[91]　약 16킬로미터

[92]　약 32킬로미터

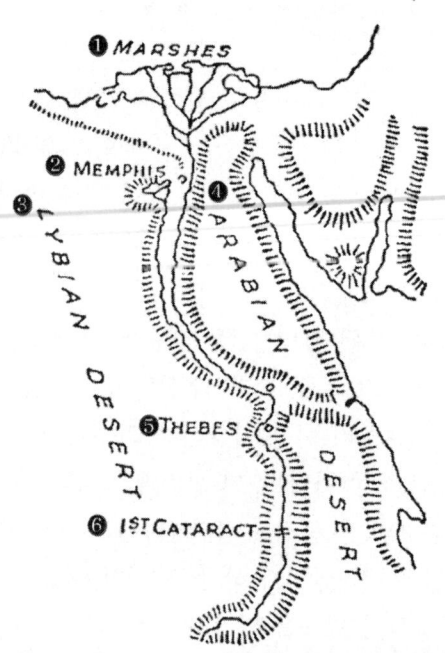

❶소택지 ❷멤피스 ❸리비아 사막 ❹아라비아 사막 ❺테베 ❻제1폭포

【그림1】독립된 단위로 본, 하천 문명의 세계

측면에는 다른 사막[93]이 있다. 이런 암벽 전면을 파내어 조각(彫刻)하여 태고(太古)부터·궁전(宮殿)과 무덤으로 사용하고 그 돌출부는 고대 이집트의 왕과 신의 거대한 상(像)으로 장식하였다. 이와 같이 긴 계곡 지대(sunken belt)의 고대 이집트는, 문명이 번창하였다. 그 까닭은 절대 필요한 자연의 혜택을 두루 갖추어, 인간의 노력으로 위대한 문명이 번창할 수 있었기 때

---

[93] 리비아 사막

문이다. 한편, 비옥한 토지, 풍부한 수자원, 강력한 태양 광선이 있었으므로 고대 이집트인이 풍요로운 생활을 유지하는 결실을 낳았다. 다른 한편, 국

【그림2】 하천 항행에 정반대 방향과 같은 크기로 그린, 연안 항해

내의 모든 평야에서 육 마일[94] 정도 떨어진 곳까지 흐르는 순탄한 수로가 있었다. 이 강물을 타고 선박이 저절로 북쪽으로 이동할 수 있었으며 계절

---

[94] 약 9.6 킬로미터

풍(Etesian Winds)[95] – 대양에서는 무역풍[96]로 알려진 – 을 이용하여 다시 남쪽으로 되돌아올 수 있었다. 따라서 자연의 풍요와 교통 라인 즉 인력과 인력의 조직을 위한 이기(利器, facilities)를 제공하였다. 즉 왕국 건설(王國 建設)에 아주 중요한 요소이다.

우리가 이집트의 초기 시대를 고찰할 필요가 있다. 나일 강 유역에는 다수의 부족이 살았고, 따라서 이들은 거대한 군선(軍船)을 집결해서 서로 전투를 치렀다. 이는, 마치 최근 우리 시대 콩고 강 유역의 부족들이 행한 전투와 비슷하다. 고대 이집트 부족들 가운데 어느 부족은, 인접 부족을 쳐부수고 유역의 지배 영역을 확장하고 인력을 유지할 수 있는 많은 물적 기반을 수중에 넣는 성과를 올리고, 이를 정복 확대를 위한 기초로 활용하였다. 마침내 나일 강 유역의 전 지역을 단일 왕조가 통일하고 모든 이집트의 왕은 테베(Thebes)에 궁전을 건설하였다. 나일 강 흐름을 이용하여 배를 타고 왕의 행정 관리인 통신사(通信士)와 대관(代官)이 북으로 남으로 왕래하였다. 동쪽과 서쪽으로는 강력한 천혜(天惠)의 방어 장벽인 사막이 놓여 있었고, 영토의 북방 한계에 있는 델타(Delta) 주변의 습지 지대가 해적을 막아 주었다(1. The Dawn of History by Professor J. L. Myres 참고).

그러면 지중해라는 '대해(大海, Great Sea)'를 살펴보자. 본래는 지중해 연안의 자연적 기반을 보면 나일 강과 유사한 면이 있다. 하지만 지중해의 규모는 으리으리하다. 자연적 기반을 바탕으로 삼아 단순한 하나의 왕국이 아니라 로마 제국을 건설하기에 충분하였다. 페니키아 해안에서 서쪽으

---

[95] 계절에 따라 주기적으로 부는 바람
[96] 아열대 고기압 지대에서 적도의 저기압 지대로 부는 바람. 과거 무역을 위해 선박이 이 바람을 이용하여 왕래하였다.

로 이천 마일[97]에 걸쳐 지브롤터 해협에 이르는 큰 수로가 있다. 다른 한편이 수로의 양측은, 겨울에는 비가 내리고 추수철에 날씨가 맑은, 해안 평야(shore-land)로 되어있다. 하지만 나일 강안(江岸)의 거주자와 지중해 주변의 민족이 다르다는 점은 중요하다. 고대 이집트의 모든 지역에서 인간 활동 양식은 비교적 큰 변화가 없었다. 즉 각각의 부족은 농사일을 위한 농부와 하천 교통(河川交通)을 위한 뱃사람을 지니고 있다. 그러나 지중해 부근 민족의 직업은 분화되었다. 말하자면 어떤 부족은 농업에 종사하고, 근처의 강을 왕래하는 데 만족하였으나, 다른 부족은 대부분의 정력을 선박 조종술과 해외 무역에 집중하였다. 보기를 들면, 한 지방에 정주하면서 곡물을 경작한 이집트인과 근처에서 모험을 즐기는 페니키아인이 나란히 살았다. 그러나 지중해 일대(一帶)의 모든 왕국을 하나의 정치 단위로 통합하기 위해서는, 장기적이고 지속적인 인력의 조직화 노력이 필요하였다.

최근 역사 연구가 밝혀주고 있는 바처럼, 고대 역사에서 등장한 주도적 항해 민족(seafaring race)은, 에게해(Aegean Sea) 또는 아키펠리고(에게 해, the Archipelago) ― 그리스인이 주로 활약한 '主海(Chief Sea)' ― 로 알려진, 유럽과 아시아의 중간 해역 출신이었다. '이국인(異國人)의 섬(Isles of the Gentiles)'[98]에 그리스어가 도입되지 않았던 시기, 이 해역 출신의 뱃사람이, 페니키아인에게 통상(通商)과 항해(航海) 기술을 가르친 듯하다. 우리의 현재 목적에서 보아, 심오하게 흥미로운 점은 다음과 같은 점에 주목하는 게다. 즉 에게해의 그리스 이전 세계[99]에서 문명의 중심이 ―

---

[97]　약 3,219킬로미터
[98]　서지중해 연안과 주변 여러 섬을 뜻한다.
[99]　기원전 8세기쯤

신화에 나타난 암시 및 최근의 발굴에 따르면 – 크레타섬[100]이라는 것이다. 크레타는 최초의 해양 세력 기지였을까? 크레타를 출발하여 북으로 항해한 해양 민족은 그 오른쪽에서 태양이 떠오르는 연안(沿岸)을 보았고 그 왼쪽에서 태양이 지는 연안을 목격하였다. 하나를 아시아(Asia)[101] 또 다른 하나를 유럽(Europe)[102]이라고 명명(命名)하지 않았을까? 크레타섬 출신의 해양족(seafolk)이 에게 해의 '일대해(一帶 海, sea-chamber)'의 다른 연안에 정주(定住)하였을까? 지금까지 그리스인이 연안의 일부 지역에 거주하고 있으며, 몇 마일 떨어진 내지에 사는 다른 종족과 마주보고 있다. 아키펠리고[103]에는 섬(島)이 많아서 이 지명은 일반적인 지리학 용어[104]로 정착되었다. 이는 나일의 강의 델타[105]와 비슷하다고 하겠다. 그러나 에게해의 많은 섬 가운데 크레타는 가장 크고 가장 풍요했다. 여기에서 해양 세력의 발달 과정 중에 큰 기지가 필요하였다는 최초의 본보기를 찾을 수 있을까? 해양의 인력은, 다른 곳에 있는 토지의 산출력으로 육성(育成)되지 않을 수 없다. 그리고 조국의 안전과 국민의 에너지와 같은 다른 조건이 같다면, 다대(多大)한 자원을 좌우(左右)하는 국가가 바다를 지배할 것이다.

  에게해 발전의 다음 단계도, 동일한 교훈을 명백히 담고 있다. 그리스어를 쓰는 기마족이 북방에서 현재 그리스 본토를 형성한 그리스 반도로 남

---

[100] 에게해 남쪽 끝에 있는 크리스에서 가장 큰 섬이다. 크레타 문명의 중심지이다.

[101] 출발 상승(上昇)이란 의미

[102] 일몰, 날이 저묾이란 의미

[103] 에게해

[104] 群島

[105] 三角洲

하·정주하여 선주민(先住民)을 그리스화하였다. 여기에서 그리스인은, 코린토스 지협[106]에 의해 가느다랗게 그리스 본토와 연결된 펠로폰네소스 반도의 말단 돌출부로 진출하였다. 그래서 그리스인은 비교적 유력한 그리스 반도 기지 위에서 해양 세력을 조직하였다. 따라서 그리스인의 부족 가운데 한 부족인 도리스인이, 크레타섬을 정복하였다. 크레타섬은 비교적 소규모였으나 완전히 자족적인 도서(島嶼) 기지의 특성을 지녔다.

그 후 수백 년이 흘렀다. 그동안 그리스인은 펠로폰네소스 반도의 남단(南端)을 돌아 이오니아해로 진입하였고, 이오니아해 연안을 따라 이탈리아 식민 도시를 세웠다. 따라서 그리스 반도는 그리스 해양 세계의 중핵을 이루는 성채(城砦)가 되었다. 에게해와 이오니아해 양쪽의 외측 연안을 따라 식민지를 개척한 그리스인은, 배후지(背後地)에서 공격을 받을 위험이 있는 가장자리(fringe) 지대를 점하였다. 그리스인은 그 반도의 중심에서만 비교적 안전했다. 하지만 절대 안전한 것이 아니라는 점은, 이후 사태가 전개되면서 나타난다.

그리스 폴리스에 대항하면서 페르시아인이, 해로로 내지에서 에게해의 동쪽 즉 외측 해안을 따라 그리스 본토로 내려왔다. 그리고 아테네 함대가 반도의 성채에서 나와 에게해 주변 그리스 식민 폴리스의 — 페르시아의 공격으로 위험에 빠진 — 동포를 위한 지원 활동을 하였다. 그리스 해양 세력과 페르시아 육상 세력이 대결전을 치르게 되었다. 페르시아 군대의 해

---

[106] 코린토스(코린토)는 고전기 그리스의 주요 도시 국가 가운데 하나였다. 코린토스 지협에 위치한 항구 도시인데, 코린토스 지협은 펠로폰네소스 반도와 그리스 본토를 연결하는 지협이다. 폭은 약 6킬로미터이다.

상 공격은 마라톤(Marathon)에서 격파되었다.[107] 그 이후 페르시아는 해상 병력이 없는 육상 세력의 특유한 전략에 호소했으나, 헛수고였다. 크세르크세스 왕(King Xerxes)[108]의 지휘를 받으면서 페르시아 군대는 주교(舟橋)[109]를 다르다넬스(Dardanelles) 해협에 놓아 도해(渡海)하여 육지를 우회하여, 북방에서 그리스 반도로 진격하였다. 페르시아 측은 – 페르시아인에게 침을 쏘고 붙잡기 어렵게 달아나 버렸던 말벌이 사는 둥우리 – 그리스를 파괴할 작정이었다. 페르시아의 분투는 실패하였다. 이 과업을, 그리스 반도 뿌리 부분에 반거(蟠踞)한 그리스인과 야만인의 혼혈인 마케도니아인에게 넘겨야만 하였다. 마케도니아인은 그리스인의 해양 기지를 정복하고 아시아로 진군하고 시리아를 통과하고 도중(途中)에 페니키아인의 본거지인 두로(Tyre)[110]를 멸망시켰다. 따라서 최초 해양 세력의 한 시대가 종식되었다. 마케도니아인은 2대 해양 민족 –그리스인과 페니키아인 – 으로부터 해양 기지를 빼앗음으로써, 동지중해를 일종의 '폐쇄해(closed sea)'로 만들었다. 이를 성취하자 곧 마케도니아 왕 알렉산드로스는 가벼운 마음으로 아시아 중앙부(Upper Asia)로 진군할 수 있었다. 우리가 보통 해양 세력을 검토할 때 군선(軍船)의 기동성과 함대의 넓은 전투 반경에 대하여 언급한다. 그러나 그 핵심은, 해양 세력이 활동할 수 있는 생산적이고 안전하고 적절한 기지에 있다. 그리스 해양 세력은 이집트 하천(河川) 세력과

---

[107] 마라톤 전투는 기원전 490년 이타카 반도의 동부 마라톤에서 아테네·스파르타 연합군이 페르시아 원정군과 싸운 전투이다. 전자가 이겼다.

[108] 기원전 519?~465?. 페르시아의 왕

[109] 배다리

[110] 고대 페니키아의 항구 도시, 티루스라고도 한다.

같은 단계를 겪었다. 두 세력의 종말은 같았다. 말하자면 해군의 보호를 받지 않고, 해상[河上] 통상[海上 通商]은 안전하게 수로를 따라 진행되었다. 왜냐하면 모든 연안 지대를 다름 아닌 동일한 육상 세력이 장악했기 때문이다.

❦ ❦ ❦ ❦ ❦

그러면 지중해 서부 지역을 살펴보자. 로마는 구릉 위의 요새화된 도시로서 이 지역에서 시작되었다. 이 구릉의 기슭에는 선교(船橋)와 나루터(船艙)가 있었다. 이 구릉-선교-부두(埠頭) 도시는 조그마한 농민 국가의 기지이며 시장이었다. 농민은 아페닌노(Appennines) 산맥[111]과 바다 사이에 있는 '대토지(broad land)' 달리 말하면 평야 즉 라티움(Latium)에서 경작하였다. '아버지(Father)' 테베레 강(Tiber)도 당시의 소형 선박 교통 목적의 선적을 위한 작은 후미에 불과하였고, 강안(江岸)에서 수 마일 떨어진 평야의 중심부까지만 항행(航行)할 수 있었다. 그러나 로마의 적수(敵手) － 알바(Alban)[112]와 에트루리아(Etruscan)[113]의 인접(隣接) 구릉 위에 있는 도시 국가 － 를 로마가 충분히 능가할 수 있었던 이점이 있었다. 로마는, 런던처럼 선교(船橋)와 최내 측(最內側) 항구를 지녔다는 점이다.

라티움의 생산성에 기반을 두어 로마인은 테베레 강에서 나와 서지중해

---

[111] 이탈리아 반도를 남북으로 꿰뚫는 길이 약 1200킬로미터의 산맥이다.
[112] 알바 롱가는 고대 이탈리아 중부의 라티움 지방에 있었다고 전해지는 도시 국가이다. 로마의 남동쪽 알바 언덕에 위치하였다.
[113] 이탈리아 중부에 있었던 도시 국가군이다. 티레니아라고도 한다.

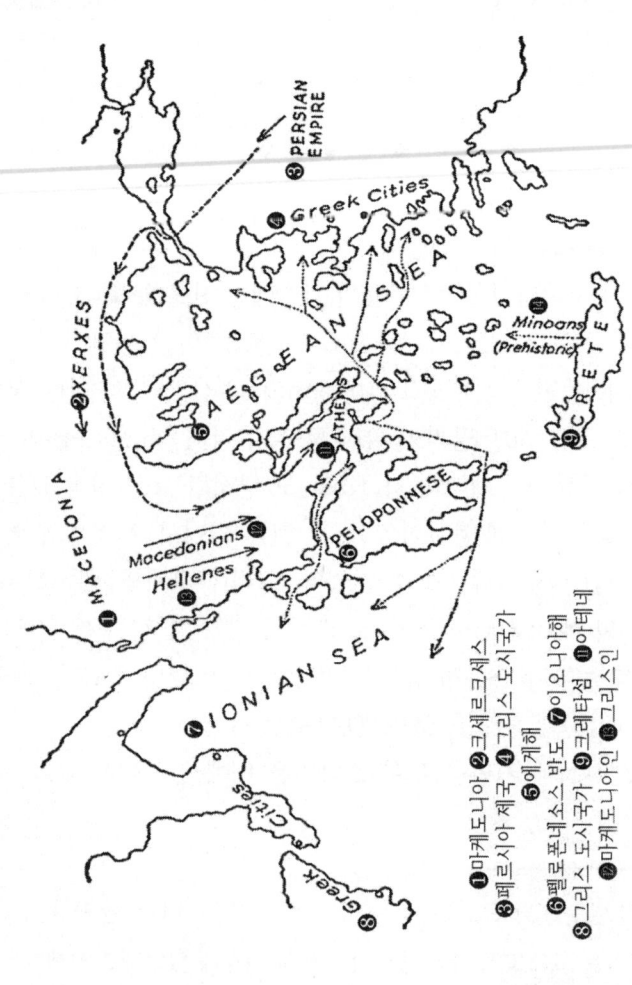

[그림3] 그리스의 바다, 에게해와 이오니아해, 크레타섬의 해양 기지, 그리스 반도의 해양 기지를 나타낸 도식. 해양 세력 아테네를 측면에서 공격하기 위한 크세르크세스 1세의 행군 경로.

❶마케도니아 ❷크세르크세스 ❸페르시아 제국 ❹그리스 도시국가 ❺에게해 ❻펠로폰네소스 반도 ❼이오니아해 ❽그리스 도시국가 ❾크레타섬 ❿아테네 ⓫마케도니아인 ⓬그리스인

연안 각지에서 통상을 하였다. 곧 로마인은 – 지중해 대안(對岸) 아프리카의 곶(串, promontory)에 있는 메제르다(Mejerdeh) 계곡[114]의 산출력에 기반을 둔 – 카르타고(Carthago)인과 경합하였다. 제1차 포에니 전쟁[115] 달리 말하면 페니키아 전쟁이 뒤에 일어났고, 로마인이 승리하여 해양에서 우월적 지위를 확립하였다. 그리고 로마인은 루비콘 강까지의 이탈리아 반도 전체 지역을 병합함으로써, 자신의 세력 기지를 계속 확대하였다.

제2차 포에니 전쟁[116]시 카르타고의 명장 한니발(Hannibal)[117]은 –과거 페르시아의 크세르크세스 왕[118]과 마케도니아의 알렉산드로스 왕이 자신들에 저항한 해양 세력에 대하여 행한 바와 같이 – 로마 해양 세력과의 결전(決戰)을 피하여, 육로로 우회하여 로마의 측면을 포위하려고 애썼다. 한니발은 카르타고 육군을 지중해 서쪽 해협(narrow)을 넘어, 아프리카에서 스페인으로 이동하게 하였다. 이어 카르타고 군대는 남부 골(Southern Gaul)을 통과하여 이탈리아로 진군하였다. 그는 패배하였고, 로마는 골(Gaul)[119]

---

[114]　메제르다 강은 북아프리카에 위치한 강으로 길이는 약 450킬로미터이다.

[115]　기원전 264~241, 카르타고와 로마 공화정 사이에 있었던 세 차례의 전쟁 가운데 첫째 전쟁이다.

[116]　기원전 218~202, 로마 공화정과 카르타고 사이에 터진 둘째 전쟁이다. 한니발 전쟁으로도 불린다. 로마가 승리하였다.

[117]　기원전 247~183/182?, 카르타고의 장군. 역사에서 가장 위대한 군사 지휘관 가운데 한 사람으로 평가되고 있다.

[118]　기원전 519?~465?

[119]　고대 켈트족의 영토로, 현재 북이탈리아, 프랑스, 벨기에 등이 포함되는 지역이다. 갈리아라고도 한다.

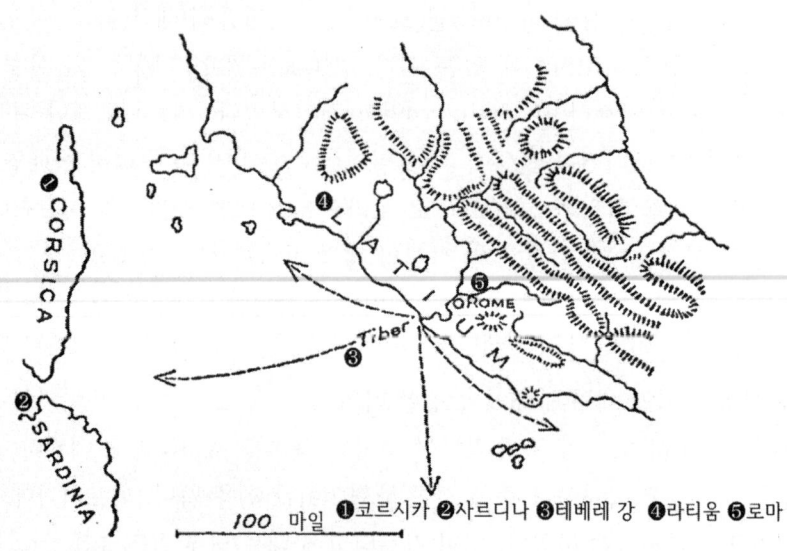

❶코르시카 ❷사르디나 ❸테베레 강 ❹라티움 ❺로마

【그림4】 라티움, 풍요로운 해양 기지

과 스페인의 지중해 연안을 병합하였다. 제3차 포에니 전쟁[120]에서 카르타고를 정벌함으로써, 로마는 서지중해 지역을 '일종의 '폐쇄해'로 만들었다. 그 까닭은 그 모든 연안(沿岸)을 바로 동일한 육상 세력이 지배했기 때문이었다.

여기에서 시칠리아 해협과 메시나(Messina) 해협[121]으로 연결되는 지중해의 동·서(東 西) 수역(兩 水域) 양측을 통합적으로 지배하는 과업은, 여전히 완수되지 않았다. 로마 군단이 마케도니아에 침입하였고 그곳에서 아시

---

[120] 기원전 149~146

[121] 이탈리아의 시칠리아섬 동부에 위치한 항만 도시 메시나는 메시나 해협에 면해 있다.

아로 진군하였다. 그러나 라틴화한 서측과 그리스 문명에 영향을 받은 동측은 달랐다. 이 차이는, 동로마의 로마 집정관과 서로마의 로마 집정관 즉 안토니우스(Antony)[122]와 카이사르(Caesar)[123] 사이에 내란이 터지자, 분명히 나타났다. 세계사에서 결정적 전투로 이름 높은 악티움(Actium) 해전[124]에서, 카이사르의 서측 함대[125]가 안토니우스의 동측 함대[126]를 격파하였다. 이때부터 5세기 동안 지중해 전역이 '폐쇄해'가 되었다. 그 결과 로마 제국을 대체로 육상 세력으로 생각하는 경향이 있다. 사실 소수의 해양 경찰(警察) 선박을 제외하고, 로마는 지중해의 중요한 수로를 완전하게 확보하기 위한 어떤 해군력도 불필요하였다. 이것은 고대 이집트 왕이 나일 강 수류를 지배한 것과 같다. 다시 한번 육상 세력이, 해양 세력한테 그 기지를 박탈함으로써, 해양 제패를 둘러싼 일련의 전투에 종지부(終止符)를 찍게 되었다. 그 이전에 결전(決戰) 악티움 해전이 있었다는 점 및 카이사르의 함대가 마침내 최후 승리를 거두고 지중해 전체에 대한 제해권이란 보상(報償)을 받았다는 점은 진실이다. 하지만 이런 지배권은, 그 뒤 육상 병력이

---

[122] 기원전 83~30. 로마 공화국의 정치가, 장군, 섹스피어의 희곡 『안토니와 클레오파트라』로 유명하다.

[123] 기원전 100~44. 고대 로마 공화정의 정치가, 군인, 문필가이다. 기원전 44년 암살당하였다. Et tu Brute?(브루투스 너마저?)로 유명하다. 친한 사람한테 배신을 당한다는 의미이다.

[124] 기원전 31년, 옥타비아누스 지지파와 프톨레마이오스와 안토니우스 지지파 사이에 터진 해전이다. 옥타비아누스가 승리하였다. 안토니우스는 자살하였다. 악티움은 그리스 서부 암브라키코스 만의 곶에 있었던 고대 도시이다.

[125] 옥타비아누스와 아그리파

[126] 안토니우스와 클레오파트라

연안을 확보함으로써 – 해양이 아니라 – 육상에서 유지되었다.

❦ ❦ ❦ ❦ ❦

　로마가 지중해 주변에 그 세력의 조직·배치를 완료하자, 긴 과도 시대(過渡 時代)가 뒤를 이었다. 이 시대 동안 서구 문명 세계는 해양 발전의 기초를 차츰차츰 닦았다. 로마가 군단의 기동성을 높이기 위한 로마 도로망을 축조함으로써, 과도 시대가 시작되었다.

　3차례의 포에니 전쟁이 끝난 뒤, 라틴어를 사용하는 네 지역인 이탈리아, 남부 갈리아(골, Southern Gaul), 동부·남부 스페인, 구 카르타고권(圈)의 아프리카(Carthaginian Africa)가, 서지중해 지역을 포위하였다. 로마가 점령한 아프리카 프로빈스[127]의 외측 경계는 사하라(Sahara) 사막 때문에 보호되었다. 이탈리아의 배후(背後)에는 아드리아해(海)라는 외호(外濠, Adriatic moat)가 있었다. 다른 한편 로마는 갈리아와 스페인 방면에 독립심이 강한 켈트족이라는 거북한 이웃이 거주하고 있음을 알았다. 따라서 잘 알려진 제국의 딜레마가 나타났다. 말하자면 진군하여 위협을 물리칠 것인가 아니면 참호로 둘러싸 켈트족을 로마 제국에 들이지 않을 것인가라는 딜레마였다. 로마는 어느 쪽을 택하든 켈트족을 지배할 생각은 없었다. 당시 여전히 강력하였던 로마 민족은 앞의 경로를 택하였다. 포르투갈의 성 빈센트(Saint Vincent) 곶[128]에서 라인 강 어귀 사이의 천마일[129] 공지(空地)를

---

[127]　속주

[128]　포르투갈과 유럽 본토의 남서쪽 단(端) 지점에 위치하고 있다.

[129]　약 1,609킬로미터

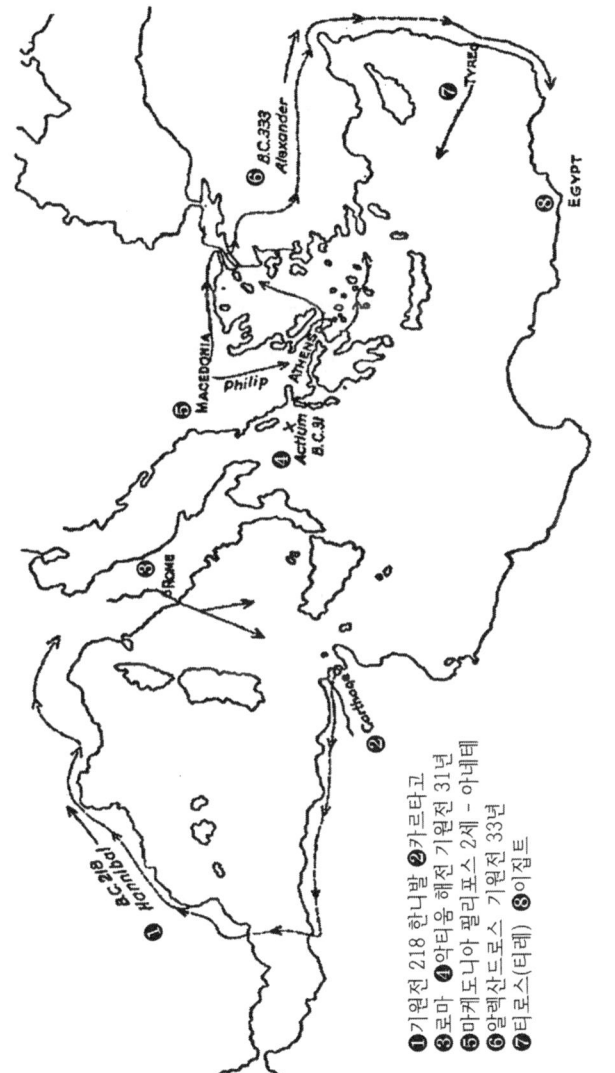

[그림5] 해양 세력의 측면을 포우하기 위한 유명한 두 행군 경로, 지중해를 폐쇄한 승리

① 기원전 218 한니발 ② 카르타고
③ 로마 ④ 악티움 해전 기원전 31년
⑤ 마케도니아 필리포스 2세 - 아테네
⑥ 알렉산드로스 기원전 333년
⑦ 티로스(티레) ⑧ 이집트

제3장 • 뱃사람이 보는 관점　67

따라, 로마 제국의 최전선과 도로망은 해안에 이르게 되었다. 그 결과 로마 제국의 라틴 지역은 자연 지리적으로 보면 두 양상에 기초를 두었다. 한편은 라틴해라는 서부 지중해이고 다른 한편은 지중해와 대서양 사이에 위치한 라틴 반도였다(1. 나는 라틴해와 라틴 반도라는 명칭이 과거 사용되었는지는 모르겠다. 나는 중요한 일반화를 명확히 하는 데 이 명칭이 기여할 수 있다고 생각한다. 그리고 나는 지금부터 이 명칭을 사용하자고 제안하고 싶다.) .

카이사르는 비스케이 만(Bay of Biscay)[130]까지 진군하였고 그곳에서 힘대를 정비하여, 그 힘으로 브르타뉴(Brittany)[131] 지방의 베네티인(Veneti)[132]의 수군을 격파하였다. 당시, 브리튼(Britain)섬에 거주하였던 켈트족이 바다를 넘어 갈리아 지역(Gaul)의 동족을 원조하였기 때문에, 카이사르는 영국 해협을 가로질러 브리튼 도서(島嶼) 안의 기지를 강타하였다. 그후 약 백 년 동안 로마인은 브리튼섬 남부의 비교적 비옥한 지역을 모두 정복했다. 따라서 갈리아 지역의 해안에 해양 세력이 부상할 위험을 제거했다. 이렇게 하여 영국 해협(the Channel)도 동일한 육상 세력이 지배하는 '폐쇄해'가 되었다.

사백 년이 지나자, 육상 세력 로마는 쇠퇴하게 되었다. 라틴 반도의 양측의 바다는 곧 '폐쇄'해의 특징을 상실하였다. 북구의 고대 노르웨이인(Norsemen)이 피오르(fiord)[133] 근거지에서 나와 북해에서 해적 활동을 하

---

[130] 북대서양의 일부, 스페인 반도의 북안에서 프랑스 서안에 면한 만(灣)이다

[131] 프랑스 북서부의 반도, 불어로는 Bretagne이다.

[132] 켈트족의 분파

[133] <표준국어대사전>에 따르면, 빙하의 침식으로 만들어진 골짜기에 빙하가 없어진 뒤, 바닷물이 들어와서 생긴 좁고 긴 만을 뜻한다.

면서, 영국 해협과 지브롤터(Gibrartar)[134] 해협을 통과하여 지중해의 도처로 침투하였다. 따라서 고대 노르웨이인의 해양 세력이 대반도 전역을 포위(包圍)하였다. 그리고 브리튼섬과 시칠리아섬에서 전진 기지를 획득하고, 더욱이 − 노르망디[135]와 이탈리아 남부에 있는 − 본토 가장자리를 조금씩 갉아먹었다.

 동시에 낙타 유목족(camelmen)인 사라센인(人)이 아라비아 반도에서 내습(來襲)하여 로마 제국으로부터 카르타고 이집트 시리아 − 말하자면 지중해 남부 지방 − 를 탈취하였다. 그 뒤 사라센인은 함대를 지중해로 진수하여 시칠리아섬의 일부와 스페인 일부를 해외 활동 기지로 점유하였다. 따라서 지중해는 로마 제국의 간선로(幹線路) 기능을 할 수 없게 되었고 기독교 세계와 이슬람 세계를 분리하는 최전선의 외호(外濠)로 변질되었다. 그러나 아주 강력한 해양 세력인 사라센인이, 지중해 북부 지역이지만, 스페인을 점령할 수 있었다. 이는 한 시대 이전 아주 강력한 해양 세력(the greater seapower)인 로마가, 지중해 남부 지역이었지만, 카르타고를 령할 수 있었던 것과 동일하다.

 따라서 천 년 동안 라틴 기독교 세계는, 라틴 반도와 그에 딸린 브리튼섬 안에 감금되었다. 스페인 반도의 사웅비센테 곶(Sacred Promontory)에서 코펜하겐 주변의 해협(Straits of Copenhagen)까지 북동 방향 직선 거리로 측정하여 천오백 마일[136]의 해안선이 펼쳐있고, 사웅비센테 곶에서 콘

---

[134] 스페인 남단의 항구 도시로 영국령이다.
[135] 프랑스 서북부 지방에 있으며 영국 해협과 마주 보고 있는 지방이다.
[136] 약 2,414 킬로미터

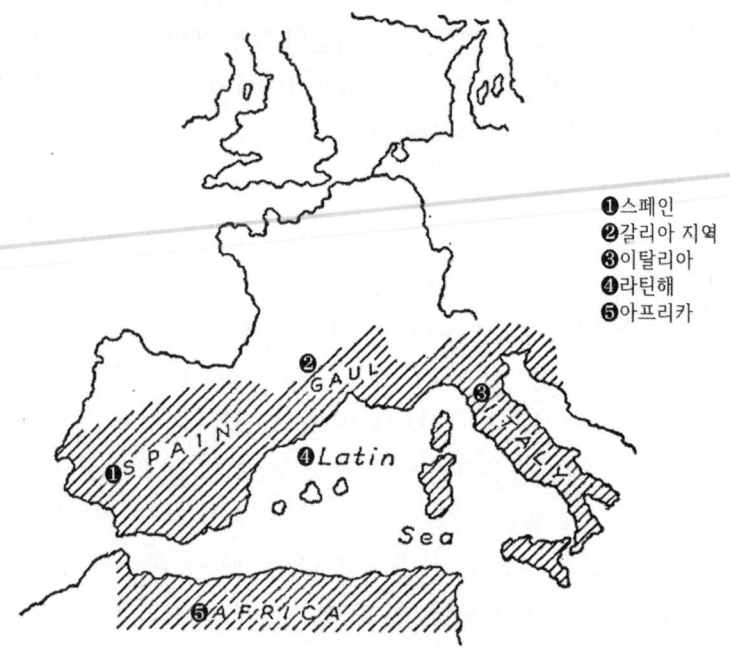

【그림6】 라틴해, 페니키아 전쟁 후의 로마 영토를 보여준다.

스탄티노플 해협까지, 동일하게 거리를 재면, 동쪽으로 천오백 마일[137]의 꾸불꾸불한 해안선이 전개된다. 작은 반도가 각 해협에서 본토 반도 쪽으로 돌출(突出)된다. 이것이 바로 한편으로 스칸디나비아 반도이고 다른 한편으로 소아시아[138] 반도이다. 이와 같이 형성된 육의 방책(防柵, land bar) 뒤

---

[137] 약 2,414킬로미터

[138] 서남 아시아 지역으로 아나톨리아이다. 소아시아로도 불렸다. 현재 터키의 아시아 부분이다.

【그림7】 근대 로만계 민족들이 점령한 라틴 반도

에, 육지로 둘러 쌓인 두 내만(內灣) 발트해[139]와 흑해[140]가 있다. 만약 브리튼섬이 이탈리아 반도와 균형을 이룬다고 보면 라틴 반도의 말단부는, 좌우상칭(左右相稱)이다. 당신이 라틴 반도 위에 라틴 십자가의 머리에 독일을

---

[139] 북유럽에 있는 지중해이다. 유럽 대륙과 스칸디나비아 반도 주변의 해역을 뜻한다.

[140] 유럽과 아시아 사이에 있는 내해(內海)이다. 마르마라해를 지나 에게해를 거쳐 지중해로 연결된다.

횡목(橫木)의 선단(先端)에 영국과 이탈리아를 그 각부(脚部)에 스페인을 그 중심에 프랑스를 놓을 정도이다. 따라서 중심이 북쪽으로 옮겨졌지만 로마 황제의 후계자인 중세 그리스도 교회 제국을 형성한 다섯 민족을 상징한다. 그러나 발트해와 흑해가 유럽의 반도적 특성을 맨 먼저 명확히 하기 시작하는 곳인 동부(the East) 방향을 살펴보면, 윤곽이 별로 뚜렷하지 못해 좌우상칭을 이룬다고 볼 수 없다. 왜 그런가 하면 발칸 반도가 남쪽으로 돌출하여 결국 역사적으로 유명한 그리스 소반도(小半島)로 떨어지면서 가느나래질 뿐이기 때문이다.

  로마 제국이 라인 강 동부 지역을 정복하지 않았다면, 어떤 일이 일어났을까? 이 의문은 비상할 정도의 흥미를 불러 일으킨다. 흑해와 발트해까지 완전히 라틴화한 강력한 유일무이의 해양 세력이, 유럽 반도 기지로부터 전세계를 호령(號令)하지 않았으리라고 누가 말할 수 있을까? 그러나 고전 고대 로마는 무엇보다도 먼저 지중해 세력이었고 반도 세력은 아니었다. 라인-다뉴브 국경선은 이 같은 의미에서 지중해 세력의 침투 한계를 설정하였다. 따라서 이와 연관하여 반도 정책이 성공하지 못했다는 뜻으로 해석될 수 없다.

  맨 처음 유럽을 반도적 의미로 압축한 것은, 바로 양쪽에 있는 발트해와 흑해의 재'개방'이었다. 북부와 남부로 부터의 압력에도 견딜 수 있게 조직화해야만 하였다. 그렇지 않았으면 기독교 세계는 말살(抹殺)되었을 것이다. 그래서 프랑스의 샤를마뉴(Charlemagne) 대제[141]가, 라인 강에 걸터앉아 신성 로마 제국을 건설하였다. 이 지역의 반은 라틴어를 다른 반은 독일어를 쓰는 민족으로 혼합되었다. 하지만, 이곳은 종교적으로는 라틴계 교

---

[141] 742~814, 프랑크 왕국의 국왕, 서로마 황제, 신성 로마 제국의 초대 황제

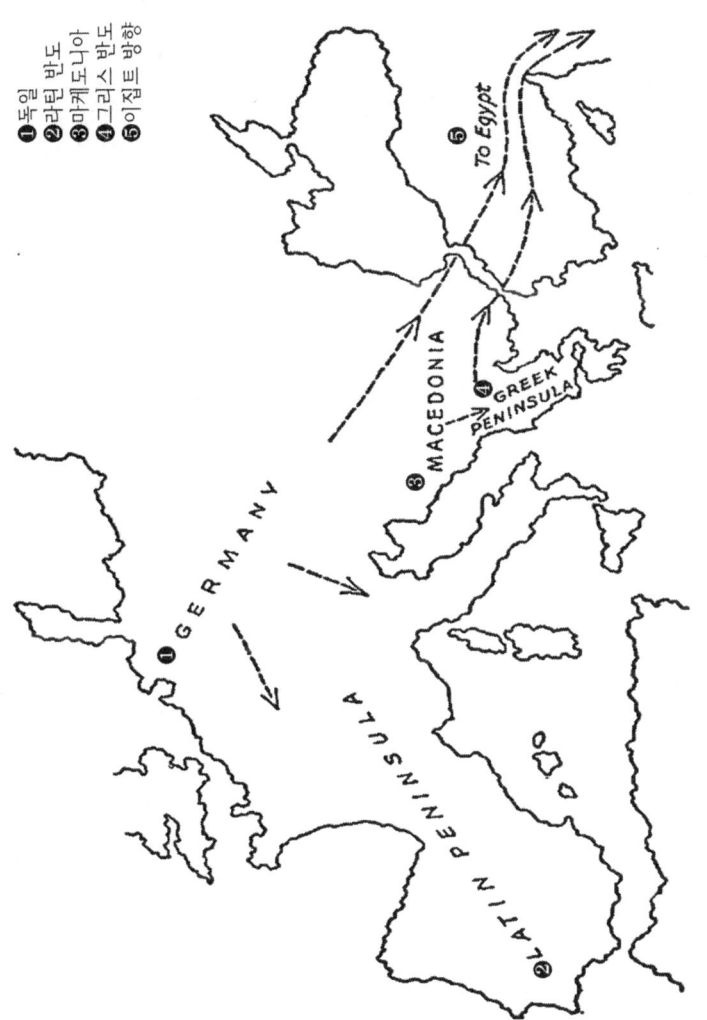

[그림8] 라틴 반도 경부에 위치한 독일, 그리스 반도 경부에 위치한 마케도니아를 보여준다

회로 완전히 통일되었다. 신성 로마 제국을 기지로 삼아, 뒤에 십자군이 조직화되었다. 세월이 지난 지금에 와서 넓은 견지와 후대 뱃사람(seamen)의 관점으로 보면, 십자군이 성공했다면, 지중해가 다시 '폐쇄해'가 될 수 있는 중대 결과를 초래했을 것이다. 이백 년이 넘게 연장되었던 기나긴 십자군 전쟁은, 두 경로를 따라 계속되었다. 한편으로 해로(海路)를 따라 베네치아[142]와 제노바[143]에서 시리아 해안의 자파(Jaffa)[144]와 아크르(Acre)[145]로 함대를 파견했고 한편으로 육로(陸路)를 따라 모라비(Moravia)[146]와 마리차(Maritza)[147] 양 계곡의 '회랑(回廊) 지대'를 거쳐 헝가리와 콘스탄티노플, 소아시아를 경유하여 시리아로 십자군이 진군하였다. 독일 내의 기지에서 출발하여 육로로 지중해의 배면(背面)으로 진격한 십자군 주력 부대의 작전은 — 마케도니아 안의 기지에서 육로로 진군한 알렉산드로스 대왕의 전술(戰術)과 비교하면 — 아주 비슷하다. 진실로, 라틴화된 독일인을 그리스화된 마케도니아인과 비교하지 않을 수 없다. 순혈(純血)의 어떤 그리스인도, 마케도니아인을 잡종으로만 생각하지 않았던가! 그러나, 마케도니아인이

---

[142]   Venezia, 중세 베네치아 공화국의 수도, 아드리아해의 여왕으로 불렸으며, 중세 강력한 해양 도시 국가였다.

[143]   Genova, 리구리아해에 면한 이탈리아의 항구 도시. 중세 해양 국가로 번창하였으며, 상공업과 금융업의 중심지였다.

[144]   사천 년 전에 세워진 고대 도시, 이스라엘에 있는 지중해에 면한 항구 도시

[145]   북서 이스라엘에 있는 지중해에 면한 항만

[146]   체코 동부 지방에 위치한 지방, 다뉴브 강 지류인 모라비아 강이 흐르는 하천 유역이다.

[147]   마리차 강이 흐르는 유역으로, 마리차 강은 발칸 반도에서 가장 긴 강이다.

그리스 반도의 큰 뿌리 부분에 위치하고 있었으므로 그리스인의 해양 기지를 정복할 수 있었다. 마찬가지로 독일인은 그리스 반도보다 훨씬 큰 라틴 반도의 넓은 뿌리 부분을 기지로 삼고 활동하였다. 이 때문에 독일인은 항상 라인 강과 알프스 산맥을 넘어 라틴 반도의 해양 기지들에 절멸의 위협을 가할 수 있는 원천이 되었다.

따라서 암흑 시대라 부른 중세의 겨울을 나면서, 라틴 문명 세계에 속한 민족은 몸과 마음을 단련(鍛鍊)하였다. 중세 동안 이들의 고국(故國)은 회교도의 포위 공격을 당하여 고통을 감내하였다. 이들은 몇 차례의 십자군 출정으로써 포위망을 완전히 돌파하지는 못했다. 겨우 15세기에 이르러서야, 대양의 대모험을 위한 시기가 무르익었고, 이로써 유럽인이 세계의 패자(霸者)가 될 수 있는 길을 열었다. 여기에서 우리는 잠시 멈출 필요가 있다. 그 이유는, 유럽이라는 인류의 일부를 근대 사회의 지도자로 만든 이같은 진취성(enterprise)[148]과 강인함을 낳게 한 특이한 환경을 고찰하기 위함이다. 유럽은, 아시아와 아프리카를 동시에 포함하고 있는 대도(大島, the great island)의 조그마한 구석일 뿐이다. 그러나 정확한 의미에서 보면 유럽인의 요람지(搖籃地, cradle island)는 ― 라틴 반도와 부속 반도들과 주변의 운집한 섬으로 된 ― 유럽의 약 반(半)뿐이다. 넓은 사막이 남쪽으로 펼쳐 있으며, 낙타를 타고 횡단하는 데 약 3개월이 걸렸으므로, 백인의 세계와 흑인의 세계가 크게 단절될 수 있었다. 무한한 대해(大海)가 서쪽으로 놓여 있었고, 북쪽으로는 빙해(氷海)로 폐쇄되었다. 북동 방향으로 침엽수의 삼림지대가 무한 이어졌다. 이 방향의 하천은 결빙으로 폐쇄되는 북극의 어귀로 흐르거나 또는 ― 대양에서 분리된 ― 카스피해와 같은 내해(內海)로 흐른

---

[148] 위임

다. 남동 방향으로만 외계(外界)에 출입할 수 있는 오아시스 통로(路)가 있었으나, 7세기부터 19세기까지 아랍인과 터키인에 의해, 꽤 완전히, 막혔다.

그러나, 어떻든, 유럽인 동방 해상의 수로(水路)는, 수에즈 지협[149]으로 인하여 인도양과 차단(遮斷)되어 버렸다. 따라서 비록 육상 민족이 유럽과 아시아가 연속성이 있다고 생각할지라도, 뱃사람의 관점에서 보면, 유럽은 아주 명확하고 독자적(獨自的) 개념이 있다. 사실 유럽은 다른 지역과는 격리된 세계였다. 그러나 유럽 세계는 넉넉하고 풍요했으며, 그 수로를 따라 제공된 자연의 혜택을 이용하여, 국가들은 한 가족처럼 친밀한 관계를 맺었다. 하천 교통과 해상 교통은 엄밀히 구별되지 않고 – 원양(遠洋)으로 항해한 소수의 선박을 제외하고 – 대부분의 뱃사람은 강과 인근(隣近) 바다로 항해하였고, 양 제방 사이의 강을 따라 요리조리 헤치며 나아가는 것 같은 기분으로 그렇게 하였다. 더욱이 로마 도로망이 황폐화된 뒤 도로 사정이 비교적 악화되었던 시대 동안, 뱃사람은, 현재 우리가 가항(可航)의 가치가 더 이상 없다고 포기한 많은 강의 상류 근처까지 자주 드나들면서 상업 활동을 하였다.

중세 유럽은 주변 민족으로부터 포위 공격을 받았다. 당시 유럽인에게는 두 가지 다행한 일이 있었다. 한편으로 중앙(中央) 아시아에서 유럽으로 내습한 유목 민족은, 건조(乾燥)·반건조(半乾燥) 사막과 스텝 지대[150] 그리고

---

[149] 지중해와 홍해 사이에 있는 폭 125킬로미터의 지대(strip)이다. 아프리아카와 아프리카 대륙의 경계 지역이다.

[150] steppe 은 중앙 아시아와 러시아 중부 등 세계 각지에 분포된 초원을 뜻한다. 러시아어로 평탄한 건조 토지를 뜻한다. 숲이 자라기에는 너무 건조하며 그렇다고 사막이라고 부를 정도로 건조하지 않는 기후를 의미하기도 한다.

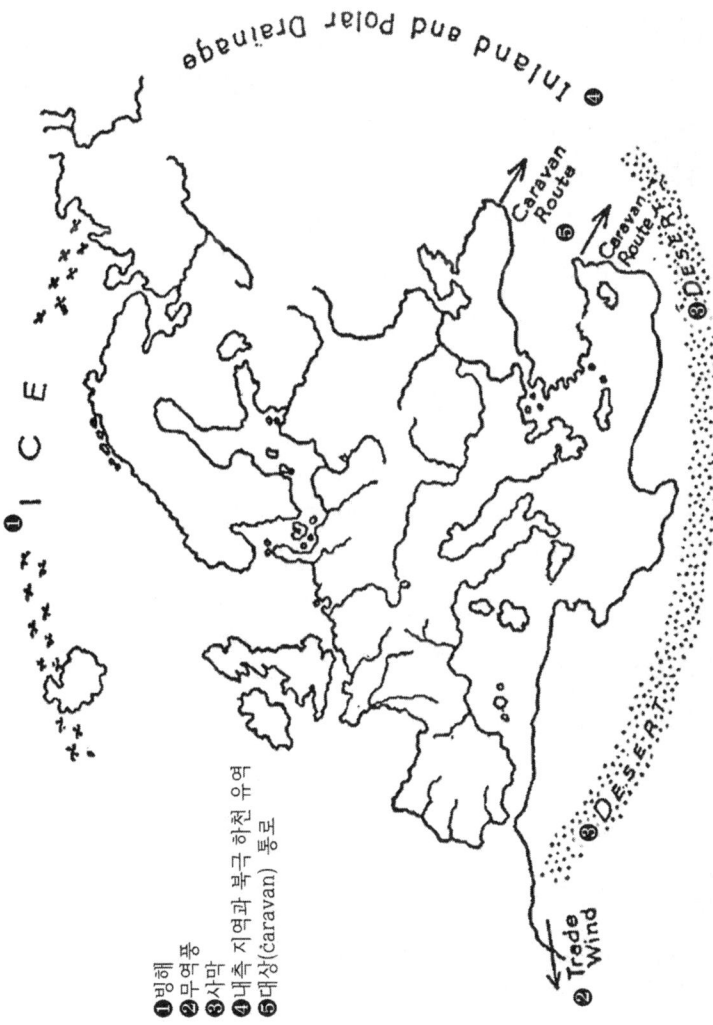

❶빙해
❷무역풍
❸사막
❹내륙 지역과 북극 하천 유역
❺대상(caravan) 통로

[그림9] 유럽 뱃사람이 이용한 하천과 해안 통로. 유럽이 전체 육지 면적은 지구 표면적이 2%도 안된다. 이것은 중세 기독교 왕국과 감옥이었지만, 현대 기독교 왕국의 해양 기지였다.

제3장 • 뱃사람이 보는 관점   77

비교적 작은 규모의 오아시스 지역에 기반을 두고 생활하였다. 그래서 이 교도인 이들은, 인력을 무한정 마음대로 쓸 수 없었다. 다른 한편으로 라틴 반도의 해측(海側)을 따라 바이킹의 위협도 있었으나, 심각한 건 아니었다. 그 까닭은 거칠고 잔인했지만 여전히 이교도였던 노르만족[151]은 − 오아시스보다 좁고 빈한(貧寒)한 − 피오르드 계곡에 터전을 잡았기 때문이다. 정착한 곳 − 영국, 노르망디, 시칠리아 혹은 러시아 − 마다 소수였던 바이킹은 구래(舊來)의 토착 민족에 흡수되었다. 따라서 유럽은 남동 방향에서 내습한 적의 위협을 물리치기 위해 전 방어력(全 防禦力)을 사용할 수 있었다. 그러나 유럽 문명이 정상 궤도(正常軌道)에 올라 관성이 붙음에 따라, 해양의 정면(正面)에 할애할 수 있는 세력이 발생하였다. 말하자면 베네치아와 오스트리아 세력이었고, 이는 그 뒤 터키인과 싸우기에 충분하였다.

　북구(北歐)의 노르만디족이 그린란드(Greenland)[152] 지역에서 북(北) 빙해(氷海)를 돌파하려고 시도하였으나, 실패하여 실질적인 성과(成果)는 없었다. 그 뒤에, 남구(南歐)의 포르투갈인이 아프리카 연안을 돌아 인도 제국(諸國)[153]으로 가는 해로를 발견하기 위해 떠났다. 이 모험은, 영국인과 포르투갈인 사이의 혼혈(混血) '항해 왕자(the Navigator)' 헨리 왕자(Prince

---

[151]　바이킹

[152]　대서양과 북극해 사이에 위치한 세계에서 가장 큰 섬

[153]　the East Indies(동인도 제도)라고 부르기도 한다. 주로 남·동남 아시아 지역을 뜻한다. 좁은 의미로는 인도를 제외한, 인도네시아 제도, 필리핀, 말레이시아, 부르나 등이 있는 지역으로 보기도 한다. 대항해 시대, 처음에 아메리카를 실수로 서인도라고 불렀기 때문에, 인도와 그 주변 지역을 동인도라고 하였다.

Henry)[154]의 지시로 고무되었다. 자주 베네치아에서 영국까지 연안 항해를 하면서 생애의 태반(太半)을 보낸, 콜럼버스(Columbus)[155]와 같은 항해사들이, 지브롤터 해협에서 출발하여 남방으로의 탐험 항해를 그렇게 오랫동안 늦추었다는 점은 언뜻 보아서는 이상한 것 같다. 마침내 이들이 아프리카의 윤곽(輪郭)을 알아내고자 노력했을 때, 거의 매년 항해하였음에도 불구하고, 1498년 다가마(Da Gama)[156]가 인도양 항로로 안내하는 데까지 이 세대 약 반세기(半世紀) 이상의 시간이 걸렸다는 건 의아(疑訝)한 일인 것 같다. 이들이 어려움을 겪었던 이유는 자연적인 것이었다. 위도상 카나리아 제도(諸島, Carnary Islands)[157]의 위도(緯度)에서 카보베르데(Cape Verde)[158]의 위도에 이르는 천 마일[159]에 달하는 아프리카 서안은 타는 듯이 뜨거운 사막의 연속이었다. 왜냐하면 건조한 무역풍이, 이곳에서 끊임없이 육지를 향하여 뿜어 댔기 때문이다. 이런 끝없이 부는 안정적인 순풍을

---

[154] 1394~1460, 포루투갈의 포르토에서 태어났으며, 포르투갈 왕국의 왕자이다. 대항해 시대 초기에 큰 영향을 미쳤다. 헨리 항해 왕자로 불리기도 한다. 아프리카 우회 항로 개척을 후원하였다.

[155] 1451~1506, 이탈리아의 탐험가, 항해사, 식민주의자, 스페인의 카톨릭 군주의 후원으로 대서양을 네 차례 횡단하였다.

[156] Vasco da Gama 1649~1524, 포르투갈의 탐험가, 희망봉을 돌아 인도까지 항해한 유럽 최초의 항해가이다.

[157] 아프리카 대륙에 가까운 대서양에 위치하는 7개의 섬으로 현재 스페인령 군도이다.

[158] 대서양의 가운데, 북서 아프리카 서쪽에 있는 마카로네시아에 위치한 제도(諸島)이다.

[159] 약 1,693킬로미터

타고, 남방으로 항해하는 일은 비교적 쉬울 수 있었다. 그러나 현대적인 쾌속 범선처럼 바람을 안고 항해할 수 없었던 선박이, 원출발지로 어떻게 되돌아 올 수 있었을까? 이들은 바람을 안고 광활한 대양으로 항해하는 걸 극력(極力) 피하였거나 신선한 식량과 물을 공급받을 어떤 장소도 없는 아프리카 연안을 따라 끈덕지게 고향행(故鄕行) 항로를 – 괴혈병이라는 역병을 정복하지 못했던 시기에 – 유지할 수 없었을까?

포르투갈인이 인도양으로의 해로(海路)를 발견하자마자, 아랍인의 다우선 (Arab dhows)[160]의 저항 문제는 해결되었다. 유럽은 적의 배후(背後)에서 습격하였다. 유럽은 – 이를테면 크세르크세스 1세(Xerxes)[161], 알렉산드로스(Alexander)[162], 한니발(Hannibal)[163]과 십자군이 바다를 피하여 육로로 진군하여 해양 세력을 역으로 친 바와 같이 – 육지를 우회하여 해로(海路)로 나아가 육상 세력에 역공세(逆攻勢)를 취하였다.

이때부터 1869년 수에즈 운하가 개통될 때까지, 아프리카의 희망봉(希望峰, the Cape)을 돌아 인도와 극동의 중국과 일본까지 항해한 유럽의 뱃사람의 선박 수(數)가 점증(漸增)하였다. 당시 끝없는 위험을 무릅쓰고 이 년에 걸쳐 아시아 대륙의 북측을 통과하여 항해에 성공한 선박은, 스웨덴 남

---

[160] 아랍의 삼각돛 연안 무역선이다. 고대부터 인도양과 아리비아해에서 활약한 전통적인 목조 선박이다. 아랍인이 만들었다는 사람도 있다. 그 기원에 대한 정확한 설명은 불명확하다.

[161] 기원전 519?~415

[162] 기원전 356~323

[163] 기원전 247~183

작 노르덴셜드(Nils Adolf Erik Nordenskiold)[164]의 베가(Vega) 한 척뿐이었다. 베가가 3대륙[165]을 우연히 전주(全周) 항해한 것은 아니었다. 왜냐하면 베가는 노르웨이의 트롬쇠[166]에서 출발하여 시베리아를 통과 알래스카[167]로 항해하여 다시 중국, 스리랑카[168]를 지나 수에즈 운하를 통과하여 스웨덴의 스톡홀름으로 돌아왔기 때문이다. 19세기까지, 단순한 모험적 시도를 빼고,인도를 통한 육로 여행을 삼가야만 하였다. 사실 인도 이동(以東) 제국(諸國)과의 무역은 - 의심할 바 없이 용감하게 한 지점에서 다른 지점으로 - 남향의 거대한 갑(大岬)[169]을 우회하는 연안 항해로 이루어졌다. 이와 같은 갑의 한 측면에서는 유럽·아프리카 연안이 있으며, 다른 한편으로 아프리카·아시아 연안이 있었다. 인도 제국(諸國)으로의 교통이라는 관점에서 보면, 세계는 하나의 거대한 갑(岬)인데, 영국과 일본 사이에서 남쪽으로 돌출된다. 과거 그리스 반도와 라틴 반도 주위를 해양 세력이 에워싼 바와 같이, 세계갑(岬, the World promontory)을 해양 세력이 포위하였다. 그 모든 해안은 해상 무역에 개방되든지 바다로부터 공격을 받을 수 있

---

[164] 1832~1901, 핀란드 대공국 출신의 탐험가, 지질학자, 광물학자, 북유럽과 동아시아를 연결하는 최단의 항로인 북동 항로(Northeast passage)를 개척하였다 (1878~80).

[165] 아시아, 아프리카, 유럽, Triple Continent

[166] Tromsø, 노르웨이 북부에 위치한 도시. 노르웨이 북부 지방의 중심 도시이다.

[167] 북아메리카 북서쪽 상단에 위치한 미국의 한 주. 미국의 주 가운데 면적이 가장 크다.

[168] 남아시아 인도의 남동쪽에 있는 포크 해협 근처에 있는 공화국

[169] 세계갑

었다. 뱃사람은, 자연스럽게, 대륙의 앞바다에서 떨어진 작은 섬과 작은 반도를 무역 또는 교전을 위한 지역 기지로 삼았다. 보기를 들면 작은 섬에 위치한 케냐의 몸바사(Mombasa)[170] 인도의 뭄바이(Bombay)[171] 싱가포르(Singapore) 홍콩(Hongkong) 또는 소반도(小半島)에 위치한 아프리카 남단의 희망봉과 예멘의 아덴(Aden)[172]을 들 수 있다. 이와 같은 지리적 기지는 선박 피난소와 무기와 식량의 저장소로서 중요하였다. 해양 세력이 점점 용감히 나서면서 강대(强大)해지자, 대하로(大河路)의 입구 가끼이 있는 지역인 상하이[173]와 콜카타[174]에 자신들의 상업 도시(商業 都市)를 건설하였다. 거기에서 생산적이며 인구가 많은 시장 지역으로 침투할 수 있었다. 유럽의 해양 민족은 우수한 기동성으로 약 사백 년 동안 아프리카와 아시아의 육상 민족을 압도하였다.

이슬람 세력이 비교적 약화되었기 때문에 기독교 세계에 대한 당면의 위험이 사라졌다. 이것은, 중세 말기 중세 유럽이 와해된 확실한 이유 가운

---

[170] 인도양에 접한 케냐에서 둘째로 큰 도시이다. 전략적 중요성으로 영국과 포르투갈 등 여러 나라의 지배를 받았다.

[171] 1995년까지 봄베이로 불렸다. 인도 최대 도시이며, 여러 문화가 공존하는 세계 도시이다.

[172] 아라비아 남단에 위치한 예멘 공화국의 항만 도시이다. 1990년 북예멘과 남예멘이 통일되어 예멘 공화국이 탄생하였다.

[173] 중국 최대 도시이다. 장강의 하구에 있다. 1842년 난징 조약으로 개항하였으며, 영국, 프랑스는 조계지를 상하이에 세웠다.

[174] 인도의 서 벵갈주(州)의 도시이다. 영국 제국주의 정책의 중요한 근거지로 세워졌으며, 영국령 인도의 수도이기도 하였다. 2001년 이름을 캘커타에서 콜카타로 바꾸었다. 후글리 강 언덕에있으며 후글리 강은 갠지스 강의 지류이다.

데 하나이다. 이미 1493년 로마 교황 알렉산데르 6세[175]는, 스페인·포르투갈 뱃사람의 분쟁을 막기 위하여 북극에서 남극에 걸쳐 카보베르데(Cape Verde)[176] 제도의 서쪽 400킬로미터 지점을 경계선[177]으로 규정한 유명한 교서를 발표하지 않을 수 없었다.[178] 중세 유럽이 와해됨으로써, 다섯 해양

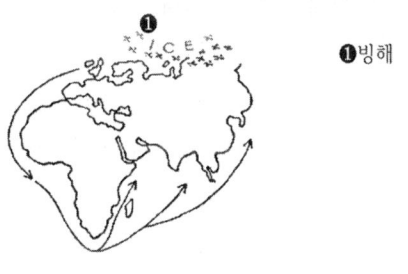

【그림10】 세계 갑(岬)

강국인 포르투갈, 스페인, 프랑스, 덴마크, 영국이 서로 경쟁하게 되었다. 분명히 십자군의 이상이었던 기독교 세계의 통일의 꿈은 사라졌다.

지금까지 고찰한 바를 정리하면 − 해양 세력이 고대(古代)에서 현대적 상황에 이르는 − 과도기(過渡期)는 약 천 년이었다. 이런 과도기의 결말

---

[175]   1492~1504, 로마 교황, 아주 논쟁적인 인물로 보기도 하는데, 그의 별명 보르지아(Borgia)는, 방탕과 연고주의의 대명사가 되기도 하였다.

[176]   대서양의 가운데, 북서 아프리카 서쪽에 있는 마카로네시아에 위치한 제도(諸島)이다.

[177]   경도 38도

[178]   토르데시야스 조약

로 그리스 반도의 운명을 라틴 반도의 운명과 대조·비교하려는 유혹을 뿌리칠 수 없을 정도이다. 반도국(半島國)인 그리스와 도서국(島嶼國)인 크레타와의 관계는, 라틴 반도와 브리튼섬의 관계를 암시한다. 도리스인(Dorians)[179]의 치세 동안 그리스 반도의 풍부한 자원을 이용하여 도리스인은 크레타섬을 정복하였다. 후에 그리스 반도에는 스파르타와 아테네가 대립함으로써 그리스 반도를 해양 기지로 충분히 이용할 수 없었다. 따라서 이와 동일하게 그리스 반도보다 더 큰 라틴 반도와 크레타섬보다 더 근 브리튼섬의 경우에는, 라틴 반도 본토에서 온 로마 군단이 브리튼섬을 정복·지배하였다. 그러나 중세가 막을 내리게 되었을 때 서로 싸우는 몇몇 해양 기지들이 라틴 반도를 차지하였다. 앞에서 고찰한 바와 같이 마케도니아가 아테네와 스파르타를 침공한 것처럼, 각각의 해양 기지는 배후 육상 세력으로부터 공격을 받기 쉬웠다. 이와 같은 라틴 해양 기지 가운데 한 기지인 베네치아는 이슬람과 대치하였고, 나머지 기지들은 해양 제패를 위하여 서로 죽일 정도로 불화·대립하였다. 그래서 약소 도서 기지인 영국은 결국 어부지리(漁父之利)를 얻게 되었다. 그 뒤 라틴 반도에 통일 해양 세력이 등장하지 않게 되자, 역으로 영국이 라틴 반도를 포위·봉쇄하는 세력의 근거지 기능을 하게 되었다.

   그레이트브리튼(大英國島, Great Britain) 자체도 18세기까지 실제로 통합되지 않았다는 건 진실이다. 그러나 — 스코틀랜드인과 웨일스(Welsh)인이 적이든 파트너이든 간에 — 영국의 지형은 항상 그레이트브리튼의 남

---

[179] 도리아인이라고도 한다. 고대 그리스를 구성한 부족들 가운데 하나이며, 기원전 1100년쯤 그리스를 침공하여 펠로폰네소스 반도에 정착하였다. 도리스인의 대표적 도시 국가가 스파르타이다. 크레타섬에도 거주하였다고 한다.

부에 거주하는 잉글랜드인에게 유리하였다. 자연 지리적 사실이 결정적인 역할을 하였다. 노르만 왕조[180] 시대에서부터 석탄을 기초로 하여 근대 공업이 성장할 때까지, 잉글랜드 민족의 구성은 거의 기묘할 정도로 단순했다. 뒷날 스코틀랜드·아일랜드의 역사가 자신의 시대 흐름을 잉글랜드와 혼동할 때까지, 다름 아닌 이런 구성이 잉글랜드 역사가 웅장한 서사시(敍事詩)적 감정을 불러일키게끔 하였다. 서부·북부 산악 지대와 동부와 서부의 해협(the Narrow Seas)[181] 사이에 있는 풍요한 평야, 백성인 농부, 유일의 왕, 유일의 의회, 조수 간만 차가 상류까지 미치는 하나의 강, 중앙 시장과 항구의 기능을 겸비한 유일의 대도시가 있었다. 이와 같은 요소에 기반을 두고 바로 잉글랜드가 건설되었으며 – 스페인 무적 함대[182]가 영국 해협을 침입했던 엘리자베드 여왕 치하(治下)의 그날 밤 – 플리머스(Plymouth)[183] 언덕에서부터 베릭온트위드(Berwick-on-Tweed)[184]까지 적습(敵襲) 경고 봉홧불을 켜서 올렸다. 엘리자베드 1세 시대 영국의 모습은, 그 규모가 적었을지라도, 로마 제국의 초창기의 것과 비슷하였다. 즉 라티움, 테베레 강, 도시 국가, 원로원으로 통일된 로마의 시민이, 비슷한 행

---

[180] 중세 잉글랜드 왕국의 왕조로, 1066년에서 1154년까지 지속되었다.

[181] 도버 해협과 영국 해협

[182] 1588년 코루나에서 출발하여 잉글랜드 침공을 위해 파견한 스페인 함대를 뜻한다. 해상 제패 세력인 스페인과 도전국인 잉글랜드 사이에 있었던 아르마다 해전이 터졌다. 스페인은 목적을 달성하지 못했으며, 이는 잉글랜드가 해상 세력으로 부상하는 전환점이 되었다.

[183] 잉글랜드 남서부에 위치한 항만 도시이다. 스페인 무적함대와 해전에서 잉글랜드 함대가 출항한 지역이다.

[184] 잉글랜드 북부 지역의 북해 연안에 있는 도시

정력과 부를 지녔다는 것이다. 역사적으로 진정한 영국 해양 세력의 기지는 풍요하고 대륙에서 고립된 잉글랜드의 평야였으며, 나중에 평야 주변에서

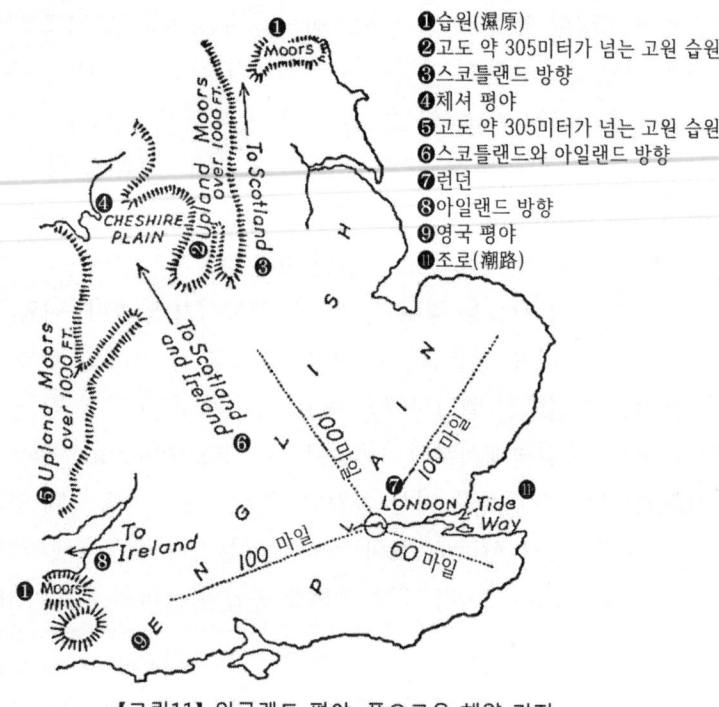

【그림11】 잉글랜드 평야, 풍요로운 해양 기지

❶습원(濕原)
❷고도 약 305미터가 넘는 고원 습원
❸스코틀랜드 방향
❹체셔 평야
❺고도 약 305미터가 넘는 고원 습원
❻스코틀랜드와 아일랜드 방향
❼런던
❽아일랜드 방향
❾영국 평야
❿조로(潮路)

생산된 석탄과 철의 힘이 추가되었다. 영국 해군(Royal Navy)의 군함기(軍艦旗, white ensign)는 – 어느 정도 역사적으로 정당하게 – 중심 세력을 과시하고 소(小)파트너를 위한 '특수한 뜻(diffidence)'을 지닌 흰 바탕에 잉

글랜드의 수호신(守護神) 성 게오르기우스 (St. George)[185]의 붉은 십자가가 있는 깃발[186]이다.[187]

지난 삼백 년 동안의 영국 역사를 통하여 해양 세력의 모든 특성을 검토할 수 있다고 해도 과언(過言)이 아니다. 그러나 추가된 일체의 모든 것에 필요한 유일의 것은, 본거지(home-base)인 대영국도가 지닌 풍요롭고 확실한 생산력이었다. 영국인은 영불 해협을 수호하는 신(神)께 감사해야한다는 말을 듣고 있다. 위기의 해인 1918년 **해양 민족**(*a seafaring people*)[188]으로 영국 평야의 풍요로운 추수를 음미함으로써, 동시에 영국인은 적지 않게 풍요한 국토(國土)에 감사하지 않을 수 없음을 마음에 사무치게 느낄 것이다. 크레타섬은 그리스 반도 출신의 도리스 사람한테 정복당하지 않을 수 없었다.

지난 3세기가 지나면서 대안(對岸)의 라틴 반도 해안 전면으로부터 영국 해양 세력을 전복하려는 시도가 네 차례나 있었으나 실패하였다. 첫째 스페인으로부터 둘째 네덜란드로부터 마지막 두 번은 프랑스로부터였다. 마침내, 트라팔가르(Trafalgar) 해전[189]에서의 승리를 계기로 삼아, 영국 해양

---

[185]   ?~303?

[186]   성 게오르기우스의 붉은 색 십자가는 잉글랜드의 국기에 사용되고 있다. 이 깃발은 잉글랜드와 스코틀랜드, 아일랜드가 연합 왕국을 이루자, 변경되었다.

[187]   영국 군함기는, 깃발의 왼편 위쪽 구석에 성 게오르기스의 십자가를 넣어 16세에 처음으로 사용되었으며, 17세기에 들어와 흰 바탕 깃발의 왼편 위쪽 구석의 작은 구획에 성 게르기우스(성 조지)의 십자가를 그려 넣었다. 나중에 흰 바탕의 깃발에 붉은 색 십자가를 그려넣고 왼편 위쪽 구획에 유니온 잭을 그려 넣어 변화된다.

[188]   항해 민족

[189]   1805년 10월 21일 스페인의 트랄팔가 갑(岬)에서 터진 해전으로, 영국 해군과 스페인·프랑스 연합 함대가 충돌하였으나, 영국 해군 제독 넬슨이 승리를 거두었다. 나폴

세력은 지브롤터, 몰타(Malta),[190] 헬리고란트(Heligoland)[191]에 보조 기지를 소유함으로써, 라틴 반도를 완전히 포위하였다. 적 사략선(敵 私掠船)이 날뛰었음에도 불구하고, 대륙 해안선은 사실상 영국의 국경선(國境線)이 되었고 영국은 여유 있게 해상전(海上戰)을 준비할 수 있었다. 따라서 영국은 스페인에서 '반도' 전쟁[192]을 착수하였으며, 영국의 군사 동맹국의 도움을 받아 네덜란드에 군대를 상륙시켰다. 당시 영국은 네덜란드의 발헤렌섬(Walcheren)[193]과 스페인의 코루냐(Corunna)[194]에서 군대를 철수시킴으로써, 갈리폴리(Gallipoli) 작전[195]을 위한 예행 연습을 했을 정도이다.

레옹 1세의 영국 본토 상륙의 야망이 좌절되었다.

[190]　지중해에 있는 섬

[191]　북해에 위치한 작은 섬, 영국은 1807년부터 1890년까지 이 섬을 점유하였다.

[192]　1808~1814, 나폴레옹 전쟁시 스페인 반도에서, 스페인군, 포르투갈군, 잉글랜드군의 연합군과 프랑스 군대 사이에 터진 전쟁이다. 스페인에서는 스페인 독립 전쟁이라고 한다. 프랑스의 지배에서 벗어나기 위한 전쟁이었는데, 영국과 스페인이 승리를 거두었다. 영국의 장군은 웰링턴이었다.

[193]　네덜란드 서남부에 있는 섬, 1809년 영국 원정대가 나폴레옹 전쟁에서 오스트리아를 돕기 위해 발헤렌섬에 상륙하였다. 발헤렌 전투라고 한다.

[194]　1809년 반도 전쟁의 일부로 스페인의 코루냐에서 프랑스군과 영국군 사이에 갈리시아 지방의 코루냐에서 전투가 터졌다. 그 결과 영국군이 갈리아 지방에서 철수하였으며, 스페인 북부는 프랑스군의 수중에 떨어졌다.

[195]　1915. 제1차 세계 대전이 진행되는 중에 연합군이 동맹군 측인 오스만 제국의 수도 이스탄불을 점령하기 위해 다다르다넬스 해협 서쪽에 있는 갈리폴리 반도에서 행한 상륙 작전이다. 오스만 군대가 승리를 거두고 영국은 1906년 철수하였다.

나폴레옹 전쟁[196]이 끝나자, 영국 해양 세력에 도전할 수 있는 국가는 없었다. 영국은 대세계갑(大世界岬)에 돌출한 희망봉을 돌아 일본에 이르는 해상 항로를 지배하였다. 이 해상에서 영국 상선은 대영 제국 영토의 일부였다. 외국에 투하한 영국 자본은, 영국 자산의 일부였고 런던 금융가(the City of London)[197]의 통제를 받았다. 이는 세계 도처에서 해양 세력을 유지하는 데 이용되었다. 이것은 자랑스럽고 이윤이 남는 위치였으며, 빅토리아 중기 시대[198] 사람은 － 도서 영국이 해양을 지배하여야 한다는 걸 －거의 자연의 법칙으로 고찰할 정도로 확고부동(確固不動)한 것 같았다. 아마도 다른 세계인으로부터 영국인이 얻은 평판은 좋지 않았다고 해도 무리(無理)가 아니다. 영국 해협 배후에 있는 영국의 지리적 위치는 영국인 부당한 이득을 취하고 있다는 느낌을 준다. 그러나 전함(戰艦)은 산맥을 항해할 수 없다. 플랜태저넷(Plantagenet) 조[199]가 프랑스와 몇 차례 전쟁을 치른 뒤, 영국은 영원히 유럽 영토로 정복하려고 하지 않았다. 19세기 영국에 대한 외국 역사가(歷史家)의 평결이 －그의 교장을 '짐승 같은 놈[200] 그러나 공정한 짐승 같은 분'으로 묘사하였던 － 유명한 남학생[201]의 표현과 비슷하길

---

[196] 1803~1815

[197] 잉글랜드의 런던 중심부에 있는 지구이다. 런던의 상업·금융 중심 지역으로 국제 금융 시장을 형성한 곳이다.

[198] 빅토리아 여왕아 통치한 중간 시기로, 1837~1901년에 해당된다.

[199] 중세 잉글랜드 왕국의 왕조이다. 1154년에서 1485년까지 지속되었다.

[200]   엄한 선생, 잔소리꾼

[201] 19세기 잉글랜 중부의 도시 럭비 사립학교(public school) 남학생은 교장 아널드(Thomas Arnold)를 'a beast, but a just beast'라고 하였다.

영국인이 바랄 수 있다.

 아마 영국 해양 세력의 최대 결과는, 제1차 세계 대전 이전, 수십 년 동안 인도양에서 점한 위치였다. 영국의 인도 '통치(Raj)'는[202] 해상으로부터의 지원에 의존하였다. 그러나 희망봉에서 인도를 거쳐 오스트레일리아에 이르는 해상(海上)에 한 척의 영국 전함 또는 일급 순양함(巡洋艦)의 그림자도 없었다. 요컨대, 인도양은 '일종의 '폐쇄해'였다. 영국은 그 해안선 대부분을 점유했거나 '보호'했다.' 나머지 해역의 외측(前面, frontage)은 − 네덜란드령 동인도 제도처럼 − 섬 또는 −포르투갈령 모잠비크와 독일령 동아프리카처럼 − 대륙에 속하였다. 하지만 당시 교통 조건으로 보면 유럽에서 육로(landway)로 접근할 수 없는 곳이었다. 페르시아만을 제외하고, 안전 보장과 필요한 자원을 겸비하고 해상 세력의 맞수가 될 만한 유력한 기지를 세울 만 한 곳은 없었다. 페르시아만의 페르시아 측 또는 터키 측에 어떤 해양 기지의 설립도 허용하지 않는다는 정책을, 영국은 기정(既定) 방침으로 굳혔다. 라인 강 연안(沿岸) 지역의 변경을 따라 군단을 배치한 고대 로마인이 폐쇄한 지중해는, 인도의 북서 국경 지역에 영국 육군을 배치하여 폐쇄한 인도양은 매우 비슷하다. 지중해의 폐쇄가 로마 군단에 달려 있었으나 인도양의 폐쇄는 본거지(the Home base, 영국도)에서 유지된 해양 세력 자체의 장거리 행동력으로 유지되었다는 게 다르다.

❦ ❦ ❦ ❦ ❦

---

[202] British Raj, 잉글랜드령 인도 제국을 의미한다. Raj는 산스크리트어와 힌두스탄어로 통치(rule, 지배)라는 뜻이다.

위에서 말한 해양 세력의 흥망성쇠(興亡盛衰)를 짧게 검토하는 데, 일국의 해양 독점 지배라는 진부한 주제를 생각하기 위해 멈춰 설 필요는 없다. 대양의 연속성과 선박의 기동성이란 이유에서, 해상 결전(海上 決戰)이 터질 경우에, 직접적이며 광범위한 결과를 낳을 것이라는 점을 현재 삼척동자라도 안다. 카이사르[203]는 악티움 해전[204]에서 안토니우스(Antony)[205]를 격파했으며, 카이사르의 위령(威令)은 즉시 모든 지중해 연안에서 서지 않을 수 없었다. 영국은 스페인과의 트라팔가르 해전[206]에서 결정적 승리를 거두었고, 영국의 적들의 함대[敵 艦隊]를 모든 대양에서 물리칠 수 있었다. 따라서 영국은 원하는 어떤 해안으로도 자국 군대를 마음대로 수송하고 철수할 수 있었고, 외국의 물자와 보급품을 본국으로 수송(輸送)할 수 있었고, 어떤 해안 적성 국가가 해양 정면을 소유할지라도, 영국은 외교 협상에서 이런 나라에 압력을 행사할 수 있었다. 여기에서 우리가 논하고자 하는 것은 오히려 해양 세력 기지와 육상 세력 기지의 관계이다. 결국 대국적(大局

---

[203] 100~44기원전, 고대 로마 공화정의 정치가, 군인, 문필가이다. 기원전 44년 암살당하였다. Et tu Brute?(브루투스 너마저?)로 유명하다. 친한 사람한테 배신을 당한다는 의미이다.

[204] 기원전 31년 9월 로마 공화정에서 옥타비아누스파와 안토니우스·클레오파트라파 간에 터진 해전이다. 전자가 승리하였다. 장소는 이오니라해의 고대 도시 악티움의 앞바다이다.

[205] 기원전 83~30. 로마 공화국의 정치가, 장군, 셰익스피어의 희곡 『안토니와 클레오파트라』로 유명하다.

[206] 1805년 10월 21일 스페인의 트랄팔가르 갑(岬)에서 터진 해전으로, 영국 해군과 스페인·프랑스 연합 함대가 충돌하였으나, 영국 해군 제독 넬슨이 승리를 거두었다. 나폴레옹 1세의 영국 본토 상륙의 야망이 좌절되었다.

的) 견지(見地)에서 보면 이것이 가장 중요한 문제이다. 이집트의 나일 강에 군선(軍船)이 활동함으로써 그 유역 일체를 자족적인 폐쇄 사회로 만들고 풍요한 기지 ― 전(全) 이집트 ― 를 통제한 유일의 육상 세력이 등장하였다. 도서 기지인 크레타를 그리스 반도 기지가 정복하였다. 그리스인과 페니키아인으로부터 공평하게 그 기지를 빼앗음으로써, 마케도니아 육상 세력은 그리스와 페니키아 양쪽 전함의 동부 지중해 출입을 막았다. 한니발이 육상으로 로마 해양 세력의 반도 기지를 공격하였다. 육상에서의 승리가 로마의 반도 기지를 구했다. 카이사르는 해상에서의 승리를 통하여 전지중해를 지배하였다. 그 뒤 로마는 육지의 국경 지대를 방어함으로써 지중해상의 패자(覇者)지위를 유지하였다. 중세의 라틴 기독교 세계는 라틴 반도에 근거를 두고 해측(海側)을 지켰다. 그러나 라틴 반도에서 서로 대항하는 국가들이 성장하고 몇몇 해양 세력 기지가 마련되었다. 이 기지 모두는 육상으로부터 공격에 대처할 수 없었다. 이 때문에 해상의 패권이 영국이라는 작은 섬나라로 이양되었고, 다행스럽게도 영국은 비옥한 토지와 석탄의 보고였다. 이처럼 기반을 잡은 해양 세력에 의거하여, 모험적 영국인은 거대한 해외 식민 제국, 대농장(plantation), 저장 기지(depot), 보호령을 설립하였고, 해상 수송 군대를 이용하여 인도와 이집트에 지역적인 육상 세력을 유지하였다. 결과적으로 영국 해양 세력의 성과는 너무 인상적(印象的)이었으므로 역사의 경고를 망각하는 경향 및 해양 세력을 보통 ― 바다가 통합되었기 때문에 ―육상 세력과의 항쟁에서 육상 세력을 꼼짝 못하게 할 것으로 보는 경향이 자리 잡았다.

❦ ❦ ❦ ❦ ❦

제1차 세계 대전 그리고 제1차 세계 대전으로 이끈 전쟁 전 사건들에서, 해양 세력은 사실 역사상 가장 큰 역할을 하였다. 약 이십 년 전 영국 함대가 대포 한방 쏘지 않고 3회의 대승을 거두었다. 첫 승전지는 태평양의 마닐라(Manila)[207]였다. 미국-스페인 전쟁[208]이 터지자 독일 함대가, 미국에 패한 스페인 함대를 보호하기 위해 개입하겠다고 위협했을 때였다. 친미 정책을 추진한 영국 함대가 미국 함대 근처에서 지원을 위해 대기하고 있었으나, 전쟁은 미국의 승리로 끝났다. 이 유일의 사건이 지닌 의의를 지나치게 강조하지 않고서도, 미국-스페인 전쟁 동안 열강(列强)의 힘의 관계를 쉽게 이해할 수 있다. 미국은 대서양과 태평양 양쪽에 있는 해외 영토[209]를 얻었고, 파나마 운하[210] 건설 사업에 정식으로 착수하였다. 그 이유는 섬나라의 지위를 활용하여 군함을 자유롭게 이동하려는 목적을 세웠기 때문이었다. 따라서 미국과 영국의 전쟁 이후, 영국과 미국의 가슴을 화해하기 위한 첫 조치가 취해졌고, 이는 미국-스페인 전쟁에서 영국이 취한 행동에서 알 수 있다. 더욱이 미국의 먼로주의(Monroe Doctrine)[211]는 남아메리카에 관한

---

[207] 현재 필리핀의 수도이다. 루손섬 중서부에 있다.

[208] 1898, 미국과 스페인 사이에 터진 전쟁으로, 스페인이 패하고 미국이 필리핀, 쿠바, 괌 등을 차지하였다.

[209] 필리핀과 쿠바

[210] 태평양과 대서양을 연결하는 파나마 지협을 관통해 세운 갑문식 운하이다. 전체 길이는 약 82킬로미터이다. 프랑스인이 운하 건설을 시작했으나, 미국이 완성하였다.

[211] 미국이 유럽 나라들에 대항하여 아메리카 대륙과 유럽 대륙 간의 상호 불간섭을 주장한 정책이다. 제5대 미국 대통령인 먼로가 1823년 의회에서 발표하였으며, 먼로 선언이라고 하기도 한다. 유럽 나라들 사이의 분쟁에 간섭하지 않으며, 아메리카의

한 지지를 받았다.

　남아프리카 전쟁[212] 동안 영국 함대가 제해권(制海權)을 확보하였을 때 둘째 승리를 거두었다. 이 전쟁은 영국이 인도 통치를 유지하는 데 결정적으로 중요한 것이었다. 영국 함대가 일러 전쟁[213] 을 수수방관(袖手傍觀)하면서도 일본을 지원하여 일본이 승리를 거두어 우연히 중국이 문호를 계속 개방하도록 하는 성과를 내었을 때 셋째 승리를 이끌었다. 세 경우 모두에서 영국 함대가 개입하지 않았다면 세계의 역사는 크게 달라졌을 것이다. 그렇지만 아마도 그 결과로 독일이 함대법(Navy Law)[214]을 개정하여 해군력을 확장하게 되어 독일 함대가 성장하여 영국에 대항하자, 극동 수역과 지중해로부터 영국 함대 병력이 철수하게 되었다. 영국은, 극동 수역에서는 일본 해양 세력과 지중해에서는 프랑스 해양 세력과 제휴하였던 상황이었다.

　제1차 세계 대전 자체는 통상적(通常的)인 절차로 시작되었다. 1917년에 이르러서야, 분명히 새로운 국면의 현실(Reality)이 전개되었다. 영국 함대

식민화를 더이상 원하지 않는다는 뜻을 담고 있는데, 미국 고립주의 외교 정책의 대명사라 할 수 있다.

[212]　1899~1902, 보어 전쟁, 앵글로-보어 전쟁 등으로 불리며, 영국과 보어 공화국들 - 남아프리카 공화국과 오렌지 자유국 - 사이에 터진 전쟁으로 영국이 승리하였다.

[213]　1904~5, 일•러 전쟁으로 한반도와 만주의 권익을 둘러싸고 일본과 러시아 사이에 터진 전쟁이다. 일본이 승리하였으며, 해양 세력인 미국의 중재로 포츠머스 조약(1905)으로 끝났다. 결과적으로 한반도는 일본의 영향권에 들게 되었다.

[214]　독일이 1898년, 1900년, 1908년, 1923년 각각 세운 다섯 법령이다. 독일 황제 빌헬름 2세가 해군 대신인 제독 알프레드 폰 티르피츠에게 영국 해군과 맞설 수 있는 해군을 건설하게끔 한 것이 그 골자이다.

는 바로 전투의 초동 단계(初動 段階)에서 이미 제해권(制海權)을 확보하였고, 프랑스 함대와의 협력으로 유럽 반도를 포위하여 전장(戰場)을 유럽 반도에 한정하는 역할을 하였다. 독일 식민지의 독일 군대는 고립되었고 독일 상선대(商船隊)는 해상에서 구축(驅逐)되었다. 영국 파견군은 한 명의 군인 또는 말(馬) 한 마리도 잃지 않고, 영국 해협을 넘어 유럽으로 수송되었다. 필요한 물자는 영국과 프랑스의 해외로부터 안전하게 보급(補給)되었다. 한 마디로 말하면, 영국과 프랑스의 영토는 전쟁 목적상 하나가 되었고 양국의 공동 국경(boundary)은 계속 확대되어 독일 연안 지역(coast)이 포탄 사정(射程) 거리에 들었다. 몇몇 프랑스 도(道, departments)가 잠시 독일에 점령된 것과 같은 매우 고통스러운 일시적 사태에 비기면, 이것은 대단한 사실이었다. 마른 강(Marne) 전투[215] 직후 정확한 유럽 전세도(戰勢圖)를 보면, 프랑스-영국 전선(前線) 지대를 확인할 수 있다. 이 지대는 노르웨이, 덴마크, 독일, 네덜란드, 벨기에 해안을 따라 – 중립국인 경우 해안에서 3마일[216]의 거리를 두고 – 벨기에와 프랑스 내부를 거쳐 스위스 국경 쥐라 산맥(Jura)[217]까지 꾸불꾸불한 선을 그린다. 이 경계의 서쪽에서 영국과 프랑스 양국은 육상으로든 해상으로든 자유롭게 적에 대항하여 자신을 방어할 준비를 할 수 있었다. 구 개월 뒤 이탈리아는 대담하게 연합국[218]에 가담

---

[215] 1914년 9월 벨기에를 돌파한 독일군이 프랑스의 마른 강 유역에서 프랑스군과 벌인 전투이다. 프랑스군이 승리하여 독일의 전쟁 절차인 슐리펜 계획은 저지되었다.

[216] 약 4.8킬로미터

[217] 불어로는 쥐라, 독어로는 유라, 이탈리아어로는 지우라(Giura)라고 한다.

[218] 연합국으로는 영국, 프랑스, 이탈리아, 러시아,일본, 미국, 벨기에, 러시아 등을 들 수 있다

하였다. 그 까닭은 대체로 이탈리아의 항구를 연합국의 해양 세력이 자유롭게 사용하고 있는 상태였기 때문이었다.

동부 전선[219]에서도 구태의연하게 전투가 계속되었다. 동부 전선에서 육상 세력은 양분되어 서로 싸웠다. 두 세력 가운데 외측 세력 즉 이질적인 차르 제국은, 어울리지 않게 민주적인 서유럽의 해양 세력과 동맹을 맺었다. 간단히 말하면 이 것은 백 년 전의 세력 배치가 되풀이 된 것이다. 당시 영국 해양 세력이 '이베리아 반도(the Peninsula)'의 포르투갈과 스페인을 지원하고 동유럽의 육상 세력인 전제 국가들과 동맹을 맺었다. 따라서 나폴레옹은 현 시점에서 보면 서부 전선(Western)[220]과 동부 전선(Eastern)으로 기술할 수 있는 두 전선(戰線)에서 동시에 전투를 해야만 하였다.

하지만 1917년 중대한 변화가 발생하였다. 미국이 제1차 세계 대전에 참여하였고 제정(帝政) 러시아가 붕괴하였다. 차르 제정이 멸망하면서 전투력도 상실하였다. 따라서 우리의 세계 전략은 완전히 변경되지 않을 수 없었다. 그 이래, 우리는 우리 동맹국 어느 누구의 감정도 해치지 않고 세계 전체를 민주주의 국가들의 안전한 장소로 만들기 위하여 죽 참전하여 왔다고 할 수 있다. 이상주의에 대해 말하면 더욱 더 그러하다. 그러나 동시에 우리가 현실의 새로운 국면을 명심하는 것도 마찬가지로 중요하다. 제1차 세계 대전의 마지막 단계 동안, 육상 세력과 해양 세력이 노골적인 전투 양상을 보였고 해양 세력이 육상 세력을 포위 공격하는 상황에 놓였다. 영국이 승리하였다. 하지만 만약 독일이 정복하였다면 독일은 역사상 전대미문(前代

---

[219] 제1차 세계 대전 당시에 중부유럽에서 동부 유럽에 걸쳐 전개된 전선을 뜻한다.
[220] 제1차 세계 대전 동안 서부 전선은 벨기에 남부에서 프랑스 북동부에 걸쳐 형성되었다.

未聞)의 대규모 해양 세력 기지를 세웠을 것이다. 사실 가능한 최대의 기지일 것이다. 유럽 아시아 아프리카란 세 대륙으로 이루어진 연결 대륙(joint continent)은 현재, 단순히 이론상 하나일 뿐만 아니라 실제로도 하나의 섬이다. 우리가 잊지 않도록, 금후(今後) 이 섬을 세계도(世界島, World Island)라고 하자.

오래 전 뱃사람은 '세계도'란 표현에 함축된 일반적 의미를 파악하지 못했다. 그 이유는 세계도의 일주 항해가 불가능했기 때문이었다. 북극해 주변의 바다에는 약 이천 마일[221]을 가로질러 만년빙산(萬年氷山)이 부유하고 있고 그 말단은 아시아의 북의 안(岸)에 얹혀 있다. 따라서 일반 항해라는 목적에서 보면, 이는 단순한 대륙이지 섬은 아니었다. 지난 약 4세기 동안 뱃사람은 이를 알지 못하고, 세계도를 막연히 북쪽에서 남쪽을 향해 돌출된 거대한 갑(岬)으로 다루었다. 마치 산정(山頂)의 구름 속에서 솟아나온 산꼭대기를 보는 것처럼 느꼈을 것이다. 수에즈 운하가 개통된 이후인 19세기에도 동방 항해는 거대한 갑을 우회한다는 점에서 변화가 없었다. 다만 돌단(突端, point)의 명칭이 케이프타운(Cape town)[222]대신 싱가포르(Singapore)[223]가 되었을 뿐이다.

전기(前記)한 사실과 그 어마어마함 때문에, 진짜 대륙(세계도)이 단순히 크기 이상으로 다른 섬과 다른 것처럼 사람들이 생각한다. 대서양, 태평양, 인도양을 대양의 일부라고 말하는 것과 똑같이, 유럽, 아시아, 아프리카를 진짜 대륙의 구성 부분이라고 말한다. 이론상 고대 그리스인조차도 이를 지

---

[221]   약 3,219킬로미터
[222]   남아프리카의 도시이며, 입법부가 자리잡고 있다. 근처에 희망봉이 있다.
[223]   동남 아시아의 주권 도시 국가이다. 북쪽에 조호르 해협이 있다.

구상의 도서라고 간주했으나, '세계'라고 칭하였다. 남·북 아메리카를 구성하는'신세계'와 크게 다른 '구세계'가 이 대륙이라고 현재 학생에게 가르친다. 뱃사람은 이 대륙을 단지 연속적 육지 즉 '진짜 대륙(the Continent)'이라고 말한다.

  잠시, 새롭게 이해한 대도(大島, Great Island)의 공간적인 크기와 관계를 생각하여 보자(1. 지도(地圖) 형식을 따라 설명하면 오류에 빠질 수 있다. 이 설명을 단지 지구의(地球儀)를 통해서만 바르게 검토할 수 있다. 따라서 다이어그램을 들어 설명할 수 있다; [그림12]와 [그림13]을 참고). 북극점과 관련해서 보면, 지구의 어깨 부분에 있다. 북극점(北極點)에서 남극점(南極點)까지 아시아의 중심을 통과하는 자오선(子午線)을 따라 측정한다면, 우선 시베리아 북부 해안까지 일천 마일[224]의 빙하로 덮인 바다를, 그리고 인도의 최남단에 이르는 오천 마일[225]의 육지를, 칠천 마일[226]의 바다를 지나 마지막으로 빙하로 덮인 육지인 남극점에 도달할 수 있다. 그러나 벵골만(Bay of Bengal)[227] 또는 아라비아해(Arabian Sea)[228]를 통과하는 자오선을 따라 측정하면, 아시아의 폭은 단지 직경 약 삼천오백 마일[229]이다. 파리에서부터 블라디보스톡

---

[224] 약 1,609킬로미터

[225] 약 8,046킬로미터

[226] 11,265킬로미터

[227] 인도양 북동부에 있는 만이다. 만은 삼각형 모양으로 남쪽으로 개방되어 있다. 인도의 서벵골주와 방글라데시에 접한다.

[228] 인도양 북서부, 아라비아 반도와 인도 사이에 있는 해역이다. 북쪽에 호르무즈 해협이 있다.

[229] 약 5,632킬로미터

까지의 거리는 육천 마일[230]이며, 파리에서부터 희망봉까지의 거리도 이와 비슷한 수치이다. 그러나 이와 같은 방법으로 재면 적도의 둘레는 이만육천 마일[231]이다. 주항(周航)을 방해한 빙하의 바다가 없었다면, 경험이 풍부한 현실적인 뱃사람은 옛날에 대도(the Great Island)를 이와 비슷한 어떤 명칭으로 불렀을 것이다. 그 까닭은 대양과 비교하면 대도(大島)의 크기가 대양 크기의 오분의 일을 약간 넘기 때문이다.

세계도는 북동단(北東端)과 남동단(南東端)에서 끝나고 있다. 쾌청한 날, 세계도의 북동단에 서면, 베링 해협[232]을 가로질러 한 쌍의 긴 반도 즉 남아메리카와 북아메리카가 시작되는 것을 당신은 볼 수 있다. 그 크기는, 지구 표면적의 약 이십육분의 일이다. 표면적으로 생각하면 신세계와 구세계 사이에는 일종의 대칭적인 유사점(類似點)이 분명히 있다. 신세계와 구세계는 두 개의 반도 – 한 경우는 아프리카와 유라시아, 다른 경우는 남아메리카와 북아메리카 – 로 되어 있다. 그러나 객관적 의미에서 보면 양자의 유사점이 거의 없다. 거의 사천 마일[233]에 달하는 아프리카의 북부 해안과 북동부 해안은 대안(對岸)인 유럽과 아시아와 매우 밀접한 관계를 맺고 있다. 사회적 구조의 단절(斷絶)이란 점에서 보면, 지중해보다 사하라 사막[234]이 훨

---

[230] 약 9,656킬미터

[231] 약 41,843킬로미터

[232] 알래스카의 스워드 반도와 시베리아의 축지 반도 사이에 위치한 해협이다. 러시아와 알래스카를 분리하고 있다.

[233] 6,437킬로미터

[234] 아프리카 북부에 있는 사막이다. 남극을 제외하면 세계 최대 사막이다. 남북으로 약 1,700킬로미터이다. 면적은 1,000평방 킬로미터이다. 미국의 면적과 비슷하다.

씬 더 효과적인 역할을 하였다. 다가오고 있는 항공기(航空機)의 시대 – 해양 세력과 육상 세력과의 대결(對決)이란 문제가 발생할 때 – 해양 세력은 육상 세력의 묵허(黙許) 하에서만 지중해와 홍해[235]의 수로를 이용할 수 있는 상황을 예상할 수 있다. 공군력(에어파워, air-power)은 대체로 육상 세력의 팔이기 때문이다. 실제로 육상 세력은 수륙 양용전(水陸兩用戰)의 기동성을 높일 것이다.

한편으로 파나마 지역으로 가느다랗게 연결된 북아메리카와 남아메리카는, 사실상 서로 마주 대한다는 점에서 검토하면 반도라기보다 도서이다. 남아메리카는 남쪽으로 자리 잡고 있을 뿐만 아니라, 동시에 그 주요 부분은 대체로 북아메리카의 동쪽으로 기울고 있다. 양자는 군대 용어(軍隊用語)를 빌리면 제진(梯陣, in echelon)을 취하고 있다. 따라서 광활한 대양이, 그 외부의 미세한 부분을 제외하고, 남아메리카를 포위한다. 아시아와 북아메리카와의 관계에서도 이와 비슷한 양상을 드러낸다. 왜냐하면 아시아는 베링 해협을 기점으로 바다로 퍼져 있기 때문이다. 지구의(地球儀)에서 볼 수 있는 바와 같이, 북경에서 뉴욕까지의 최단 거리는 베링 해협을 통과하는 것이다. 이것은 훗날 기차 혹은 항로 여행자가 보기에는 중요한 의미를 지닐 수 있다. 신대륙 가운데 제3의 신대륙인 오스트레일리아는, 아시아의 남동단(南東端)에서 천 마일[236] 떨어진 거리에 있으며, 지구 표면적(地球 表面積)의 육십오분의 일에 불과하다.

그래서 소위 세 신대륙 – 남아메리카, 북아메리카, 오스트레일리아 –은

---

[235] 아프리카 동부와 아라이바 반도 사이에 있는 만이다. 길이는 2,250킬로미터이다.

[236] 약 1,609킬로미터

면적상의 비율로 생각하면 구대륙의 단순한 위성(衛星)에 지나지 않는다. 지구 표면의 십이분의 구를 덮고 있는 하나의 바다가 있고, 지표면의 십이분의 이를 점하는 유일의 대륙 – 세계도 – 이 있다. 작은 섬이 많다. 그 가운데 북아메리카와 남아메리카가 있으며, 실제 의미에서 검토하면 그 나머지 섬과 함께 지표면의 십이분의 일을 점하는 두 섬이, 바로 북아메리카와 남아메리카이다. 최근의 역사적 외관(外觀)이 아니라 그 현실을 우리가 이해할 수 있으니까, '신세계'라는 표현은 잘못된 관점을 포함한다.

시야를 넓혀서 보면, 희망봉을 향하여 남쪽으로 펼쳐진 대세계갑(岬)과 북아메리카의 해양 기지, 그리스 반도와 크레타섬, 라틴 반도와 영국섬의 관계에서, 반도와 섬의 차이를 크게 적용할 수 있는 셋째 보기를 찾을 수 있는 건 사실이다. 그러나 이와 같은 중대한 차이는, 세계갑이 근대적인 지상 커뮤니케이션 수단으로 통합되었을 때 세계도가 될 수밖에 없다는 것이다. 도서성(島嶼性) 그리고 견줄 바 없는 풍요한 자원의 보고라는 두 이점(利點)이 잠재하고 있는 세계도란 말이다.

최근 미국의 지도자는, 더 이상 자국이 타국과 분리된 세계가 아니라는 사실을 인식하였다. 미국 대통령 윌슨(Wilson)[237]도 사실 이런 관점에서 전 미국인을 설득하여 제1차 세계 대전의 참전에 동의하게 하였다. 그러나 북아메리카는 더 이상 대륙은 아니다. 20세기의 현실에서 생각하면 하나의 섬으로 위축될 것이다. 미국인은, 최초의 북아메리카의 영토 면적 – 3백만 평

---

[237] 1856~1824, 28대 미국 대통령. 윌슨주의라는 이상주의에 바탕한 외교정책으로 1917년 제1차 세계 대전에 참여하였으며, 전후 국제 연맹을 창설하는 데 주도적 역할을 하였다.

방마일[238] – 을 전유럽에 상당하는 걸로 생각하곤 했다. 장래에 미합중국과 유럽 합중국이 자매 관계를 맺을 것이라고 사람들이 말하였다. 비록 이 모든 것이 실현될 수 없을 수 있을지라도, 미국인은 더 이상 유럽을 아시아와 아프리카와 분리된 걸로 생각하지 말아야만 한다. 구세계는 하나의 도서가 되었다. 즉 달리 말하면, 지구상의 어떤 것과도 비길 수 없는, 하나의 최대 지리적 단위라고 하지 않을 수 없다.

짧은 미국사와 장구한 영국사를 비교하면 양자 사이에는 유사성이 많다. 양국은 똑같이 현재 식민적 단계, 대륙적 단계와 도서적 단계를 밟아 나갔다. 영국의 동부와 남부 해안을 따라 있었던 앵글로-색슨족의 식민지는, 북아메리카의 동부 해안을 따라 있었던 열세 개 영국 식민지의 선례(先例)였다고 가끔 생각했다. 항상 망각하고 있는 점은, 영국 역사에서 아메리카의 링컨 시대의 대륙 단계에 해당되는 단계를 찾을 수 있다는 것이다. 앨프레드 대왕[239]과 정복왕 윌리엄(William the Conqueror)[240] 시대에 행해진 전쟁은, 잉글랜드 내의 세력 사이의 상당한 정도의 대립이었고 노르만족이 유럽 대륙의 노르망디에서 개입하였다. 진정한 의미에서 잉글랜드는 섬은 아니었다. 엘리자베스 1세[241] 시대에 이르러서야 비로소 영국은 스코틀

---

[238] 약 7,769,964 제곱킬로미터

[239] 849~899, 웨식스의 왕, 앵글로-색슨의 왕, 북유럽 바이킹 족의 침공을 막고, 기독교 문화를 부흥하였다. 종종 영국 해군의 아버지로 불린다.

[240] 1027~1087, 서자(庶子)왕으로 불리며, 헤이스팅스 전투에 승리하여 잉글랜드를 정복하고 노르만 왕조를 열었다.

[241] 1533~1603, 튜더 왕조의 마지막 군주이다. 아메리카 대륙에 식민지를 개척하고 동인도회사를 창설하였으며, 1588년 스페인의 무적 함대를 물리쳤다. 그녀의 치세 동안 셰익스피어, 베이컨, 말로, 존슨같은 작가와 사상가도 활약하였다.

랜드와의 적대 관계를 청산하고 따라서 그 인접 대륙과의 관계에서 하나의 통일된 단위로 기능하였다. 따라서 영국은 하나의 도서국이 되었다고 할 수 있다. 아메리카는 오늘날 국내적 대립을 해소하고 하나의 단위로 국가를 세웠고 따라서 도서국(島嶼國)이 되었다. 왜 그런가 하면 이 같은 사건으로 신대륙(新大陸)이 되었기 때문이다. 그래서 미국인은 자신의 소위 대륙이, **진짜** 대륙(*the* Continent, 세계도)과 마찬가지로, 같은 지구 위에 있다고 이해할 수밖에 없었다.

세계 지도를 펼쳐 1918년의 전투 과정을 그려보자. 금회의 전쟁은 도서족(Islanders)과 대륙족(Continentals) 사이의 전쟁이었다. 이것은 분명하다. 전쟁은 대륙에서 벌어졌다. 대체로 그 주전장(主戰場) 프랑스 반도의 내륙 측 전선이었다. 한편으로 모두 섬나라인 영국, 캐나다, 미국, 브라질, 오스트레일리아, 뉴질랜드, 일본 따위가 참전하였다. 프랑스와 이탈리아는 반도국이다. 그러나 양국은 이와 같은 이점에도 불구하고, 도서족이 돕지 않았다면 끝까지 전쟁에 참여할 수 없었을 것이다. 인도와 중국 ─ 중국이 만주(북부) 전선에 참전하고 있는 한 ─ 을, 영국 미국 일본과 같은 해양 세력의 전위(前衛, advanced guards)라고 할 수도 있다. 네덜란드령 자바섬(Dutch Java)[242]은 서측의 동맹에 속하지 않은 유일의 대인구를 지닌 섬이다. 자바섬조차도 대륙족의 편은 아니다. 도서족의 이런 만장일치의 큰 의

---

[242] 인도네시아를 구성하는 섬 가운데 하나이다. 자바섬은 영어식 표기이며, 인도네시아어로는 자와섬이다. 대항해 시대인 16세기 로루투갈, 영국, 네덜란드 등이 인도네시아에 침투하였으나, 네덜란드가 패권을 장악하게 되었다. 제2차 세계 대전 동안 일본이 지배하기도 하였다. 제2차 세계 대전이 끝나자 네덜란드에서 독립하였다. 세계 최대 회교 인구 대국이다. 자와(jawa) 섬이라고도 한다.

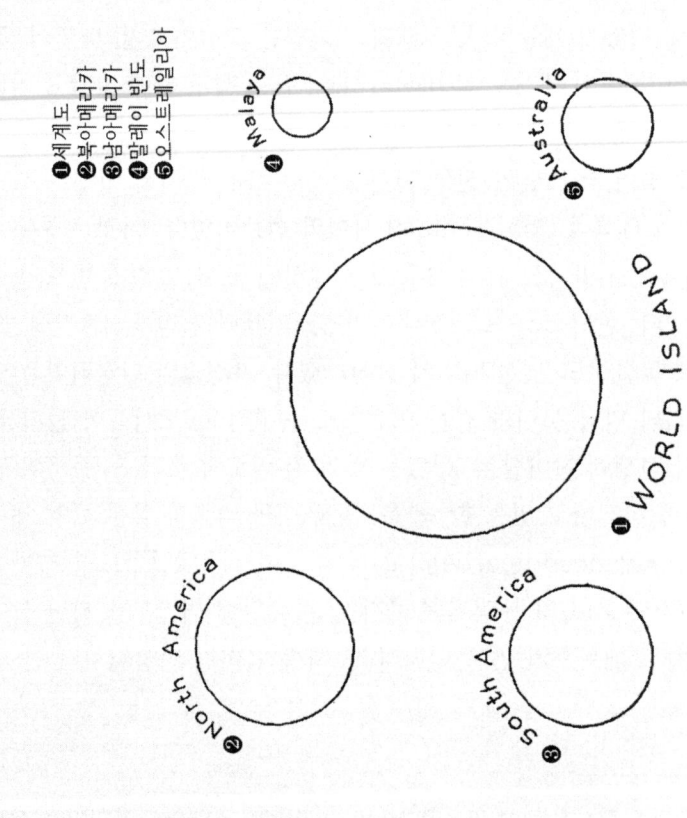

[그림12] 위의 원의 크기는, 세계도와 그 위성 지대의 상대적 면적의 비율을 표시하고 있다.

미를 오해해서는 안 된다. 러시아의 붕괴로 — 러시아 혁명[243]은, 제1차 세계 대전에서 우리가 투쟁하여 얻으려고 한, 이상을 정화한 바처럼 — 현실(realities)을 선명하게 지켜볼 수 있게 되었다.

우리가 지구상의 인구를 두루 생각하면, 동일한 관점에서 언급한 사실의 관계가 나타날 것이다. 전 인류의 십육분의 십사 이상이 유라시아와 아프리카로 된 거대 대륙(the Great Continent)에서 생활한다. 대략 그 십육분의 일 이상이 영국과 일본 같은 인접 섬에 거주한다. 사백 년 동안 해외 이주가 이루어진 뒤 오늘날에도, 전 인류의 약 십육분의 일만이 다른 소 대륙(小大陸)에서 살고 있다. 시간이 흐른다고 해서 이와 같은 비율이 크게 변화될 것 같지는 않다. 북아메리카의 중서부가 현재, 말하자면, 다른 일억 인구를 부양하게 된다면, 아시아의 내륙은 동시에 현재보다 많은 이억의 인구를 감당할 것 같다. 남아메리카의 열대 지방이 일억의 인구를 더 양육할 수 있다고 가정하면, 아프리카와 인도의 열대 지역들은 이억 인구를 더 양육하게 될 것이다. 콩고 삼림 지역만 해도 농경지로 개발할 경우, 약 사억의 사람을 양육하게 될 것이다. 현재의 자바섬의 인구 밀도를 기준으로 잡으면 그러하다. 그리고 자바섬의 인구는 여전히 증가하고 있다. 아시아 내지가 — 아시아의 기후와 역사를 가정하면 — 유럽 아메리카 혹은 일본의 내지에서처럼, 활기차게 인구를 양육할 수 없을 것이라고 누가 감히 단언할 수 있을까?

거대 대륙(the Great Continent), 전(全) 세계도 또는 그 대부분이, 장래 어느 때 해양 세력의 유일한 통합 기지가 된다면 무슨 일이 일어날 것인가?

---

[243] 러시아 혁명은 1917년 2월 러시아 제국의 붕괴로 시작된 사건의 총체를 뜻한다. 사회주의 국가 수립을 위한 중요한 사건으로는 2월 혁명과 10월 혁명을 들 수 있다. 러시아 혁명의 결실인 소련은, 1991년 와해되었다.

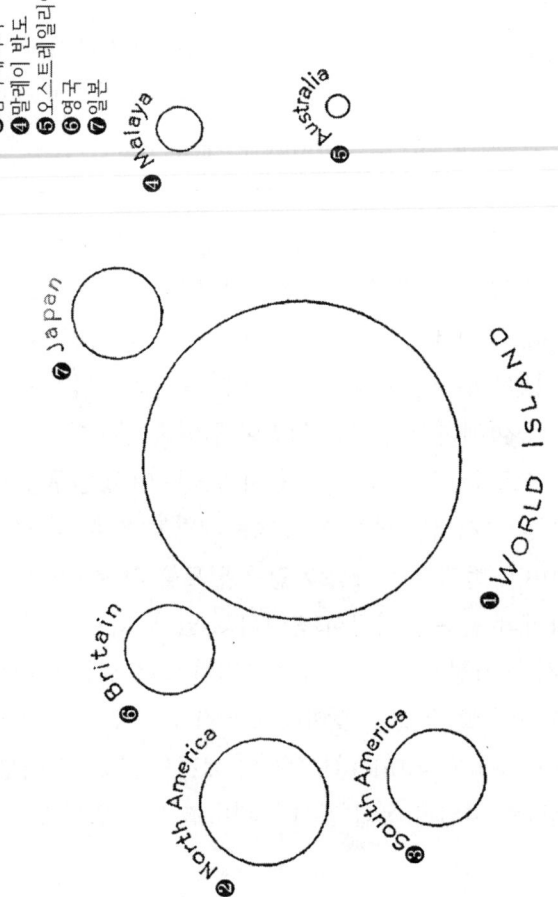

[그림13] 위의 원의 크기는 세계도와 그 위성 지대 사이의 인구 비율을 보여준다.

다른 도서국의 함대 건조 능력이 줄고 뱃사람의 수가 부족해지지 않을까? 우리 도서국의 함대는 분명히 과거 역사를 통해 얻은 뛰어난 영웅적 기상(氣像)으로 전투에 임할 것이다. 그러나 그 결과는 피할 수 없는 운명에 부딪힐 게다. 제1차 세계 대전에서도, 도서국 아메리카는 도서국 영국을 원조해야만 했다. 그 까닭은 영국 해군력이 당분간 해양 지배권을 행사하기 부족했기 때문은 아니다. 반면에 독일이 ― 강화(講和) 시기 더 정확히 말하면 오히려 휴전(休戰) 시기에 ― 함대를 건조하고 요원을 양성할 기지를 확보하지 못하도록 하기 위함이었다. 즉 수년 뒤 독일의 함대 건조와 그 인력이 영국을 필시 앞지르기 않도록 하기 위해서였다.

포스 강(江)[244]의 어귀에 있는 북해의 포스만(the Firth of Forth)[245]에서 독일 함대의 항복은 보기 드문 놀라운 사건이다. 그러나 우리가 도취되지 않고 아주 진지하게 장기적 안목으로 내다본다면, 거대 대륙(the Great Continent)의 대부분이 언젠가 유일의 세력 아래 통합될 수 있으며 무적의 해양 세력 기지가 될 가능성을 우리가 결코 도외시(度外視)할 수 없다는 걸 여전히 감안해야만 할까? 우리는 제1차 세계 대전에서 이와 같은 위험을 가로막을 수 없었을까? 그리고 우리가 당면의 위협에서 벗어나기 위해 적당히 타협함으로써 위에서 설명한 거대 대륙 지배의 야심이, 뒤에 되살아나도록 하는 것은 아닐까? 전략의 관점에서 보면, 이것이 전세계의 자유에 대한 궁극적인 대위협이 아닐 수 없다고 인정해야 한다. 우리의 전후 새로운 정

---

[244] River Forth

[245] 스코틀랜드 동부에 있는 만. 1918년 11월, 독일 대양 함대(Hochseeflotte)가 포스만에서 연합국에 항복하였다.이는 독일 해군력의 종말뿐만 아니라 독일의 공개적 굴욕을 상징하였다.

치 체계 안에서 이에 대비할 필요는 없을까?

　이 문제를 대륙에 살고 있는 육상 사람(landman)의 시야에서 관찰해 보자.

제4장 육상 사람의 관점

내부에서 본 세계도 · 110
자연적 지형으로 정의한 심장 지대 · 114
다른 자연 지역 · 116
중심 지대로서 아라비아 반도 · 131
기동력을 지닌 유목 민족과 농부 · 138
세계 제국을 향한 아랍인의 노력 · 139
스텝 지대 · 143
타타르족의 침입과 그 결과 · 147
티베트 고원과 인도와 중국으로 들어가는 북서 입구들 · 150
심장 지대에서 아라비아와 유럽에 들어갈 수 있는 개방된 통로 · 155
전략적 사고로 정의한 심장 지대 · 156
흑해 유역을 포함한 심장 지대 · 157
발트해 연안을 포함한 심장 지대 · 161
심장 지대: 세계도 안의 리얼한 자연적 사실 · 166
육상 세력의 궁극적인 성채 · 166

지금부터 약 사백 년 전, 인류가 세계를 전반적으로 본 관점을 생각해보자. 당시 위대한 개척자 – 콜럼버스(Columbus)[246], 다 가마(Da Gama)[247], 마젤란(Magellan)[248]같은 인물 – 가 항해한 결과로, 한 세대 만에 이 관점이 근본적으로 변화하였다. 과거 대서양과 인도양의 조수(潮水)가 유사하다는 단순한 추론에서 바다가 하나라고 생각하였다. 하지만 바다가 하나라는 사상은, 실무적 인간의 심상(心象)에 자리잡은 정신적 무기의 일부가 되었다. 지리상의 발견과 비슷하게, 오늘날 육상과 공중의 커뮤니케이션 수단이 혁명적으로 발전함으로써, 진짜 대륙(the Continent, 세계도)의 급속한 통합이 진행되고 있는 가운데 대변혁이 현 세대에 일어나고 있다. 도서족(islanders)은 현재의 이 같은 추세를 느릿느릿 이해한다. 도서국 영국은 이웃 국가인 벨기에, 프랑스를 방어하기 위해 참전하였다. 아마도 영국인은 이런 국가가 위험에 빠지면 자신도 위협당하리라는 막연한 감이 들었을 것이다. 하지만 벨기에의 중립을 보장한 의무를 지킨다는 점에서 보면, 단지 도덕적 결속 – 벨기에에 대한 영국의 유대 – 때문에 영국은 독일이 벨기에를 침공하자 거의 만장일치로 참전에 동의했다는 점은 반론의 여지가 없다. **루시타니아**(*Lusitania*)호의 비극[249]으로 당시 중립국이었던 미

---

[246] 1451?~1506

[247] 1406?~1424

[248] 1480?~1521, 대항해 시대 포르투갈의 항해자, 탐험가. 1519년 항해를 시작하여 1522년 최초로 세계 일주를 이루었다. 그는 항해 도중에 죽었지만 말이다.

[249] 1915년 5월 7일. 잉글랜드 선적의 루시타니아 호는, 독일 해군 잠수함 U-20의 공격으로 침몰되어 승객 1,198명이 죽었다. 이 사건으로 미국은 고립주의 정책을 포기하고 제1차 세계 대전에 참여하였다.

국은 충격을 받았다. 독일이 중립국 선박의 권리를 무시하고 무제한 잠수함 작전[250]을 펼쳤기 때문에 마침내 미국이 제1차 세계 대전에 참여하였다. 처음에 어떤 앵글로-색슨계(系) 국민도 제1차 세계 대전의 전략적 의미를 분명히 이해할 수 없었다. 이들이 대륙을 고찰한 방법은 – 뱃사람이 기니(Guinea)[251] 해안, 코로만델(Coromandel)[252] 해안, 무르만(Murman)[253] '해안(Coasts)'으로 명명한 것과 비슷하게 – 외부에서 대륙을 본 관점에서 진일보하지 못한 것이었다. 유럽 대륙의 카페에서 국제 정치를 논의한 것과 같은 정도로, 런던 또는 뉴욕 어느 곳에서도 일반인이 논하지 않았다. 따라서 대륙을 고찰하는 방법을 올바르게 검토하기 위해서, '해안(Coasts)'이라는 대환대(大環帶) 외측에서 내측으로 우리의 시선(視線)을 돌려야만 한다.

우리가 지니고 있는 지리학적 지식을 크게 '정리'하도록 하자. 그 까닭은 단지 – 진짜 대륙(the Continent)이 전략적 사고를 위해 제공하는 – 현실(realities)을 쉽게 우리가 추론할 수 있다는 것뿐이다. 당신이 대국적(大局的) 견지에서 생각한다면, 넓게 살필 필요가 있다. 즉 대대의 연대장은 중대 단위로 고찰하나, 사단(師團)의 장군은 여단 단위로 판단한다. 그러나 우리가 크게 검토하려면, 처음에는 지리적 사실을 어느 정도 상세히 설명하지

---

[250] 해전의 유형으로, 전쟁 상태에서 잠수함이 적국과 관련된 것으로 생각하는 화물선과 유조선과 같은 선박을 경고없이 공격하는 작전. 독일은 여기에 여객선을 포함하였다.

[251] 서아프리카 서단에 위치한 국가

[252] 인도의 남동 해안 지역. 말라바르(Malabar)는 남서 인도 해안에 위치한 지역으로 말라바르 해안이라고도 한다.

[253] 북서 러시아의 무르만스크에 있는 해안 지대

【그림14】 이 지도는 아시아와 유럽의 대부분을 보여준다. 이곳의 하천은 북쪽의 빙해로 흐르거나 바다로의 출구 없이, 염호로 흐른다. 아프리카가 어떻게 유럽과 아시아와 사천 마일(약6,437킬로미터)을 접하고 있는가도 보여준다.(정적 투영도법)

않을 수 없다.

❦ ❦ ❦ ❦ ❦

아시아의 북안(北岸) 일대는, 부빙(浮氷)으로 폐쇄된 바다이므로 일반적 교통 수단으로는 접근할 수 없는 해안 지대이다. 겨울 동안 바다가 얼어 빙반과 육지에 고정된 빙괴(氷塊)는, 짧은 여름 동안 녹기 때문에 연안을 따라 여기저기 좁은 개수로(開水路)가 나타날 뿐이다. 따라서 세계에서 가장 큰 강 가운데, 삼대 하천(河川)인 레나(Lena) 강[254] 예니세이(Yenisei) 강[255] 과 오비(Obi) 강[256]은 시베리아를 관통하여 북방으로 흘러 우연히 이 해안에서 끝난다. 실용적인 목적 때문에 삼대 하천은, 일반적 해상·하천 교통 체계에서 분리된다(1. 특히 티네사이드 사(社)(Tyneside enterprise)의 보기를 들면, 현대적인 쇄빙선의 도움으로 오비 강과 예니세이 강 하구까지 직접 통로를 개발하려고 노력하고 있다. 그래서 서부 시베리아행 하계(夏季) 해상 수송 교통이 아마도 이루어질 가능성이 있지만, 지금까지 이와 같은 분리는 진실이다.). 그래서 시베리아 남부에는, 바다가 아니라 내륙으로 흐르는 여러 하천 유역이 주변에 있다. 이 강은 대체로 해양 출구가 없는 염호로 배수된다. 보기를 들면 카스피해(Caspie Sea)로 흐르는 볼가(Volga) 강[257] 유역과 우랄(Ural) 강[258] 유역 및 아랄(Aral)해로 흐르는 아무다리야 강(Oxus)[259] 유역과 시르다리야 강(야크사르테스 강, Jaxartes)[260] 유역이다. 지리학자는 항상 이와 같은 내륙 하천

---

[254] 러시아 연방의 동부 시베리아로 흐르는 강으로 세계에서 10번째로 긴 강으로 길이는 4,400킬로미터이다.

[255] 북극해로 흐르는 러시아 연방의 하천으로 길이는 5,539킬로미터이다.

[256] 러시아 연방의 서시베리아 저지를 흐르는 강으로, 길이는 5, 570(3,650)킬로미터이며, 유역 면적으로는 세계 제7위이다.

[257] 러시아 연방의 서부에 있는 강이다. 유럽에서 가장 긴 강으로 총길이는 3,690킬로미터이다.

[258] 러시아 연방과 카자스탄 공화국을 흐르는 하천으로, 총길이는 2,428 킬로미터이다.

[259] 옥수스 강이라고도 불린다. 파미르 고원과 힌두쿠시 산맥에서 발원하여 아랄해로 흐르는 하천으로, 총길이는 1,415킬로미터이다.

[260] 텐산산맥에서 발원하여 북아랄해로 흐르는 하천으로 총길이는 2,212킬로미터

유역(inward basins)을 '대륙형(Continental)'이라고 부른다. 통틀어 생각하면, 북극권에 속한 대륙형 (하천) 유역(continental drainage)은 대략 아시아의 절반을 점하고, 유럽의 사분의 일에 해당된다. 따라서 대륙의 북부와 중부에서 계속 팽창하는 넓은 지대[大地帶, patch]를 이룬다. 얼음으로 덮인 평탄한 북부의 시베리아 해안에서, 남으로 타는 듯이 뜨겁고 가파른 발루치스탄(Baluchistan)[261] 해안과 페르시아 해안으로 줄 곧 뻗어 나가고 있는 전지대(全地帶)는, 바다에서 배로 접근하기 어려웠다. 이 지역에 과거 도로(道路)다운 도로가 실제로 없었기 때문에, 금후 철도가 개설되고 가까운 장래에 항공 노선이 열린다면, 이 같이 더 커진 세계의 지리적 현실과 인간의 관계가 혁명적으로 변화할 것이다. 이 거대한 지역을 거대 대륙의 심장 지대(心臟 地帶, the Heartland of the Continent)로 명명하자.

심장 지대의 북부와 중앙부 그 서부는, 기껏해야 해발 수백 피트[262]정도 되는 평원이다. 지구상의 최대 저지대(lowland)에는 서부 시베리아, 투르키스탄,[263] 유럽에 속한 볼가 강(Volga) 분지(盆地, basin)가 포함된다. 비록 긴 산맥일지라도 우랄 산맥은 그리 높지 않다. 그 까닭은 우랄 산맥이 시베리아에서 유럽으로의 거대한 입구(入口)를 남기면서 카스피해 북방 약 300마일[264] 떨어진 곳에서 끝나기 때문이다. 이 광활한 평원을 대저지대(大低地帶, the Great Low Land)라고 하자.

이다.

[261] 현재 파키스탄 서남, 이란 동남부, 아프가니스탄 남부에 걸쳐 있는 지역이다.
[262] 백 피트는 약 30미터이다.
[263] 파미르 고원을 중심으로 하는 중앙아시아 지역
[264] 약 483킬로미터

[그림15] 대저지대. 서쪽으로 심장 지대의 한계를 넘어, 야펠으로 확대되고 있음을 볼 수 있다. 동방에서 심장 지대의 경계는, 이 그림에서 태평양과 인도양으로 흐르는 하천의 경로로 대고원지대를 포함하고 있다는 점에는 결함이 있을 수 있다.

① 빙해
② 대저지대
③ 자바이칼 고원
④ 티베트
⑤ 이란
⑥ 약 457미터

제4장 · 육상 사람의 관점 115

대저지대는 남쪽으로 고원 지대(高原, table land)의 기슭을 따라 끝나고 있다. 그 평균 높이는 (해발) 약 반(半) 마일[265]이고 그 산맥의 높이는 1.5마일[266]이다. 그 넓은 등성이(broad back) 가운데 위에 페르시아, 아프가니스탄과 발루치스탄[267]이란 세 국가가 있다. 편의상 이 전체 고원 지대를 합하여 이란 고원(Iranian Upland)으로 명명(命名)할 수 있다. 심장 지대는 – 북극해와 내륙 이외로 흐르는 하천 유역이란 의미에서 보면 – 대저지대과 이란 고원 양쪽의 대부분을 포함한다. 말하자면 심장 지대는 페르시아 산맥[268]의 길고 높고 꾸불꾸불한 가장 자리까지 퍼져 있다. 페르시아 산맥을 넘어서 보면, 해발보다 낮은 저지(低地, depression)에는 유프라테스 분지(Euphrates Valley)[269]와 페르시아 만(Persian Gulf)이 있다.

마음속으로, 아프리카 서부로 여행을 떠나보자. 카나리아(Canary) 제도[270]와 카보베르데(Cape Verde) 제도[271]에 상당하는 위도상의 해안에는 무인의 사막이 있다. 이 때문에 남쪽 방향으로 아프리카를 돌아 항해하려던

---

[265]   약 0.8킬로미터

[266]   약 2.4킬로미터

[267]   이란 고원에 있으며, 현재 파키스탄의 서남, 이란의 동서, 아프가니스탄의 남부에 위치한 지역이다.

[268]   이란 고원

[269]   유프라테스 강 유역의 크기는 낮게는 233,000 제곱킬로미터에서 크게는 766,000 제곱킬로미터라고 한다.

[270]   아프리카 대륙의 북서 연안 근처 태평양에 위치한 7개의 섬으로 된 스페인령 군도이다.

[271]   북서 아프리카의 서쪽 근해의 대서양에 위치한 섬나라

중세 선원의 노력이 오랫동안 좌절되었다는 점을 상상해보자. 그곳에서 시작하여 천 마일[272] 폭(幅)의 사하라 사막이, 대서양에서부터 북아프리카를 가로질러 나일 강 유역(the Valley of the Nile)까지 펼쳐진다. 사하라 사막의 모든 곳이 불모지(不毛地)가 아니다. 즉 오아시스가 많다. 오아시스에는, 지하에서 샘솟는 우물이 있는 협곡 혹은 때때로 구름이 모여드는 구릉 지대가 있다. 하지만 사하라 사막 전체를 검토하면 오아시스는 아주 작은 수의 드문 예외였다. 불모이고 강이 없는 지대의 총면적이, 거의 유럽의 전면적에 필적하였다. 사하라 사막은 세계에서 가장 완전히 단절된 자연 경계 지대(自然 境界 地帶)이며, 인류의 전역사(全歷史)에서 흑인의 세계와 백인의 세계를 양분하는 장벽의 역할을 하였다.

사하라 사막과 심장 지대 사이에 아라비아가 점유한 넓은 간격(gap)의 중간 지대가 있다. 나일강 유역의 두 연변(沿邊)은, 서쪽으로는 리비아와 동쪽으로는 아라비아로 알려지고 있다. 유프라테스 강 하류 일대(一帶)를 너머 페르시아 산맥 기슭에는, 아라비스탄(Arabistan)[273] 으로 알려진 지대 – 아랍인(Arab)의 토지로 이해한 지대 – 가 있다. 따라서 아라비아가 나일 강에서 유프라테스 강 너머까지 팔백 마일[274] 뻗어 있다고 보면 이는 지역적 관례(慣例)에 완전히 일치한다. 알레포(Aleppo)[275] 북부의 토로스 산

---

[272]   약 1,609킬로미터
[273]   페르시아어로 아라비아 반도 혹은 사우디 아라비라를 의미한다.
[274]   약1,287킬로미터
[275]   시리아의 북부에 있는 도시. 터키와 국경을 접하고 있다.

맥(Taurus Mountains)[276]의 기슭에서부터, 아덴만(Gulf of Aden)[277]까지의 거리는 만팔천 마일[278]이나 된다. 아라비아의 반은 사막이고 다른 반은 주로 건조[279] 스텝 지대(steppes)이다. 비록 사하라와 위도상 같은 지역에 있지만, 아라비아가 생산성이 더 높고 베두인 방랑족(Bedouin)[280]의 상당(相當)한 인구를 먹여 살리고 있다. 더욱이 아라비아는 비교적 큰 오아시스가 있다. 따라서 다수의 인구가 대도시(大都市)를 중심으로 집락(集落)을 이룰 수 있었다. 그러나 심장 지대와 사하라 사막 양 지역을 구별할 수 있는 가장 두드러진 특징은, 외양(外洋)과 연결된 세 개의 대수로가 있다는 것이다. 즉 나일 강, 홍해, 유프라테스 강에서 페르시아만을 가로질러 아라비아 해로 출입할 수 있는 통로이다. 그러나 이상의 세 수로 가운데 어떤 것도 물론 건조 지대를 완전히 피할 수 있는 통로를 제공하지 못한다. 비록 제2 폭포까지 출입하게 할 수 있는 수문(locks)을 현재 아수완(Asouan)에 건설하고 있으나, 나일 강[281]은 지중해에서 사막 가운데 즉 제1폭포 까지만 역항

---

[276] 터키의 남부에 위치한 산맥이다.터키 중부와 터키 남부의 지중해 지역을 나누고 있다.

[277] 인도양 북서쪽에 위치하며, 아라비아 반도의 예멘과 동아프리카 소말리자 반도 사이에 있는 만이다.

[278] 28,968킬로미터

[279] 강우량이 극히 적은

[280] 아라비아어로 사막의 주인을 의미하며, 보통 아랍의 유목 민족을 뜻한다.

[281] 아프리카 대륙의 동북부를 지나서 지중해로 흐르는 세계에서 가장 긴 강이다. 총 길이는 6,650킬로미터이다. 6개의 폭포가 있다. 하류의 제1폭포에서 시작하여 상류의 제6폭포에 이른다.

(逆航)할 수 있다. 그리고 유프라테스 강의 항행을 보면, 단지 지중해로부터 백 마일[282] 떨어진 점까지만 역항(逆航)할 수 있다. 오늘날, 수에즈 운하(運河)가 개통되면, 지중해와 홍해가 결합될 것이란 점은 사실이다. 하지만 과거 이 통로를 이용한 교통을 방해한 것은 수에즈 지협만이 아니었다. 무역풍 기류(氣流)의 영향을 받아, 항상 강력한 북풍이 암석으로 둘러싸인 홍해의 북부 말단에 불어 닥친다. 범선(帆船)은 이 운하를 따라 북쪽으로 기꺼이 항해(航海)하려 하지 않고 있다. 따라서 이 같은 북쪽 항해는 증기 선박을 제외하고는 쓸모없는 일이었을 것이다. 과거 홍해에서 지중해로 가는 통로는, 홍해 서안의 코세이르(Kosseir)[283]에서 사막을 통과하여 나일 강의 케네(Keneh)[284]로 나와서 나일 강 하류로 이어졌다. 백 년 이상 전인, 1798년 나폴레옹이 이집트와 팔레스타인을 침략하였을 때[285] 인도에서 이집트에 파견된 영국 육군(the British Army)이 이 통로를 따라 진군하였다.

심장 지대, 아라비아, 사하라 사막 3자가 함께, 해양 민족(seafaring people)이 접근하기 어려운 폭이 넓고 만곡(彎曲)한 지대(地帶)를 구성한다고 위에서 열거한 특징에서 추정할 수 있다. 물론 아라비아의 세 개 수로는 예외이다. 이와 같은 지대(belt)는 북극해에서부터 대서양 이르기까지 거대

---

[282] 약 161킬로미터

[283] 홍해 연안에 있는 이집트 동부의 도시, 아랍어로는 Quseir라고 한다.

[284] 이집트 중부 나일 강변의 도시, 아랍어로는 Qena(Qian)라고 한다. 제2차 세계대전 동안 전략적으로 중요한 지역이었다.

[285] 1789년부터 1801년까지 프랑군이 이집트와 시리아로 원정한 전투를 뜻한다. 줄여서 이집트 원정이라고 하기도 한다. 나폴레옹은 오만 명의 프랑스 군을 몰타를 통하여 이집트의 알렉산드리아 근처에 상륙시켰다. 목적은 프랑스의 상업 이익을 지키는 것이었지만, 영국의 인도 접근을 약화시키려는 의도도 있었다

한 대륙을 완전히 가로질러 전개된다. 아라비아에서 이 지대는 인도양과 접한다. 그 결과 거대 대륙의 나머지를 세 개의 별개 지역 – 그 하천이 부동해(不凍海)로 흘러들고 있는 지역 – 으로 분리한다. 말하자면 아시아의 태평양·인도양의 연안 지대(slope), 유럽의 제반도(諸半島)와 제도(諸島)와 지중해, 사하라에서 남쪽으로 향한 아프리카의 거대 갑(巨大 岬)이다. 마지막 지역은, 아주 중요한 점에서 보면, 다른 두 지역과 다르다. 아프리카의 거대 갑 지역에 있는 대하천(大河川)들 – 나이저 강 (Niger)[286], 잠베지 강 (Zambesi)[287]과 콩고(Congo) 강[288] – 뿐만 아니라 그 소규모의 하천 – 오렌지 강(Orange)[289]과 림포포 강 (Limpopo)[290] – 도 내지의 고원 지대(tableland)를 가로 질러 흐른 뒤, 그 하류는 급격히 낙하하고 있는데 비교적 단거리(短距離)를 지나 바다에 이른다. 이것은 그 해안의 저지대가 일반적으로 협소하다는 뜻이다. 이와 같은 하천의 상류 부분은 약 수천 마일[291] 항행할 수 있다. 그러나 실제로 외양의 교통과 완전히 분리되고 있다는 점

---

[286] 서아프리카의 기니만으로 흐르는 강으로 전체 길이는 4,108킬로미터이다. 유역 면적은 200만 제곱킬로미터가 넘는다.

[287] 아프리카 남부에서 인도양으로 흐르는 강이다. 전체 길이는 2,750킬로미터이다. 아프리카에서 네 번째로 긴 강이다.

[288] 아프리카 중부 콩고 분지에서 흘러 대서양으로 흐르는 강이다. 전체 길이는 4,700킬로미터로 아프리카에서 두번째로 긴 강이다.

[289] 아프리카 남부에서 대성으로 흐르는 하천이다. 드라켄즈버그 산맥에서 발원하는데, 총 길이는 약 1,000킬로미터이다.

[290] 아프리카 남부에서 인도양으로 흐르는 하천이다. 전체 길이는 약 1,750킬로미터이다. 유역 면적은 아프리카 강 유역 가운데 두 번째로 넓다.

[291] 천 마일은 약 1,609킬로미터이다.

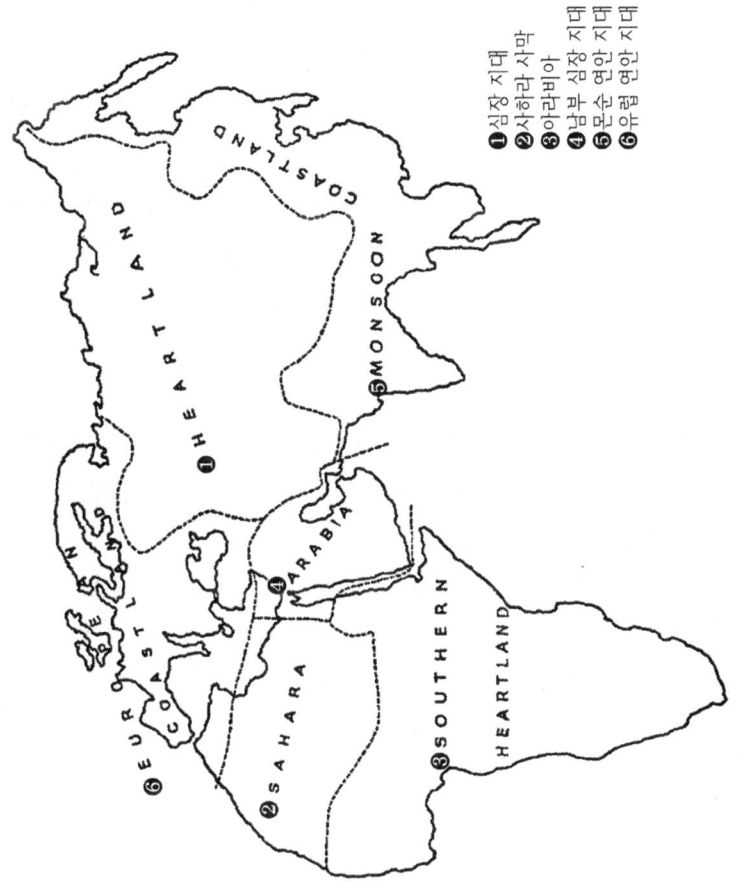

[그림16] 세계지도를 자연 조건에 따라 여섯 지역으로 크게 나누었다(정적 투영도법에 따름).

① 심장 지대
② 사하라 사막
③ 아라비아
④ 남부 심장 지대
⑤ 몬순 연안 지대
⑥ 유럽 연안 지대

제4장 · 육상 사람의 관점

에서는 시베리아의 하천과 다를 바 없다. 물론 나일 강 폭포 위의 경우도[292] 마찬가지이다. 따라서 이상의 이유에서 우리는 사하라(Sahara) 남부의 아프리카 내지를 제2의 심장 지대로 볼 수 있다. 아시아와 유럽을 포함하는 북부 심장 지대(Northern Heartland)과 구별하여, 제2의 심장지역에 남부 심장 지대(Southern Heartland)란 이름을 붙이자.

우리가 검토한 두 심장 지대 – 남부·북부 심장 지대 – 는 매우 상이한 위도상에 있는데도 – 상술한 특징을 제외한 다른 점에서는 – 유사(類似)하다. 북부 심장 지대를 살펴보자. 대체로 소나무과와 전나무과 계통의 상록수(常綠樹)로 이루어진 대(大)삼림 지대가, 북독일과 발트해 연안 맞은 편에서 만주까지 전개된다. 풀어 말하면 유럽의 삼림과 태평양 연안의 삼림을, 하나의 삼림 대상 지대(帶狀 地帶 ribbon)로 연결한다. 이 같은 삼림대(帶)의 남측으로 개방된 심장 지대가 있는데, 강안(江岸)을 따라 그리고 산 위에 있는 수목의 자태만을 볼 수 있다. 이와 같이 넓고 개방된 토지는, 삼림의 남부 경계를 따라 이어지면서 – 봄철에는 구근화(球根花)로 화려함을 뽐내며 – 감미로운 프레리(prairie)[293]을 떠올리게 한다. 하지만 남쪽으로 향하면서 – 건조 지대(乾燥 地帶)가 늘어남으로써 – 대초지는 본래의 색을 잃으면서 그 면적은 줄어든다. 풍요하나 황량해지고 있는 초원 전체를 편의상 스텝 지대 부른다. 비록 스텝 지대의 의미가 원래 투르케스탄

---

[292] 나일 강에는 6개의 폭포가 있으며, 그 위치는 아스완과 하루툼 사이에 있다. 나일 강은 아프리카 대륙의 북동부를 흘러 지중해로 들어가는 아프리카 최장의 하천이다. 길이는 6,650킬로미터이다.

[293] 방대한 초원 지대이다.

(Turkestan)[294]과 몽골리아의 사막 소지역들(the desert patches)을 둘러쌓고 있는 크게 비옥하지 않는 그 남부 지역만을 지칭하는 것이란 점이 마땅할지라도 말이다. 스텝 지대는 아마도 말(馬)의 최초 서식지(棲息地)였고 그 남부는 쌍봉 낙타의 원산지였을 것이다.

남부 심장 지대도 똑같이 넓고 훤히 트인 초원 지대(grassland)가 있다. 사하라 사막이 끝나는 수단(Sudan)의 남쪽에서부터 기니 해안(Guinea Coast)과 콩고(Congo)의 열대 수림대(熱帶 樹林帶)를 향하면서, 이 지대의 비옥도가 점점 증가한다. 삼림 지대는 완전히 아프리카를 횡단하여 인도양에 도달하지 않고 있다. 하지만 — 수단(Sudan)의 초원 지대와 남아프리카의 초원 지대을 연결하는 — 풀로 덮인 고원 지대를 남긴다. 수단(the Sudan)[295]에서 베르데 곶(Cape Veldt)[296]까지 죽 이어진 일련의 광대하고 훤히 트인 초원 지대는, 영양(羚羊), 얼룩말, 다른 유제 동물(有蹄 動物)의 원산지이다. 이것은 북부 심장 지대가 야생마와 야생 나귀의 원산지라는 것과 들어맞는다. 비록 얼룩말을 가축으로 사육하는 데 완전한 성공을 거두지 못했고 남아프리카 원주민이 흔한 하물(荷物) 운반용 동물을 이용하는 방법을 몰랐을지라도, 아라비아산(産) 말(馬)과 단봉 낙타를 일찍이 수단(the Sudan)이 도입하였다. 대서양과 태평양 연안 지역의 선박이 하안(河岸) 또는 해안 교통을 통하여 새로운 기동성을 얻었다. 한편으로 이는, 남부·북부

---

[294] 시베리아 북부, 티베트, 인도, 아프가니스칸, 남쪽의 이란을 포함하는 중앙 아시아의 방대한 지역

[295] 아프리카 북동부에 위치하고 있는 나라이다. 북쪽으로는 이집트와 접하고 있으며, 나일 강이 수단 내지를 가르고 있다. 2011년 남수단 공화국이 분리 독립하였다.

[296] 아프리카의 최서단에 있는 곶으로 세네갈에 위치한다. 불어로는 녹색의 곶이란 뜻이다.

심장 지대에서 동물의 동력을 통하여 기동성을 얻으려는 시도를 대체하였다. 하지만 북부 심장 지대에서 이런 교체가, 남부 심장 지대보다 더 크고 빠르게 진행되었다.

　전술(前述)한 바와 같이, 북부 심장 지대는 — 이란 고원에서 시작하여 유프라테스 강 유역으로 떨어지고 있는 수백 마일[297]에 걸쳐 — 아라비아와 접한다. 한편으로 남부 심장 지대는 그 동북 변두리의 아비시니아(Abyssinia)[298]와 소말릴란드(Somaliland)[299]가 있고, 바다를 사이에 두고 있으나, 예멘(Yemen)을 끌어안고 있다. 예멘은 아라비아 남부의 비옥한 모서리(angle) 부분에 있다. 따라서 — 아라비아 사막을 끼고 있는 — 아라비아의 스텝 지대는, 북부 심장 지대에서 남부 심장 지대로 이동하는 통과 지대(passland)[300] 역할을 한다. 또한 누비아(Nubia)[301]를 경유하여 나일 강 연안을 따라 길이 있다. 북부 심장 지대에서 아라비아를 경유해서 남부 심장 지대에 이르기까지, 말과 낙타를 타고 왕래할 수 있는 광활한 초원로(路)가 마련되었으며, 이 길은 멀리 시베리아로부터 페르시아, 아라비아, 이집트를 지나 수단에 이른다. 만약 체체 파리(tsetse fly)와 다른 질병이 없었다면 아마도 말과 낙타를 이용하여 남쪽의 희망봉 근처까지 침투할 수 있었을 것이란 점은 절대 불가능의 일이 아니라고 이해할 수 있다.

---

[297]　백 마일은 약 161킬로미터이다.

[298]　역사적으로 에티오피아는 아비시니아로 알려져 있다. 에티오피아는 아프리카 북동 지역에 위치하고 있다.

[299]　아프리카 동단의 해안 지방이다.

[300]　이곳의 통로들은 상업적 생존에 아주 중요한 지역이다.

[301]　이집트 남부 아스완 근처에서 수단까지 걸쳐 있는 지방

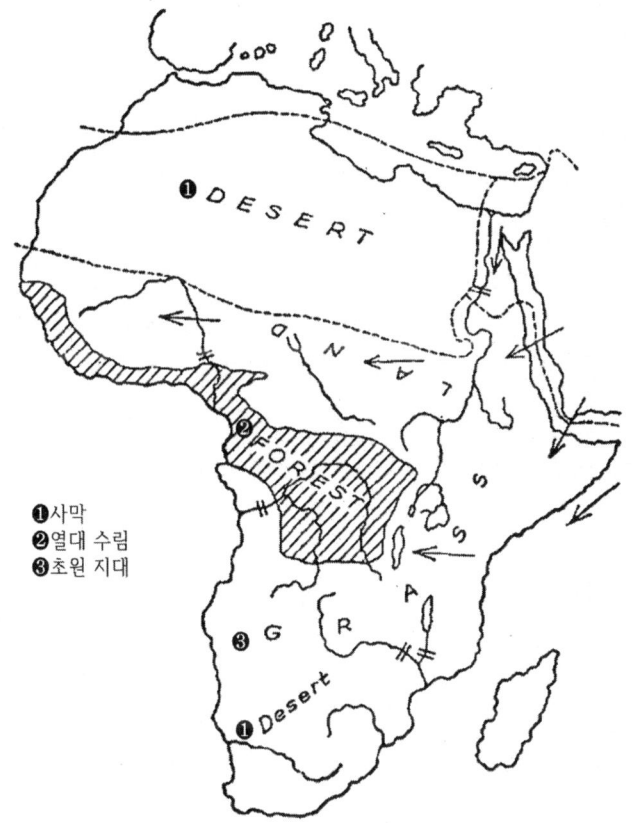

❶ 사막
❷ 열대 수림
❸ 초원 지대

【그림17】 남부 심장 지대. = 하천의 낙하 지점 ← 아랍족의 침입 방향

 세계도에서 — 아라비아 사하라, 북부·남부 심장 지대를 빼면 — 비교적 작은 두 지역만이 남는다. 그러나 이런 두 지역은 지구상에서 가장 중요한 곳이다. 지중해 주위와 유럽의 제반도(諸半島)·제도(諸島)에 사억의 인구가 살고 있으며, 아시아의 남부와 동부 연안 지대(coastland) 제국(諸國) — 혹

제4장 • 육상 사람의 관점 125

은 역사적 표현을 쓰면, 인도 제국(諸國, the Indies)[302] – 에 팔억의 인구가 거주하고 있다. 따라서 비교적 작은 두 지역에 세계 인구의 사분의 삼이 주거(住居)하고 있다. 우리의 현재 관점에서 보면 이와 같은 중대한 사실을 언급하는 가장 적절한 방법은, 진짜 대륙(the Continent) 즉 세계도 인구의 약 오분의 사가, 합해서 세계도 면적의 오분의 일만을 차지하는 양 지역에서 생활하고 있다는 게다.

이 두 지역은, 나머지 다른 극히 중요한 어떤 면(面)에서 보면, 비슷하다. 첫째, 이 지역을 흐르는 하천은 대부분 외양(外洋)에서 계속하여 역항(逆航)할 수 있다. 인도 제국(諸國)에는, 직접 외양으로 흐르는 이와 같은 일련의 대하(大河) 즉 인더스 강(Indus),[303] 갠지스 강(Ganges),[304] 브라마푸트라 강(Brahmaputra),[305] 이라와디 강(Irrawady),[306] 살윈 강(Salwen),[307]

---

[302] the East Indies(동인도 제도)라고 부르기도 한다. 주로 남·동남 아시아 지역을 뜻한다. 좁은 의미로는 인도를 제외한, 인도네시아 제도, 필리핀, 말레이시아, 부르나 등이 있는 지역으로 보기도 한다. 대항해 시대, 처음에 아메리카를 실수로 서인도라고 불렀기 때문에, 인도와 그 주변 지역을 동인도라고 하였다.

[303] 인더스 강은 티베트 고원에서 발원하여 파키스탄과 인도로 흐른다. 총 길이는 약 2,880킬로미터이다.

[304] 인도의 북동부로 흐르는 대하천이다. 벵골만으로 흘러든다. 전장은 약 2525킬로미터이다

[305] 티베트에서 발원하여 방글라데시에서 갠지스 강과 합류하여 벵골만으로 흐르는 하천이다. 총길이는 2,900킬로미터이다.

[306] 미얀마 가운데로 흐르는 강이다. 전장은 2,170킬로미터이다

[307] 중국과 미얀마에 걸쳐 흐르는 국제 하천이다. 마르타반만으로 유입된다. 전장은 2,815킬로미터이다

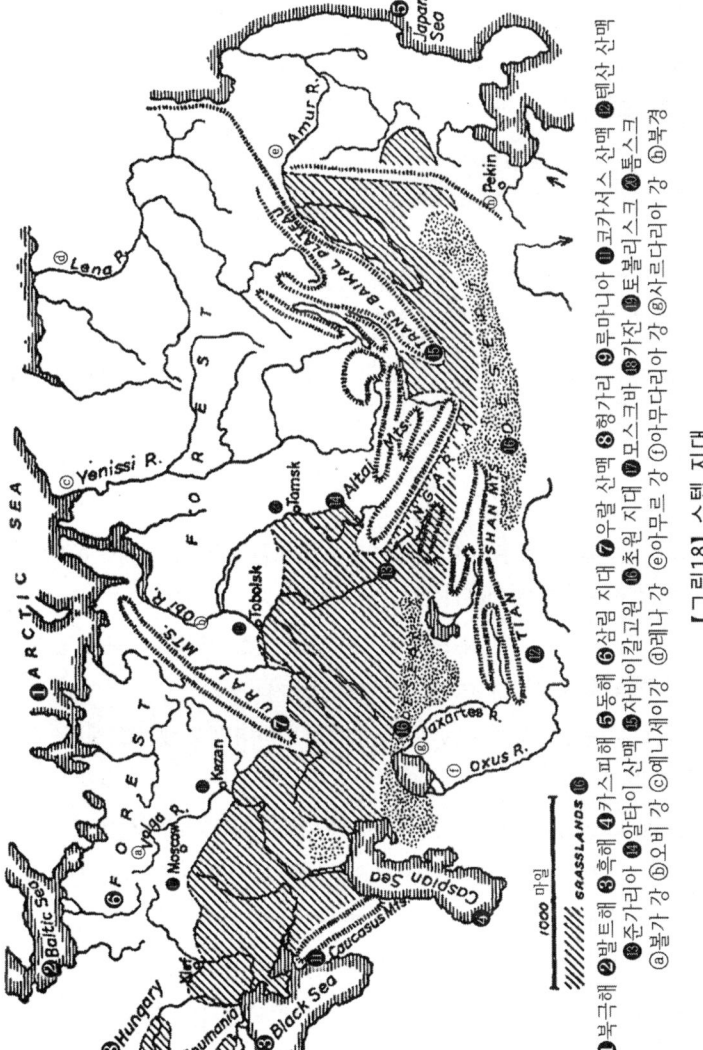

[그림18] 스텝 지대

❶북극해 ❷발트해 ❸흑해 ❹카스피해 ❺동해 ❻삼림 지대 ❼우랄 산맥 ❽헝가리 ❾루마니아 ⑩코카서스 산맥 ⑪톈산 산맥 ⑫준가리아 ⑬알타이 산맥 ⑭자바이칼고원 ⑮조선 지대 ⑯모스크바 ⑰토볼리스크 ⑱카잔 ⑲톰스크 ⓐ볼가 강 ⓑ오비 강 ⓒ예니세이강 ⓓ레나 강 ⓔ아무르 강 ⓕ아무다리아 강 ⓖ자르다리아 강 ⓗ북경

제4장 • 육상 사람의 관점

메남 강(Menam),[308] 메콩 강(Mekong),[309] 송화강(淞花江),[310] 서장강(西江, Sikiang),[311] 양자강(楊子江),[312] 황하강(黃河江, Hoangho),[313] 하이허강(白河, Peiho),[314] 요하(遼河),[315] 아무르 강[316]이 있다. 이 강의 대부분은 그 어귀에서 약 수백 마일[317]을 항행할 수 있다. 증기선인 영국 전함은

---

[308] 태국 방콩을 가로지는 태국에서 가장 큰 강이다. 전체 길이는 1,200킬로미터이다. 짜오프라야 강이라고도 한다.

[309] 중국, 미얀마, 태국, 라오스, 캄보디아, 베트남을 거쳐 남중국해로 흐르는 국제 하천이다. 총길이는 약 5,200 킬로미터이다.

[310] 백두산 천지에서 발원하여 만주 지역으로 흐르는 강이다. 전장은 1,927 킬로미터이다. 쑹화강이라고 부른다.

[311] 중국 남부를 흐르는 강이다. 길이는 2,075킬로미터로 여러 지역을 흘러 홍콩과 마카오를 거쳐 남중국해로 유입된다.

[312] 아시아에서 가장 긴 강으로 길이는 6,300킬로미터이다. 중국 대륙의 화중 지역을 거쳐 서해로 흘러든다. 중국어로는 양쯔강이다.

[313] 중국 서부에서 동북부로 흘러 서해의 보하이만(발해만)으로 유입된다. 길이는 5,463킬로미터이다.

[314] 북경과 텐진을 연결하며 발해로 흐른다. 길이는 1,329킬로미터이다.

[315] 랴오허 강이다. 중국 북동 지방에 위치하며, 랴오닝 성을 두 지역으로 분리하면서 발해로 흐른다.

[316] 러시아의 북동부에서 발원하며 중국과 러시아 사이에 경계를 이루며, 상부 지류를 합하여 길이 4,368킬로미터의 하천이다. 한국에서는 흑룡강이라고 부르기도 한다. 러시아 중국 몽골 북한은 강 유역에 있다.

[317] 백 마일은 약 161킬로미터이다.

한때 양자강을 따라 바다에서 오백 마일[318] 떨어진 한구(漢口, Hankow)[319]까지 운항하였다. 유럽의 반도부에도 다뉴브 강(Danube),[320] 라인 강(Rhine),[321] 엘베 강(Elbe)[322]이 흐르고 바다와 직접 연결하는 큰 교통량을 담당하고 있으나, 인도 제국(諸國)에서와 같은 대하천(大河川)은 아니다. 라인 강의 상류 삼백 마일[323] 지점에 위치한 만하임(Mannheim)[324]은 전쟁 전(前) 유럽의 중요한 항만 도시(港灣 都市) 가운데 하나였다. 말하자면 이곳에는 100 야드[325] 정도의 긴 거룻배들이 천 톤이나 되는 화물을 선적한 채 선창(船艙, 부두)에 대고 있었다. 그밖에 유럽 전체가 반도라는 점은, 유럽의 하천 교통 발달의 제약 요인(制約 要因)이 되었다. 하지만 반대로 해상(water) 교통을 위한 시설이 발전되는 유익한 결과가 나왔다.

위에서 설명한 두 '연안 지대(Coastlands)' – 유럽 반도와 인도 제국(諸國) – 의 유사점이, 그곳 하천의 역항(逆航) 가능성에 한정되지 않고 있다. 세계도의 우량도(雨量圖, rainfall map)를 펼쳐 놓고, 비교적 우량(雨量)

---

[318] 약 805킬로미터

[319] 중국어로는 한커우라고 하는데, 현재 중국 중부의 무한(武漢)시의 일부이다.

[320] 독어로는 도나우 강이라고 한다. 유럽에서 두번째로 긴 국제 하천이다. 전체 길이는 2,850킬로미터이다.

[321] 길이 1,230킬로미터의 국제 하천이다. 스위스에거 발원하여 독일을 비롯한 여러 나라를 거쳐 북해로 흐른다.

[322] 독일 동부에서 북해로 흐르는 월경 하천으로 길이는 약 1,091킬로미터이다

[323] 약 483킬로미터

[324] 독일 남서부에 있는 도시로 라인 강과 네커 강이 합류하는 곳이다.

[325] 약 91미터

이 결핍된 지대, 산악의 기상적(氣象的) 영향으로 국부 강우가 많은 소지역(patch)을 빼고 생각해 보자. 이 연안 지대가 농업에 유리하게 토지가 비옥하다는 점을 즉시 알 수 있다. 그 까닭은 산지(mountains)뿐만 아니라 평야에서도 넓게 퍼져 비가 내리기 때문이다. 인도의 서남 방향에서 중국의 남부와 남동 방향으로, 여름철의 몬순(monsoon, 季節風)은 바다의 습(濕)한 공기를 운반한다. 대서양에서 부는 서풍(西風) 때문에 사 계절 내내 유럽에는 비가 내리고 겨울철 동안 지중해 연안 지방에 비를 뿌린다. 그래서 양 연안 지대는 농경(農耕)에 유리하다. 이 때문에 대(大)인구를 양육하고 있다. 따라서 유럽과 인도 제국(諸國)은 농민과 뱃사람(shipmen)을 위한 지역이다. 그런데 북부 심장 지대, 아라비아, 남부 심장 지대를 검토하면, 대부분은 경작에 부적합(不適合)하고, 해상 교통으로 접근하기 어렵다. 한편 이 지방에는, 자연히 기마와 낙타의 기동력에 순응하고, 소와 양을 방목하는 일상 생활을 하고 있다. 말과 낙타가 없는 열대(熱帶) 아프리카의 사바나(Savannah)[326] 지역에서 조차, 원주민의 부(富)의 척도는 주로 소와 양의 두수(頭數)이다. 물론 이상에서 언급한 내용은 — 지엽적인 예외가 많지만 — 넓게 일반화한 것이다. 그런데도 이것은, 광활한 지리적 현실(realities)을 기술한다는 점에서 보면 충분하며 진실과 일치한다(1. 말하자면, 역사를 제약하고 따라서 인구와 문명을 현재와 같이 분포하게 한 현실이다. 이런 동일한 현실이, 오늘날 — 훨씬 더 풍요한 초원 지대에서 식량 생산을 고도로 조직화함으로써 — 새롭게 변화하기 시작하고 있다.).

❦ ❦ ❦ ❦ ❦

---

[326] 열대 아프리카의 전형적 특징으로 드문드문 나무가 자라는 개방된 초원 지대이다.

그리고 역사에 관한 지식의 힘을 빌려보자. 어느 실천적인 사상 즉 인간을 움직이는 어느 사상도 정적(靜的)으로 파악할 수 없기 때문이다. 우리 자신

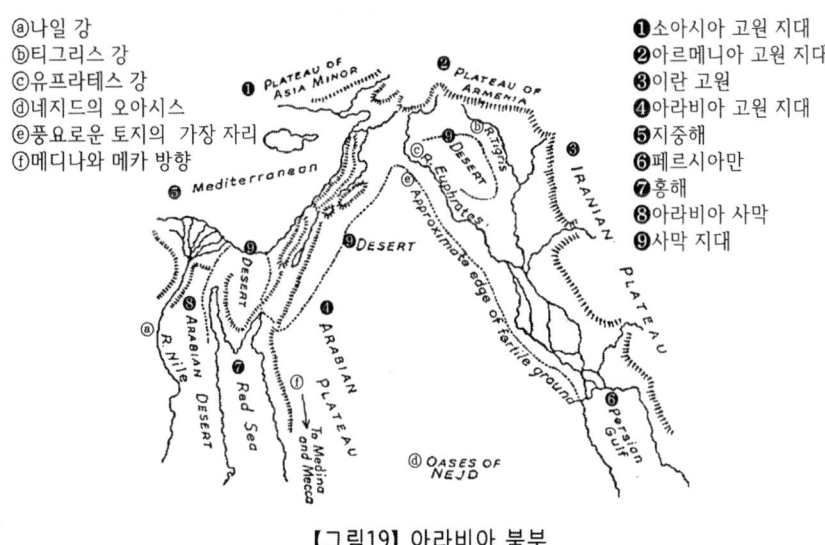

【그림19】 아라비아 북부

의 과거 경험 또는 민족의 역사(history of the race)에서 얻은 발상(發想)의 관성(momentum)으로써, 이를 사색해야만 한다. 동방의 오아시스를 시(詩)에서는 지상 낙원(地上 樂園)으로 표현하였고, 그 이유가 단지 사막을 가로질러 그곳에 도달할 수 있기 때문이 아니었던가!

역사 시대는, 아라비아 북부의 대(大)오아시스 지대에서 시작한다. 우리가 분명히 알고 있는 최고(最古)의 국제 정치는, 유프라테스 강[327] 하류

---

[327] 서아시아의 최대의 강이며, 터키에서 발원하여 시라와 이라크를 거쳐 티그리스

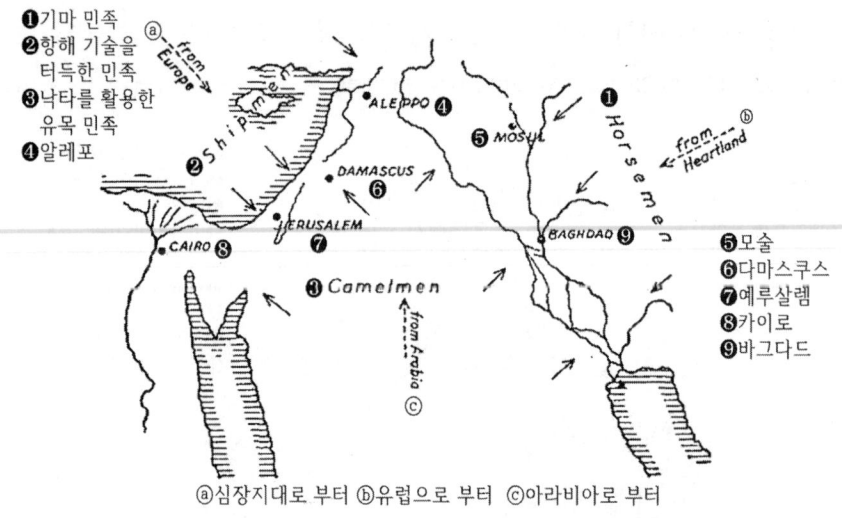

【그림20】 경작지를 정복한 민족의 이동 경로

(Lower Euphrates)와 나일 강 하류(Lower Nile)의 충적 평야(沖積 平野)에서 성장한 두 국가가 관계를 맺음으로써, 전개되었다. 치수(治水)와 제방(堤防)을 유지하고 농업 용수(農業 用水)의 분배를 위한 운하(運河)를 건설함에 따라, 사회 질서와 기율이 필연 촉진·형성되었다. 이상의 두 문명은 확실히 달랐다. 이 같은 성격의 상이성(相異性)이 응당 양쪽의 상호 교류 근거라고 할 수도 있다. 이집트에는 비교적 좁은 계곡의 암반 지역이 형성되어 그 양안(兩岸)의 많은 암석을 건축재(建築材)로 이용하였다. 파피루스 풀줄기(papyrus reed)[328]는 기록의 목적으로 사용되었다. 한편으로 바빌

강과 합류하여 페르시아만으로 흐른다. 길이는 약 2,800킬로미터이다.

[328] 파피루스는 고대 이집트에서 사용된 필기 매체이다. 불어의 papier 영어의

로니아의 경우에, 넓은 평야에서 얻은 재료로 만든 벽돌로 건축이 행해졌고 점토 서판(書板)에 설형 문자(楔形文字)[329]로 새겨 기록을 남겼다. 이집트와 바빌로니아 양국을 연결하는 길은, 유프라테스 강에서 서쪽으로 아라비아 사막의 일각(一角)에 있는 시리아(Syrian angle) 지방을 가로질러 팔미라(Palmyra)[330] 샘(井)을 지나 다마스쿠스(Damascus)[331]에 도달한다. 다마스쿠스는 안티레바논(Anti-Lebanon) 산맥[332]과 헤르몬(Hermon) 산(山)[333]에서 발원(發源)한 아바나(Abana) 하천[334]과 파르파르(Pharpar) 하천이 형성한 오아시스에 건설된 도시이다. 다마스쿠스에서는 앞에서 지적한 이집트로 가는 길은, 둘로 갈린다. 하나는 해안의 저지(低地) 통로이고 다른 하나는 요르단 강 계곡 동측의 불모(不毛) 고원 지대(高原 地帶) 가장자리를 따라 있는 고지(高地) 통로이다. 홀연(忽然)히 유대(Judea)의 암산(巖山)[335] 위에 예루살렘이란 구릉(丘陵) 요새가 이 두 통로 사이에 위치한다.

---

paper 이탈리아어의 papiro 는 파피루스에서 유래한 단어이다.

[329] 메소포타미아 문명에서 사용된 고대 문자이다. 점토판에 갈대를 깍은 펜으로 새겼다.

[330] 시리아 타드무르에 있었던 오아시스에 세워진 고대 도시이다

[331] 현재 시리아의 수도이다. 아라비아 반도의 요충지였다.

[332] 레바논과 시리아 사이의 국경을 이루는 산맥이다. 아랍어로는 레바논 동부 산맥이라고 한다.

[333] 안티 레바논 산맥의 최고봉

[334] 바라다 강

[335] 유대 산맥으로 이스라엘과 서안(West Bank)에 있다.

잉글랜드 서부의 헤리퍼드 성당(Hereford Cathedral) 벽에 걸려 있는 십자군 시대 성직자가 그린 한 장의 지도[336]가 걸려 있다. 이 지도에는, 예루살렘이 세계 전체에서 보아 기하학적 중심 즉 가운데 있다고 표시되고 있다. 예루살렘의 성묘(聖墓)에 안치된 교회에 가면 바닥 위에 기록된 그 정확한 중심의 위치를 알 수 있다.

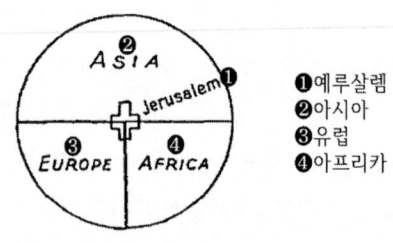

❶예루살렘
❷아시아
❸유럽
❹아프리카

【그림21】 중세의 윤형형 지도

지리적 현실에 대한 우리의 연구가 – 이런 현실을 완전하게 알고 있는 한 – 우리에게 바른 결론을 내릴 수 있게 할지라도, 중세 성직자가 크게 틀리지는 않았다고 볼 수 있다. 만약 세계도가 필연적으로 지구상의 인류를 위한 중심 거주지라면 유럽에서 인도에 이르는 북부 심장 지대로부터 남부 심장 지대까지의 통과 지대로서 아라비아가 세계도의 가운데 있다면, 구릉(丘陵) 성채 도시 예루살렘이 세계 현실을 감안(勘案)하여 전략적 거점(據點)

---

[336] 잉글랜드 헤리퍼드의 성당에 있는, 1300년쯤 리처드(Richard of Holdingham)가 그린 중세 지도를 의미하는데, 유명한 보물이다. 이 지도는 유네스코 세계 기록 유산에 등재되어 있다.

이라고 할 수 있다. 이는 중세의 관점에서 본 예루살렘의 이상적 위치와 본질적으로 다르지 않는 결론이다. 말하자면 고대 바빌론[337]과 이집트 사이의 전략적 거점이 예루살렘이라는 것이다. 현 제1차 세계 대전이 입증한 바와 같이, 유럽에서 수에즈 운하를 통하여 인도 제국(諸國, the Indies)에 이르는 해상 교통이 번창하고 있고, 용이하게 공격할 수 있는 지점까지 팔레스타인에 기지를 둔 육군을 수송할 수 있다. 이미 야파(Jaffa)[338]를 통과하는 연안(沿岸) 간선 철도(幹線 鐵道)가 현재 건설되고 있다. 이 철도는 북부 심장 지대와 남부 심장 지대를 결합할 것이다. 더욱이 다마스쿠스의 영유자(領有者)는 유프라테스 강[339] 유역 아래 ‒ 두 바다 사이에 있는 ‒ 대체(代替) 통로 측면을 공격할 수 있는 지위를 차지할 것이다. 다름 아닌 동일한 지역에 고대 문명의 발상지(發祥地)가 있어야 하며 오늘날 극히 중요한 교통로가 교차하는 장소가 있어야 한다는 점은, 절대 우연(偶然)이 아니다.

역사의 여명기(黎明期) 셈(Shem)의 자손은, 아라비아 사막 주변의 농경 지대를 정복하였다. 셈의 자손이 모래 바다 주위에 세운 일련의 식민지군(植民地群)과 그리스인이 에게해(海) 주위에 건설한 일련의 식민지군은 전혀 다르다. 요르단을 넘어서 약속의 땅(the Promised Land)[340]에 침입

---

[337] 메소포타미아 지역의 고대 도시이다. 그 유적은 2019년 유네스코 세계 유산 목록에 등재되었다.

[338] 이스라엘의 텔아비브 지구에 위치한 고대 도시

[339] 서아시아 최대의 강이며, 티크리스 강과 함께 메소포타미아(강 사이의 땅)를 형성한다. 터키의 동쪽에서 발원하여 시리아와 이라크를 통과하여 티그리스 강과 합류한 뒤에 페르시아 만으로 유입된다.

[340] 히브리어 성경에 기록된 하나님이 이스라엘 백성에게 주겠다고 약속한 토지

한 이스라엘의 자식(The Children of Israel) 즉 베니-이스라엘(the Beni Israel)[341]은, 아마도 베두인(Bedouin) 유목족의 후손에 속한 종족 가운데 하나였을 수 있다. 뒤에 바빌로니아 왕국을 세운 칼데아인은, 셈계였으며 바빌로니아 지역에 먼저 이주한 비(非)셈계 아카디아인(Accadians)을 정복하였다. 셈족의 시조인 아브라함(Abraham)은 칼데아인이 사막 가장자리에 세운 도시 우르(Ur)[342]를 떠나 유프라테스 강 연안을 따라 시리아를 거쳐 다진 이동로(移動路)를 통하여 팔레스타인으로 이주하였다. 이집트의 힉소스 왕조도 분명히 셈족 혈통이었다. 따라서 아라비아에 거주한 전(全) 족속 - 보기를 들면 아랍인, 바빌로니아인, 아시리아인, 시리아인, 페니키아인과 유대인 - 은 같은 셈계 어족(語族)에 속한 방언을 사용하였다. 오늘날 아라비아어는, 소아시아의 토로스 산맥(Taurus)[343]부터 아덴만까지, 페르시아 산맥에서 나일 강 서쪽의 사하라 사막의 오아시스에 이르는 광대한 지역에서 일반적으로 사용하는 언어의 위치를 차지한다.

  아라비아 고원(高原) 지대는 한 방향을 제외하고, 사면팔방 해안을 향하여 급경사(急傾斜)를 이룬다. 예외의 방향인 북동쪽으로 이 고원은 유프라테스 강 유역과 페르시아 만이 점하고 있는 저지로 떨어지면서 점점 완만한 경사를 보인다. 지적한 저지대는, 유프라테스 강이 그 발원지(發源地)인 아르메니아 고원 지대의 계곡에서 분류하는 협곡에 도달하고 페르시아만의

---

[341] 베니 이스라엘은 20세기 중반까지 인도에 살았던 세 유대인 공체 가운데 하나이다. 히브리어로 이스라엘의 자식이란 의미이다.

[342] 메소포타미아 지역에 위치한 수메르의 고대 도시

[343] 터키 남부의 산맥으로, 터키 중앙부와 남부의 지중해 연안 지역을 분리하고 있다.

입구에 있는 오르무츠(Ormuz) 해협에서 끝난다. 그 길이는 천팔백 마일[344]이나 된다. 심장 지대의 페르시아만 측 높은 곳에 있는 페르시아 산맥(the Persian Mountains) 위에 서서 보면, 시종일관 이 저지대를 내려다 볼 수 있다. 기원전 5세기 경 키루스 2세(Cyrus)[345] 시대에 페르시아 고산족이 유프라테스 평야를 내습(來襲)하고 바빌론[346]을 정복한 뒤 다마스쿠스를 통과하는 시리아의 도로를 경유하여 이집트를 정복하려고 전진한 것은, 고대사(古代史)의 대사건 가운데 하나로 아주 유명하다.

아르메니아 고원에서 유프라테스 강이 흘러나오는 협곡(峽谷)은, 하구(河口)에서 직선 거리(直線距離)로 팔백 마일[347] 이상이며, 여기에서 지중해의 북동단(北東端) 알레포(Aleppo)[348] 근변(近邊)까지의 거리는 백 마일[349]을 약간 넘을뿐이다. 바로 동 협곡(同 峽谷) 서쪽에 있는 평균 표고(標高)가 약 1.5마일[350] 되는 아르메니아 고지(highland)가, 훨씬 낮은 소아시아의 반도의 고원 지대(tableland)로 떨어진다. 알렉산드로스 대왕이 인솔한 마케도니아 대군은 다르다넬스 해협[351]을 횡단하여 소아시아의 훤히 트인 중앙

---

[344]   약 2,897킬로미터

[345]   기원전 600?~529. 이집트를 빼고 고대 중동 지역을 통일하여 페르시아 제국은 세웠다.

[346]   고대 바빌로니아의 수도

[347]   약 1,287킬로미터

[348]   시리아 북부에 있는 도시

[349]   약 161킬로미터

[350]   약 24킬로미터

[351]   에개해와 흑해로 이어지는 마르마르해를 연결하는 해협

(center)을 돌파한 뒤, 토로스 산맥을 통로(Taurus passes)로 삼아, 킬리키아(Cilicia)[352]로 나와 시리아(Syria)를 경유(經由)하여 이집트로 진군하였다. 거기에서 후방으로 시리아를 통과해 유프라테스 강으로 진격하여, 하천 아래에 위치한 바빌론[353]을 습격하였다. 이것이 바로 고대사의 대사건 가운데 두번째로 아주 유명하다. 위에서 검토한 바와 같이, 사실 알렉산드로 대왕의 마케도니아군이 육로를 통하여 아라비아로 진출하였다. 하지만 이 같은 공세의 진짜 의의는, 항만 도시(港灣都市)였던 알렉산드리아와 안티오케이아(Antioch)[354] - 그리스어를 쓰는 대 항구 - 가 갑자기 번창하였다는 점이다. 달리 말하면 - 내지(內地)를 향한 뱃사람의 급부상(急浮上)으로 분명히 알 수 있는 바와 같이 - 마케도니아군의 공격은 실제로 해양 세력을 바탕으로 삼았다.

  만약 이와 같은 사실을 지리학자의 안목(眼目)에서 생각하면, 비옥한 농경 지대(農耕 地帶)를 볼 수 있다. 이 지대는, 유프라테스 강 상류 북서 방향으로 확산된 다음 다우 지역(多雨 地域)인 시리아 산지(mountains of Syria)를 따라 곡선을 남쪽으로 그리면서 서(西)이집트에서 끝난다. 이곳은 농민이 정착할 수 있는 일련의 농경 벨트를 이루었으므로 당연히 인구가 많다. 도중에 중단되고 두 불모지가 있지만, 고대의 간선 도로(幹線 道路)는 이 곡창 지대를 관통하여 바빌론에서 멤피스[355]로 이어졌다. 이 풍요한 토지(帶狀 지대, strip)에 거주한 사람은 때로는 이와 같은 때로는 저와 같은

---

[352] 터키 남부에 있는 지중해에 접한 지역이다

[353] 메소포타미아 지방의 고대 도시

[354] 오론테스 강 근처의 고대 그리스의 도시 국가

[355] 이집트 북동부 지역에 있는 고대 도시

우수한 기동력을 지닌 인접 유목 민족의 습격을 감수하면서 정복당하는 운명을 받아들지 않을 수 없었다. 여기에서 고대사의 대사건 가운데 몇몇 사건을 이해하는 실마리를 찾을 수 있다. 심오한 아라비아 반도를 배경으로 하여, 낙타[356]를 활용한 유목 민족은 남쪽에서부터, 메소포타미아에 대항하여 북동쪽으로, 시리아에 대항하여 북서쪽으로, 이집트에 대항하여 서쪽으로 진군하였다. 방대한 심장 지대를 배후로 지닌 북동쪽에서 기마 민족(騎馬 民族)은 이란 고원(Iranian Upland)에서 내려와 메소포타미아로 쇄도(殺到)하였다. 항해 기술을 터득한 민족(shipmen)은 시리아와 이집트에 대항하면서 북서쪽으로부터 소아시아 반도를 경유하거나 혹은 직접 레반트[357]로 도래하였다. 뒤의 모든 유럽의 수로(水路)를 장악하였다(1. 132쪽의 [그림 20]을 참고).

아시아에서 로마인은 마케도니아 점령지 가운데 서부 지역만을 접수하였다.[358] 로마 군단이 방어했던 라인 강과 다뉴브 강이, 지중해에서 시작된 북방으로의 로마 침투 한계(限界)를 명시한 바와 같이, 지중해에서 동방으로의 로마 침투 한계는, 유프라테스 강 상류 말하자면 유프라테스 강이 남동 방향으로 굽기 전에 북쪽에서 남쪽으로 흐르는 곳이었다. 사실 넓은 의미에서 보면, 로마 제국은 지역 제국이었다. 로마 제국은 전부 대서양의 연안 지대(沿岸 地帶)에 속했다. 과거 마케도니아가 지배했으나 로마 제국에 포함

---

[356] 낙타는 사막과 같은 건조 지대에 잘 적응할 수 있는 동물이며, 건조 지대에 인류가 생활하는 데 크게 기여하였다. 낙타는 교통 수단뿐만 아니라 고기와 젖, 직물(가죽과 털)을 제공하였다.

[357] 동부 지중해 및 그 섬과 연안 지방

[358] 로마 공화정은 기원전 146년 마케도니아 속주를 세웠다. 395년 로마 제국이 분할되자, 마케도니아는 동로마 제국의 속주가 되었다.

되지 않았던 지방(provinces)은, 로마 시대에, 지난 날 이란으로부터 메소포타미아를 습격한 – 페르시아인의 후계자 – 파르티아인(Parthians)[359]의 수중에 들어갔다.

그 뒤 다시 한번, 낙타를 활용한 유목 민족의 시대가 왔다. 네지드(Nejd)[360]의 거점 오아시스 및 그 서측의 연장 지역에 있는 헤자즈(Hedjas) 지방[361] – 메카[362]와 메디나[363] – 에 근거를 둔 아라비아인은, 마호메트의 가르침에 영감을 받아 사라센 대군을 파견했다. 사라센 군대는, 메소포타미아에서는 파르티아인을 시리아와 이집트에서는 로마인을 몰아냈으며, 비옥한 토지에 위치한 고대 통로(trackway)에 일련의 내륙 도시인 카이로, 다마스쿠스, 바그다드를 건설하였다. 로마 제국과는 다른 진정한 의미의 세계 제국을 세우려는 당당한 기세(氣勢)로 이와 같은 풍요한 기지의 사라센 세력은, 사면팔방(四面八方)으로 진출하였다. 과거 바그다드에서 파르티아인과 페르시아인을 다마스쿠스를 거쳐 시리아로 하향(下向) 인도하였던 동일한 통로를 따라, 회교도는 북동 방향으로 바그다드에서 이란으로 상향(上向) 역공(逆攻)하여 인도의 북부까지도 그 세력을 떨쳤다. 남쪽으로 이들은 아라비아 반도의 선단(先端)인 예멘(Yemen)에서부터 사하라 남부의 아프

---

[359] 파르티아는 북동 이란에 위치한 고대 지역이며, 고대 이란의 왕조이다. 로마와의 전투에서 승리를 거두기도 하였으며, 파르티아 제국을 이루었다. 중앙 아시아의 유목족에 속한다.

[360] 아라비아 반도 중앙부의 고원 지대이다.

[361] 사우디아라비아이 서쪽 홍해 연안에 위치한 지방

[362] 이슬람 제1의 성지이다.

[363] 메디나는 이슬람 제2의 성지이다.

리카 해안 갑(甲)까지 횡단하였으며, 낙타와 말을 활용한 군대의 힘을 이용하여 수단의 전역(全域)을 석권(席卷)하였다. 따라서 아라비아 반도를 중심에 두고 보면, 육상 세력 제국은 마치 거대한 독수리처럼, 한 날개를 북부 심장 지대 너머 아시아의 오지(奧地)까지, 다른 날개를 남부 심장 지대 너머 아프리카의 오지(奧地)까지, 펼치고 있다.

그러나 아라비아인은, 제국을 지배하기 위해 단순히 그 스텝 지대와 사막에 적합한 기동력의 수단에만 기초를 둔 영지(dominion)에 만족하지 않았다. 그들의 선배(先輩) 페니키아인과 시바인(Sheban)[364]처럼, 바다로 진출했다. 그들은, 아프리카 북안의 육로와 해로를 이용하여 두 지역 바르바리 지방(Barbary)[365]과 스페인(Spain)에 도달하였다. 바르바리 지방과 스페인은 ─ 사하라와 같이 완전히 불모도 아니고 유럽 반도의 대부분처럼 삼림이 울창하지도 않았으나 ─ 그들의 고국 아라비아 반도의 조건과 유사하였다. 다른 한편 동쪽 방향으로 보면 홍해 입구에 있는 예멘(Yemen)과 페르시아 입구에 있는 오만(Oman)을 출발해서, 하절기 몬순(계절풍)을 타고 인도의 말라바르(Malabar) 해안[366]으로 그리고 멀리 떨어진 말레이 제도(諸島)[367]까지도 그들은 항해하였다. 그리고 동절기 몬순(계절풍)을 이용하여 돌아왔다. 따라서 지브롤터[368] 해협에서 말라카(Malacca) 해협까지 그리고

---

[364]　Sheba는 남아라비의 고대 문명에 기반한 왕국이다.

[365]　이집트를 제외한 북아프리카의 옛 이름

[366]　인도 반도의 남서 해안 지역이다. 서고츠 산맥과 아라비아해 사이에 있다.

[367]　동남 아시아 대륙과 오스트레일리아 사이에 있는 제도이다. 섬은 이만오천 개가 넘는다.

[368]　스페인 남단의 튀어 나온 작은 반도인데, 항구도시로 영국령이다.

대서양 입구에서 태평양 입구까지 확대된 해상 제국의 윤곽을 아랍인의 삼각돛 다우선(Arab dhows)[369]이 그리면서 활동하였다.

이와 같은 사라센 제국을 세우려는 웅대한 의도는 – 항해 기술에 능통한 민족의 동서 방향으로의 지배 및 낙타를 활용한 유목 민족의 북남 방향으로의 지배에 의해 – 성립될 수 있었다. 그러나 치명적 결함이 하나 있었다. 말하자면 사라센 제국의 아라비아 기지에는 이런 의도를 이룰 수 있는 데 필요한 인력이 없었다는 것이다. 그러나 세계 강국(world power)의 열망을 품은 어느 정부의 전략 사상(戰略 思想)도 숙고해야만하는 현실적인 조건을 연구하는 모든 학자는, 이런 식으로 역사가 우리에게 준 교훈을 견실(見失)할 수 없다.

❦ ❦ ❦ ❦ ❦

사라센 제국의 멸망 원인은 서(西)의 유럽 혹은 동(東)의 인도 제국(諸國)으로부터의 공격은 아니었다. 다름 아닌 북부 심장 지대로부터 공격이었다. 이는 의미심장(意味深長)한 사실이다. 심장 지대 방향을 제외하고, 아라비아의 모든 방면(方面)은 바다 또는 사막으로 에워 싸여 있다. 아랍인의 서향 해양 세력은, 베네치아와 제노아[370]로부터 분명히 방해를 받았다. 포르투갈인이 아프리카의 희망봉 우회에 성공한 뒤, 아랍인의 동향(東向) 해양 세력은 타격을 받았다. 아라비아 자체에서 사라센인이 몰락한 이유는 터키의 육

---

[369] 다우선은 고대 인도양, 아라비아해에서 활약한 목조 범선이다. 인도, 동아프리카, 중동 지역의 연안에서 사용되었다.

[370] 이탈리아 북서부에 있는 항구 도시, 중세에는 해양 국가로 크게 번창하였다

상 세력 때문이었다. 대(大)북부 심장 지대의 특징 그리고 우선 긴 초원 지역(the long Grassy Zone)의 특징을 계속하여 어느 정도 고려하지 않을 수 없다. 삼림 지역(the Forest Zone)의 남쪽으로 확대되어 대초원을 가로 질러 동측의 몬순(계절풍)에 영향을 받는 아시아의 연안 지대와 서측의 유럽의 연안 지대가 겹치는 부분이, 바로 이 초원 지역이다.

스텝 지대는, 중앙 유럽의 헝가리 평야(the Hungarian Plain)[371]에서 시작된다. 이곳은, 삼림으로 우거진 산맥, 동알프스 산맥[372]과 카르파티아 산맥(山脈)[373]으로 완전히 포위되어 있다(1. [그림18]을 볼 것, 127쪽). 과거 야생 잡초가 번창한 대분지를 오늘날 대부분 밀과 옥수수가 채우고 있다. 그러나 백 년 전만 해도, 말하자면 철도가 부설되어 농산물 시장이 쉽게 접근할 수 있는 곳에 자리 잡기 이전, 다뉴브 강(Danube) 동측 해수면과 비슷한 고도의 헝가리 일대(一帶)는 프레리 지대(prairie land)[374]였고 헝가리인의 부(富)는 거의 말과 소에만 한정되어 있었다. 삼림으로 은폐된 카르파티아 산맥은 헝가리의 수호신이었다. 카르파티아 산맥을 넘어서 스텝 지대의 간선(幹線)대(帶)가 본격적으로 시작되고 있다. 그 남쪽 한계는 흑해 연안이고 그 북쪽 한계는 러시아의 삼림 지대 경계이다. 삼림 경계선(境界線)은 꾸불꾸불 이어지면서 대체로 북위 50도 부근의 카르파티아 산맥의 북단(北端)

---

[371] 헝가리 대평원은 헝가리 면적의 56%를 점하는 평야이다.이 보다 더 큰 판노니아 평원의 일부이다.

[372] 알프스 산맥의 동부에 있는 산맥

[373] 중동부 유럽에 있는 산맥. 길이는 약 1,500킬로미터이다.

[374] 대초원 지대

에서 끝나면서 북위 56도의 우랄 산맥[375]의 말단(末端) 부근까지 경사를 이루면서 연장된다. 모스크바의 위치(位置)는 삼림 지대에 가깝고 스텝 지대에서 먼 곳도 아니다. 비교적 최근 남방 스텝 지대의 식민화를 추진하기 전에는, 모스크바 주변에 형성된 하나의 대개척지(大開拓地)가 인간이 거주하는 전(全) 러시아였다고 할 수 있다. 현재 볼가 강과 돈 강 연안까지 개간(開墾)을 진행하고 있으며, 펼쳐진 밀밭이 스텝 지대의 초지를 대부분 대체하였다. 그러나 백 년 전 만해도 러시아 코사크[376] 전초(前哨) 지대는 드네프르 강(Dnieper)[377]과 돈 강(Don Rivers)[378]에 근거를 두었고, 그 천안(川岸)을 따라 있는 나무만이, 흔들리는 목초 또는 눈(snow)으로 이루어진 광활한 평원의 단조로움을 깨트렸다.

  우랄 산맥의 남단(南端)을 덮고 있는 삼림 지대는, 남쪽으로 훤히 트인 스텝 지대로 돌출된 갑(岬) 모양이다. 하지만 초지는, 평야의 문호로 이어지고, 여기에서 유럽에서 우랄 산맥과 카스피해의 북부 말단 사이의 아시아로 계속된다. 이 문호를 넘어서면, 이어진 스텝 지대의 폭은 유럽보다 더 넓다. 스텝 지대의 북측으로는 여전히 삼림 지대가 있다. 오늘날 그 남측으로는 투르키스탄의 사막과 반(半) 건조 스텝 지대가 있다. 우랄 산맥 동측 기슭에

---

[375] 러시아를 남북으로 종단하는 산맥

[376] 우크라이나와 남부 러시아에서, 제정 러시아의 농노제에서 도피한 농민과 몰락 기족으로 형성된 군사적인 공동체 혹은 공동체 성원이다.

[377] 러시아에서 발원하여 벨로루시를 통과하여 흑해로 흐르는 하천이다. 길이는 2285킬로미터이다.

[378] 유럽에서 다섯째로 긴 강인데, 모스크바 남쪽 툴라에서 발원하여 아조프해로 흐흔다. 길이는 1,870킬로미터이다.

있는 첼리빈스크(Chelyabinsk)역(驛)에서, 페트로그라드와 모스크바에서 시작된 지선(支線)이 합류하고 있고, 안가라(Angara) 강[379]은 바이칼호에서 흘러나와 이르쿠츠크(Irkutsk)를 지나고 있고, 시베리아 횡단 철도는 초원 지대를 통과한다. 밀밭이, 대부분 철도 연변을 따라 있는 목초를 대체하기 시작하고 있으나, 집락 인구(集落人口)의 거주 지역의 폭은 여전히 좁고, 다른 한편 타타르(Tartar)·키르기스(Khirghiz)[380] 기마족은 넓은 지역에 걸쳐 아직도 유목 생활을 한다.

삼림 지대의 경계선은 서부 시베리아와 동부 시베리아의 경계를 따라 남쪽으로 곡선을 그린다. 그 까닭은 시베리아 동쪽으로 가면 삼림으로 된 산맥과 구릉으로 변하기 때문이다. 그리고 자바이칼 고원(Trans-baikalian Plateau)[381]에서 아시아의 북동단(北東端)을 경유하여 베링 해협 방향으로 고도(高度)가 점점 낮아진다. 초원 지대는 삼림 지대와 함께 남쪽으로 굽어 몽고 고원(Mongolian uplands)의 낮은 평원을 넘어서 동쪽으로 연장되고 있다. 대저지(Great Lowland)에서부터 몽고(Mongolia)로 향하고 있는 사면(斜面, slope)은, 중가리아(Zungaria)[382]의 '드라이 스트레이트(Dry Strait, 陸上 통로(고개))'를 관통한다.[383] 즉 남쪽의 텐산(天山) 산맥

---

[379] 시베리아 남동부를 흐르는 하천으로 길이는 1,779킬로미터이다. 바이칼호에서 흐르는 유일의 하천이다.

[380] 키르기스스탄을 중심으로 중앙 아시아에 분포된 튀르크족을 키르기스인이라고 한다.

[381] 자바이칼은 러시아 동부, 바이칼호의 동쪽 산악 지대이다.

[382] 중국 신장 위구르 자치구의 북부 지역

[383] Dry Strait 는 중가리아 통로(고개, pass of Dzungaria)라고도 한다. 대체로 초지

(Tianshan Mountains)[384]과 북쪽의 알타이 산맥[385]사이의 육상 통로(고개)이다. 현재 고원에 있는 스텝 지대는, 중가리아를 넘어서 알타이(Altai) 산맥과 자바이칼 산계의 삼림 지대 남부 가장자리를 돌아 그 남쪽의 고비 사막 끝에서 아무르(Amur) 강 상류 발원지(發源地)에 도달한다. 몽고 고원에서 만주의 대평야에 이르는 대흥안령 산맥(大興安嶺山脈, Kingan)의 동쪽 면을 따라 삼림 지대(森林地帶)가 있다. 그러나 약 오천 마일[386] 떨어진 스텝 지대 벨트의 서쪽 끝에 있는 헝가리 초원 지대의 특성과 유사한, 마지막으로 만주의 초원 지대가 있다. 하지만 그 중앙의 초원 지대가 단절·고립되어 있다는 점에서 헝가리와는 다르다. 만주의 초지는 태평양 연안까지 확산되지 않고 있다. 왜냐하면 빽빽하게 숲이 우거진 연안의 산맥[387]이, 거기에서 활짝 트인 지역을 끼고 아무르 강의 흐름을 북동 방향으로 편향(偏向)시키기 때문이다.

　이와 같이 긴 리본형의 스텝 지대에서 현대식 철도 설비와 곡물밭을 제거하고, 다름 아닌 터키족 즉 기마 민족인 타타르족이 다시 이 지역에 거주한다고 상상해보자. 콘스탄티노플의 터키어를 레나 강(Lena River)[388] 하구(河口)의 북극권에 살고 있는 동족(同族, Arctic tribe)이 오늘날까지도 이

이며 실크로드에 속한다.

[384]　키르기스스탄과 중국 사이의 국경 지대에 있는 산맥

[385]　서부 시베리아와 몽고에 걸쳐 있는 산맥

[386]　약 8,047킬로미터

[387]　장백 산맥과 시호세아리 산맥

[388]　러시아 시베리아의 동부를 흐르는 하천으로 북극해로 유입된다. 길이는 약 4,400킬로미터이다.

해할 수 있다는 소문이 자자하다. 반복되었던 일정한 이유 — 아마도 한발기가 얼마 동안 주기적으로 계속되었다는 이유 — 때문에, 타타르 유목민의 기동(機動) 군단은, 그 전체의 힘을 결속하여 강력한 사태(沙汰)처럼 중국 혹은 유럽의 집락 농민(集落 農民)을 습격하였던 시대가 있었다. 처음 서구인은 이들을 훈족(Huns)[389]으로 불렀다. 이들은 서기 5세기 중엽, 위대하나 잔인한 지도자 아틸라(Attila)[390]의 지휘 아래 헝가리를 공격하였다. 이들은 헝가리에서 세 방향 — 북서·서·남서 방향 — 으로 기습 행동을 전개하였다. 북서 방면에서 게르만족이 이들 때문에 크게 동요하였고, 비교적 해안에 근접한 종족인 앵글족(Angles)과 색슨족(Saxon) 일부는 바다를 건너 브리튼(Britain)섬이라는 새로운 안식처로 밀려났다. 서쪽으로 이들은 갈리아(Gaul)[391] 지방까지 침입하였으나, 프랑스 북동부의 살롱(Chalon) 대전[392]에서 패배하였다. 동에서 내습(來襲)한 공동의 적을 격퇴하기 위해, 프랑크족(Frank) 고트(Goth)족 로마 속령 군단(Roman Provincial)은, 힘을 합하였다. 이 같은 단결(團結)에서 현대 프랑스 국민이 생겼다. 남서쪽으로 아틸라는 밀라노(Milan)까지 진격하였으며, 도중에 아킬레아(Aquileia)와 파두아(Padua)와 같은 중요한 로마 도시를 파괴하였다. 이 지역의 주민

---

[389] 훈족은 북아시아 출신으로 기마 민족으로 유목족이다. 4세기 중반 서쪽으로 이동하여 당시 고트족을 압박하였으며, 게르만 민족의 대이동과 프랑스 왕국의 탄생 등을 낳았다고 한다.

[390] 406?~453, 훈족의 왕. 독일의 중세 서사시인 <니벨룽의 노래>에 에첼이란 이름으로 등장하기도 한다. 아마도 투르크족이나 몽골족에 속하는 것 같다.

[391] 현재 프랑스, 스위스, 네덜란드, 벨기, 독일의 일부 지역이 포함된 곳이다.

[392] 451년, 카탈라우눔 전투라고 하기도 한다. 아틸라가 이끄는 훈족과 서유럽 민족 연합군 사이에 터졌다. 타격을 받은 아틸라는 헝가리 평원으로 물러났다.

은 난(難)을 피하여 해로로 해변의 초호(礁湖, lagoon)로 탈출하여, 그곳에 베네치아를 건설하였다. 밀라노에서 아틸라는 로마 교황 레오(Leo) 1세[393]를 만났으며[394], 그 이유가 무엇이었든지 간에 그 결과로 퇴각(退却)하였다. 따라서 로마 교황청의 위신이 크게 섰다. 따라서 이와 같은 심장 지대에서 맹타(猛打)를 가한 강적에 대하여, 해안 민족들(coastmen)이 일치단결하여 반격함으로써, 영국과 프랑스의 민족 의식, 베네치아의 해양 세력, 중세 최고 제도인 교황제가 확립되었다고 말하는 것은 진실에 거의 일치한다. 오늘날의 훈족이라 할 수 있는 독일인이, 맹타를 휘두름으로써 우리가 하지 않을 수 없었던 반격에서, 이와 유사한 어떤 크고 - 희망컨대 - 자비로운 일이 나오지 않으리라고 누가 말할 수 있을까?

  훈족의 습격은 몇 년 후 끝났다. 그 이유는 훈족의 배후에 있는 인력이 빈약하였기 때문이라고 추측할 수 있다. 일타(一打)의 힘은 그 크기뿐만 아니라 그 속도와 정비례한다. 그러나 일부 훈족은 아마도 헝가리 평원의 목초로 우거진 공지에 잔존하였고, 아바르족(Avar)[395]이라고 할 수 있는 서진(西進)하는 신래(新來)의 기마 민족[騎馬 軍團]에 의해 흡수되었을 수 있

---

[393]   390~461, 로마 교황, 이탈리아 피사 출신으로 이탈리아를 침공한 아틸라를 만나 스스로 물러나게 했다고 한다.

[394]   452년

[395]   유목 민족으로 아마도 몽고족 출신으로 추정된다. 6세기에서 9세기까지 유럽 역사에 큰 영향을 미쳤다.

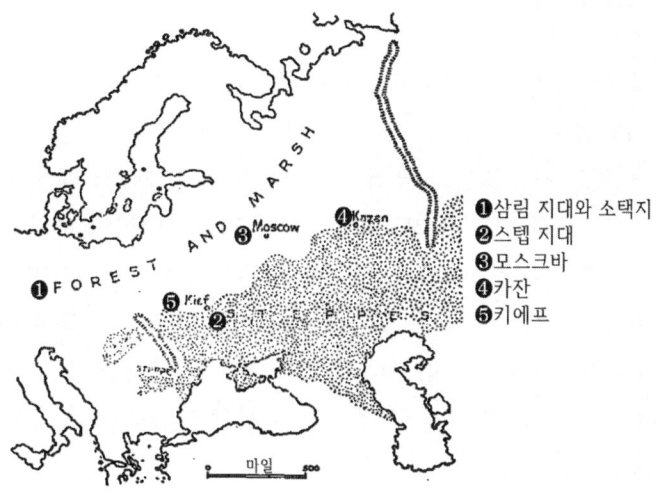

【그림22】 동유럽의 삼림과 스텝 지대(필자의 논문 "The Geographical Pivot of History" *Geographical Journal* 1904 의 도식에 따름)

다. 이 군단을 샤를마뉴[396]가 공격한 바 있다. 곧 마자르족[397]이 침략하였다. 서기 10세기 경 독일을 무참히 파괴하였던 이런 마자르 터키족(Magyar Turks)은, 서기 1000년 로마 교황의 수중에서 기독교로 개종하였고, 이 때부터 라틴계의 기독교 제국(세계)를 지키는 일종의 보루(堡壘)가 되었다. 따라서 더 이상 타타르족[398]의 헝가리 내습(來襲)은 일어나지 않았다. 그러나

---

[396] 742~814, 카롤루스 1세 마구누스, 카를 대제라고 부른다. 아바르족의 서부 영토를 정벌하였다.

[397] 카르파티아 분지에 살았으며, 895년 이후 헝기라를 공국을 세우는 데 중심 역할을 한 부족이다.

[398] 투르크 계 유목 민족 으로 북·중 아시아 지에 사는 민족이다. 타타르의 뜻은 터

마자르족의 경제 생활은 최근 백 년 전만 해도, 스텝 지대 안에서 이루어졌다.

암흑시대인 중세의 수백 년 동안 있었던 사건은 다음과 같이 요약할 수 있다. 즉 고대 노르웨이 이교도는 선박을 이용하여 북의 해양에서 해적 행위를 하였고 사라센인과 무어인 이교도는 지중해에서 배를 타고 다니면서 약탈 행위를 하였다. 그리고 기독교 반도를 적대적인 해양 세력이 포위하였을 때, 아시아 출신의 기마 민족인 터키족들이 기독교 반도(the Christian peninsula)의 심장부를 공격하였다는 점을 합하여 음미하여 보면, 절굿공이와 절구의 관계처럼 현대 유럽을 형성한 타격을 조금 이해하게 될 것이다. 절굿공이의 역할을 한 것이 바로 심장 지대의 육상 세력이었다.

❦ ❦ ❦ ❦ ❦

이상의 역사적 사실을 지도상에서 추적해 보면, 중대한 의미를 지닌 전략적 사실이 나타난다. 바로 대저지대(Great Lowland)의 연속적인 대초원 지대 — 평원 — 가, 북극해와 내륙해(內陸海)로 흐르는, 심장 지대에서 유럽 반도의 동부에 이르는, 하천의 유역과 겹치고 있다는 것이다. 아시아에서 서향으로 진격하는 기마 민족이, 유럽의 하천이라 할 수 있는 드니퍼(Dnieper) 강과 다뉴브(Danube) 강 유역으로 완전히 침투하지 못하도록 길을 막을 수 있는 장애물은 전혀 없었다. 심장 지대에서 유럽에 이르는 통로는 지리적으로 이와 같이 완전히 개방되어 있다. 이와는 크게 다르게 심장 지대의 동쪽과 남동쪽 국가들을 따라, 인도 제국(諸國, the Indies)에서

키어를 사용한 사람이라 뜻이다.

심장 지대를 분리하는 강력한 자연 장벽 계통(系統, system)이 있다. 엄격한 의미로 보면 중국 본부(本部)와 인도에 인구가 많은 지대는, 세계 최대 규모의 고지대(upland)의 동부와 서부 사면에 횡(橫)으로 늘어 서 있다. 인도 북경(北境)을 따라 일천오백 마일[399] 연속해서 구부러지고 있는 히말라야 산맥의 남쪽 면의 꼭대기는 기껏해야 해발 천 피트[400]에서 이만팔천~ 이만구천 피트[401]이다. 그러나 프랑스, 독일, 오스트리아-헝가리를 합한 면적에 해당되는 티베트 고원 지대의 말단 일부가, 히말라야 산맥에 지나지 않는다. 티베트 고원은 표고(標高)가 평균 만오천 피트[402] 혹은 알프스 몽블랑(Mont Blanc)[403]의 산정(山頂) 높이이다. 이 사실을 비교함으로써, 저고지대(lower upland)와 저지대(lowland)의 차이 — 이란 고원(Iranian Upland)과, 말하자면, 대저지대(Great Lowland)의 차이 — 는 아주 대수롭지 않게 된다. 티베트와 그 부수적인 히말라야, 파미르(Pamirs), 카라코람(Karakoram), 힌두쿠시(Hindu Kush)와 천산(天山, Tianshan) 따위의 산맥으로 이루어진 티베트(Tibet)를 총칭하여, 티베트 고원[404]이라고 할 수 있다. 티베트 고원은 그 고도와 총면적에서 보면, 또는 한마디로 말해 규모

---

[399]   약 2,414킬로미터

[400]   약 305미터

[401]   약 8,534~8,839미터

[402]   4,572미터

[403]   프랑스와 이탈리아 국경에 있는 유럽에서 가장 높은 산이다. 표고는 4,810.9미터이다.

[404]   유라시아에 대륙에 위치한 세계 최대 고원이다. 그 면적은 250만 평방 킬로미터이다.

로 보면, 지구상의 어떤 것과도 비교할 수 없다. 앞으로 현대적인 교통 기관의 힘으로 우리가 사라하 사막을 왕복할 때가 올 것이다. 그 때일지라도 '세계의 지붕(the roof of the world)'인 티베트는 그 측면을 우회하는 방법을 제외한 교통로는 없을 것이고, 중국과 인도로 가는 육상 도로를 넓게 분리시킬 거라고 추측할 수 있다. 따라서 티베트는, 이 나라들 - 인도와 중국 - 의 서에서 북쪽으로 이어진 국경(國境)에서 특별히 중대한 의미를 지닐 수 있다.

티베트의 북측 – 이곳의 상당한 부분은 대륙형 하천 유역이며, 따라서 심장 지대에 포함되는 지역 – 은, 또한 대부분의 심장 지대에 속해있는 몽고 고원(Mongolian Upland)으로 퍼진다. 몽고 고원은 티베트보다 훨씬 해발(海拔)이 낮고, 사실 고도(高度)란 점(点)에서 보면 이란 고원(Iranian Upland)과 비교할 수 있다. 두 자연 통로가, 몽골리아의 건조한 몽골 지표(地表, surface)를 넘어, 중국의 비옥한 저지대로 하향한다. 한 통로는 티베트의 우각(隅角)을 돌아 동북 간쑤(甘肅, Kansu)[405]성을 통하여 백만 인구의 대도시 시안(西安, Sinan)[406]으로 나아간다. 다른 통로는 바이칼호(湖)에서 남동 방향으로 북경까지 바로 나가고 있다. 북경도 약 백만의 거주자가 있다. 중국 저지대에 속한 서안과 북경은, 심장 지대에서 심장 지대 출신의 정복자가 창건한 수도들이다.

또한 이란 고원(Iranian Upland)을 통하여 인도로 가는 두 자연 통로가

---

[405] 중국 북서부에 있는 성이다. 깐수의 북부는 산악 지대이며, 그 남부는 평지이다.

[406] 중국 고대 여러 왕조의 수도였던 장안(長安)이다.

있다. 하나는, 힌두쿠쉬 산맥(Hindukush)[407]의 협소한 산마루(spine)를 넘고, 카불 강[408] 유역을 향하며 종점(terminal)의 카이베르 고개(Kaibar Pass)[409]에서 아톡(Attock)[410]에 위치한 인더스 강의 도하 지점(渡河 地點)에 이른다. 다른 하나는 헤라트(Herat)[411]와 칸다하르(Kandahar)[412]를 통과하여 아프간 산맥(ridges)의 말단(末端)을 우회하여 볼란(Bolan) 협곡(峽谷)[413]을 경유하여 인더스 강에 이른다. 바로 인더스 강의 동측에 인도 사막[414]이 있다. 인도 사막은 인도양에서 히말라야 산맥 근처까지 퍼져있다. 따라서 볼란(Bolan) 협곡과 카이바르(Kaibar)에 이르는 통로는, 펀자브(Punjab)란 곁방(antechamber)을 통하여 인도의 오지 입구(inner entry)

---

[407] 주로 파키스탄의 북동에서 남서쪽으로 퍼진 길이 1,200킬로미터의 산맥. 인도 사람 죽이기(Hindu Killer, Kills the Hindu)라는 의미도 있다고 한다.

[408] 아프가니스탄으로 흐르는 하천으로 길이는 약 700킬로미터이다.

[409] 아프가니스탄과 파키스탄 사이에 있는 고개(패스, 산마루)로 가장 높은 지점의 표고는 약 1,070미터이다.

[410] 아프가니스탄의 북서부에 위치한 도시이다. 알렉산드로스 대왕이 세웠다고 한다.

[411] 아프가니스탄 헤라트주의 주도이다. 중앙 아시아와 인도, 서아시아를 연결하는 교역 중심지였다.

[412] 아프가니스탄 남부의 주요 도시이다. 인도, 이란, 중앙 아시아를 연결하는 교역 지점이었다. 아르간다브 강 유역에 위치한다.

[413] 아프가니스탄 국경에서 120 킬로미터 떨어진 서부 파키스탄 산악 지대에 있는 통로

[414] 타르 사막 혹은 대인도 사막이라고도 한다. 인도의 북서부에 있는 넓은 건조 지대이다. 인도와 파키스탄 사이의 자연 국경을 형성하고 있다.

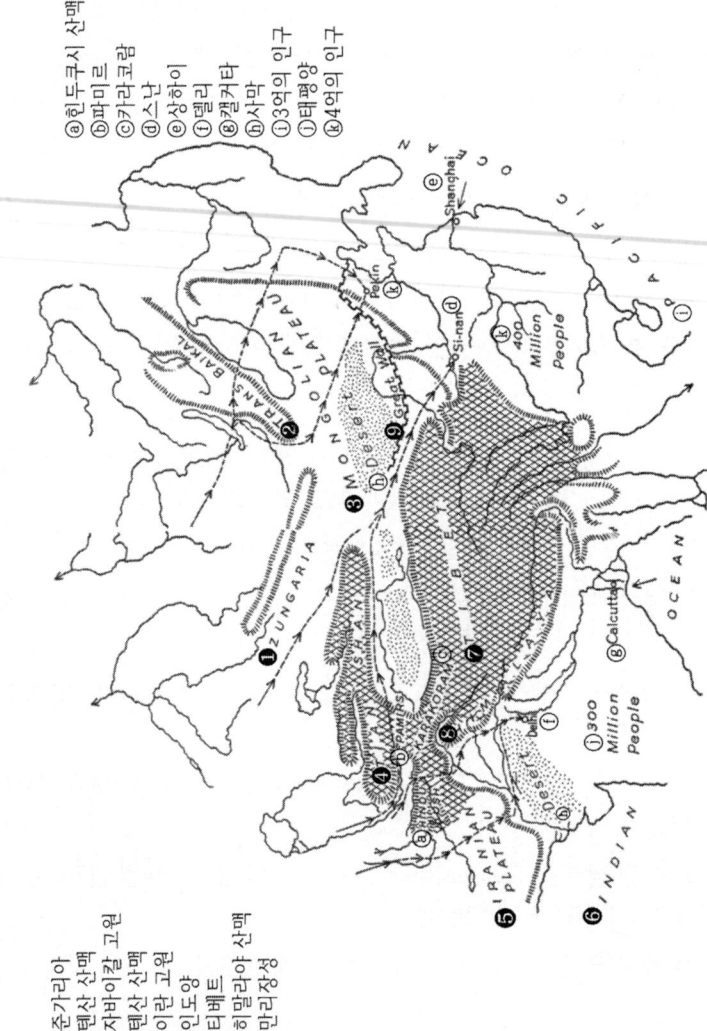

[그림23] 티베트 고원과 심장 심장 지대에서 중국과 인도에 이르는 경로

에서 합류한다. 이는 사막과 산맥 사이에 남아있는 통로라고 할 수 있다. 여기 - 야무나 강-갠지스(Jumna-Ganges) 강 항로에 있어 야무나 강 기점(起點) - 에 델리(Delhi)가 자리잡고 있다.[415] 중국의 서안과 북경과 같이, 델리[416]도 심장 지대 출신의 정복자가 세운 수도이다. 이 좁고 험한 두 자연 통로를 통하여 중국과 인도 양쪽은 되풀이하여 심장 지대로부터 침략을 받았으나, 이리하여 창건된 제국은, 곧 스텝 지대 민족의 지배에서 항상 벗어났다. 일례(一例)를 들면, 아시아 내륙의 몽고인의 자손이 세운 인도의 무굴 제국[417]에서도 마찬가지였다.

❦ ❦ ❦ ❦ ❦

위에서 검토한 사실을 뭉뚱그려 말하면, 심장 지대와 특별히 더 훤하게 트인 서부 지역들 - 이란과 투르키스탄,[418] 시베리아 - 의 관계는, 중국과 인도 또는 아프리카의 남부 심장 지대의 관계보다, 유럽과 아라비아의 관계와 훨씬 더 밀접하다는 결론을 내릴 수 있다. 북부 심장 지대가 아라비아와 유럽에 몰입되는 곳을 보면, 사하라 사막과 티베트 고원에 견줄 정도로 강

---

[415] 야무나 강은 인도 북부 갠지스 강 최대의 지류이다. 길이는 1,370킬로미터이다. 줌마 혹은 줌나 강이라고 하기도 한다.

[416] 인도 북부에 있는 도시로 인도의 수도이다.

[417] 16세기부터 19세기 후반까지 인도 남부를 제외한 인도를 지배한 터키계 이슬람 왕조이다. 무굴은 몽골을 의미하는 페르시아어이다.

[418] 투르크족이 거주하는 중앙아시아 직인데, 투르키스탄은 투르크인의 땅이란 뜻이다.

력한 자연 장해 지대(障害 地帶)는 없다. 세 지역 – 이란, 투르키스탄, 시베리아 – 의 밀접한 지리적 연관성은, 앞에서 우리가 검토한 메소포타미아·시리아 역사의 몇몇 특징을 요약함으로써 충분히 알 수 있다. 즉 메소포타미아와 시리아(Syria)의 농부는 세 방향에서 위협을 받았다. 즉 심장 지대의 기마 민족, 아라비아의 낙타를 활용한 유목 민족, 유럽 방향에서 항해 기술을 터득한 민족의 내습(來襲)이었다. 그런데도 여기에서 한편으로 심장 지대, 그리고 다른 한편으로 아라비아와 유럽 사이의 경계 문제는, 비교적 신

【그림24】심장 지대 및 흑해와 발트해로 유입되는 강의 유역, 중국·인도에 있는 여러 하천의 상류 유역(고원)을 덧붙여 보여준다.

중하게 검토할 가치가 있다. 그 경계는 다분히 변동될 수 있고 일시적 성격

을 강하게 띠고 있기 때문이다.

　길게 이어진 페르시아 산맥은, 메소포타미아 북부 말단(末端)과 서쪽으로 우회하여 토로스 산맥(Taurus Range)[419]에 도달한다. 토로스 산맥은 소아시아의 반도 고원 지대 남쪽의 높은 가장자리에 있다. 소아시아의 가장 높은 평원(surface)은 중앙부 사막 가까이 있는 스텝 지대의 대상(帶狀, a patch of steppes)이다. 이곳의 염호(塩湖)로, 토로스 산맥에서 발원하는 일부 하천이 유입된다. 그러나 더 큰 강은 북쪽으로 향하여 흑해로 흘러든다. 에게해가 형성한 분기점(break)을 넘어서 역시 흑해로 배수되는 다뉴브 강(Danube)의 대분지(the great basin)가 있다. 다뉴브 강 지류의 수원(水源)은, 거의 아드리아해(海)[420]가 보이는 곳인 일리리아의 고지들[421]에 있다. 그 높고 가파른 외벽(外壁)이 달마티아(Dalmatian coast)[422]의 아름다운 해안을 형성하고 있으며, 우리는 이를 디나르 알프스 산맥(Dinaric Alps)[423]이라고 한다.

　따라서 토로스(Taurus) 산맥과 디나르 알프스 산맥은, 지중해와 아드리아해 쪽을 정면으로 보고 있고 가파르다. 이 때문에, 긴 하천을 흑해로 보내고 있다는 점은 주목하지 않을 수 없다. 만약 에게해(海)가, 고지대를 넘어

---

[419]　터키 남부의 산맥으로, 터키 중앙부와 남부의 지중해 연안 지역을 분리한다.

[420]　이탈리아 반도와 발칸 반도 사이에 있는 바다이다. 베네치아는 아드리아해의 여왕으로 불렸다.

[421]　일리리아는 발칸 반도 서부에 있었던 왕국을 뜻한다.

[422]　달마티아는 아드리아해의 동부 연안에 있는 곳으로 현재는 크로아티아의 일부이다.

[423]　이 산맥은 아드리아해 연안 북서쪽에서 남동쪽으로 645킬로미터에 달한다.

흑해로의 흐름을 단절하였다면 그리고 만약 – 흑해로 유입되는 모든 하천 수가 남으로 흘러 도달하는 – 다르다넬스 해협(Dardanelles)[424]이 없었다면, 토로스 산맥과 디나르 알프스 산맥의 높은 해향(海向) 정면(正面)은, 내부의 흑해를 외부의 지중해와 아드리아해 양자로부터 격리시키는 끊임없는 육의 장해물(陸의 障害物, bar of land)의 가장자리 – 하나뿐인 만곡한 산맥 – 를 형성하였을 것이다. 다르다넬스 해협이 없었다면, 그 산맥은 심장지대의 경계를 이루었을 것이며 흑해 및 모든 흑해 유입 하천은 '대륙형(大陸型)' 유역(流域, drainage)을 구성했을 것이다. 제1차 세계 대전의 예(例)를 들어 설명하면, 육상 세력이 해양 세력에 대항해 다르다넬스 해협을 봉쇄할 경우에, 인간 이동에 관한 한, 위에서 검토한 사태 – 격리 – 의 조건이 일시적으로 실현될 수 있다.

 로마 황제들은, 다뉴브 강과 유프라테스 강 양 변경 지대들(frontiers) 가운데 있는 콘스탄티노플[425]에 동부 수도를 설치했다. 그러나 콘스탄티노플은 유럽에서 아시아로 가는 교촌(橋村, bridge town) 이상의 의미를 지닌다고 이들이 생각하였다. 지중해 강국인 로마는, 흑해의 북안(北岸) 영토(領土)를 병합하지 않았다. 따라서 흑해 그 자체가 로마 제국의 최전선의 일부였다. 스텝 지대는 당시 터키족으로 불렀던 스키타이족(Scythians)[426]에게 방치되었으며, 기껏해야 소수의 무역소가 뱃사람에 의하여 세워졌고 크

---

[424] 지중해로 이어지는 흑해와 에게해로 이어지는 마르마라해를 연결하는 좁은 해협이다. 제1차 세계 대전 동안 갈리폴리 전투가 있었으나, 연합군과 영국군이 패하였다.

[425] 로마 제국 혹은 동로마 제국, 오스만 제국의 수도. 현재는 터키의 도시 이스탄불이다.

[426] 유라시아의 이란계 유목 기마 민족이다.

[그림25] 지중해의 해양 세력이 흑해에 들어올 경우에, 성장 지대의 경계를 보여준다. 그리고 육상 세력이 스텝 지대에서 나와 토로스 산맥과 산맥을 다니르 양피스 산맥으로 전진할 경우 ++++. 을 보여준다.

제4장 · 육상 사람의 관점 159

림 반도[427] 해안을 따라 흩어져 있었다. 따라서 ― 육상 세력인 로마 군단이 강변을 따라 서부·동부 국경을 수비한 바와 같이 ― 콘스탄티노플은 지중해 해양 세력이 중심에서 바다의 변경 지대(middle sea frontier)를 지킨 요지였다. 광범위한 전략적 의미에서 보아 심장 지대에 소아시아와 발칸반도가 속한다고 이해하면, 로마 시대의 해양 세력은 이런 식으로 심장 지대의 내측까지 즉 소아시아와 발칸반도까지 진군(進軍)하였다.

그 뒤의 역사는 ― 지리적 요소의 근본적인 사실에서 보면 ― 적지 않게 명료했으나 그 작용 방향은 반대였다. 중앙 아시아 출신의 터키족의 일부는 ― 아라비아로 가는 중도(中途)에 방향을 바꾸어 메디아[428]·아르메니아[429] 고지대를 넘어 ― 소아시아의 훤히 트인 스텝 지대로 들어가 그곳에 보금자리를 쳤다. 이건, 바로 1세기 또는 2세기 전 터키계 마자르족이 흑해의 북쪽을 통과하여 헝가리 스텝 지대로 들어간 방식과 같다. 오스만 왕조(Ottoman dynasty)의 위대한 지도자 아래 기마 대군단을 조직한 터키족은, 다르다넬스 해협을 넘어, 마리자(Maritza) 강[430]·모라바 강 유역(Valley)의 '회랑 지대(Corridor)[431]'를 따라, 발칸 산지를 통과하여, 마자

---

[427] 흑해와 아조프해로 거의 둘러싸인 동유럽의 흑해 북서 해안에 있는 반도

[428] 카스피해 서남부

[429] 흑해와 카스피해 사이에 있는 내륙국이다. 국토의 90%가 해발 1,000~3,000미터 지대에 있다.

[430] 다뉴브 강 수계에 속하는 오스트리아, 체코, 슬로바키아를 흐르는 월경 하천이다. 발칸반도에서 가장 긴 강으로 길이는 480킬로미터이다

[431] passageways

르인의 헝가리 자체를 정복하는 성과를 올렸다.[432] 콘스탄티노플이 터키인의 수중에 들었던 때인 1453년부터, 베네치아와 제노아의 뱃사람은 흑해에 출입할 수 없었다. 일종의 폐쇄해가 되었다. 로마의 전성 시대에는 뱃사람의 영역은 흑해의 북안까지 확대되었으며, 오스만 터키(Ottoman Turks) 시대에는, 심장 지대 – 기마족의 영역 – 가 디나르 알프스·토로스 (Taurus) 산맥까지 뻗어 나아갔다. 이와 같은 중대한 사실은, 심장 지대 외부의 아라비아로 터키 제국의 지배 영역이 확장됨으로써, 감추어져 왔다. 하지만 영국이 아랍인[433]을 위하여 아라비아를 재정복하였을 때 우리가 망각한 이 같은 중대한 사실은 오늘날 다시 명백해질 것이다. 심장 지대 안에서 보면, 흑해는, 최근 독일이 동방 발전의 전략적 의도를 추진하는 통로가 되었다. 독일은 영국의 적이다.

하천이 흐르는 방향과 하천 유역(river drainage)에 따라 심장 지대를 처음 정의하였다. 그러나 이상에서 하나하나 역사 과정을 열거한 바와 같이, 역사가 – 전략적으로 사고해서 판단하기 위하여 – 심장 지대에 대한 다소 확장적인 해석을 해야 한다는 점을 보여주지 않고 있을까? 인류의 기동력과 다양한 양식의 기동성[434]이란 관점에서 보면 – 현재의 육상 세력이 흑해를 폐쇄할 수 있다는 건 명백하므로 – 흑해의 전(全) 연안(沿岸, basin)

---

[432] 발칸반도에서 중요한 커뮤니케이션 라인으로 두 협곡(trench)이 있다. 이런 회랑 지대 가운데 하나는 다뉴브 강 연안에 위치한 베오그라드에서 남동쪽으로 흘러 보스포루스 해협의 콘스탄티노플로 흐르는 통로이다. 이 통로는 모라바 강과 마리차 강 유역 대부분을 이룬다.

[433] 아라비아 반도와 북아프리카, 서아시아에 있는 아랍 국가에 거주하는 아랍어를 말하고 아랍 문화를 수용하려는 사람들이다.

[434] 신속하게 이동할 수 있는 능력

이 심장 지대에 속한다고 간주해야만 한다. 바라바리아 부분을 흐르는 다뉴브 강(Bavarian Danube)은 – 선박 항해의 가치가 거의 없으므로 – 은 제외할 수 있다.[435]

덧붙여야 할 지리적 사실 이상의 큰 역사적 상황을 여전히 고려해야만 한다. 그리고 우리는 지리와 역사 사실에서 나타나는 심장 지대 개념을 전반적으로 우리가 고찰해야 한다. 발트해는, 현재 육상 세력이 '폐쇄'할 수 있는 바다이다. 킬(Kiel)[436]에 사령부가 있는 독일 해군이 발트해에 연합군 원정대가 진입하지 못하도록 기뢰를 부설하고 잠수함을 배치하였다는 사실로써, 이 폐쇄 명제를 부인할 수 없다. 즉 연합군의 군대를 프랑스로 파견한 것은 해양 세력 덕분이었다. 발트해의 독일 해양 방어 시설은 독일이 육상 세력을 보유한 결과이다. 현재의 상태로 우리 도서국의 국민이 흑해로 자유로이 함대를 출입할 수 없을 수 있다. 마찬가지로 발트해에서도 그러할 수 있다면 곤란하지 않을 수 없다. 책임 장관들이 하원의 보고에서 이를 인정하고 있다. 미래에 전쟁을 예방할 수 있는 몇몇 강화(講和) 조건을 현재 검토하는 어느 누구도 이 걸 인식해야 한다.

전략적 사고를 위해서라면, 심장 지대에는, 발트해, 다뉴브 강 중류와 다뉴브 강 하류(the navigable Middle and Lower Danube)의 항행 가능한 부분, 흑해, 소아시아, 아르메니아, 페르시아, 티베트, 몽고가 포함되어야 한다. 따라서 심장 지대 안에, 삼 자 – 러시아뿐만 아니라 브란덴부르크-프로이센과 오스트리아-헝가리 – 를 중심으로 한, 인력(人力)의 광대한 삼

---

[435] 다뉴브 강은 흑해에서 해상(海上)선박으로는 루마니아의 브러일라까지 항해할 수 있으나, 바바리아까지는 하천 선박으로만 항행할 수 있다.

[436] 발트해에 접한 독일 북부의 도시이며 군항이다.

각 기지가 있었다. 이 같은 인력은, 역사상 기마 민족 시대에는 풍부하지 못했다. 비록 심장 지대의 서쪽 부분은 북극해 하계(河系) 유역과 내륙 하계 유역(the region of Arctic & Continental drainage)같은 지역은 없지만, 심장 지대는 현대적 상황에서 해양 세력이 접근할 수 없는 지역이다. 심장 지역을 생생하게 접합시키고 있는 눈에 띄는 하나의 자연 환경이 있다. 심장 지대의 전부 — 즉 타는 듯한 메소포타미아(Mesopotamia)를 내려다보는 페르시아 산맥의 가장자리까지도 — 겨울철에 눈으로 덮인다는 점이다. 1월 내내, **평균** 결빙 온도를 가리키는 선이, 노르웨이(Norway)의 노르 곶(North Cape 北甲)에서 노르웨이 연안을 따라 있는 부속 도서(附屬 島嶼)의 '가드(Guard)' 안으로 해서 덴마크를 통과하나, 중부 독일을 가로지르고 있다. 이어서 알프스 산맥에서 발칸 산맥을 따라 동쪽으로 향한다. 오데사 만(the Bay of Odessa)[437]과 아조프해(the Sea of Azof)는 매년 결빙되며, 발트해의 대부분도 그러하다. 한 겨울에, 달에서 우리가 지구를 본다면, 흰 눈으로 덮힌 순형(楯形)의 방대한 지역이 가장 넓은 의미에서 심장 지대일 것이다.

    중세 말쯤 러시아의 코사크 사람(Cossacks)[438]이 스텝 지대를 처음 관리하였을 때, 큰 변혁을 초래하였다. 왜냐하면 타타르족은, 아랍인처럼, 영속(永續)의 제국을 건설하는 데 필요한 인력이 부족했으나, 코사크 사람 배후에는 러시아 농민이 있었기 때문이다. 러시아 농민은 오늘날, 흑해와 발트

---

[437]   흑해에 있으며, 오데사는 우쿠라이나 남부에 있는 흑애에 면한 항구 도시이다.

[438]   터키어로 kazak은 모험가, 자유민이란 뜻이다. 흑해와 카스피해의 북부 내륙 지역에 살았던 민족이다. 러시아 정부로부터 자치를 얻은 뒤에 러시아 군대에 병력을 제공한 바 있다.

해 사이의 풍요한 평야 위에 일억의 인구를 지닌 민족으로 성장하였다. 19세기 동안 러시아 차르제국 (Czardom)은 대(大)심장 지대 안에서 어렴풋이 거대한 모습을 드러냈으며, 아시아와 유럽의 모든 주변 지역(marginal lands)을 위협하는 듯했다. 그러나 19세기 말쯤, 프로이센과 오스트리아의 독일인은, 슬라브인을 정복하고 심장 지대를 점령하여 슬라브 인력을 이용하며 심장 지대를 관통할 기세였으며, 중국, 인도, 아라비아와 아프리카 심장 지대에 내륙 교통로(land-way)를 마련하기로 결정하였다. 자오저우만(Kiauchau 山東省 膠州灣)[439]과 동아프리카(East Africa)의 독일령 군사 식민지는, 계획된 내륙 교통로의 종착역으로 구상되었다.[440]

오늘날의 군대는, 대륙 횡단 철도망뿐만 아니라 자동차 운송 수단도 마음대로 이용할 수 있다. 그리고, 부메랑의 성질을 띤, 해양 세력에 대항하는 육상 세력의 무기로서 비행기도 보유하고 있다. 더욱이 현대의 지상 포화는 군함을 공격할 수 있는 무서운 수단이다. 간단히 말하면, 심장 지대와 아라비아를 점유한 일대(一大) 군사 강국은 수에즈(Suez)에 있는 세계의 교차로를 쉽사리 점유할 수 있다. 금회 전쟁의 초기 단계 동안 흑해에 적의 잠수함 함대가 배치되었다면, 해양 세력은 수에즈 운하를 확보하느라 고생이 극심하였을 거라고 깨달았을 것이다. 영국은 당시 이 같은 위험에 빠지지 않았다. 그러나 지리적 사실은, 엄연히 존재하며, 해양 세력보다는 육상 세력에

---

[439] 중국 산둥성에 있는 만이다. 서해와 접한다. 독일은 1898년 자오저우만을 청나라로부터 조차하였다.

[440] 1880년대부터 제1차 세계대전에서 독일이 패할 때까지, 독일의 아프리카 식민지 —부룬디, 르완다, 탕가니카 3지역 — 이다. 전체 면적은 현재 독일 영토 면적의 세 배 정도 된다.

[그림26] 굵은 철도망, 항공로로 결합될 세계도. 항공로는 대부분 철도망과 겹칠 것이다. ❶ 사막

제4장 · 육상 사람의 관점 165

더 유리한 전략적 기회를 점점 제공한다.

비록 심장 지대의 경계를 분명하게 정의하기 쉽지 않지만 – 세계도 자체가 전해양(全海洋) 가운데 있는 바와 같이 – 심장 지대가 세계도 안의 리얼한 자연적 사실이란 것은 명백하다. 그러나 약 백 년 전(前)만 해도, 세계도의 심장 지대란 성채 안에서 전세계(全世界)의 자유를 위협하기 시작할 정도로 족한, 가용 인력의 기지는 없었다. 비록 국제 연맹 규약일지라도 휴지나 다름없는 조약이, 오늘날의 상황에서 심장 지대가 다시 세계전의 중심이 되는 것을 막을 수 있는 보장책이 될 수 없다. 국가들의 상태가 유동적일 때, 지금이야말로 지리적·경제적 현실(Geographical and Economic Realities)[441]에 기초를 두어 인류의 장래 안전 보장 수단을 강구(講究)할 수 있는가를 염두에 두어야만 할 때(time)이다. 이를 기억하면서, 심장 지대 내부에서 일어난 격동(激動)의 기록을 현재 살피는 일은 가치가 있을 것이다.

---

[441] Reality(현실)란, 희망(상상)하는 세계가 아니라 실질적으로 존재하는 세계의 상태를 의미한다.

제5장 여러 제국(帝國)의 각축(角逐)

코사크인이 심장 지대로 전진하다 · 168

러시아 민족의 고향격인 러시아 본토의 명확한 경계 · 169

진정한 의미의 유럽 · 176

동유럽과 서유럽의 분리 · 176

그 근본적 대립 · 164

그 본질적 차이 · 185

동유럽의 게르만족과 슬라브족 · 186

트라팔가르 해전은 백 년 동안 세계사의 조류를 두개의 흐름으로 분리한 것 같다 · 197

브리튼과 비유럽 · 198

그러나 동유럽은 정말로 심장 지대 안에 위치하며, 두 흐름은 없었다 · 205

19세기 영국과 프랑스의 정책은 일치한다 · 206

동유럽과 심장 지대를 지배하려는 독일의 시도에서, 제1차 세계 대전이 일어났다 · 206

조직화된 인력 — 활동 기업형 조직의 경제적 현실 · 207

정치 경제학과 국민 경제학 · 209

1878년 경제의 대변동 · 210

독일의 정책은 인력을 육성하고 이를 심장 지대를 점유하는 데 사용하는 것이었다 · 210

그러나 자유 방임형 자유 무역도 제국 지향의 정책이다 · 214

두 정책의 충돌 · 216

영국과 독일은 활동 기업형 조직이었다는 사실에서, 일어날 불가피성 · 218

역사에서 서유럽의 선승족(船乘族)이 15세기쯤부터 전개한 대항해 시대 — 지리상의 발견 — 를, 현재 러시아의 코사크족(Cossak)이 심장 지대의 스텝 지대로 전진(前進)한 사건과 비교하는 일은, 매우 흥미롭지 않을 수 없다. 마젤란[442]이 세계 일주 항해를 완료한 지 십여 년 만인 1533년, 예르마크인(Yermak)이란 이름의 코사크족이, 우랄 산맥을 넘어서 시베리아로 말을 몰았다. 이 같은 평행 현상(平行 現象)을 최근의 사태에서도 찾을 수 있다. 보어 전쟁[443] 중이었던 1900년에, 해상으로 육천 마일[444]이나 떨어진 남아프리카에 약 이십오만의 병력을 유지하여야만 한 것은 역사상 전례가 없는 일이다. 그러나 1904년 일러 전쟁[445] 당시 러시아가 이보다 더 많은 병력을 사천 마일[446]이나 떨어진 만주로 철도 수송하여 배치한 것은 놀랄 만한 위업이다. 우리들은 해상 수송의 기동성이 육상 수송의 기동성보다 훨씬 더 앞지른다고 생각하는 버릇이 있으며 사실 얼마 동안 진실이었다. 하지만, 오십 년 전(前)에, 범선(帆船)이 세계 선적양(船積量)의 구십 퍼센트를 여전히 수송했다는 점 및 최초의 북아메리카 횡단 철도가 개통되었다고 기억하는 점은 타당하다.

---

[442]   1480~1521, 대항해 시대 포르투갈의 항해자, 탐험가이다. 마젤란이 항해 도중에 죽었지만 그의 함대는 1522년 세계 일주를 최초로 하였다.

[443]   영국과 남아프리카 보어인 사이에 터진 전쟁으로, 제1차 보어 전쟁(1880~1881)과 제2차 보어 전쟁(1899~1902)으로 나눌 수 있다.

[444]   약 9,656킬로미터

[445]   일본과 러시아가 한반도와 만주의 권익을 둘러싸고 충돌한 전쟁이다. 미국의 중재로 포츠머스 평화 조약으로 1905년 종료되었다. 결과 일본은 한반도를 수중에 넣게 된다.

[446]   약 6,437킬로미터

일반적으로 코사크인이 러시아 제국의 전위(前衛)로서 스텝 지대를 지키는 임무를 수행했다는 점을 우리가 부당하게 경시하는 경향이 있다. 그 이유들 가운데 하나는 다음과 같다. 러시아를 고려하면, 독일과 오스트리아 국경 지대에서 출발하여 동쪽의 수천 마일을 지나 베링 해협[447]까지 펼쳐지면서 집락 인구 밀도가 점점 감소한다고 우리가 막연히 생각하기 때문이다. 이를 지도상에서 보면, 같은 색으로 채색·분류되어 한 지역으로 되어 있다. 사실 러시아 — 제1차 세계 대전 첫 삼 년 동안 러시아 군대 신병 가운데 팔십 퍼센트 이상을 공급한 진정한 러시아 — 는, 단순히 지도가 보여주는 것 보다 훨씬 더 작은 진상[448]이다. 러시아 민족의 고향 격(格)인 러시아는, 완전히 유럽에 있고 유럽에서 보통 러시아로 부르는 지역의 반(半) 정도만을 차지한다. 이와 같은 의미에서 본 러시아의 경계선은, 많은 곳에서 프랑스 혹은 스페인 해안선처럼 거의 명확하다. 지도상의 선(線)으로 살펴보면, 페트로그라드[449]에서 출발하여 동쪽으로 볼가 강 상류(Upper Volga)를 따라 하천이 남쪽으로 크게 굴곡(屈曲)을 그리는 카잔(Kazan)[450]까지, 여기에서 남향으로 볼가 강 의 흐름이 두 번째 굴곡을 이루는 볼고그라드(Czaritzin)[451]까지, 같은 방식으로 마지막 남서쪽으로 돈 강 하류의 로스토

---

[447] 베링해는 태평양 최북단의 바다이다.

[448] 국가

[449] 상트페테르부르크이다. 1918년까지 러시아 제국의 수도였다.

[450] 러시아의 타타르 공화국의 수도이다. 볼가 강과 카잔 강이 합류하는 지역이다

[451] 볼가 강의 좌안에 위치하고 있는 도시로, 스탈린그라드, 차리진 등으로 불렸다. 제2차 세계 대전에서 스탈린그라드 전투로 유명한 곳이다.

프(Rostof)[452]와 아조프해(Sea of Azof)까지 선을 그어보자. 이 선의 내측 말하자면 이 선의 남(南)과 서(西)의 범위 안에 일억 이상의 러시아인이 생활한다. 러시아의 기간 민족이라 할 수 있는 이들은, 볼가 강과 카르파티아 산맥 그리고 발트해와 흑해 사이에 있는, 평원에 살고 있다. 아마 이곳의 평균 인구 밀도는, 일 제곱 마일[453] 당 백오십 명 정도이다. 이와 같이 계속적인 밀집(密集) 인구대(帶)는, 지적한 이 선의 외측을 따라 꽤 돌연 끝난다.

페트로그라드와 카잔에 이르는 선(線)의 북쪽이 북(北)러시아이다. 이 지역은 소택지(marsh)[454]가 산재한 박암(薄暗)의 넓은 삼림 지대이며, 위에서 러시아 민족의 고향으로 정의한 지역의 절반 이상을 차지한다. 북 러시아의 인구는 이백만 명 또는 1제곱 마일[455]당 삼 명도 채 되지 못한다. 볼가 강과 돈 강의 동쪽 우랄 산맥과 카스피해에 이르는 곳에 동 러시아가 있다. 동 러시아의 크기는 대개 북 러시아와 같은 정도이며 그 인구도 약 이백만 명이다. 하지만 북 러시아와 동 러시아 사이에 있는 카마 강(江)[456] 유역(流域) 일대와, 카잔(Kazan)과 사마라(Samara)[457]에서 동쪽으로 우랄 산맥(Ural range)까지 일련의 인구 정착지대가 있다. 그리고 우랄 산맥을 넘어 에카테린부르크[458]의 광산(mines of Ekaterinburg)을 경유하여

---

[452]   러시아의 남부에 있으며, 아조프해로 흐르는 돈 강이 있다.

[453]   약 2.6제곱 킬로미터

[454]   연못과 늪으로 둘러싸인 습지

[455]   약 2.6제곱 킬로미터

[456]   볼가 강의 지류로 길이는 1,805킬로미터이다.

[457]   볼가 강 하류에 있는 도시로 러시아에서 아홉번째로 크다.

[458]   러시아의 중앙부에 위치한 대도시이다. 아시아와 유럽의 경계를 이룬다.

시베리아 즉 서부 시베리아를 바로 가로질러 바이칼호 근처의 이르쿠츠크(Irkutsk)[459]까지 펼쳐진다. 볼가 강 이동의 거주 지대 인구는 이백만 명 정도로 추측할 수 있다. 이 지대의 전체는, 방랑 기마 민족(騎馬民族)이 아니라 비교적 최근 이주한 농민이 살고 있다.

카잔에서 남쪽으로 볼고그라드(Czarizin)까지 흐르는 볼가 강의 중류(中流)는, 러시아뿐만 아니라 유럽이 보기에도 놀라운 외호(外濠, moat)[460]의 역할을 한다. 동측에 있는 낮은 '초원(草原)의 안(岸)(Meadow Bank)'을 마주보는, '구릉(丘陵)의 안(岸)(Hill Bank)'으로 알려진 서측(西側)은, 약 백 피트[461] 내외의 고도를 유지하는 구릉 면(丘陵 前面)이다.[462] 구릉의 안 위에 서면 아래에 칠백 마일[463]을 흐르는 하천을 볼 수 있다. 여기가 러시아인의 거주 지역의 한계이고 해면보다 약간 높다. 구릉의 안에 서서 아래의 광활한 하천을 동쪽으로 가로질러 보면, 당신의 배부(背部)에 있는 유럽의 인구가 조밀하다는 걸 실감할 수 있으며, 목전(目前)의 낮은 초원(採草地, low meadow)이 동쪽을 향하여 건조 스텝 지대의 반(半)불모지로 사라지고 있는 곳을, 분명히 파악할 것이다. 이곳에서 중앙 아시아가 팽창하는 공간들

---

[459] 러시아의 시베리아에 있는 도시. 시베리아 동부의 교통의 중심지이다. 예니세이 강의 지류인 안가라 강변에 위치한다.

[460] 성곽의 주변을 파서 물을 넣은 곳으로 해자라고도 하며, 자연 하천을 외호로 이용할 수 있다.

[461] 약 30미터

[462] 러시아 사람은 강 특히 볼가 강의 우안(right bank)을 hillbank로 불렀으며, 좌안(left bank)을 meadow bank라고 하였다. 높은 구릉은 정주하기에 유리하였으며, 좌안의 습지대에는 촌락이 거의 없었다.

[463] 약 1,127킬로미터

(空間, 공지 vacancies)이 시작된다.

최근 몇 달 동안의 러시아 내란 상황을 고찰하면, 이 같은 지형이 인간 생활에 현저한 영향을 준다는 걸 실질적으로 알 수 있다. 북러시아 전체에는, 촌락 (village)보다 큰 도시(twons)라고는 두세 개만 있다. 그러나 볼셰비키[464]가 도시 인구에 근거를 두고 있으므로, 볼셰비즘[465]은 볼가 강 북부를 거의 지배할 수 없었다. 게다가 주로 산지 거주자로 이루어진 희박한 인구를 지닌 농촌 집락(集落)은 - 단순한, 식민지같은 조건하에서 - 농민의 정치 감정(agrarian political feeling)에 호소할만한 근거지가 될 수 없었다. 따라서 농민은 볼셰비키를 동정하지 않았다. 그 결과 아르한겔스크(Arhangel)[466]에서 드비나 강 상류(Upper Dwina)[467]의 볼로그다(Vologda)[468]까지의 철도 노선(路線)은, 오랫동안 방해를 받지 않고 바다와 서유럽과의 커뮤니케이션 역할을 하였다. 시베리아 횡단 철도는 상트페테르부르크(Petrograd)[469]에서 출발하여 볼로그다를 통과하여 운행된

---

[464] 러시아 사회민주 노동당이 분열되어 형성된 분파로 레닌 등이 창건하였다. 볼셰비키는 1917년 집권하여 공화 정부를 무너뜨리고 소비에트 러시아의 유일한 지배 정당이 되었다.

[465] 볼셰비키가 자본주의의 폭력적 전복을 주창한 사상 혹은 프로그램을 뜻한다. 러시아 공산주의라는 의미도 있다.

[466] 러시아 북서부의 도시. 북드비나 강 연안에 위치하고 있다.

[467] 북드비나 강으로 아르한겔스크와 볼로그다를 거쳐 백해의 드비나만으로 흐른다. 길이는 744킬로미터이다.

[468] 북드나비 강을 통하여 백해로 흐르는 볼로그다 강 연안에 위치하고 있다.

[469] 러시아 서부의 도시, 1917년까지 러시아 제국의 수도였다. 제1차 세계 대전 이후에는 페트로그라드, 소련의 시대에는 레닌그라드라고 하였다.

❶발트해
❷백해
❸흑해
❹카스피아해
❺카마강
❻초원의 안
❼돈 강
❽볼가 강
❾구릉의 안
ⓐ아르한겔스크
ⓑ볼로그다
ⓒ페트로그라드
   (레닌그라드)
ⓓ모스크바
ⓔ사마라
ⓕ카잔
ⓖ자리친
   (스탈린그라드)
ⓗ인구 밀집 지대

【그림27】 러시아의 인구 밀도의 한계를 보여준다. --------

다. 모스크바-볼로그다 직통선(直通線)이 있다. 이런 직통선은, 야르고슬라프(Jargoslav)[470]의 볼가 강을 넘는 교량(橋梁)에서 러시아 본토(Russia proper)를 떠나 북러시아로 진입하는, 경계(境界)목으로 볼 수 있다. 이와 같은 이유에서, 연합국(Allied) 측의 대사관이 페트로그라드와 모스크바에서 퇴각한 뒤 볼로그다에 개설되었다. 즉 아르한겔스크과 블라디보스톡과

---

[470] 볼가 강 상류에 위치한 교통의 요지이다. 도로망과 철도망으로 러시아 각지와 연결된다.

의 대안적 커뮤니케이션이란 편의를 제공했다는 점 이외에는 없었다. 동시에 연합국 측 대사관은 볼셰비키가 영향을 미친 러시아권 외부에 있었다.

체코-슬로바키아(Czecho-Slovaks) 군단[471]의 행동이 시베리아 횡단 노선의 모스크바 지선(支線)에 영향을 끼친 건, 더 큰 상징적 의미가 있다. 체코-슬로바키아 군단은, 우랄 산맥에서 진군하여 우랄 코사크인(the Ural Cossacks)의 지원을 받으면서 사마라(Samara)[472]를 탈취하였다. 사마라는 철도가 볼가 강의 '초원의 안(좌안)'이 접하는 곳에 있다. 또한 체코-슬로키아 군단은, 볼가 강을 넘어 대안(對岸)의 시즈란(Syzran)[473]에 있는 대철교(大鐵橋)를 점거하였다. 또한 펜자(Penza)[474]에 이 군단은 철도 노선을 따라, 근로(近路)에 침투하였다. 펜자는 진정한 의미의(real) 러시아에 속한다. 그리고 여기에서 꽤 희박한 인구를 지닌 교외(郊外) 지역을 통과했다. 그리고 체코-슬로바키아 군단은 볼가 강을 거슬러 올라 카잔(Kazan)에 도달하였다. 따라서 진정한 의미의 러시아의 주변(周邊)을 사실상 배회하였고 외측에서 러시아에 위협을 가하였다. 다른 한편 영국군의 파견 부대가 아르한겔스크에서 선박으로 드비나 강(Dwina River)을 타고, 코틀라스

---

[471] 제1차 세계 대전 동안, 러시아 제국이 오스트리아-헝가리 제국 군대에서 체코인과 슬로바키아인으로 편성한 군단이다. 1918년 5월까지 체코-슬로바키아 군단은 펜자에서 블라디보스톡에 이는 시베리아 횡단 철도를 따라 배치되었다. 이 군단은 제1차 세계 대전과 러시아 내전에서 약 사천 명의 인명 손실을 보았다.

[472] 볼가 강 동쪽에 위치한 러시아의 도시. 1918년 6월 체코-슬로바키아 군단이 사라마를 점령하기도 하였다.

[473] 러시아 남부 볼가 강 근처에 있는 러시아의 도시

[474] 모스크바에서 북동쪽으로 625킬로미터 떨어진 수라 강 근처에 위치한 도시이다.

(Kotlas)[475]에 도달한 다음, 철도을 이용하여 시베리아 횡단 철도 노선 상에 있는 키로프(Vyatka)[476]로 진군하였다. 전후 사정을 종합해 보면, 이는 약간 무모하고 모험적 작전인 것 같다.

진정한 의미의 러시아를 이와 같이 정의함으로써, 러시아뿐만 아니라 19세기 유럽에도 새로운 의미를 부여한다. 지도의 도움을 받아, 유럽을 관찰해 보자. 스칸디나비아, 핀란드, 러시아와 같은 최북(最北) 부분 그리고 또한 남쪽의 코카서스 지방(Caucasus)[477]까지의 동러시아를 단순한 무인(無人)의 공간이란 이유로 제외할 수 있다. 그러면 이 지역과 함께 터키 지배 하의 발칸반도 부분도 마찬가지이다. 1844년에 쓴 『에외텐(Eoethen』[478]에서, 킹레이크(Kinglake)[479]가 사바(Save) 강[480]을 배로 건너 베오그라드(Belgrade)에 도착하였을 때, 그가 동(東)[481]의 국가로 진입하고 있는 느낌

---

[475] 아르한겔스크에서 600킬로미터 떨어진 곳에 있는 도시, 북서쪽에 있는 비체그다 강이 북드비나 강과 합류하는 곳이다.

[476] 러시아 중동부의 도시, 1934년까지 비야트카로 불렸다. 비야트카 강 주변에 위치하고 있다.

[477] 흑해와 카스피해 사이에 있는 코카서스 산맥과 그 주변의 저지대이다. 면적은 약 44만 제곱킬로미터이다. 캅카스라고도 한다.

[478] *Eothen; or Traces of travel brought home from the East*

[479] 1809~1891, 영국의 여행 작가이며 역사가

[480] 다뉴브 강의 지류, 남동 유럽에 있으며, 동유럽의 여러 나라를 거쳐 베오그라드에서 다뉴브 강과 합류한다.

[481] 해가 떠오르는 쪽

을 지울 수 없었다고 쓴 걸 기억할 수 있다. 1739년 베오그라드 조약[482]에 의하여 결정된 오스트리아 제국과 터키 제국의 국경선(國境線)은, 1878년까지 변경되지 않았다. 따라서 진정한 의미의 유럽 — 유럽 민족들의 유럽, 그 해외 식민지를 지닌 기독교 왕국으로서 유럽 — 은, 완전히 명확한 사회적 개념이다. 유럽의 육상 한계는 상트페테르부르크에서 카잔까지는 직선으로 나아가, 볼가 강과 돈 강을 따라 카잔에서 흑해에 이르는 곡선을 그리면서 그리고 터키의 국경을 거치면서 아드리아해 선단(先端) 근처까지 이어진다. 이와 같은 유럽의 일방의 말단(末端)에는 바다를 향해 돌출된 세인트 빈센트 갑(岬, Cape St. Vincent)[483]이 있고 정반대의 말단에는 카잔의 볼가 강 흐름(Volga elbow)에 의해 형성된 육지의 갑(land cape)이 있다. 베를린은, 거의 정확히 세인트 빈센트 갑과 카잔의 가운데 있다. 만약 프로이센이 제1차 세계 대전에서 승리했다면, 아시아적 심장 지대(the Asiatic Heartland)에 더하여 세인트 빈센트 갑에서 카잔에 이르는 유럽 대륙을 강력한 해군 기지로 만들려고 생각했을 것이다. 그 목적은 미국과 영국과의 다음 전쟁을 준비하기 위해서라고 하겠다.

베네치아와 네덜란드가 서쪽에 위치하도록 하고 마찬가지로 유럽의 초창기부터 게르만족이 차지했던 독일의 부분이 서쪽으로 위치하도록, 그러나 베를린과 비엔나가 동쪽에 위치하도록 하여, 아드리아해에서 북해(北海)로 한 선(線)을 그어서 유럽을 동(東)과 서(西)로 나누어 보자. 왜냐하면 프로이센과 오스트리아는, 게르만족이 정복하여 다소 강제적인 수단으로 튜턴화

---

[482] 1739년 9월 18일 합스부르크 군주국과 오스만 제국 사이에 맺은 평화 조약이다. 이 조약으로 오스트리아·러시아·터키 전쟁이 끝났다.
[483] 포르투갈 남부에 있는 갑이다. 절벽의 높이는 75미터이다.

한 [484] 국가이기 때문이다. 이렇게 분리된 지도에서 지난 4세대 동안의 역사를 '충분히 생각하여' 보자. 이는 새로운 일관성이 있을 것이다.

❦ ❦ ❦ ❦ ❦

　영국 혁명[485]은 군주의 권력을 제한하였고 프랑스 혁명은 인민의 권리를 주장하였다. 프랑스 국내의 무질서와 외국의 간섭 때문에, 조직자 나폴레옹(Napoleon)[486]이 갑자기 부상하였다. 나폴레옹은 벨기에와 스위스를 정복하였고 스페인 이탈리아 네덜란드에는 자신에게 충성을 바칠 부왕(副王)을 세웠다. 종속적인 라인 동맹,[487] 바꾸어 말하면, 구독일(old Germany)과 동맹을 맺어 프랑스의 보호 아래 두었다. 따라서 나폴레옹은 도서인 영국만을 제외하고, 서유럽을 전부 통합하였다. 그리고 나서 나폴레옹은 동유럽으로 진군하여, 오스트리아와 프로이센과의 전투에서 승리하였다. 비록 그가 나중에 러시아로 진군하였을 때 오스트리아와 프로이센에 그의 동맹국으로 행동하도록 강요했지만, 오스트리아와 프로이센을 병합하지는 않았다. 러시아군이 모스크바 배부(背部)의 퇴각을 위한 방대한 공간이 있다는 소문

---

[484]　튜턴은 로마 저술가들이 언급한 고대 부족인데, 일반적으로 게르만족으로 본다.

[485]　1688~1689, 명예 혁명

[486]　1769~1821, 프랑스의 군인, 정치가, 프랑스 제1제국의 황제. 불어로 나폴레옹 보나파르트이다.

[487]　Rheinbund, 19세기 나폴레옹의 압력으로 독일에서 형성된 국가 연합이다. 라인 연방이라고도 한다.

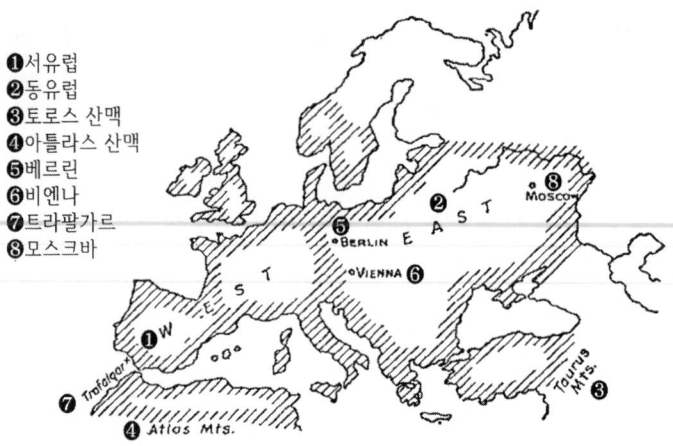

【그림28】 진짜 동서 유럽: 바르바리와 발칸 반도, 소아시아를 덧붙임
(pp.185~6을 참고)

을 종종 듣고 있다. 사실 모스크바로의 원정(遠征)에서 나폴레옹이 실제 통과한 러시아 영토는 당시 사람이 살고 있는 거주지였다(1. 따라서 전투 중인 군대에 보급품을 제공할 수 있는 영토를 넘어서). 한편으로 나폴레옹 패배의 원인은 부분적으로 프랑스 인력이 고갈이라고 할 수 있다. 그러나 중대한 이유는 서유럽에 위치한 나폴레옹의 영토를 영국 해양 세력이 포위했기 때문이었다. 왜냐하면 영국은 자신의 힘으로 유럽 이외(以外)로부터 자국에 식량과 다른 물자를 조달(調達)할 수 있었고, 유사한 보급품을 서유럽으로 공급하는 걸 막을 수 있었기 때문이었다. 자연히 영국은 프랑스에 대항하기 위해 동유럽의 나라들(Powers)과 동맹을 맺었다. 하지만 영국이 동유럽의 여러 나라[諸國]와 효과적으로 교통(交通)할 수 있었던 유일무이의 통로가 있

었다. 바로 발트해를 경유하는 것이었다. 영국 함대가 두 차례 코펜하겐[488]을 폭격한 원인이 바로 이 때문이다. 동시에 영국이 해양을 지배했기 때문에 네덜란드, 스페인, 이탈리아에 군대를 상륙시킬 수 있었고, 나폴레옹 병력의 배후(背後)에서 프랑스군을 서서히 약화시킬 수 있었다. 트라팔가르 해전(Trafalgar)[489]에서 거둔 정점(頂点)의 승리와 모스크바에서의 전세(戰勢) 역전이, 진정한 의미의 유럽의 극한(極限) 근처의 지점에서 이루었다는 점을 주목하는 일은 흥미롭다. 나폴레옹 전쟁은 본질적으로 동유럽과 서유럽 사이에 벌어진 일종의 결투(決鬪)였으며, 양 지역의 면적과 인구는 거의 어느 한쪽으로 기울거나 치우치지 아니하였다. 그러나 서구 문명의 우월성으로 얻은 나폴레옹 측의 이점(利點)은, 영국 해양 세력으로 무효화되었다.

나폴레옹과의 최후 전투인 워털루(Waterloo) 전투[490] 이후, 동유럽은 3대 강국 ― 러시아, 오스트리아, 프로이센 ― 의 신성 동맹으로 통합되었다. 마치 서쪽 방향으로 자석(磁石)에 끌린 것처럼, 3대 강국은 각각 한 단계 서진(西進)하였다. 러시아는 폴란드의 대부분을 획득하였다. 따라서 러시아는, 일종의 정치 반도(a political peninsula)를 유럽이란 자연 반도의 심장부로 확대하였다. 오스트리아는 달마티아 해안(Dalmatian Coast),[491] 북

---

[488] 덴마크의 수도이다. 덴마크어로 상인들의 항구란 뜻이다.

[489] 1805년 10월 21일 스페인의 트라팔가르 갑(岬)에서 터진 해전으로, 영국 해군과 스페인·프랑스 연합 함대가 충돌하였으나, 영국 해군 제독 넬슨이 승리를 거두었다. 나폴레옹 1세의 영토 본토 상륙 야망이 좌절되었다.

[490] 1815년 6월 벨기에의 워털루 근처에서 영국·네덜란드의 연합군과 프랑스 황제 나폴레옹 1세가 이끄는 프랑스군 사이에서 터진 전투이다. 프랑스군이 패하였다.

[491] 달마티아는 아드리아해의 동부 연안에 있는 곳으로 현재는 크로아티아의 일부이다.

부 이탈리아의 대륙부에 있는 베네치아와 밀라노도 획득하였다. 프로이센은 서유럽의 부분에 속한 구독일의 **고립된** 영토를 편입하였다. 이 영토는 라인란트[492]와 베스트팔렌(Westphalia)[493] 2주(州)로 분할되었다. 구(舊) 독일 영토의 프로이센 병합은, 폴란드의 일부가 러시아에 포함된 것과 이탈리아의 일부가 오스트리아에 합병된 것보다, 훨씬 더 중요한 의미를 지닌다. 라인란트는 고대에 문명화된 지역이고, 나폴레옹 민법전[494]을 채택할 정도로 상당한 서구적 감각이 있으며 지금도 사용하고 있다. 프로이센이 서유럽으로 침입하자마자, 자유주의적 라인란트와 보수적인 브란덴부르크(Brandenburg)[495]의 베를린[496] 사이의 투쟁은 피할 수 없게 되었다. 그러나 당시 유럽이 피폐하였기 때문에 이 투쟁은 당분간 연기되었다.

영국 해군(British naval power)은, 헬고란트섬(Heligoland),[497] 포츠머

---

[492] 독일 서부의 라인 강 연안 지대이다.

[493] Westfalen 라인 강과 베저 강 사이에 있는 지역이다.

[494] 1804년, 나폴레옹 치세 동안 제정된 법전이다. 나폴레옹 법전이라고도 한다.

[495] 독일 북동부에 위치한 지역이다. 브란덴부르크는 독일의 수도인 베를린을 둘러싸고 있다.

[496] 브란덴부르크 대도시 지역에 위치한 도시. 독일에서 가장 큰 도시이며 독일의 수도이다.

[497] Helgoland, 북해에 위치한 독일령의 섬이다. 1814년 영국이 나폴레옹 전쟁의 결과로 영유한 바 있다.

스,[498] 플리머스,[499] 지브롤터,[500] 몰타(Malta)[501] 등의 기지(基地)에서 서유럽을 포위·감시하는 수고를 계속하였다. 변동 – 1830년부터 1832년에 이르는 동안 촉발된 일련의 정치적 변동 – 으로, 당시 서유럽에서 일시적(一時的) 반동(Reaction)의 흐름은 정지되었고, 중산 계급이 영국, 프랑스, 벨기에에서 집권하였다. 1848년부터 1850년에 이르기까지 민주주의 운동이 라인 강의 동측으로 퍼져 나가고, 중부 유럽은 자유와 민족 사상으로 타올랐다. 그러나 우리 관점에서 보면, 두 사건, 그리고 두 사건만이 결정적 의미를 지닌다. 하나는 1849년 러시아 군대가 헝가리로 진격한 결과로 마자르족이 다시 비엔나에 종속된 사건이다. 따라서 오스트리아는 이탈리아와 보헤미아(Bohemia)[502]에 대한 패권을 주장할 있는 권한을 지녔다. 다른 하나는 1850년 올뮈츠(Olmuetz)에서 개최된 회의의 결과였다.[503] 과거 서유럽에 속한 프랑크푸르트 시민이 프로이센 왕에게 전(全) 독일의 왕관(대독일 군주)[504]을 수용하도록 요청하였으나, 러시아와 오스트리아가 그 승인을 거부하였다. 따라서 동유럽이 계속하여 일치 단결해야 할 필요성을 역설

---

[498] 잉글랜드의 햄프셔에 있는 항구 도시

[499] 영국 해협에 면한 잉글랜드의 도시로 영국 해군의 중요한 군항이다.

[500] 스페인 남단의 항구로 영국령이다.

[501] 남부 유럽의 지중해에 있는 작은 섬나라이다. 인구는 약 사십구만 명(2019)이다.

[502] 중부 유럽에 위치한 지역이다. 오늘날 체코 공화국의 전신이다.

[503] 올뮈츠 협약을 말하는데, 체코의 도시 올뮈츠에서, 1850년 프로이센, 오스트리아, 러시아가 맺은 협약이다. 오스트리아가 프로이센에 대해 외교적 승리를 거두었으며, 결국 소독일주의에 의거한 독일 통일은 좌절되었다. 올뮈츠의 굴욕이라고도 한다.

[504] All German Crown

하자, 라인란트 발(發) 자유주의 운동은 분명히 좌절되었다.

그리고 자유주의와의 갈등을 해결하기 위해, 빌헬름 1세[505]는 비스마르크(Bismarck)[506]를 1860년 베를린으로 불러 들여 프로이센의 총리에 임명하였다. 비스마르크는 과거 프랑크푸르트[507]에서 공직 생활을 하였고 또한 파리와 페트로그라드[508]의 대사를 지낸 인물이었다. 비스마르크는, 프랑크푸르트가 상징하는 서구의 이상주의(민주주의)가 아니라 베를린이 대표하는 동구(東歐)의 조직에 의거한 독일 통일의 원칙을 결심하였다. 1864년과 1866년 베를린은 서부 독일을 유린하고 하노버(Hanover)[509]를 병합하고, 융커[510] 군국주의가 자유주의의 라인란트로 진입할 수 있는 길을 열었다. 동시에 베를린은, 마자르족의 도움으로 오스트리아-헝가리 연합 왕국[511]을 세우려는 계획을 순서대로 착착 진행하였다. 오스트리아로부터 베네치아를 빼앗음으로써 경쟁국 오스트리아의 기세(氣勢)가 누그러졌다. 밀라노는 프랑스의 노력으로 서측(西側)에 복귀하였다. 그러나 1866년 프로이센-오스트리아 전쟁[普墺 戰爭]은 본질적으로 단순한 내전(內戰)이었다. 프로이센-프랑스 전쟁[普佛 戰爭]에서 프로이센의 군대가 절대적인 위력(威

---

[505] 1797~1888, 독일 제국의 황제, 비스마르크를 총리로 임명하고 결국 독일 통일을 달성하였다.

[506] 1815~1898

[507] 국민 의회

[508] 상트레테르부르크

[509] 라이네 강 주변에 위치한 북부 독일의 도시

[510] 프로이센 – 엘베 강 동쪽 – 의 지주 계급(귀족)이다.

[511] 오스트리아 헝가리 제국, 이중 제국

力)을 과시한 뒤 1872년, 프로이센이 3제 동맹(三帝同盟)[512]을 형성하여 일시적으로 신성 동맹(神聖同盟) 시대(時代)의 동유럽을 재현(再現)하자 이는 명백해졌다. 동유럽의 세력 중심은 프로이센이었으며, 러시아가 더 이상 세력 중심이 될 수 없었다. 그리고 동유럽은, 서유럽에 대항하는 상당한 규모의 라인(Rhein)란트의 '글래시스(Glacis)'[513]를 이미 설립하였다.

프로이센-프랑스 전쟁[514] 뒤 약 십오 년 동안, 비스마르크는 동유럽과 서유럽 양쪽에서 군림(君臨)하였다. 그는 프랑스, 이탈리아, 스페인, 즉 셋 로망스 국가(Romance Powers)[515] 사이에 이간(離間)을 붙임으로써 서구 제국을 지배하였다. 아랍족의 '서의 도서(島嶼, Island of the West)'인 바르바리(Barbary)[516]에 야심을 품은 3국가 — 프랑스, 이탈리아, 스페인 — 의 관계에서도 그는 같은 성과를 이룩하였다. 프랑스는 알제리(Algeria)[517]로 알려진 바르바리의 중심 부분을 점령하였으며, 프랑스에 동쪽으로는 튀니스(Tunis)[518] 방향으로 서쪽으로는 모로코 방향으로 영역을 확장하도록

---

[512] 독일, 러시아, 오스트리아-헝가리 제국이 맺은 동맹 조약이다. 힘의 균형에 근거한 평화적 유럽을 목표로 하였다.

[513] 요새(城郭) 전편의 비낀 제방, 국제 관계 용어에서. 글래시스와 비슷한 개념으로 넓은 세력 범위 혹은 완충 지대가 있다.

[514] 1870~71

[515] 라틴 유럽에 속한 나라이다. 남유럽이라고 하는데, 로망스어를 모국어로 사용하는 나라이다.

[516] 이집트를 제외한 북아프리카 국가

[517] 북아프리카에 위한 나라. 북쪽으로 지중해를 사이에 두고 프랑스와 대면하고 있다. 1962년 프랑스에서 독립하였다.

[518] 튀니지의 수도이다. 지중해 만에 위치하고 있다.

고무함으로써, 비스마르크는 이탈리아와 스페인의 이해(利害)와 프랑스의 이해(利害)가 충돌하도록 하였다. 한편 동구에서도 발칸 문제를 둘러싸고 러시아와 오스트리아도 어느 정도 이와 비슷하게 대치(對峙)하였다. 그러나 여기에서 비스마르크는 양국 동맹(兩國 同盟)을 맺기 위해 노력하였다. 따라서 비스마르크는 1878년 오스트리아와 2국 동맹 즉 독오 동맹(Dual Alliance)[519]을 맺은 뒤, 러시아와 재보장 조약(Re-insurance Treaty)[520]을 비밀리에 추진하였다. 미스마르크는 프로이센이 통제하는 확고한 동유럽 그러나 분열 상태의 서유럽을 염원(念願)하였다.

❦ ❦ ❦ ❦ ❦

이상(以上)에서 우리가 간단히 검토한 사건의 전개 과정은, 단순한 과거의 죽은 역사가 아니다. 이로써 우리는 동유럽과 서유럽이 근본적(根本的) 대립 관계(對立關係) — 세계적 의미를 지니는 대결 관계 — 에 있음을 알 수 있다. 그 이유는 동구(東歐)와 서구(西歐)의 경계선(境界線)이 독일을 관통하기 때문이다. 이는 역사가 입증한다. 동시에 다른 근거에서 보면, 이 경계선의 전략적 의미는 심장 지대를 연안 지대(the Coastland)에서 분리하는 선이라는 것이다.

서유럽 제국(諸國)에는 로망스(Romance)계(系)와 튜턴(Teutonic)계(系)

---

[519] 1879년 독일과 오스트리아-헝가리 제국이 맺은 조약이다. 오스트리아-헝가리 제국이 러시아 또는 프랑스에 접근하는 걸 막기 위한 목적이었다.

[520] 1887년 독일과 러시아가 체결한 비밀 조약이다. 이 조약도 유럽의 평화를 유지하고 독일의 경제적·군사적·외교적 우위를 점하려는 목적을 지녔다.

라는 두 중대한 분자(分子)가 있다. 영국과 프랑스 같은 두 중요 국가가 관여하는 한, 오늘날 어느 일방이 다른 일방을 정복하는 문제는 사라졌고 있을 수도 없다. 양국은 영국 해협 사이에 있다. 훨씬 전 중세 시대 삼백 년동안 프랑스 기사(騎士)가 영국을 통치하였고 그 뒤 거꾸로 영국인이 약 백 년 동안 프랑스를 지배하려고 애썼다는 것은 사실이다. 그러나 메리 1세(Queen Mary)[521]가 프랑스와의 전쟁에서 패하여 칼레를 잃었을 때,[522] 이와 같은 지배와 복종을 위한 관계는 영원히 종료(終了)되었다. 18세기 영국과 프랑스 양국 사이에 일어난 대전쟁(大戰爭)은, 대체로 프랑스 왕권이 유럽 대륙에서 헤게모니를 장악하지 못하도록 하려는 목적을 지녔다. 그 밖의 전쟁은 식민지 쟁탈과 상업상의 경쟁 때문에 일어났다. 또한 튜턴계의 분자가 라인 강 연안(沿岸)을 따라 관여하는 한, 과거 프랑스에 대한 뿌리 깊은 적대감은 분명히 없었다. 비록 알자스[523] 주민이 독일어를 사용하였지만 그 마음에서 보면 프랑스인이었다. 이것은, 오늘날까지 사라지지 않고 있는 역사의 위대한 성과(成果) 가운데 하나이다. 더욱이 현재 프로이센의 영토가 된 라인 주(州)가 나폴레옹 민법전을 수용하고 있다는 점은 우리가 다 안다.

한편 동유럽에는 튜턴계(系)와 슬라브계(系)란 두 중요한 분자가 있다. 그러나 양 요소는 서유럽의 로망스계와 튜턴계의 두 요소처럼 평형 관계를

---

[521] 1516~1558, 잉글랜드와 아일랜드의 여왕 개신교에 대한 박해로 피의 메리(Bloody Mary)로 불렸다. 프랑스와의 전쟁에서 패하여, 유럽 대륙에 남아 있었던 칼레를 잃었다. 칼레(Calais)는 1347년 잉글랜드 군에 의해 점령되었던 유럽 대륙의 마지막 근거지, 프랑스 북부 도버 해협에 면한 항구 도시이다.

[522] 1558년

[523] Alsace, 스트라부르 근처 지역이며, 독일과 국경을 접하고 있는 프랑스의 중동부 지역이다

이루지는 못한다. 동유럽의 전체 상황에서 일어나는 문제를 해결할 수 있는 관건(關鍵)은, 독일이 슬라브계 제민족(諸民族) 위에 군림할 권리를 주장한다는 것이다. 바로 지금 이것의 명백한 증거가 있는 건 아니다. 비엔나와 베를린은 - 서유럽의 경계를 바로 넘어 - 중세 초기 슬라브족이 차지했던 영토 안에 이미 위치(位置)하고 있다. 비엔나와 베를린은, 독일 민족이 동방(東方)의 정복자로서 그 고향을 떠나 첫 발걸음을 옮긴 장소이다. 샤를마뉴(Charlemagne) 대제[524] 시대에, 엘베 강(Elbe)[525]과 그 왼쪽 지류(支流)인 잘레 강(Saale)[526]은, 슬라브족과 게르만족의 지배 영역을 나누는 경계였다. 현재 베를린 남쪽으로 얼마 떨어지지 않은 곳인 코트부스 주변(the Circle of Kottobus)[527]에 살고 있는 농민은 아직도 웬드어를 사용한다. 웬드어는[528] 수세기 전 이 일대의 슬라브 민족이 사용한 공용어였다. 이 작은 육지의 고도(孤島)[529] 밖에 거주한 슬라브 농부는 대토지 지배자(支配者)인 독일 영주의 언어를 받아들였다. 이와는 달리, 농부가 사실 게르만인으로 구성된 남부 독일에서는, 농지를 비교적 소규모 지주(地主)가 소유한다.

---

[524] 742?~814, 프랑크 왕국의 국왕, 서로마 황제, 신성 로마 제국의 초대 황제

[525] 체코 북부와 독일 동부를 거쳐 북해로 유입되는 월경 하천이다. 길이는 1,091킬로미터이다.

[526] 독일어로 잘레 강이다. 길이 413킬로미터의 하천이여 엘베 강의 지류이다. 독일의 바이에른, 튀링겐, 작센으로 흐른다.

[527] Cottbus는 독일 동부 슈프레 강 연안에 있는 도시이다.

[528] 소르브어인데 웬드어라고도 한다. 서슬라브어족에 속하는데 독일의 소수 민족인 소르브인에 쓰는 언어이다.

[529] 코트부스

의심할 바 없이, 외국인의 눈으로 보면 오스트리아인과 귀족 가문의 프로이센인은 서로 다르다는 인상(印象)을 받는다. 오스트리아인이 남부 독일 본거지에서 동방(東方)으로 진출하였으며 프로이센인은 기후와 토지가 더 가혹한 북부 독일 출신이었기 때문이다. 비록 우리가 보통 융커(Junker)[530]라고 하면 프로이센인만을 생각할지라도, 프로이센과 오스트리아 양쪽 모두에서 대지주는 제1차 세계 대전 이전의 귀족이었다는 점은 불변이다. 양국의 농부는, 비교적 최근까지도 농노(農奴) 상태에서 벗어나지 못했다.

지도상에서 역사를 읽고 있는 독자는, 프로이센에서 북동과 남동 방향으로 튀어나온 두 개의 긴 영토에 깊은 역사적 의미를 부여할 수 있다. 이 같은 지도상의 역사는 우리가 재건 사업(Recontructions)[531]을 항상 염두(念頭)에 두면서 다루어야만 할 크나큰 현실들 가운데 하나이다. 이러한 보기에서조차 언어 분포도(言語分布圖)가 ─ 정치 지도를 넘어서 ─ 가르쳐 준다. 왜냐하면 독일어권(獨逸語圈)의 발전 양상이 단지 두 방향이 아니라 세 방향으로 나타나고 있다는 걸 가리켜 주기 때문이다. 첫번 째 독일어 확산 경로는 발트해 연안을 따라 북동 방향에 위치한다. 이것은, 중세 시대 말기 독일인이 행한 정복과 강제적 튜턴화 사업을 대변한다. 뤼베

---

[530] 엘베 강 이동의 동북 독일의 지주 귀족을 칭한다. 18세기 이후 융커는 프로이센 왕국의 귀족 계급이며, 프로이센의 장교와 관료를 독점한 계급이 되었다.

[531] 여기에서 재건이란 제1차 세계 대전이 끝난 뒤, 평화와 안전을 확고히 하고, 전쟁으로 폐허가 된 상태에서 지속가능한 사회 경제 발전을 이룩하려는 프로그램을 뜻한다. 제1차 세계 대전을 모든 전쟁을 종식하기 위한 전쟁으로 보기도 하였다.

크(Luebeck)[532]의 중심에 있는 한자(Hansa) 동맹[533]의 상인과 십자군 원정(遠征)에서 해방된 튜턴 기사단(騎士團)[534]은, 연안 수로를 따라 현재의 페트로그라드(상트페테르부르크)에 이르는 모든 연안(沿岸) 지대를 차례로 점령하였다. 그 뒤 일어난 역사를 통하여 이 지역에 사는 '도이치 사람(Deutschthum)'[535]의 반(半)은 베를린 군주와 결합되었고, 나머지 반(半)은 러시아 차르 제국의 발트해 연안의 제주(諸州, Baltic Provinces)에 속하였다. 그러나 발트해 연안 여러 주[諸州]에는 현재까지 리가(Riga)[536]의 독일 상인 공동체가 있고, 타르투(Dorpat)[537]에는 독일 대학이 있고 지주로서 독일인 영주(領主)가 살고 있다. 브레스트-리토프스크(Brest-Litovsk)

---

[532] 독일 북부의 발트해 연안에 위치한 항구 도시

[533] 중세 말에 세워진 북서·중부유럽의 상인 길드와 상업 도시들로 이워진 일종의 상업·방어 연맹이다. 17세기 중반까지 존속하였다.

[534] 정식 명칭은 독일의 성모 마리아 기사 수도회이다. 12세기 말쯤 가톨릭 종교 기사단으로 형성되었으며, 중세 동안 발트해와 성지(팔레스타인)에서 기독교인의 보호를 위한 활동하였다. 템플 기사단, 성 요한 기사단과 함께 중세 유럽의 삼대 기사단으로 불린다.

[535] 독일 민족주의의 중요한 요소라는 냄새가 나는 개념이다. 독일인의 민족성과 민족 정신을 뜻하기도 한다

[536] 발트해의 진주라 불리는데, 라트비아의 수도이며 항구 도시이다. 12세기쯤 독일 상인이 이주하였으며 발트해에서 무역의 거점을 이루었다.

[537] 독일어로는 도르파트라고 한다. 에스토니아어로는 타르투이다. 중세 말쯤 독일 기사단이 타르투를 점령하고 한자 동맹에 가입하여 독일인의 중심 도시가 된 바 있다.

조약[538]을 통하여 독일 분자들이 쿠를란트(Courland)[539]와 리보니아(Livonia)[540]와 같은 지역을 다시 지배할 수 있었다.

독일어(German)의 두 번째 발전 경로는, 오데르 강(Oder River)[541]을 거슬러 발원지(發源地)가 있는 모라비아 게이트(the Moravian Gate)[542]까지로 그 깊은 계곡이, 한편으로 보헤미아 산맥[543]으로 다른 한편으로 카르파티아 산맥 사이에서, 폴란드에서 비엔나로 도달하는 경로이다. 오데르 강 상류를 따라 있는 독일인의 거주 지대는, 실레지아(Silesia)[544]가 되었다.

---

[538] 1918년 러시아의 볼셰비키 정부와 중앙 동맹국(독일, 오스트리아-헝가리, 오스만 제국, 불가리아) 사이에 맺은 평화 조약이다. 이 조약으로 러시아는 발트해 연안국가에 대한 패권을 독일에 양보하였다. 당시 브레스트-리토프스크는 독일이 장악하였던 곳이다.

[539] 현재 라트비아의 서부 지방의 옛날 이름이다. 16세기부터 18세기까지 발트·독일인 국가 쿠를란트 공국이 있었다. 중세 이 지역을 발트 독일인이 지배하였다.

[540] 현재 라트비아의 동북부에서 에스토니아의 남부에 걸친 지역의 명칭이다. 독일어로는 리프란트(Livland)라고도 한다.

[541] 중부 유럽을 흐르는 천으로 흑해로 유입된다. 중세 독일인의 동방 식민지로 오데르 강 우안의 민족들은 독일화되기도 하였다. 길이는 약 854킬로미터이다.

[542] 체코어로 모라비아 브라냐이다. 체코 공화국의 모라비아 지역의 지형학적 특징을 말하는데, 동부의 카르파티아 산맥과 서부의 수데티 산맥 사이의 저지에 의해 형성된 곳이다. 분수계는 오데르 강 상류와 북쪽의 발트해 사이에 있다.

[543] 중부 유럽에 있는 산맥이다. 체코 남부 보헤미아 지역에서 오스트리아와 독일의 바바리아(바이에른)로 펼쳐진다.

[544] 폴란드 남서부에서 체코 북동부에 걸친 지역의 역사적인 명칭이다. 프로이센이 지배한 적도 있었다.

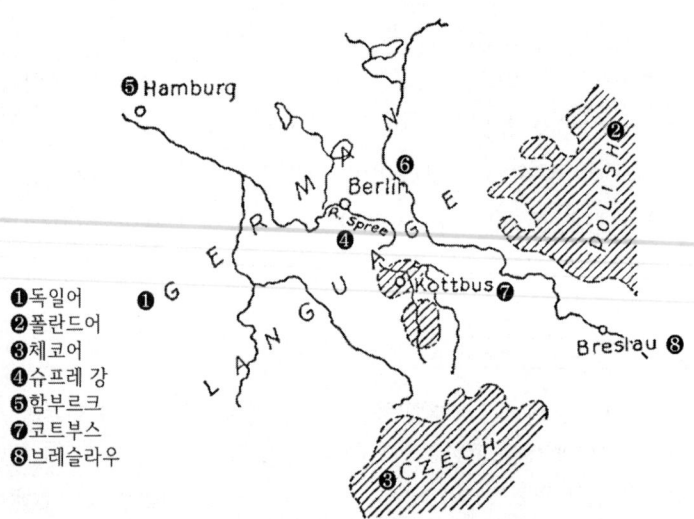

【그림29】 코토부스에서 살아남은 웬드어(슬라브어) 사용 고립 지대. 독일어의 압도적인 흐름에 포위되어 있다.

이 지역 대부분을 프로이센이, 프리드리히 2세 시대[545] 오스트리아로부터 탈취하였다. 이상에서 설명한 독일어권의 북동과 남동 가장 자리에 있는 돌출부(突出部)는 폴란드어 사용권인 프로이센의 주(州) 포즈난(Posen)[546]에 의해 그 존재가 더욱더 두드러진다. 포즈난은 북동과 남동 가장자리 사이의 오목 팬 모서리(angle)에 위치한다.

---

[545] 1712~76, 프리드리히 2세. 제3대 프로이센 왕국의 국왕이다. 프로이센의 국력을 강화하기 위해 합리적으로 노력한 뛰어난 군사적 재능을 지닌 계몽 군주이다. 프리드리히 대왕(Friedrich der Grosse)라고도 한다.

[546] 독일어로는 포젠이다. 포즈난은 폴란드에서 가장 오래된 도시 가운데 하나이다. 독일 기사단의 한자 동맹에 속하기도 하였다. 프로이센의 지배를 받기도 하였다

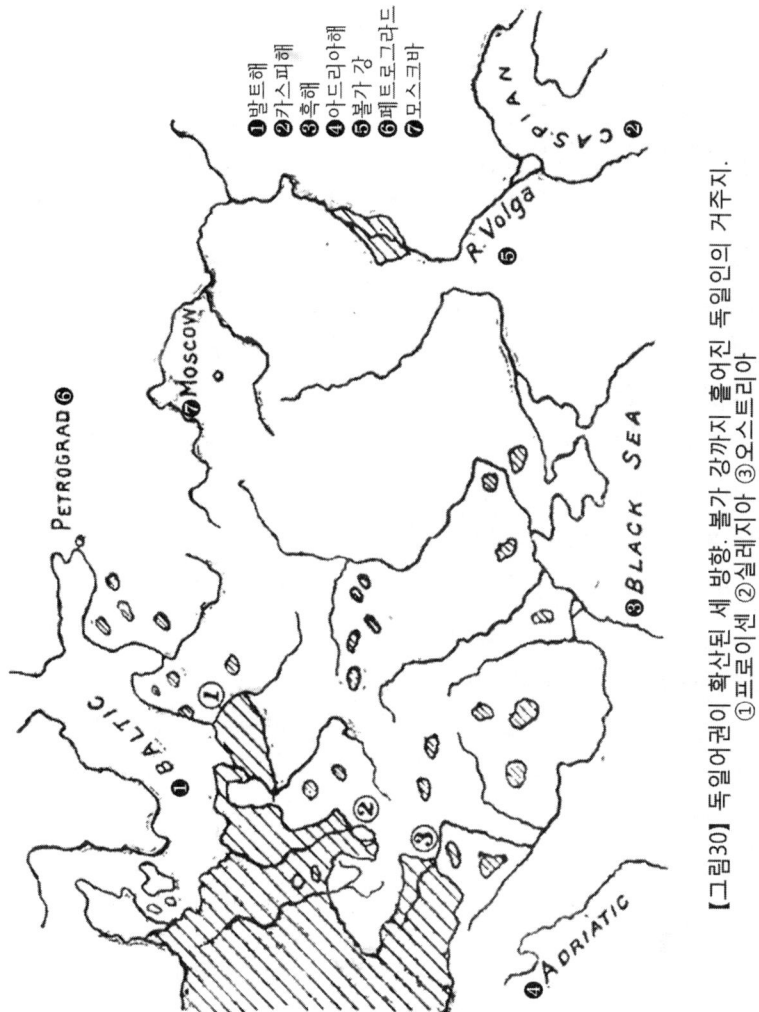

[그림30] 독일어권이 확산된 세 방향. 볼가 강까지 흩어진 독일인의 거주지.
①프로이센 ②실레지아 ③오스트리아
①발트해 ②카스피해 ③흑해 ④아드리아해 ⑤볼가 강 ⑥페트로그라드 ⑦모스크바

제5장 · 여러 제국의 각축 191

독일어의 세 번째 확산 경로는, 다뉴브 강 아래로 남향하면서 알프스 산맥 동부(東部)에 이른다. 이 경로는 – 비엔나 부근의 – 오스트리아 대공국(公國, Austrian Arch-duchy)과 – 오스트리아 알프스 산맥(Austrian Alps) 가운데 있으며 독일어를 사용하는– 케른텐 공국(公國, the Carinthian Duchy)[547]이 되었다. 실레지아와 오스트리아 독일어권 사이에, 대체로 슬라브계 언어를 사용하는 보헤미아 지방이 서쪽으로 돌출(突出)되어 있다. 잊지 말아야만 할 점은, 포즈난(Posen)과 보헤미아(Bohemia)가 그 모국어(母國語)를 유지하고 있다는 사실이다. 그리고 세 경로에서 검토한 독일어권의 돌출 방향이 세 노선에서 이루어진 정복의 흐름을 의미한다는 점도 망각하지 말아야 한다.

동구에서 도이치 사람(Deutschthum)이 행한 세 중요한 진출 방향(進出方向)의 한계(限界)를 넘어서도, 독일의 농부와 광부가 거주하는 많은 식민점(植民点)이 산재(散在)해 있다. 그 가운데 몇몇은 최근에 생겼다. 비록 정치적 이유에서 독일인이, 현재 헝가리에서 마자르 족의 압제적인 지주 계급에 크게 동화되고 있지만, 헝가리의 여러 지점에서 독일인의 집단 거주지가 생기고 있다. 트란실바니아(Transilvania)[548]의 작센 지방 출신자(the Saxons)는 동지(同地)의 마자르계 지주 계급과 함께 특권적 지위를 나누면서 루마니아 농민층 위에 군림한다(1. 여기에서 언급한 것은, 전전(戰前)에 적용된 상태이다. 왜냐하면 이와 같은 과거의 기억(記憶)이, 지금까지로 보아서는 막연하게 미래를 재편성하는 것보다 더 강하기 때문이다.). 러시아에는 일련의 독일인 거주지

---

[547] 남부 오스트리아와 북 슬로베니아에 걸쳐 있었던 공국이다. 1918년까지 합스부르크가가 지배하였다.

[548] 루마니아의 중·북서부 지방의 역사적 지명이다. 9세기 경 마자르족이 정복하기도 하였으며, 17세기 말 합스부르크가의 지배를 받은 바 있다.

가, 우크라이나의 북쪽을 통하여 거의 동쪽의 키에프(Kieff)[549]까지 이어져 있다. 단지 사라토프(Saratof)[550]시 주변인 볼가 강 중류에서 독일 식민자가 모여 사는 마지막 소지역(patch)을 보게 될 것이다.

하지만 비록 독일어권의 확산 구역(extension)이 매우 강력한 요소일지라도, 독일인의 슬라브족에 대한 영향력의 문제가, 이런 구역에 한정된다고 볼 수 없다. 왜냐하면 독일어가 보급(普及)된 곳마다 독일 쿨툴(German Kultur)[551]의 영향을 받았기 때문이다. 슬라브계의 보헤미아 왕국(王國)은 완전히 독일 제국주의 체제의 조(組)가 되었다. 아우스터리츠(Austerlitz) 전투[552]에서 프랑스가 승리한 뒤인 겨우 1806년에 신성 로마 제국 헌법이 변경되어, 보헤미아 왕이 황제(皇帝) 선거후(選擧侯)[553] 가운데 한 사람

---

[549] Kiev 우크라이나의 북중부 지역에 있는 우크라이나이 수도이다. 드네프르 강이 흐른다.

[550] 러시아의 도시이다. 볼가 강이 흐르며, 교통의 요충지다.

[551] 독일의 경제학자 좀바르트는 독일의 영웅과 영국의 상인을 비교하면서, 전자는 항상 주기를 원하며, 후자는 항상 얻기를 원하다고 하였다. 독일의 Kultur은 불어의 civilisation과 다른 의미라고 한다. 개인이 국가 이익에 예속되며, 호헤졸레른 가문의 팽창주의자들에 의해 서구의 문화에 비해 우수하다는 신념 즉 민족이 차이도 포함된다. 지성적·예술적·종교적 사실도 들어간다. 독일인 자신의 성취 혹은 독일인 자신의 존재를 강조한다. 독일의 쿨툴은 과학적 진보를 강조하는 민족주의적 성격이 강하며, 특히 힘, 민족, 군사력(군사주의), 국가를 숭배하는 경향도 나타난다.

[552] 1805년 12월 모라비아 근처의 아우스터리츠에서 프랑스의 나폴레옹 1세의 프랑스군이 러시아아-오스트리아 연합군과 싸워 이긴 전투이다.

[553] 선제후라고도 한다. 신성 로마 제국 왕의 선거권을 지닌 사람이다. 신성 로마 제국 황제를 선출하는 선거 인단의 성원이다.

이 되었다. 폴란드인(Poles), 체코인(Czecho), 크로아티아의 남 슬라브족(South Slavs of Croatia), 마자르족은, 로마 가톨릭 교도[554] 즉 로마 가톨릭 교회 – 서방 교회[555] – 에 속한다. 이건 분명히 러시아인의 그리스 정교회에 대항하는 독일 영향력의 확장을 뜻하였다. 1683년 비엔나(Vienna) 포위[556]에서 오스만 트루크 군을 격퇴한 뒤, 18세기에 오스트리아의 독일인은, 차츰차츰 전진하여 헝가리로부터, 목전의 터키인을 몰아내었다. 결국 백 년 이상 동안 기독교 제국에 대한 터키 세력의 한계(限界)선을 세우는 데 기여하였다. 뒤에 이 선은, 1739년 베오그라드 조약[557]에 의해 결정되었다. 그래서 오스트리아인은 유럽에 큰 공헌을 하였다는 점은 의심의 여지가 없다. 그러나 크로아티아인, 마자르인, 슬로바키아족, 트란실바니아의 루마니아인이 관여하는 한, 단지 터키인의 지배를 독일인의 지배로 대체한 것은 그저 우연한 결과였다. 러시아의 표트르 1세(Peter)[558]가 18세기 초 수

---

[554] 로마 교황에 속하는 종파이다. 말하자면 가톨릭교의 라틴 교회(『동방 가톨릭 교회와는 구분되는 교회로 로마 가톨릭 교회만을 뜻한다.

[555] Western Church

[556] 1683년 오스만 제국은 오스트리아의 수도 비엔나를 공격하여 두 달 동안 비엔나를 포위하였지만 그리고 신성 로마 제국, 합스부르크 군주국, 폴란드-리투아니아 연방과 싸웠지만 패하였다. 빈 전투 혹은 비엔나 전투라고 한다.

[557] 1739년 9월 베오그라드에서 조인된 합스부르크 군주국과 오스만 제국 사이의 강화 조약이다. 그 결과 오스트리아-러시아-터키 전쟁(1735~1739)이 끝났다.

[558] 1672~1725, Peter the Great. 발트해에서 무역로를 확보하고, 흑해 지역을 러시아의 지배 아래 두기 위해 해군을 창설하고, 정교회를 국가가 관리하며 황제 권력을 강화하고 러시아 제국을 세우는 데 기초를 닦았다.

도를 모스크바에서 페트로그라드[559]로 옮겼을 때, 그가 슬라브적 환경에서 독일적 환경으로 이주하였다는 뜻으로 이해할 수 있다. 이것은 당시의 독일식 명칭인 성 페테스부르크(St. Petersburg)에서 찾을 수 있다. 그 당연한 결과로 18세기와 19세기 동안 러시아 정치 조직에 대한 독일인의 영향력은 클 수밖에 없었다. 차르 제국이 의존하였던 러시아 관료는, 대부분 발트해 연안의 주(州)의 독일계(系) 귀족 가문의 차남 이하(次男以下)의 자식(cadet)에서 충원되었다.

따라서 동유럽은, 서유럽처럼, 서로 별개의 민족으로 된 한 집단으로 구성된 것이 아니다. 프로이센이 알자스 지방(Alsace)[560]을 탈취할 때까지 외국이 간섭할 정도로 동구 민족 사이에 심각한 국경 문제가 없었다는 점도, 서유럽과는 근본적으로 다르다. 독일 세력의 범위가 여러 지역에 따라 분명히 변화하였지만, 동유럽은 주로 슬라브 인구 위에 독일이 군림하기 위해 세 부분 - 오스트리아, 러시아, 독일 - 으로 성립된 일종의 대조직(大組織)에 불과하였다. 이 사실에서 우리는 1895년의 **전환**(*volte face*)의 의미에 대한 답을 찾을 수 있다. 우방이 되기 어려운 민주주의 국가와 전제 군주국 - 프랑스와 러시아 - 이 급속히 접근하여 프랑스-러시아 동맹[561]이 체결되었다. 러시아가 독일에 대항하여 프랑스와 동맹을 맺었을 당시, 이게 유럽이라는 도박장에서 카드의 패를 다시 친다는 단순한 의미만을 내포하는 것

---

[559] 상트페테르부르크

[560] 스트라부르 근처 지역이며, 독일과 국경을 접하고 있는 중동부 지역이다. 1870년 프로이센-프랑스 전쟁으로 독일 제국이 점령하였다.

[561] 러불 동맹이다. 1894년 프랑스와 러시아가 맺은 군사 동맹이다. 1882년 독일, 오스트라이, 헝가리, 이탈리아가 맺은 비밀 군사 동맹 — 삼국 동맹 — 에 대항하는 성격이 있다.

은 아니었다. 훨씬 더 큰 의미를 포함하였다. 이를 입증할 만한 대사건이 일어나기 전, 베를린의 관점에서 보면, 의미심장한 사건이 동유럽에서 발생하였다. 즉 발칸반도에서 러시아와 오스트리아 양자의 대립이 격화되었기 때문에 러시아 정부와 오스트리아 정부는 오랫동안 분쟁에 휩싸였다. 하지만 이는 일종의 가문 싸움 비슷한 것이었다. 이 점에서 보면 1866년 프로이센과 오스트리아의 단기전(短期戰)[562]과 비슷하다. 1853년 러시아가 터키 제국을 공격하기 위하여 다뉴브 강까지 진군하고 — 오스트리아가 카르파티아 산맥 측에서 병력을 집중하여 러시아를 위협하려는 태세를 취하자 — 1815년부터 존속한 바 있었던 신성 동맹의 우의(友誼)를 의심할 바 없이 양쪽이 저버렸다. 물론 비스마르크가 1872년 3제 동맹(Three-Kaiser Alliance)[563]에서 3국의 전제 군주를 함께 재결합(再結合)하자 회복되었다. 그러나 우연히 이 기간 동안 러시아는 — 크림 전쟁[564]에서 겪은 손실 때문에 — 터키에 대항하여 다시 진군할 수 없는 사정(事情)에 몰려 있었다. 따라서 러시아와 오스트리아의 우호 관계를 결정적으로 저해할 수 있는 어떤 돌이킬 수 없는 불화(不和)도 잇달아 발생하지 않았다. 그러나 오스트리아

---

[562] 보오 전쟁이라고도 하는 프로이센-오스트리아 전쟁이다. 소독일주의를 주장하는 프로이센과 대독일주의는 주창하는 오스트리아 사이의 독일 통일주도권을 둘러싼 전쟁으로 프로이센이 완승하였다. 결과적으로 오스트리아를 뺀 프로이센 중심의 독일 통일 운동이 전개되었다.

[563] 독어로는 Dreikaiserbund이다. 독일 제국이 오스트리아-헝가리 제국과 러시아 제국 사이에 맺은 동맹이다. 프랑스를 포위하고 고립시킬 목적에서 이루어졌다.

[564] 1853~56 동안 크림 반도에 터진 전쟁으로, 프랑스, 오스만 제국, 사르디나와 영국을 중심으로 한 연합군이 러시아와 싸워 승리하였다. 크리미아 전쟁이라고도 한다. 나이팅게일의 간호 활동으로도 유명하다.

가 1878년 돌연(突然) 슬라브권(圈)에 속한 보스니아(Bosnia)[565]와 헤르체고비나(Herzegovina) 양지방(兩地方)을 병합함으로써, 발칸반도에서 야심을 드러내자, 3제 동맹의 운명은 풍전등화(風前燈火)와 같았다. 불안한 몇 해가 지났다. 그 동안, 오스트리아가, 지난 날 부득이하게 떨어질 수밖에 없었던 바와 같이, 독일에 대한 종속적 지위를 감수(甘受)하든지 공화 정체(共和政體)의 프랑스와 동맹을 맺든지 양자택일을 하지 않을 수 없을 거라고 러시아가 깨닫기 전에, 독일의 힘은 증강되고 있었다.

❦ ❦ ❦ ❦ ❦

이상에서 빅토리아 왕조 시대[566]의 서구와 동구 관계사(關係史)를 살펴보았다. 동시에 지금 유럽 이외(以外)의 역사를 언급할 필요가 있다. 트라팔가르(Trafalgar) 해전[567]에서 절정(絶頂)에 도달한 서구 각국의 해군이 행한 해전으로 말미암아, 거의 백 년 동안 세계사의 조류(潮流)를 두개의 흐름으로 분리하는 결과를 낳았다. 영국은 해양 세력으로 유럽을 포위하였으나, 유럽반도의 정치에 진지하게 관여하지 않았다. 인도 제국(諸國, the

---

[565] 보스니아와 헤르체코비나의 북부 지역이다. 다른 남부가 헤르체고비나이다. 대부분이 디나르 앞르 산맥에 위치하고 있으며 판노니아 평원까지 이어져 있다. 사바 강과 드리나 강이 흐른다.

[566] 영국의 빅토리 여왕이 통치하였던 시대(1831~1901)이다. 산업 혁명에 의거하여 영국의 경제 발전으로 이룩한 대영 제국의 번영기로 간주된다.

[567] 1805년 10월 21일 스페인의 트랄팔가 갑(岬)에서 터진 해전으로, 영국 해군과 스페인·프랑스 연합 함대가 충돌하였으나, 영국 해군 제독 넬슨이 승리를 거두었다. 나폴레옹 1세의 영국 본토 상륙의 야망이 좌절되었다.

Indies)의 이해 때문에 때때로 동지중해 부근에 간섭이 필요할 경우만 예외였다. 그러나 동시에 영국 해양 세력은, 희망봉에서 끝나는 세계대갑(世界大岬, great world-promontory)을 포위하였고 인도 제국(諸國)의 해양 전면(前面)을 지키는 군사 행동을 취함으로써 러시아의 코사크 세력과 대결하였고 심장 지대에 대한 영국의 지배를 점점 확고히 하였다. 극북 지방의 러시아인은, 크림 전쟁[568] 이전 시대(以前 時代)부터 북의 아무르 대하천[569]에서 태평양 연안으로 나왔다. 일본의 개국 원인(原因)을 1853년 미국 페리(Perry)[570] 제독의 행동 때문이라고 보통 생각할 수 있다. 하지만 사할린섬과 더욱이 먼 남쪽인 에조치(蝦夷地, Yesso)[571]의 하코다테(函館, Hakodate)[572]에 러시아인이 있었다는 점은, 러시아가 일본의 개국을 촉진하는 데 기여하였다고 해석할 수 있다. 영국 자신의 입장(立場)에 보면, 가장 급박한 러시아의 위험은, 물론 인도의 북서 국경 방면(方面)에 있었다.

  19세기 영국은 해상에서 원하는 바를 하였다. 그 까닭은 미국은 여전히 강력하지 않았고, 유럽의 여러 나라는 자체의 전쟁에 완전히 사로잡혀 있

---

[568] 1853~56 동안 크림 반도에 터진 전쟁으로, 프랑스, 오스만 제국, 사르디니아 영국을 중심으로 한 연합군이 러시아와 싸워 승리하였다.

[569] 흑룡강이라고도 한다. 유라시아 동북부를 흐르는 강이다. 길이는 4,368킬로미터이다.

[570] Mattew Calbraith Perry 1794~1858, 미국의 해군 제독으로 1854년 가나가와 조약으로 일본과 무역 협정을 체결하였다. 하코다테와 시모다시를 개항하게 되었다.

[571] 홋카이도의 북부 지방을 칭한다. 에조는 일본의 아이누족을 뜻한다.

[572] 일본 홋카이도의 남부에 있는 도시이다. 일본에서 처음으로 개항한 도시이다 (1854).

었기 때문이었다. 해운과 시장 문제(市場 問題)는, 맨체스터 정치 사상학파[573]의 19세기 자유주의의 **정체** 아래 있었던 영국 사람(the nation of shopkeepers)의 주요 관심사(關心事)였다. 유망한 새 시장은, 인구가 많은 인도 제국(諸國)이었다. 왜냐하면 아프리카는 탐험되지 않았고 그 대부분의 지역에서 나족(裸族)이 활보하고 있었고 아메리카는 당시까지도 인구가 희박하였기 때문이었다. 따라서 영국은 미국의 대서양 연안을 제외하고, 유럽 외부의 모든 해안을 거의 병합했을지도 모른다. 그러나 영국은, 인도 제국(諸國)에서 극동으로 가는 해상로(海上路)에서 선적용 기항지(寄港地, calling ports)를 물색하는 데에 자신의 행동을 한정하였다. 그리고 영국 자신의 모험주의자들의 영국에 강요한 바와 같이, 귀속 미정(歸屬 未定) 지역에서의 식민지 관리와 행정에, 영국은 스스로 활동 영역을 국한(局限)하였다. 영국이 헛되이 이런 모험주의들을 억제하려고 하였으나 실패하였다. 하지만 인도에서의 사정은 달랐다. 인도에서 영국은 꾸준히 전진하여 점령지를 점점 확대해야만 하였다. 이는 — 로마 제국에서도 충분히 경험할 수 있었던 것처럼 — 영국이 새로운 영토를 하나하나 점령함에 따라 그 영토를 확보하려고 인접 지역으로 군대를 보내고 타국의 침입(侵入) 여지(餘地, bases)[574]를 없애야 하는 것이었다.

  세계 지도를 보면 19세기 영국과 러시아가 각축하는 데 꼭 필요한 전략적 배경을 단적(端的)으로 알 수 있다. 심장 지대의 전체를 거의 자신의 세력

---

[573] 맨체스터 학파, 맨체스터 자유주의, 맨체스터 자본주의 등으로도 불린다. 19세기 영국의 자유 무역 운동의 정치적 흐름을 대변한다. 대표적 경제학자로는 코브던, 브라이트, 바스티아(Bastiat) 등이 있다.

[574] 기지

하에 둔 러시아는, 인도 제국(諸國)의 육측(陸側) 입구를 두들겼다. 한편, 영국은 중국의 해측(海側) 문(門)을 열려고 하면서, 북서쪽으로부터의 러시아 위협(威脅)에 대비하려고 인도의 해측(海側) 입구에서 내륙(內陸)으로 진격하였다. 러시아의 심장 지대 지배는, 동유럽의 인력에 근거를 두었으며 코사크 기병의 기동력으로 인도의 입구까지 지탱(支撑)이 되었다. 인도의 해(海) 전면(前面)을 따라 배치된 영국 병력은 – 멀리 떨어진 서구의 섬들의 인력을 바탕으로 삼았으며, 영국 선박의 기동력 덕분에 – 동방(東方, the East)에서 쓸모가 있었다. 다름 아닌 함대와 상선의 기동성이었다. 유럽에서 아시아로 가는 필수적인 양자 택일의 두 순회 항로에 중대한 두 지점(points)이, 분명히 있었다. 이를 단순히 '희망봉(the 'Cape')'과 '수에즈 운하(the 'Canal')'[575]로 오늘날 알고 있다. 19세기 동안 희망봉은, 육지로부터의 공격을 걱정할 필요는 없을 정도로 벗어나 있었다. 사실상 남아프리카는 섬과 같았다. 수에즈 운하는 1869년까지 개통되지 않았으나, 이 운하 건설 사업은 그 전도(前途)에 어두운 그림자를 드리웠던 사건이었다. 과거 델리(Dehli) 바깥쪽에 세운 무굴 제국[576]의 폐허 위에 해안에서 내륙으로 인도의 제국(帝國)을 건설할 수 있다는 가능성을 입증한 인물이, 바로 18세기 프랑스인 뒤플렉스(Duplex)[577]였다. 뒤플렉스처럼, 이집트와 따라서 팔레

---

[575]   지중해와 홍해를 연결하는 인공 운하이다. 1869년 개통되었다.

[576]   16세기 초부터 인도 북부를 지배하고 이어서 인도 남단부를 제외한 인도 대륙을 통치하여 19세기 후반까지 존속한 터키계 이슬람 왕조이다.

[577]   1697~1763, 프랑스령 인도 총독. 영국 로버트 클라이브의 적수였으나, 클라이브가 1757년 영국이 플라시 전투에서 프랑스를 무찌르고 인도 식민 지배의 기초를 마련하였다.

스타인(Palestine)[578]도 현대 전략상 중대하다고 밝힌 인물은, 프랑스인 나폴레옹이었다. 양자 ─ 뒤플렉스와 나폴레옹의 이념 ─ 의 기초는, 해양 세력의 사상이었고 서유럽이란 반도에 위치한 프랑스에서 자연스럽게 생겼다. 이집트 원정[579]을 통하여 나폴레옹은, 영국 함대를 동지중해의 나일 강(Nile) 하구(河口) 전투로 끌어들였고 또한 사상 처음으로 인도 주둔 영국 육군을 해로(海路)로 나일 강 유역에 파견(派遣)하게끔 하였다. 따라서 심장 지대의 러시아 세력이 증대하자, 영국과 프랑스 양국의 눈길이 당연히 수에즈[580]에 쏠렸다. 영국의 시선(視線)은 분명한 현실적 이유에서 비롯되었고, 프랑의 시선은 부분적으로 위대한 나폴레옹 제국의 전통에 대한 감정적 이유에서 비롯되었다. 하지만 지중해에서 프랑스가 행동의 자유를 향유해야만, 반도 ─ 서유럽 ─ 에서 본질적으로 안락을 느낄 수 있었다는 이유도 배제할 수 없다.

그러나 당시 사람이 보기에, 러시아 육상 세력이 아라비아를 위협할 정도는 아니었다. 심장 지대로부터의 자연적인 유럽 출구는, 콘스탄티노플의 해협들 ─ 보스포루스 해협과 다르다넬스 해협 ─ 사이의 해로(海路)였다. 로마가 어떻게 흑해를 관통하여 로마의 최전선(最前線)을 설정하면서 스텝 지

---

[578] 지중해 동쪽의 시리아 남부에 있는 지역이다. 중세 이후 이슬람교도, 기독교도, 유대교도가 살았다.

[579] 1798년부터 1801년까지 프랑스군이 이집트·시리아(오스만 제국의 영토)로 원정한 전투이다. 프랑스의 상업 이익을 지키기 위함이었다. 나폴레옹은 몰타를 통해 이집트의 알렉산드리아에 프랑스군을 상륙시켰으나, 영국과 오스만 제국에 패하였다.

[580] 홍해의 수에즈만에 접하고 수에즈 운하 남쪽에 있는 항구 도시이다.

대의 스키타이인(Scythians)[581]에 대항하여 콘스탄티노플을 지중해 해양 세력의 지역 기지로 만들었는가를 앞 장에서 고찰하였다.[582] 니콜라스 대제 [583] 시대 러시아는, 이와 같은 정책을 역전시키려고 노력했고 흑해와 그 남쪽 출구를 지배함으로써 러시아 육상 세력의 한계를 다르다넬스 해협으로 확대하려고 마음먹었다. 그 결과 러시아에 대항하여 서유럽 여러 나라의 결속이 필시 강화되었다. 러시아의 모략(謀略)으로 영국이 1839년 제1차 아프가니스탄 전쟁[584]에서 충돌했을 때, 영국은 당시 보스포루스 해협에 주둔한 러시아군을 당연히 안심하고 볼 수 없었다. 러시아군의 주둔 목적은 술탄(Sultan)[585]을 공격으로부터 보호하기 위해서였다. 당시 이집트[586]의 반항적이고 야심적인 키디브(Khedive)[587] 메헤메트 알리(Mehemet Ali)[588]

---

[581]   유라시아의 이란계 유목 기마 민족

[582]   역주 [423] 근처를 볼 것.

[583]   니콜라스 1세, 1796~1855, 러시아 황제이며, 범슬라브주의를 주창하면서 남하 정책을 추진하였다. 보스포루스·다르다넬스 해협의 독점 항행권을 일시적으로 획득하였지만, 영국과 프로이센, 오스트리아의 간섭으로 결실을 얻지 못하였다.

[584]   1839~42, 러시아의 남하 정책을 막기위해, 영국이 동인도 회사와 아프가니스탄 수장국 간에 터진 전쟁이다. 영국이 패하였는데, 이는 제2차 아스가니스탄 전쟁 (1878~1880)으로 이어져 결국 영국이 승리하여 아프가니스탄은 영국의 보호국이 되었다.

[585]   마흐무트(Mahmud) 2세, 1785~1839, 오스만 제국의 30대 술탄이다.

[586]   오스만 제국의 영토

[587]   터키 정부파견의 이집트 총독

[588]   무하마드 알리, 1769~1849, 근대 이집트의 창건자로 간주된다. 알리는 시리아를 침공하였으며, 오스만 제국은 러시아에 지원을 요청하였으며, 러시아군이 보스포

가 시리아를 넘어 공격할 가능성이 있었기 때문이었다. 따라서 1840년 영국과 프랑스는, 시리아에서 키디브의 군대가 철수를 거부하자 그에게 예방적인 선제 공격을 하였다.[589]

1854년 영국과 프랑스는, 대(對)러시아 전투[590]에 다시 한번 개입하였다. 프랑스는 근동(Near East)[591]에서 기독교도 보호 역할을 하게 되었다. 예루살렘(Jerusalem) 성지들에 대한 러시아의 음모 때문에, 프랑스의 위신(威信)을 – 예루살렘 성지에 관한 한 – 떨어뜨리는 사건이 일어났다.[592] 따라서 다뉴브 강 유역[593]으로 러시아 군대가 진격하자, 공수 동맹(攻守同盟)을 맺은 영국과 프랑스는 터키 측(側)을 지원하려고 개입하게 되었다. 죽기 얼마 전 솔즈베리 경(Lord Salisbury)[594]은 터키 지원 방침(方針)을 잘못 잡았다고 분명히 하였다. 19세기 중엽에도 우리가 실수를 저질렀다고 의심하지 않을 수 없다. 시간은 국제 정책(國際 外交, International Policy)

루스 해협에 포진하였다.

[589] 영국이 시리아 연안으로 출동하여 베이루트를 포격하였고 프랑스가 지지하자, 알리는 시리아(레반트)에서 철수하여 이집트에 대한 세습적 통치를 받아 들였다.

[590] 크림 전쟁

[591] 유럽 중심의 개념으로 서아시아 터키 이집트를 포함하는 지역이다. 오스만 제국의 영토를 뜻하기도 한다.

[592] 예루살렘의 기독교인의 보호에 대한 로마 가톨릭과 그리스 정교 말하자면 그리스 정교를 지지한 러시아와 프랑스 사이의 갈등이었다. 당시 예루살렘 성지는 로마 가톨릭교회 관할에 속했으나, 여전히 그리스 정교의 보호 하에 있었다.

[593] 다뉴브 공국

[594] 1830~1903, 영국의 정치가이며, 세 차례 영국 수상을 역임하였다. 네 차례 외상을 지냈다.

에서 매우 중요한 요소(要素)이다. 즉 정치의 전략인 기회주의가 있다. 일상(日常)의 사회 교제(社會 交際)에서, 바른 말을 부적절한 시기에 할 수 있다는 점을 생각해 낼 수 없을까? 1854년의 시점(時點)에서 동유럽 조직의 거점은, 독일 세력이 아니라 러시아 세력이었다. 그리고 러시아의 압력은 심장 지대를 통하여 인도 제국(諸國)으로 가해졌으며, 심장 지대로부터 서구로 침입하려고 콘스탄티노플 해협들 – 보스포루스 해협과 다르다넬스 해협 – 을 따라 행사되었다. 프로이센은 러시아를 지지하고 있었다.

 1876년 터키는 새로운 위기에 빠졌고, 다시 영국의 지지를 받았다. 프랑스는, 프로이센-프랑스 전쟁[595] 이후 영국과 협력할 입장은 아니었다. 그 결과 영국의 단독 행동으로 러시아의 콘스탄티노플 진출(進出)을 막았다. 그러나 그 때까지 터키령이었던 슬라브족의 주(州) – 보스니아와 헤르체고비나 – 를 오스트리아 제국의 수중(手中)에 넘겨줌으로써, 독일인이 발칸 회랑(回廊, Balkan corridor)[596]으로 첫 발판을 구축(構築)하는 대가를 치렀다. 당시 터키 제국의 묵허(默許) 아래 영국 함대는 다르다넬스 해협을 관통하여 콘스탄티노플의 회교 사원(回敎 寺院)의 첨탑(尖塔)이 보이는 곳까지 항해하였다. 그런데도 러시아 외교 정책의 방향은 크게 변화하지 않았고, 러시아나 영국 어느 누구도 베를린(Berlin)이 취하고 있는 수(手)를 여전히 읽지 못하고 있었다. 인력을 축적하는 경제적 방법이었다.

 프랑스 혁명 이후 백 년 동안의 국제 사건 경로를 되돌아보고, 그 결과로 동유럽을 국제 문제(國際 問題)에서 항상 전체적으로 단일 세력 기지라고

---

[595] 1870년

[596] 남서 아시아에서 터키를 거쳐 불가리아 유고(슬라비아)를 거쳐 오스트리아로 이어지는 통로

생각할 때 — 이 같은 사고(思考)로 빅토리아조(朝)의 사람이 종종 유럽 정치를 비(非)유럽 정치와 서로 분리되었다고 생각했지만 — 사실 이와 같은 격리(隔離)가 없었다는 것을 우리가 깨닫지 못하고 있을까? 심장 지대를 동유럽이 차지하였으며(command) 영국 해양 세력에 맞섰다. 중국에서 인도를 경유하여 콘스탄티노플에 이르는 심장 지대 주변의 사분의 삼 이상을 영국 해양 세력이 에워쌌다. 프랑스와 영국은, 일반적으로 콘스탄티노플 정책에 관한 한 공동 보조(共同 步調)를 취하였다. 1840년 키디브(Khedive)[597]와 술탄(the Sultan)이 상호 분쟁에 휘말려, 유럽 전쟁의 암운(暗雲)이 감돌자, 본능적으로 모든 눈길은 — 프로이센이 최근 전초(前哨) 지대를 건설하였던 — 라인 강 유역에 쏠렸다. 사실 그 때 독일의 군국적·정치적 민요(P Lied) '라인 강을 지키자'[598]가 작곡되지 않았던가! 그러나 이 전쟁으로 프랑스에 불안을 야기한 것은 알자스[599]와 로렌[600]의 영유권 문제가 아니라 프로이센이 러시아와 협동하였다는 것이다. 바꾸어 말하면, 동유럽과 서유럽 사이의 불화의 문제였다.

   1870년 영국은, 프로이센-프랑스 전쟁[601] 당시 프랑스를 지원하지 않았

---

[597] 무하마드 알리

[598] Die Wacht am Rhein. 이 노래는 독일-프랑스 간 적대감에 바탕을 두었으며, 프로이센-프랑스 전쟁과 제1차 세계 대전 동안 특히 유행하였다.

[599] 스트라부르 근처 지역이며, 독일과 국경을 접하고 있는 중동부 지역이다. 1870년 프로이센-프랑스 전쟁으로 독일 제국이 점령하였다.

[600] 북동 프랑스 지역이다. 1871년 독일이 로렌의 일부 지역을 점령하여, 새로운 주 - 알자스 로렌 - 세우기도 하였다.

[601] 보불 전쟁

다. 사건이 일어난 뒤 얻는 우둔한 지혜(智慧)를 통하여, 우리가 당시 판단 착오를 저지르지 않았던가하고 물어도 아마 당연한 것은 아닐까? 그러나 트라팔가르 해전[602]의 승리에 도취되어 도서국 국민의 안식은 좁아졌다. 도서국의 국민은, 해양 세력의 특전(特典) 즉 해양의 자유의 의미가 무엇인지를 알았다. 한편 해양 세력이 의존하고 있는 기지의 생산성(生産性)에, 해양 세력의 성공과 실패가 좌우(左右)된다는 점 및 동유럽과 심장 지대가 합하여 거대한 해양 활동의 기지를 설치할 것이란 걸 도서국의 국민은 망각하였다. 더욱이 동유럽의 중심(重心)이 페트로그라드(Petrograd, 상트페테르부르크)에서 베를린(Berlin)으로 변경되었던 비스마르크[603]의 시대에, 당대인은 셋 전제국가인 프로이센, 오스트리아, 러시아 사이에 일어난 투쟁의 종속적(從屬的) 성격과 프로이센-프랑스 전쟁의 근본적인 의미를 파악하지 못한 것도 무리(無理)가 아니라고 볼 수 있다.

　제1차 세계 대전은, 독일인이 슬라브족을 혐오했기 때문에 유럽에서 일어났다. 대전의 원인이 된 사건은, 1878년 오스트리아가 두 주(州) － 슬라브족의 보스니아와 헤르체고비나 － 를 사실상 획득한 것과 1895년 러시아와 프랑스가 맺은 동맹[604]이었다. 1904년 영국-프랑스 협상(Entente)[605]이,

---

[602]　1805년 10월 21일 스페인의 트랄팔가 갑(岬)에서 터진 해전으로, 영국 해군과 스페인·프랑스 연합 함대가 충돌하였으나, 영국 해군 제독 넬슨이 승리를 거두었다. 나폴레옹 1세의 영국 본토 상륙의 야망이 좌절되었다.

[603]　1815~1898

[604]　러불 동맹, 러시아와 프랑스 사시에 맺은 군사동맹조약으로 1917년까지 유지되었다. 삼국 동맹(독일, 오스트리아-헝가리 제국, 이탈리아)에 대항하기 위한 성격이 강하였다.

[605]　Entente Cordiale, 영국과 프랑스 사이에 맺은 조약으로 독일에 맞선 식민지에

위의 사건과 같은 정도로 중요한 사건은 아니었다. 19세기 동안 영국과 프랑스 2국(國)은 대개 협력 관계를 유지하였다. 그러나 베를린이 페트로그라드를 대신하여 동유럽의 위험한 거점(據点)이 되었다고 프랑스는 절실히 인지하였다. 그 결과 영국과 프랑스 양국의 외교 정책은 수년 동안 상이한 각도에서 형성되었다. 서유럽에 속한 도서국과 반도국은, 동유럽과 심장 지대의 자원을 조직하려는 어느 강대국의 시도에도 필연적으로 대항해야만 한다. 이와 같은 착상(着想)을 감안하면, 최근 백 년 동안 영국과 프랑스 양국의 정책은 일이관지(一以貫之)의 태도를 견지하였다. 러시아가 반세기 동안 동유럽과 심장 지대 양 지역의 세력을 지배·위협하였기 때문에, 반(半) 독일화된 러시아 제국의 지배에 영국이 반기(反旗)를 들었다. 독일은, 차르의 러시아 제국으로부터 동유럽의 주도권을 이어 받았고 따라서 반동(反動)의 슬라브족을 진압하고 동유럽과 심장 지대에 군림(君臨)하였다. 이 때문에 영국은 순(純)게르만의 카이저(Kaiser) 지배에 반대하였다. 독일의 동구에 대한 헤게모니는 ― 러시아보다 훨씬 더 가혹하였으며 반항하는 슬라브족을 억압함으로써 ― 동유럽과 심장 지대를 장악하였다. 독일이 과시하는 쿨툴(German Kultur)과 그 모든 것은, 공포를 불러일으키는 조직력(組織力)이란 의미를 지닌다. 독일의 동유럽 지배 방법은 과거의 러시아와 비교하면, 상상을 초월할 정도로 가혹하였다. 구약 성서를 인용하면 러시아는 채찍을 사용하였으나, 독일은 전갈(全蠍)의 징치(懲治)를 이용하였다.[606]

관련된 협상이다.

[606] 구약성서 역대 하10장 10절 '내 부친이 너희로 무거운 멍에를 메게 하였으나 이제 나는 너희의 멍에를 더욱 무겁게 할지라 내 부친은 채찍으로 너희를 징치하였으나, 나는 전갈로 하리라'를 참고

❦ ❦ ❦ ❦ ❦

　지금까지 전략적 이점(利點)과 결점(缺點)에서 여러 제국(帝國)의 각축을 고찰하였다. 해양 세력과 육상 세력으로 보면, 세계도와 심장 지대는 궁극적인 지리적 현실이고 동유럽이 본질인 심장 지대의 일부라고 결론을 내릴 수 있다. 그러나 인력의 경제적 현실(the Economic Reality) 측면(側面)을 고려할 필요성의 문제가 여전히 남아 있다. 안전(安全)할 뿐만 아니라 생산적인 기지의 문제가, 해양 세력에 치명적이라고 우리는 검토하였다. 즉 생산적 기지는, 인간의 부양 즉 함선(艦船) 요원의 배치뿐만 아니라 동시에 해상 운송과 연관된 모든 육상 서비스를 제공하는 데 꼭 있어야 한다. 과거 어느 때보다 오늘날 영국이 이를 통감(痛感)하였다. 육상 세력을 다루면서, 우리는 과거의 역사에서 낙타를 활용한 유목족과 기마 민족은 ― 충분한 인력이 유지할 수 없었기 때문에 ― 영구 왕국(永久 王國) 건설에 실패하였고, 러시아가 진실로 위협적인 인력을 지닌 최초의 심장 지대 거주자였다는 걸 알 수 있었다.

　하지만 다른 조건이 같다면 총수(總數)가 결정적일지라도, 인력의 우열(優劣)이 일방적으로 그 유능한 인구의 머리수에 의존하지 않는다. 건강(健康)과 기술(技術)의 우수성이 가장 중요하다고 할 수 있고 유능한 인재(人才)가 많아야만 하나 이것이 전부가 아니라는 말이다. 인력 바꾸어 말하면 인간들이 집합적으로 만들어 내는 힘(the power of man)도, 현대 사회에서는 조직 ― 활동 기업형 조직(Going Concern) 풀어쓰면 사회 유기체(social organism) ― 에 크게 의존한다. 기업 조직과 사회 조직의 문제에 속한다고 할 수 있다. 독일 쿨툴(German Kultur) ― '수단과 방법(ways and means)' 철학 – 은 외부 세계에 해(害)를 끼칠 수 있다. 독일 쿨툴은 지리적 현실과 경제적 현실 양쪽에만 의식을 집중(集中)하고, 다른 요소를 전혀 고려하지 않는 경향을 보이기 때문이다.

영국 발(發) '정치' 경제학과 독일 발(發) '국민' 경제학 양자의 근원은 같다. 다름 아닌 아담 스미스(Adam Smith)[607]의 책이다. 양 경제학은 분업 이론 및 경쟁에 의한 노동 생산물 교환 가격 결정 이론을 바탕으로 삼고 있다. 따라서 양쪽의 경제 이론은, 다윈(Darwin)[608]이 19세기 제시한 적자 생존설(適者生存說)과 조화(調和)를 이룬다고 주장할 수 있다. 양쪽의 차이는 경쟁 단위에 있다. 정치 경제학의 단위는 개인 또는 기업이고 국민 경제학의 단위는 여러 나라[諸國] 사이에서 활동하는 국가가 되는 성향이 강하다. 독일 국민 경제학의 창시자인 리스트(List)[609]가 이해한 것이 바로 이것이었다. 그의 사상에 고무된 프로이센의 졸페라인(Prussian Zollverein) – 독일 관세 동맹[610] – 은 확장되어 독일 지역 대부분이 가입하였다. 영국 정치 경제학자는, 관세 동맹을 자신이 옹호한 자유 무역(Free Trade)의 일부로 생각하고 환영하였다. 사실 국민 경제학은 국내의 경쟁을 다소 외부로

---

[607] 1723~1790, 영국의 도덕 철학자, 경제학자. 주저로는 『도덕감정론』과 『국부론』이 있다. 보지 않는 손 즉 경쟁에 의한 자유방임주의 경제 이론을 체계화하였다.

[608] 1809~1882, 영국의 생물학자, 지질학자. 자연선택을 진화의 원동력으로 보았으며, 진화 생물학의 기초를 세웠다.

[609] 1789~1846, 이중 국적(미국)을 지닌 독일의 경제학자. 대표 저술로는 『정치경제학의 국민적 체계』가 있다.

[610] 프로이센의 주도로 독일 연방국이 참여한 관세 동맹, 1834년 정식 발족하였으며, 역사학파의 경제학자인 리스트가 주창하였다. 이는 보호 무역을 강조하지만 전적으로 자유 무역을 부정한 건 아니었다.

이전시킴으로써, 단순한 개인간의 경쟁을 거대한 국가 조직 간의 경쟁으로 대체하려는 목표를 세웠다. 한 마디로 말하면, 독일의 국민 경제학자는 동적(動的)으로 생각하였으나 영국의 정치 경제학자는 주로 정적(靜的)으로 생각하는 차이(差異)가, 났다.

위에서 검토한 독일의 쿨툴(Kultur)과 민주 정체(Democracy)에서 나타난 발상(發想) 양식의 상이성(相異性)은, 언뜻 보면 크게 중요한 의미가 없는 것 같다. 1850년대와 1860년대 독일은, 국내 불화와 전쟁 상태에서 벗어나지 못하였다. 영국의 공업 경영자는 무조건 승자의 지위를 점하였다. 비스마르크가 과거 말한 바와 같이, 자유 무역은 강자가 채택한 행동 계획(policy)이었다. 1878년에 이르러 독일의 경제학자는, 전가(傳家)의 보물인 경제 보검(經濟 寶劍)을 칼집에서 처음으로 뽑았다. 바로 과학적인 관세 이론을 처음으로 현실에 적용하였다. 대체로 1878년도(年度)에는 수송 수단의 혁명적 변화가 발생하였다. 우리는 이 같은 대변동의 의의(意義)에, 과거 관심을 거의 쏟지 않았다. 같은 해 영국 회사가 미국에 부설한 철도와 대서양에서는 영국제 강철선(鋼鐵船)이, 비포장 화물을 수송하기 시작했다.

방금 지적한 비포장 적하물(積荷物) － 밀, 석탄, 철광석과 석유 － 의 대량 수송의 새로운 의미를 아래와 같은 사실을 검토함으로써 이해할 수 있다. 현재 서부 캐나다에서 백만 명이, 이천만 명분의 식량이 될 수 있는 곡물(穀物)을 생산한다. 다른 천구백만 명은 멀리 떨어진 동부 캐나다, 미국 동부와 유럽에 있다고 생각해 보면, 그 의미를 충분히 실감할 수 있다. 1878년 이전 비교적 가벼운 상품의 적하물 － 목화와 목재, 석탄 － 이, 범선(帆船)을 이용하여 해상(海上)으로 수송되었다. 그러나 1878년 이 같은 적하물의 전체 용량은, 오늘날[611]의 기준으로 평가하면 하찮은 것이었다. 독일은 - 운송 수단의 대변혁이라는 새로운 조건 아래 - 수입된 식량과 원료에 근거하여, 원하는 곳 즉 독일 자체 안에서, 전략적으로 이용 가능한 인력을 육성할 수 있다고 파악하였다.

당시까지 영국인과 마찬가지로, 독일인은 자유롭게 해외(海外)로 이주하였다. 그러나 이주한 새로운 국가에서, 영국계(英國系) 인구 못지않게, 독일인도 점점 많은 영국산 제품이 필요하였다. 따라서 영국계의 인구는 식민지와 미국뿐만 아니라 본국에서도 증가하였다. 과거 코브던(Cobden)[612]과 브라이트(Bright)[613]는 이를 예측하였다. 즉 맨체스터 학파에 속한 양 경제학자는 - 저렴한 수출품을 만들 수 있는 - 값싼 식량과 값싼 원료를 소유하고 있다는 뜻으로 말했다. 그러나 영국을 제외한 다른 세계의 인구는, 영국의 자유 무역을 자유의 수단이 아니라 제국 건설의 방법으로 간주하였다. 말하자면 - 다른 여러 나라에 제시된 문제의 다른 면에서 보면 - 이들은 대영 제국을 위한 하급 노동자였다. 영국이란 도서국의 국민은 불행하게도, 주로 수입(輸入)의 자유(自由) 덕분에 번영(繁榮)한 실수를 저질렀다. 그러나 그 원인은 대체로 영국 국민의 대(大) 활동 기업형 조직(Going Concern)이, 경쟁자가 없었던 시기에 먼저 출발하였기 때문이라고 할 수 있다. 1846년 영국인은 '강자'였기 때문에, **직접적** 이익을 얻으면서 동시에

---

[611] 1919년

[612] 1804~1865, 영국 맨체스터의 사업가로 자유 무역을 주장하였다. 국제 분업이 행해지만 전쟁이 사라지고 평화가 이룩될 수 있다고 주장하였다.

[613] John Bright. 1811~1889, 영국의 정치가. 자유 무역의 확대와 선거권의 확대를 강조하였다. 급진적 자유주의자로 분류된다.

심각한 **직접적** 불이익(不利益)없이도, 자유 무역을 채택할 수 있었다.

1878년부터 독일은 국내 고용 증가를 촉진하는 방법으로 인력을 육성하기 시작하였다. 그 방법 가운데 하나가, 수입품을 '선별하는(치는)' 일종의 체의 역할을 한 과학적 관세 제도였다. 따라서 그 결과 최소의 노동 특히 최소의 숙련 노동을 포함한 상품을 우대하는 결과를 낳았다. 그러나 국내에서 최대 생산 이익(最大生産利益)을 낼 활동 기업형 조직을 육성하려고, 다른 모든 수단을 동원(動員)하였다. 철도를 국유화(國有化)하고 기업 우선(企業優先)의 운임률(運賃率, preferential rates)을 승인하였다. 은행은 복잡한 주주(株主) 제의(share-holding) 제도로써 국가에 의해 관리되었으며 산업 육성을 위한 신용(信用, credit) 제도가 조직되었다. 카르텔과 기업 합동으로 생산·유통 경비를 절감(節減)하였다. 이와 같은 정책의 결과로 — 과거 꾸준히 떨어졌던 — 독일인의 해외 이주는, 1900년쯤 독일로 이민 온 사람의 수와 독일 밖으로 이주한 사람의 수가 서로 비기게 되었다는 의미에서, 전체적으로 보아 멈추었다.

독일 경제의 공세 전환으로, 해외로 진출[614]하는 수단이 도입·강화되었다. 해운 업계는 보조금을 받았다. 외국 도시에서 은행이 무역 전초(前哨)의 역할을 하였다. 국제 기업 합동은 독일의 관리 아래 조직되었다. 여기에 프랑크푸르트의 유대 상인이 크게 기여하였다. 마침내 1905년 독일은, 정교한 상업 조약들 이루어진 제도를 인접 7개국에 강요하였다. 이 나라들은 독일에 경제적으로 예속되었다는 말이다. 당시 일러 전쟁(日露 戰爭)[615]의 부

---

[614] 침투

[615] 1904~5, 한반도와 만주의 권익을 둘러싸고 일본과 러시아 사이에 터진 전쟁이다. 일본이 승리하였으며, 해양 세력인 미국의 중재로 포츠머스 조약(1905)으로 끝났

담과 혁명으로 약해진 러시아는, 이런 국가들 가운데 하나였다. 이와 같은 조약을 고안하는 데 약 십 년이 걸렸다는 소문(所聞)이 자자하다. 말하자면 쿨툴(Kultur) 특유의 개화(開花)이다!

급속한 독일의 성장은 조직의 승리 바꾸어 말하면 전략적 '수단과 방법' 정신의 승리였다. 전략적인 방식으로 생각하는 과학적 사상의 승리였다. 독일의 기초 과학적인 아이디어는 대부분 수입되었고 칭찬이 대단한 독일의 기술 교육은, 조직의 한 형태에 불과하였다. 전체계(全體系)는 활동 기업형 조직의 현실(Reality) — 조직화된 인력 — 에 대한 명료한 이해에 기초(基礎)를 두었다.

그러나 활동 기업형 조직의 논리는 가혹(苛酷)하다. 그 까닭은 인간이란 동물(動物)의 최초의 정치적(政治的) 속성(屬性)이 배고픔이기 때문이다. 전쟁 이전(以前) 십 년 동안 독일 인구는 매년(每年) 백만 명 — 사망자 수와 출생자 수의 차이 — 꼴로 증가하였다. 그 결과 독일이 생산적인 활동 기업형 조직을 유지해야 할뿐만 아니라, 그 '활동(成長. going)'을 부단히 가속화하지 않을 수 없었다는 의미이다. 사십 년이 흐르면서 해외 시장에 대한 독일의 갈망은, 세계의 가장 가혹한 현실이 되었다. 러시아와의 통상 조약[616]이 1916년 갱신에 회부되었다는 사실이, 필시 전쟁 발발의 불가피한 원인과 관련성이 있다고 추측(推測)하지 않을 수 없다. 즉 독일은, 어떤 희생을 감수하고도, 독일인을 위해 식량을 생산하고 독일의 공업 제품을 구매할

다. 결과적으로 한반도는 일본의 영향권에 들게 되었다.

[616]   1904년 러시아가 일러 전쟁에서 패하자, 1905년 독러 통상 조약이 체결되어 독일은 일방적으로 러시아의 목을 졸랐으며, 관세와 관세 양허를 강제하여 러시아 무역의 60% 이상을 독일이 통제하였다. 역사에 유례가 없는 독일에 치우친 통상 조약이었다. 러시아는 독일을 최악의 적으로 보았다.

수 있는 슬라브 민족을 지배하는 데 전력을 다하지 않을 수 없었다.

　1914년 댐(dam)안에 가두어 두었던 독일의 인력은, 지독할 정도로 방면(放免)되어 범람(氾濫)하였다. 당시 베를린에서 방류(放流) 레버를 당긴 자에게 책임을 지워야 한다. 현재 우리가 알고 있는 한, 공포에 떨며 전쟁을 한 불행한 세대가 예리한 탐구로써 분석·확정한 책임이라고 할 수 있다. 그러나 역사의 심판에 앞서, 그 이전 시기의 활동 기업형 조직 － 경제 투쟁의 발단(發端)－ 에 불을 붙인 자도 공범이라 할 수 있다. 이 문제에서 영국의 정치가와 국민이, 완전 무죄라고 주장할 수 없을 게다.

　자유 무역 이론의 골자는, 세계의 각 지역이 자연이 제공한 편의(便宜)에 바탕을 두어 발전하여야만 하고 각각의 공동체가 비교 우위에 입각한 분업 제도를 도입하여 생산한 상품을 자유롭게 교환함으로써 서로 이익을 줄 수 있어야한 한다는 것이다.[617] 따라서 자유 무역이 평화를 확보하고 인간의 우애에 이바지한다고 굳게 믿었다. 자유 무역 이론은 아담 스미스(Adam Smith)[618] 시대 그리고 그 이후의 한 세대 혹은 두 세대 동안 통용(通用)된 학설이 되었을지도 모른다. 그러나 오늘날의 상황에서, 활동 기업형 조직, 또는 바꾸어 말하면, 축적된 금융상의 산업 세력은 자연이 제공한 편의보다 더 중요할 수 있다. 랭커셔(Lancashire)[619] 면직 산업(綿織産業)의 활동 기

---

[617] 영국의 경제학자 리카도가 주장한 이론으로, 리카도 이론 혹은 비교 생산비설이라고도 한다. 자유 무역 이론의 기본 개념이다. 자유 무역에서 경제 주체가 자신의 가장 유리한 분야에 특화·집중화함으로써, 각 주체의 노동 생산성이 증대되고 서로 고품질의 상품과 서비스, 그리고 큰 수익(이익)을 누릴 수 있게 된다는 게다.

[618] 1723~1790, 영국의 도덕 철학자, 경제학자. 주저로는 『도덕감정론』과 『국부론』이 있다. 보지 않는 손 즉 경쟁에 이한 자유방임주의 경제 이론을 체계화하였다.

[619] 잉글랜드 북서부에 있는 지역이다. 과거 면직 산업으로 번창하였다. 산업 혁명

업형 조직이 그 보기이다. 면직물 시장에서 수출 가격의 근소한 차이로 인하여, 시장을 얻거나 잃게 될 것이다. 거대한 활동 기업형 조직은 가장 철저하게 가격으로 승부를 걸 수 있다. 비록 원료 생산지(공급지)와 완성 제품의 주요 시장이 세계의 머나먼 곳에 흩어져 있었지만, 랭커셔 면직 산업은 모든 경쟁자를 물리치고 백 년 동안 유지(維持)되었다. 석탄(石炭)과 습기가 많은 기후는, 랭커셔가 자연으로부터 제공받은 유일의 편의이다. 이 같은 편의는 다른 곳에서도 흔히 찾을 수 있다. 랭커셔 면직 산업은 금일까지 관성(momentum)으로 계속되고 있다.

그러나 모든 산업에서 일어난 분업의 결과로, 성장이 균형을 잃었다. 1878년 이후 긴장이 시작되었을 때에도 — 영국 공업은 의연(依然)히 성장하였지만 — 영국의 농업 부문은 쇠퇴(衰退)하였다. 그러나 현재 영국의 공업조차 한쪽으로 기울어지고 있다. 즉 면직물과 조선(造船) 부문은 여전히 성장하였으나, 화학과 전기 부문에서 균형적 발전 양상을 보이지 않았다. 그 이유가 단순히 독일의 시장 침투[市場 進出]만이, 의도적으로 영국 기간 산업의 고객(顧客)을 빼앗은 것은 아니라고 할 수 있다. 영국 이외의 세계에서도 공업화가 적극적으로 이루어지고 자연히 산업 분화가 진행됨으로써 몇몇 부분에서 뚜렷한 격차가 나타나지 않을 수 없었기 때문이다. 영국이 이 같은 산업 부문에 차츰차츰 노력을 집중한 결과로 큰 발전을 이룩하였고 따라서 독일 못지않게 영국은 '시장을 갈망'하게 되었다. 그 까닭은, 영국이 보기로, 전세계(全世界)보다 작은 어떠한 시장도 영국 자신의 전문 상품을 팔기에 부족하였기 때문이다.

영국은 무역 교섭(貿易 交涉)의 근거로 이용할 수 있는 보호 관세(保護

동안, 중요한 상업·산업 지대였다

關稅)라는 무기가 없었다. 이 점에서 보면 영국은 세계 앞에 무방비(無防備)로 노출되어 있었다. 그래서 어느 중대한 시장에서 치명적 위협을 받았을 때, 영국은 단지 해양 세력을 동원함으로써 응수할 수 있었다. 코브던(Cobden)[620]은 만년(晩年)에 이르러 강력한 영국 해군의 필요성을 역설하였다. 당시 그가 이런 점을 예견하였던 것 같다. 그러나 다른 맨체스터 학파의 필부(匹夫)는 산업 정책의 특수한 요구로 해양 세력이 필요하다는 생각을 전혀 하지 않았을 정도로 자유 무역이 평화에 이바지하리라는 확신을 가지고 있었기 때문이다. 이들은 이윤이 생긴다면 어느 무역도 똑같이 바람직하다고 생각하였다. 그러나 마닐라 사건(the Minila Incident)[621]에서, 영국 함대가 독일 함대를 견제(牽制)하면서 미국의 먼로주의[622]을 지지했을 때 영국은 영국 자신의 남아메리카 시장을 지키기 위해 **싸웠다**. 남아프리카

---

[620] 1804-1865, 영국 맨체스터의 사업가로 자유 무역을 주장하였다. 국제 분업이 행해지만 전쟁이 사라지고 평화가 이룩될 수 있다고 주장하였다.

[621] 마닐라만 해전(Battle of Manila Bay)은 1898년 미국-스페인 전쟁 중에 터졌는데, 미국이 스페인의 태평양 함대를 격파하였다. 마닐라 사건은, 1898년 8월 독일이 필리핀의 제한된 이익에 불구하고 동아시아 함대를 필리핀으로 파견하여 일어났다. 미국 해군과 독일 해군 사이에 긴장이 높아지자 영국 함대가 미국·독일 함대 사이에 개입하여 미국 함대를 지원하였다.

[622] 미국이 유럽 나라들에 대항하여 아메리카 대륙과 유럽 대륙 간의 상호불간섭을 주장한 정책이다. 제5대 미국 대통령인 먼로가 1823년 의회에서 발표하였으며, 먼로 선언이라고 하기도 한다. 유럽 나라들 사이의 분쟁에 간섭하지 않으며, 아메리카의 식민화를 더이상 원하지 않는다는 뜻을 담고 있는데, 미국 고립주의 외교 정책의 대명사라 할 수 있다.

전쟁[623] 동안 영국 함대가 독일의 남아프리카 개입을 막기 위해 독일 해군의 접근을 막았을 때 영국은 인도에서 영국 자신의 시장을 수호하려는 목적이 있었다. 일러 전쟁에서 영국 함대가 일본을 지지했을 때 영국의 방침은 중국의 문호 개방이란 목적을 추구하는 것이었다. 랭커셔 사람이 면화의 무관세(無關稅 輸入制度)가 인도에 무력으로 강요되었다는 것을 알고 있었을까? 확실히 인도가 영국 지배 (British Raj)[624]로 결국 큰 이익을 본 것은 사실이다. 이 같은 의미에서 랭커셔 사람이 일종의 깊고 큰 죄의식을 느낄 필요는 없다. 재삼재사 대영 제국의 내부와 외부에서, 자유 무역을 옹호하고 평화를 애호하는 랭커셔를 대영 제국의 **군대**가 무력으로 지지했다는 점은, 엄연히 사라지지 않고 있다. 독일은 영국으로부터 이 같은 교훈을 얻었고 함대를 건조·증강하였다. 독일 함대는 제1차 세계 대전이 끝날 무렵 활동하였고 지금도 건재하다. 독일 함대 때문에, 강력한 영국 해군이 프랑스의 전장(戰場)에서 영국 육군을 지원하는 데 충분한 역할을 할 수 없었다.

위에서 우리가 검토한 바와 같이, 활동 기업형 조직의 관성이 너무나 강력하여 민주 정체 사회에서도 그 방향을 전환하기는 매우 곤란하다. 미래에 대한 하나의 희망은 아래와 같다. 민주주의 국가도 — 제1차 세계 대전을 교훈으로 삼아 — 장기적(長期的) 시야(視野)를 넓힐 수 있다는 것이다. 경제적 불균형의 심화로 한쪽으로 치우친 공동체(共同體)에서, 다수는 지나치게 발전된 측면의 편을 든다. 민주주의 국가에서 다수가 위정자(爲政者)

---

[623] 1899~1902, 보어 전쟁, 앵글로-보어 전쟁 등으로 불리며, 영국과 보어 공화국들 — 남아프리카 공화국과 오렌지 자유국 — 사이에 터진 전쟁으로 영국이 승리하였다.

[624] 영국에 의한 통치(rule)를 의미하는데, 일반적으로 British Raj는 1858년부터 1947년까지 영국이 지배한 인도 식민 제국을 뜻한다.

를 선택할 권리가 있다. 결과적으로 기득권(vested interests)이 점점 심화(深化)되는 경향을 보인다. 노동의 기득권은 임금 제도와 소비 관행(消費慣行)에서 특정한 방식으로 이익을 주장하고, 자본의 기득권도 같은 방식으로 이윤 확대(利潤擴大) 방식을 고수(固守)한다. 대략 이런 점에서 보면 노동 측과 자본 측 사이에 선택할 수 있는 것은 없다. 양쪽 모두 선견지명(先見之明)이 없고 근시안적(近視眼的)이다.

하지만 독재 국가에서도 활동 기업형 조직의 방향을 전환하기는 똑같이 어렵다. 이런 곤란(困難)의 성질(性質)은 다르다. 민주주의 국가에서 다수는 경제적 관례를 변경하려는 희망을 품지 않을 것이다. 하지만 독재국에서도 종종 이 같은 변경(變更)의 **용기는 부족하다**. 카이저(Kaiser) 지배하의 독일은, 세계적인 제국을 건설하기 위하여 현실에 필요한 인력을 육성(育成)하고 최고로 적절하다고 생각한 경제적 수단을 다 동원하였다. 이 유일의 정책이 일시적으로 크게 성공을 거두어 독일이 전쟁 이외의 다른 방법을 선택할 수 없게 되었을 때조차, 이 정책을 변경하려는 용기를 내지 못했다. 왜 그런가 하면 전쟁을 대신할 수 있는 방법이, 바로 혁명(革命)이었기 때문이다. 프랑켄슈타인(Frankenstein)[625]처럼, 독일은 조종하기 어려운 괴물을 만들어 내었다.

내가 생각하기로, **자유방임형[自由放任式]**의 자유 무역과 약탈형(掠奪型)의 보호 무역 양쪽은 제국(帝國) 지향(指向)의 정책이며 전쟁의 발발(勃發)에 이바지한다. 영국인과 독일인은 동일 선로(線路) 위를 달리는 급행열

---

[625] 영국의 소설가 셸리(Mary Shelley)가 쓴 소설 《Frankenstein or, The Modern Prometheus》에 등장하는 인물인 젊은 과학자 Victor Frankenstein을 지칭한다. 그는 화학과 연금술 실험으로 흉측한 이성을 지닌 괴물을 만들어 낸다. 프랑켄슈타인은 자기가 만든 것에 의해 파괴되는 인간을 상징한다.

차(急行列車)에 올랐으나 양국민이 따로 탄 열차는 정반대(正反對)로 달렸다. 1908년부터 양 열차의 정면 충돌(正面 衝突)은 불가피하였다. 즉 제동기(制動機)가 더 이상 작동할 수 없는 순간이 다가오고 있다. 따라서 영국과 독일에서 나타난 책임감의 차이를, 다음과 같이 비유해서 말할 수 있다. 영국 측(英國側)의 기관사(機關士)는 먼저 출발하여 신호를 무시하고 경솔하게 운전을 했다. 그러나 독일 측의 기관사는 궤도(軌道)가 잘못되었을 때 일어날 충격에 견디기 위하여 열차를 사려 깊게 강화하고 장갑(裝甲)하면서 최후의 순간에 공기 조절(空氣 調節) 밸브를 열었다.

활동 기업형 조직은, 오늘날, 거대한 경제적 현실(Economic Reality)이다. 이를 독일인이 범죄적으로 영국인은 맹목적으로 사용하였다. 볼셰비키는 이런 조직이 존재했다는 걸 잊었을 것이다.

제6장 여러 나라의 자유

연합국의 제1차 세계 대전 승리, 그러나 거의 패한 거나 다름 없었다 • 222

독일이 승리하였다면, 육상에서만 승리하였다면, 우리는 심장 지대 제국을 감안하지 않을 수 없다 • 224

심장 지대는 세계의 자유에 지속적인 지리적 위협을 준다 • 226

독일이 어떻게 서부 전선의 공세에서 실수를 하게 되었는가 • 232

함부르크의 건설과 인력 정책 • 232

우리는 현재 동유럽과 심장 지대를 재편성해야 한다 • 233

이곳의 국가군은 2층이 아니라 3층으로 분할되어야 한다 • 239

중간 지대의 민족들과 국제 연맹의 실현 가능성 • 240

이렇게 된다면, 압도적 파트너가 없어야만 한다 • 252

그러나 활동 기업형 조직의 위험을 감안하지 않을 수 없다 • 254

상당수의 국제 연맹 회원국들 사이의 적당한 힘의 평형이 필요하다 • 257

세계적 주목을 받을 몇몇 전략적 지점 • 259

미래의 활동 기업형 조직, 그리고 여러 나라들의 불평등한 성장 • 263

이상은, 균형잡힌 경제 발전을 이룩한 독립 국가들이다 • 263

활동 기업형 조직의 비극 • 266

평화를 향한, 진실로 자유로운 국가들의 정책 • 269

연합국 측은 제1차 세계 대전에서 승리하였다. 그러나 어떻게 승리를 거두었을까? 이런 의문을 고찰하는 과정에 경고(警告)가 가득 차 있다. 우리가, 첫째로, 구원을 받은 이유는 영국 함대의 임전 태세(臨戰態勢) 완비(完備)와 함대의 해양 파견 결정이라고 할 수 있다. 따라서 프랑스와 영국의 커뮤니케이션이 단절되지 않았다. 이와 같은 준비와 결의(決意)는 영국적인 습관 — 되는대로 내버려둔 많은 사건 가운데, 유일의 본질적인 것에만 유의(留意)하는 버릇 — 의 소산(所産)이었다. 말자하면 능력 있는 아마추어(amateur)의 태도(態度)이다. 둘째로, 구원을 받은 이유는 마르느(Marne) 전투[626]에서 프랑스의 천재가 뛰어난 수완으로 거둔 기적(奇績)같은 승리 때문이다. 이는 위대한 프랑스 **사관학교**(士官學校)에서 수년의 세월에 걸쳐 심오하게 생각하고 연구하여 쌓아온 준비한 전술에서 기인하였다. 그 밖의 점에서 보면, 프랑스 군대는 용기를 제외하고, 추측한 만큼의 준비성은 없었다. 셋째로 구원을 받은 이유는 역사에서 테르모필레(Thermopylae)

---

[626] 제1차 마르느 전투는 1914년 9월 터졌다. 슐리펜 계획에 따라 벨기에를 돌파한 독일군을 마르느 강변에서 프랑스군이 저지하여, 제1차 세계 대전은 단기 결정전 — 독일의 의도 — 에서 장기전의 국면으로 변질되었다. 이걸 마르느의 기적(Le Miracle de la Marne) 이라고 한다.

전투[627]와 맞먹을 수 있는 명칭의 전투 즉 이프레(Ypres) 전투[628]에서 노련한 영국의 직업 군인의 희생이다. 이는 둘째 요인 못지않게 중요하다. 요약해서 말하면 우리는 비교할 수 없는 천재의 영웅적 행동으로 우리가 구원되었는데, 이는 보통 예견·준비하는 데 태만한 결과였다, 말하자면 민주 정체의 강점과 약점 양쪽을 웅변적으로 증명한다.

전쟁 당시 이 년 동안, 전선(戰線)은 일정 수준에서 고정(固定)되었고 육상에서는 참호전(塹壕戰)이 바다에서는 잠수함전(潛水艦戰)이 전개되었다. 이 같은 소모전(消耗戰)은 - 장기적 안목으로 보면 - 영국에는 유리하게 러시아에는 불리하게 작용하였다. 1917년 러시아는 국내적으로 분열(分裂)되고 내란으로 쪼개졌다. 독일은 동부 전선(東部 戰線)[629]을 군사적으로 압도하였다. 그러나 서측(西側)[630]의 적(敵)을 때려눕히기 위하여 슬라브족을 철저히 정복하려는 사업을 당면 과업(當面課業)으로 보지는 않았다. 한편

---

[627] 기원전 480년 스파르타를 중심으로 그리스 동맹군과 페르시아 제국의 원정군 사이에 터진 전투이다. 마라톤 전투에서 패한 페르시아가 다시 그리스를 침공한 전투이다. 크세르크세스는 고대 페르시아의 왕으로 대규모 원정대를 이끌고 그리스를 원정을 떠나 테르모필레 전투에서 승리를 거두었다. 하지만 스파르타의 장군 레오니다스는 삼백 명의 스파르타 병사를 이끌고 테르모필레에서 이백만 명 이상이라고 전해지는 페르시아군과 싸웠다. 하지만 모두 영웅적인 전투를 하고 전사하였다.

[628] 제1차 세계 대전 중에, 서벨기에에 위치한 이프레를 둘러싸고 독일군과 연합군 - 영국군, 프랑스군, 벨기에군 - 사이에 터진 전투이다. 제2차 이프레 전투에서 독일은 처음으로 독가스를 대량 살포하였다. 이 전투는 대체로 4개 전투로 나누어 진다.

[629] 제1차 세계 대전 중에 중부 유럽에서 동부 유럽에 걸쳐 전개된 전선을 뜻한다.

[630] 서부 전선으로 벨기에 남부에서 프랑스 복동부에 걸쳐 전개된 전선이다. 참호전으로 진행되었다.

서유럽은 미국의 도움을 기대하였다. 왜냐하면, 서구 여러 나라의 힘만으로 동방에서의 정세(情勢)를 완전히 전환(轉換)할 수 없었기 때문이다. 다시 한 번 시간이 필요했다. 그 까닭은 미국이 – 전쟁에 참여할 수 있는 제3의 민주주의 대국이었으나 – 영국과 프랑스에 비해 전쟁 준비가 부족했기 때문이다. 영국 해군 승조원의 영웅적 행동[631] 영국 상선(英國 商船)의 희생(犧牲), 프랑스 전선(戰線)에서 영불 양국의 육군이 독일군의 거의 압도적인 공세에 대항한 인내력이, 시간을 벌었다. 요컨대, 독일 조직에 대항하여, 영국은 강인한 의지의 힘이 본질적인 것을 꿰뚫어 볼 수 있는 직관력에 의지하여 전투에 임하였으며, 요령껏 이리 저리하여 승리(勝利)를 거두었다. 마지막 판에, 프랑스 육군의 **정통파**(*École Militaire*)가 주장한 전략적 통일 지휘 원칙(統一指揮原則)을 수용함으로서 다시 한번 기회를 얻었다.

하지만 서부 전선과 해상 전투의 전역사(全歷史)는 – 영광(榮光)과 오욕(汚辱)으로 가득 차 있지만 – 우리의 당면 과제인 국제 사회의 재편성(resettlement)[632] 계획과는 직접적 연관성은 거의 없다. 동유럽과 서유럽 사이에 직접적인 투쟁은 진행되지 않았다. 즉 프랑스가 알자스[633]와 로렌[634]을 회복하기 위하여 독일을 공격하였을 시기는, 이미 과거가 되어 버렸

---

[631] 보기를 들면, 제1차 세계 당시 영국 해군 승조원 가운데 사분이 일이 넘는 승조원은 18세 미만의 자원병이었다.

[632] 제1차 세계 대전이 끝난 뒤 인구와 영토의 재편성을 포함한다.

[633] 스트라부르 근처 지역이며, 독일과 국경을 접하고 있는 중동부 지역이다. 1870년 프로이센-프랑스 전쟁으로 독일 제국이 점령하였다.

[634] 북동 프랑스 지역이다. 1871년 독일이 로렌의 일부 지역을 점령하여, 새로운 주 - 알자스 로렌 - 세우기도 하였다.

다. 제1차 세계 대전이, 베를린에 반항하였던 슬라브족을 제압(制壓)하려는 독일의 노력으로 시작되었다는 걸 잊지 말자. 1914년 슬라브 지역 보스니아에서의 오스트리아(게르만) 대공 페르디난트의 암살(暗殺)은 핑계였고 슬라브국의 세르비아에 대한 오스트리아(게르만)의 최후 통첩(最後通牒)은 전쟁 강요의 수단이었다고 우리 모두가 알고 있다.[635] 이상의 사태를 아무리 강조해도 지나치지 않을 것이다. 즉 동유럽의 지배자가 되기를 원하였던 독일인과 복종을 거부한 슬라브족 사이의 근본적 반목과 적대심의 결과에서 기인한 전쟁이라는 뜻이다. 만약 독일이 프랑스에 대한 짧은 전선(戰線)에서 수세(守勢)를 취하기로 결정하고 독일의 주력 부대를 러시아에 투입하는 방안을 택하였다면, 오늘날의 세계가 명목상의 평화 상태에 놓일지라도 — 독일이 심장 지대 전체를 장악하고 지배한 — 독일령 동유럽의 영향에서 세계가 벗어날 수 없었을 거 같다. 영국과 미국의 도서 국민은 뒤늦게 이 같은 전략적 위험을 이해할 수 있게 되었다.

우리의 장래(將來)에 일종의 근심거리가 늘어나지 않기를 원한다면, 제1차 세계 대전의 결말 — 동유럽에서 게르만족과 슬라브족 사이의 문제를 해결하지 못하는 성과 — 은 결코 수용할 수 없다. 우리가 필요로 하는 것은 게르만족과 슬라브족 사이에 적정(適正)한 균형을 이루며 각자가 진정한 독립을 향유하도록 해야 한다는 것이다. 동유럽과 심장 지대에서, 앞으로 야심을 품을 여지(餘地)가 있는 상태를 내버려 둘 수 없다. 그 까닭은 우리가

---

[635] 제1차 세계 대전의 직접적 원인은 1914년 세르비아의 사라에보에서 유고슬라비아의 민족주의자인 프린치프가 오스트리아-헝가리 제국의 왕위 계승자인 페르디난트 대공을 암살한 사건이었다. 오스트리아-헝가리가 세르비아에 선전 포고를 하자 러시아도 총동원령을 내리면서 세계 대전으로 확대되었다. 칠천만 명이 군인이 동원되었으며, 비전투원과 전투원을 포함하여 천육백만 명이 넘는 사람이 목숨을 잃었다.

가까스로 최근의 위험에서 겨우 벗어났기 때문이다.

  승전한 어느 로마 장군(將軍)이 – 로마(본국)에 입성할 때 – 만인의 열렬한 환영을 받는 화려한 '개선식(凱旋式, Triumph)'에서 그의 전차(戰車) 뒤에 익명의 노예(奴隷)가 그에게 귓속말로 속삭였다. '당신이 언젠가는 반드시 죽는다는 걸 기억하라.'[636] 우리의 정치가가 강화 회담(講和 會談) 석상에서 패자와 협상할 때, 어느 쾌활한 수호천사(守護天使, cherub)가 우리의 정치가에게 이렇게 귀엣말로 속삭여야 할 것이다.

> 동유럽을 장악하는 자가 심장 지대를 장악하고 :
> 심장 지대를 장악하는 자가 세계도를 지배하고 :
> 세계도를 지배하는 자가 세계를 지배할 것이다.[637]

---

[636] 고대 로마에서는, 전승을 기념하였는데, 이걸 triumph(개선식)이라고 불렀다. 행렬에서 전승 장군은 네 마리의 말이 끄는 전차를 몰았으며 로마 시내를 거쳐 주피터 신전에 가서 제물을 바쳤다. 카피톨륨의 언덕에서는 포로들 가운데 몇몇 우두머리를 처형하였다. 개선식은 항상 아침 일찍 시작하였으며, 개선문(Porta Trumphalis)에서 장군은 자신의 군단을 칭송하는 첫 연설을 하였다. 개선식에 몇몇 전투 장면을 그린 그림도 사용되었으며, 악사도 동원되었고 정복한 나라에서 가져온 진기한 식물과 동물도 전시되었다. 이런 로마 장군의 개선식의 기록 가운데 흥미로운 건 바로 전차를 탄 장군 뒤에 있는 노예가, 개선식 과정 내내 장군에게 속삭인 말이다. 당신은 언제가는 반드시 죽는다는 걸 기억하라이다. 풀어쓰면 그가 승리하였을지라도 인간이라는 것이다. 로마의 개선식은 현재에도 승전 축하 기념식의 모델이 되고 있다.

[637] 이 구절은, 영국의 위대한 탐험가이며 정치가인 롤리 경(Sir Wlater Raleigh, 1552~1618)의 견해 "he that commands the sea, commands the trade, and he that is lord of the trade of the world is lord of the wealth of the world."에서 맥킨더가 따와 변형시킨 것이다.

❦ ❦ ❦ ❦ ❦ ❦

　에드워드 그레이 자작(Edward Grey)[638]은 최근 일어난 일련의 비극적 사건의 원인을 설명하면서 다음과 같이 말한 바 있다. 일체의 최근 사건은, 오스트리아가 베를린 조약[639]을 무시(無視)하고, 1908년 보스니아와 헤르체고비나를 병합한 바와 같이[640] 유럽 공법(公法)을 파기하였기 때문에 일어났다는 것이다. 의심할 바 없이 이것은 역사에서 하나의 이정표(里程標)였다. 그러나 바로 1878년 오스트리아가 터키 제국에 속한 슬라브계(系)의 양주(兩州) ― 보스니아와 헤르체고비나 ― 를 처음으로 점령하고 그 시정(施政)을 담당한 점은, 베를린 조약에서 확인할 수 있다. 이것이 어쩌면 그레이가 지적한 것 보다 더 적절한 근본 원인인 것 같다. 덧붙여서 말하면 이 양주(兩州)는 슬라브계 민족이 터키 제국과의 전투로 탈환(奪還)한 지역이었다. 이 지역으로 진출한 오스트리아계(系) 독일인의 배후(背後)에는 같은 피를 지닌 프로이센의 독일인이 있다는 통고(通告)이며 그 결말이 베를린

---

[638]　1862~1933. 영국의 자유주의 정치가, 자유당 정권 아래 1905년부터 1906년까지 외무 장관을 지냈다. 1919~1920년에 걸쳐 미국 주재 영국 대사를 역임하였다. 국제 연맹을 옹호하였다.

[639]　1878년 베를린 회의에서 체결된 조약이다. 러시아-터키 전쟁의 강화 조약인 산스테파노 조약을 수정하였다. 새로 독립한 로마니아, 세르비아, 몬테네그로를 공식적으로 승인하였다.

[640]　오스트리아-헝가리 제국이 보스니아와 헤르체코비나를 병합하자, <보스니아 위기>가 발생하였다. 제1차 발칸의 위기라고 한다. 베를린 회의에서는 보스니아와 헤르체코비나를 오스만 제국의 영토라고 인정하였기 때문이다. 결국 오스트리아와 이탈리아와 세르비아의 관계, 오트리아와 러시아와의 관계가 악화되었다.

조약이란 점을, 슬라브인은 잊지 않았다. 1876년의 전쟁[641]이 베를린 회의를 소집할 유력한 근거를 마련했다는 점을 꼭 기억해야만 한다. 발칸 전쟁은 보스니아와 헤르체고비나에 거주하는 슬라브족이 터키에 대항하여 봉기함으로써 시작되었고 전체 유럽의 강국이 간섭(干涉)하는 문제(問題)가 되었다. 근처의 슬라브계 민족은, 인접 세르비아와 몬테네그로(Montenegro)에 동정심을 느끼면서 대(對) 터키 전쟁을 하지 않을 수 없었기 때문이다. 1878년 이후 몇 년 동안 러시아는 망설였으며 한편 독일은 인력을 증강하기 시작하였다. 그 밖에 1895년 러시아 제국(Czardom)-프랑스 공화국 동맹[642]이 도래하였다. 여전히 아물지 않았던 알자스 국경(國境)의 상처(傷處) 때문에 불안감(不安感)을 느낀 프랑스는 동맹국이 필요하였고 러시아는 그 측면에 난폭한 독일 때문에 동맹국이 필요했기 때문이다. 러시아와 프랑스는 직접 국경을 접한 것은 아니었다. 그러므로 민주 정체[643]와 전제정[644]라는 상반성(相反性)이, 이 상황에서 양국의 결합을 금지하기 충분할 정도의 장애물(障碍物)이 될 수 없었다. 그런데도 러시아가 자신이 처한 어느 정도의 곤경(困境)에서 벗어난 건 아니었다.

---

[641] 세르비아-터키 전쟁(1876~1878)인데, 세르비아 공국과 오스만 제국 사이에 터졌다. 유럽 강대국들이 개입하여 휴전이 성립되었지만, 1877년 세르비아가 다시 오스만 제국에 선전 포고를 하였으며, 결과적으로 베를린 회의에서 세르비아가 독립 국가로 국제 사회의 승인을 얻었다.

[642] 프랑스와 러시아가 맺은 군사 동맹으로 불러 동맹이다. 삼국 동맹 ─ 독일, 오스트리아-헝가리 제국, 이탈리아 ─ 을 가상적으로 보고, 집단자위권을 규정한 조약이다. 독일에 대항하는 삼국 협상으로 이어진다.

[643] 프랑스

[644] 러시아

1905년 러시아는, 일·러 전쟁의 패배와 제1차 혁명[645]으로 이중의 상처를 입고 약해졌다. 그러자 그 해 독일은 러시아에 보복적인 불공평(不公平) 관세를 부과하였다. 1907년 러시아는, 결국, 영국 – 이 세대 동안 러시아의 적수였으며, 최근 러시아의 적이 된 일본과 동맹을 맺은 영국 – 과도 합의를 수용하기까지 하였다. 특히 러시아의 궁정(宮廷)과 관료 기구(官僚機構)에 독일인이 미친 강력한 영향은 앞에서 검토하였다. 이런 영향을 상기하면, 러시아 위정자에게 가해진 압박의 증거를 새로 찾을 수 있다.

따라서 에드워드 그레이 자작[646]이 중시(重視)한 바 있던 보스니아와 헤르체고비나와 관련하여, 1908년 계속해 추가 조처[行動]를 오스트리아가 취하였을 때, 오스트리아는 이미 회복중인 상처(傷處)에 더 큰 타격(打擊)을 가하는 꼴이 되었다. 인접 소국 세르비아는 항의하였고, 누이(big sister) 격(格)인 러시아는 세르비아를 지지하였다. 왜냐하면 이 같은 오스트리아의 행위가, 14세기 코소보(Kossovo) 전투[647]에서 세르비아가 터키 군에 대패(大敗)한 이래, 자랑스럽게 유지한 세르비아의 실지 회복과 민족 독립의 역사적 열망에 대한 결정적인 문호 폐쇄를 의미했기 때문이다. 그러나 베를린의 카이저(Kaiser)[648]는 '번쩍이는 갑옷'을 입고 비엔나에 나타났고, 페트

---

[645] 1905년 피의 일요일 사건으로 시작된 러시아 혁명을 뜻한다. 여러 혁명 단체에 의해 반정부 운동과 폭동이 러시아 전역으로 확산되었지만, 듀마(러시아 의회)의 설립, 다당제의 도입, 러시아 헌법 제정, 1907년 쿠테타로 종식되었다.

[646] 1862~1933

[647] 1398년 세르비아와 오스만 제국 사이에 터졌다. 오스만 제국이 대승하였다. 이슬람의 유럽 침공으로 볼 수 있다.

[648] 신성 로마 제국의 Caesar에서 나온 파생어로, 독일어로는 황제, 신성 모라 제국, 오스트리아 헝가리, 독일 제국의 군주를 뜻한다. 여기에서는 빌헬름 2세(1859~1941)를

로그라드에서도 러시아의 황제(Czar)에게도 아랑곳을 않고 그의 '무력을 휘둘렀다.' 더욱더 불안한 몇 해가 지난 뒤, 1912년 제1차 발칸 전쟁[649]이 터졌다. 발칸반도의 슬라브 민족은, 힘을 합하여 독일식 훈련을 받은 터키 군대를 타도하였다. 불가리아의 슬라브인은 − 과거의 발칸 동맹 조약 규정[650]에 따라 터키 제국(帝國)으로부터 빼앗은 영토 분배로 일어난 분쟁 해결을 위해 러시아 황제에 중재(仲裁)를 요청하는 대신, 독일의 음모로 − 세르비아의 슬라브족을 공격하였다. 제2차 발칸 전쟁[651]에서는 루마니아가 개입하고 사면초가(四面楚歌)에 몰린 불가리아인이 결국 패배하였다. 그러므로 브쿠레슈티(Bukharest) 조약[652]은 독일의 야심에 대한 엄한 견제를 규정하였고 오스트리아 제국(帝國) 내에 있는 피지배 슬라브족에게 새로운 희

뜻한다.

[649] 1912년에서 1913년가지 진행되었는데, 발칸국 − 세르비아, 몬테네그로, 그리스, 불가리아 − 사이에 터진 전쟁이다. 발칸 국가들이 승리하였다. 터키는 유럽 영토의 83퍼센트를잃었다

[650] 제1차 발칸 동맹은 1866~68년 동안 이루어졌는데, 발칸 국가들의 오스만 제국에 대한 공동 투쟁에 합의하였다. 1912년 발칸국인 그리스, 몬테네그로, 세르비아, 불가리아 사이에 체결된 동맹으로 오스만 제국에 대한 동맹이다. 러시아가 발칸 동맹을 주도하였다. 발칸 동맹국이 1912년 오스만 제국에 선전 포고를 함으로써, 제1차 발칸 전쟁이 터졌다.

[651] 1913년 불가리아가 제1차 발칸 전쟁에서의 영토 분배에 불만족하여, 동맹국인 세르비아와 그리스를 공격한 전쟁이다. 불가리아가 패하였다.

[652] 1913년 루마니아의 수도 부쿠레슈티에서, 세르비아, 그리스, 몬테네그로, 루마니아 그리고 불가리아 사이에서 체결된 조약이다. 전쟁 당사자인 터키는 참여하지 않았다.

망을 주었다.

　브쿠레슈티 조약이 체결되고 3개월이 지난 뒤 당시의 주독 프랑스 대사(駐獨 大使) 캉봉(M. Jules Cambon)[653] 씨가 베를린에서 파리로 보낸 매우 놀라운 보고서를 읽어보면, 독일이 당시 기회가 닿을 때마다, 대리 전쟁(代理戰爭)을 통하여 쟁취하지 못한 지위를, 독일 자신의 군사력으로 획득하기로 결정하였다는 걸 분명히 알 수 있다. 현재 누적적인 증거는 － 오스트리아의 대공 프란츠 페르디난트(Franz Ferdinand)[654]가 암살된 지 일주일 안에 － 독일이 암살 사건을 핑계로 삼아 자신의 의지를 관철할 의향을 명백히 하였다는 걸 알려준다. 당시 세르비아가 페르디난트 암살에 책임이 있다고 추정면서 오스트리아는, 세르비아에 어떤 자유 국가도 수용할 수 없는 처벌 규정을 강요하려고 하였다. 세르비아가 오스트리아의 최후 통첩에 대해 극단적 한계의 양보(讓步)로 답하자, 오스트리아조차도 망설였다. 하지만 독일은, 모든 슬라브 민족의 총본산(總本山)인 러시아를 그 싸움의 구실(口實)로 서둘러 삼았다. 1908년의 경우와 같이[655] 러시아가 굴복(屈服)했다면, 러시아는 1916년 독일과, 어떤 선택 조항도 없이 관세 조약 갱신(更新) 문제를 검토했을 것이며 말하자면 어쩔 수 없이 경제적 노예 상태에 놓이게 되었을 것이다. 이 모든 것은 익히 들어 알고 있다. 비록 결정적 전투가 서유럽을 무대로 전개되었지만, 재편성(再編成)에 대한 해답을 동유럽에서 찾을 수 있다는 점을 올바르게 인식하기를 원한다면, 이상(以上)의 여러

---

[653]　1845~1935, 프랑스의 외교관, 1907년부터 1914년까지 주독 대사를 지냈다.

[654]　1863~1914

[655]　1908년 오스트리아가 오스만 제국 치하의 보스니아와 헤르체코비나 주를 병합하자, 러시아는 오스트리아의 추가 병합을 막으려고 발칸 동맹을 세웠다.

사실을 똑똑히 기억해야 한다.

독일이 이중(二重)의 실수(失手) – 프랑스 침공과 중립국인 벨기에를 유린한 뒤 프랑스 침공 – 를 어떻게 저질렀을까? [656]독일은 러시아의 약점을 감지하였다. 즉 독일은 '강압 수단'의 환상에 빨려 들지 않았다. 독일은 더 많은 곤란을 당할 방면에서 공세를 폈음에 틀림이 없다. 아마도 민주주의 국가인 영국과 확실히 미국이, 독일의 관점에서, 수면 상태에 있을 것이란 가정(假定)에 근거했기 때문이다. 독일은 세계를 지배할 게르만적 초인(German superman)을 계획하였다. 독일은, 심장 지대를 가로지르는 긴 통로를 직접 공격하지 않고, 목적을 달성할 수 있는 첩경(捷徑)을 찾았다고 생각하였다. 만약 독일이 단지 도서국의 국민으로부터 프랑스에 있는 도서국 국민의 '교두보들'을 빼앗을 수 있다면, 심장 지대를 필시 독일이 지배하게 될 것이라는 뜻이다. 하지만 독일이 이와 같이 행한 다른 유력한 이유가 있다. 즉 독일은 급속한 경제 발전에 국가의 운명을 걸머지고 있었다. 독일이 슬라브족으로부터 박탈하려고 애쓴 것은, 시장, 원료, 곡물을 경작할 수 있는 광활한 토지였다. 즉 매년 백만 인구가, 집에만 틀어박혀 있는 구둘 직장 가족에 더해지고 있었다. 그 유일의 해결책으로 생각한 것이 바로 무역항 함부르크(Hamburg)[657]의 건설이었다. 함부르크는 해외 진출과 국내 산업 양쪽을 염두에 두었다. 따라서 독일 인력의 대단한 활동 기업형 조직을

---

[656] 독일은 러시아에 선전포고를 한 뒤인 1914년 8월 3일 프랑스에도 선전포고를 하였다. 두 전선에서 전투를 하게 되었는데, 당시 영국 외상 그레이는 독일이 – 독일군의 통과를 거부한 – 영구 중립국인 벨기에를 침공하면 독일에 선전포고를 할거라고 밝혔다. 독일군은, 영국과 프랑스에 도움을 청한 벨기에의 국경을 넘었다. 영국은 독일에 선전포고를 하였다.

[657] 독일 북부에 위치한 엘베 강 하구에서 약 100킬로미터 들어간 항구 도시이다.

발전시키기 위해 – 독일이 활동 기업형 조직을 계속 가동할 수 있다면 이런 위업은 정복에 강한 애착을 품을 수 있지만 – 무한정의 탐욕의 갈망을 가득 담았을 것이다. 함부르크는 스스로의 관성을 지녔고, 그 관성은 동쪽을 향하지 않았다. 따라서 독일의 전략은, 정치적 필요와 요구로 인하여, 편견에 사로잡히게 되었다.

그 결과 베를린 정부는 치명적 실수를 범하였다. 말하자면 독일은 어느 전선에서 승리할 것인가를 계획하지 않고 두 전선에서 전투를 하였다. 독일의 적은 두 측면 – 우측과 좌측 – 을 동시에 공격할 수도 있다. 그러나 병력이 양전선을 함께 제압하기에 충분하지 않다면, 미리 어느 일격이 견제 공격이고 어느 일격이 진짜 공격인지를 정하여야만 한다. 베를린은 정치적 목표 – 함부르크와 해외 영토 혹은 바그다드[658]와 심장 지대 – 가운데 어느 것을 택할 것인지를 정하지 못했다. 따라서 독일의 전략적 목적도 불확실하였다.

❦ ❦ ❦ ❦ ❦

우리는 독일의 실책으로 말미암아, 피할 수 없는 운명으로, 승리를 거두었다. 동유럽과 심장 지대의 문제를 안정적으로 재해결하는 데 우리의 생각을 집중하여야 하는 건 중요한 문제다. 가장 넓은 의미에서 동방 문제(the

---

[658] 이라크의 수도이다. 유프라테스 강과 티그리스 강 유역에 위치한다. 19세기 말 독일이 중동 진출 정책을 추진하였으나, 이는 러시아의 남하 정책과 영국의 3C 정책과 충돌하였다. 3C 정책은 19세기 후반에서 20세기 전반에 걸쳐 영국이 추진한 세계 정책으로 카이로(Cairo), 케이프 타운(Capetown), 콜카타(Calcutta)를 연결하는 식민 정책이다. 3B 정책은 일반적으로 베를린(Berlin), 비잔틴(Byzantine, 이스탄불), 바그다드(Bagdad)를 철도로 연결하는 독일의 세계 정책이라 할 수 있다. 오스만 제국 하의 바그다드를 1917년 영국이 점령하였다.

Estern Question)[659]를 완전히 해결하지 못하고 중도에서 어떤 전략을 수용한다면, 우리는 단지 소강 상태(小康 狀態)에 놓일 것이다. 이어서 우리의 후손이 불가피하게 심장 지대를 포위 공격하기 위해 새로이 대군을 편성할 필요성에 직면하지 않을 수 없다. 전후 전쟁 예방을 위한 국제 조정(國際調停)의 본질은, 분명히 영토 문제이다. 현재 우리가 다루어야 할 지역인 동구(東歐)는 경제 발전의 초기 단계에 있고 훨씬 더 넓은 나머지 심장 지대의 대부분은, 여전히 미개발 상태에 머물고 있다. 우리가 앞을 내다보지 못한다면, 인구가 증가하여 이윽고 각국의 영토의 불균형이 초래될 것이다.

의심할 바 없이, 독일이 패하였으므로, 독일인의 사고 방식(mentality)이 변화될 것이라고 주장할 수 있을 게다. 하지만 어느 국민의 사고 방식에 맡겨 세계 평화가 이룩될 것이라고 기대하는 사람은 낙천적 인물이다. 옛날 프롸사르(Froissard)[660] 또는 셰익스피어[661]의 글을 회고하여 보라. 그 모든 본질적 성격이 이미 고정된 영국인, 스코틀랜드인, 웨일스 사람, 프랑스인을 만나게 될 것이다. 프로이센인은, 그 좋은 점과 그 나쁜 점을 지닌, 명

---

[659] 오스만 제국과 그 지배 지역을 둘러싸고 터진 국제 문제를 뜻한다. 18세기에서 20세기까지 유럽의 병자(the sick man)로 불린 오스만 제국이 약화되고, 정치적·경제적 불안정이 커지고 강대국들 —독일, 러시아, 영국, 오스트리아, 프랑스 — 이 개입하자 벌어진 외교 전략상의 위기와 경쟁이라고 할 수 있다.

[660] 1337?~1410?, 중세의 연대기 작가이다. 그가 쓴 <프롸사르 연대기>는 백년 전쟁에 대한 중요한 자료로 불어로 쓰여졌다. 중세 말의 사회 역사를 이해하는 데 중요한 문헌이다.

[661] 1564~1616, 잉글랜드의 극작가, 시인이다. 영국 르네상스의 대표적 인물이다. 영어로 글을 쓴 최고의 작가이며 종종 세계 최고의 극작가로 불리기도 한다. 사대 비극인 <햄릿>, <맥베스>, <오셀로>, <리어왕>을 비롯한 여러 작품이 있다.

백한 유형의 인간이다. 우리가 가정 ― 프로이센 종족이 그 유형에 충실하도록 양육될 것이라는 추론― 에 따라 조치를 취한다면, 무난(無難)할 것이다. 결국 우리의 주적(主敵)에 가한 타격이 아무리 클지라도 ― 북독일인이, 가장 용감한 인종 서넛에 속하는 한 종족이라는 걸 인정하지 못한다면 ― 우리 업적[成果]을 단지 깎아 내리는 우(愚)를 우리가 범하는 셈이 된다.

더욱이 독일에서 혁명이 일어났다고 해서 그 궁극적 효과를 너무 확신하는 것은 금물(禁物)이다. 1848년 독일 혁명[662]은 거의 우스꽝스러울 정도로 쓸모가 없었다. 비스마르크 이래, 유일하게 정치적 선견을 지닌 한 명의 독일 재상이 있었다. 그 ― 폰 빌로브(Von Buelow)[663] ― 는 그의 책 『독일제국』에서 '독일인은, 항상 강인하며 건실하고 확고한 지도 아래 가장 위대한 업적을 성취하여 왔다'고 단언하였다.[664] 현존의 무질서가 종국(終局)에 이르면, 단지 하나의 냉철한 새로운 조직이 될 수도 있다. 무자비한 조직자들이, 처음 앞세웠던 목적과 과업을 완수하였을 때에도, 결코 멈추지 않을 것이다.

물론 이렇게 답할 수 있다. 프로이센인의 사고 방식이 여전히 변화하지 않을지라도, 그리고 프로이센에서 진실로 안정적 민주주의가 서서히 실현된다고 할지라도, 20세기의 태반(太半) 동안 해를 끼칠 수 없을 정도로 독일이 곤궁(困窮)해질 것이다. 하지만 이와 같은 생각은 오늘날의 상황에서 빈부

---

[662] 3월 혁명이라고도 한다. 1948년 3월에 시작하여 다음 해 여름까지 진행된 혁명들을 의미한다. 독일 통일을 비롯한 혁명 운동은 실패하였다.

[663] 1849~1929, 독일의 외교관, 정치가, 1900년부터 1909년까지 독일 황제 빌헬름 2세 치하에서 재상(Kanzler)을 지냈다.

[664] 뷜로브는 이 책에서 새로운 독일 해양 세력이 독일 외교정책의 진정한 기초라고 말한 바 있다.

(貧富)의 진정한 본질을 오해한 것은 아닐까? 잠자는 부(富, dead wealth)라기보다 생산 능력이, 현재 중요한 것이 아닐까? 우리 모두 – 현재 어느 정도 미국인마저 포함하여 – 가, 현재 우리의 잠자는 자본을 사용할 수 없었을까? 그리고 우리 모두가 – 독일인을 포함하여 – 사실 빈털터리 상태에서 새롭게 생산 경쟁을 할 수 없을까? 프랑스가 1870년의 재앙[665]에서 회복한 속도를 보고 세계가 놀랐다. 그러나 당시의 공업 생산력은 현재의 공업 생산력에 비하면 아무것도 아니었다. 영국에 관하여 냉정(冷靜)하게 계산하면, 전쟁의 필요로 추진한 기구의 개혁과 새로운 생산 수단을 도입해서 영국의 생산력이 증가되었다. 이는 영국의 방대한 전채(戰債) 이자(利子)와 감채 기금(減債 基金) 액수보다 훨씬 더 많았다. 분명히 우리 측은 파리 결의(Paris Resolutions)[666]를 마련하고 있으며, 독일인은 이 결의를 따라야 한다. 우리는, 우리와 경쟁하는 데 필요한 원료를, 다루기 힘든 독일에 우리가 공급하지 않을 수 있다. 그러나 만약 이와 같은 방법에 호소한다면, 국제 연맹[667]의 탄생을 뒤로 미루고 제1차 세계 대전 시에 연합국 연맹

---

[665] 1870년에서 1872년까지 프랑스와 프로이센 사이에서 터진 전쟁의 결과이다. 프로이센이 승리를 거두고 거대한 독일 제국이 탄생하였다.

[666] 제1차 세계 대전이 끝나고 파리 강화 회의가 1919년 열렸다. 승전국인 연합국이 패전국인 동맹국의 강화 조건 – 배상금을 포함한 – 에 대해 협의하고 전후 새로운 국제 질서를 위한 국제 연맹 창건에 관해서도 논의하였다. 이상주의자인 미국 대통령 윌슨이 주도하였다. 파리 강화 회의에 중국과 하와이에서 온 한국 대표단이, 참석하였다.

[667] 1920년 베르사유의 조약에 의해 발효되어 정식으로 출범한 국제 기구이다. 최초의 국제 평화 기구이다. 하지만 총회의 결정 원칙은 다수결이 아니라 만장일치였다. 국제 분쟁 예방과 국제 평화 유지에는 큰 역할을 하지는 못하고, 제2차 세계 대전 이후 국제 연합으로 이어졌다. 1946년 4월 20일 국제 연맹은 정식으로 해체되었다.

(Leagues of Allies)으로 계속 남아야 할 것이다. 또 우리가 경제 전쟁(經濟戰爭)에서 승리할 것이란 보증을 누가 설 수 있을까? 의심할 바 없이 독일에 불리한 조건을 부과할 수도 있으나, 이로써 독일은 기가 죽지 않고 더욱 더 노력할 것이다. 나폴레옹이 예나(Jena) 전투[668]에서 승리한 뒤, 나폴레옹은 프로이센의 현역병 수를 사만이천 명으로 제한하였다. 나폴레옹의 금지 규정을 속여 넘기기 위해 프로이센이 도입한 단기 현역 국민 징병 제도(短期 現役 國民 徵兵 制度)가 현대 세계 전체 군복무 제도의 기원은 아니었을까? 경제 전쟁의 결과로, 독일인이 슬라브 민족을 착취하였고 현재 심장 지대는, 장기적 안목(眼目)에서 보면 진짜 대륙(the Continent)과 도서 국가군(島嶼國家群, the Islands) — 육상 세력과 해양 세력 — 사이의 차이만을 크게 강화하는 데 결국 기여할 것이다. 오늘날 대륙 내부의 철도 네트워크가 형성됨으로써 거대 대륙(大陸地, the Great Continent)의 통합은 쉽게 이루어질 수 있다.[669] 이 같은 조건에서, 필연적인 세계 대전을 위한 준비하거나 이 전쟁의 궁극적인 결과를 고찰하는 어느 누구도, 일말(一抹)의 불안감(不安感)에 휩싸이지 않을 수 없다.

우리 서구 측의 국민은 제1차 세계 대전에서 엄청난 희생을 치렀다. 따라서 베를린에서 어떤 사태가 일어날지라도 우리는 이를 결코 괜찮다고 할 수 없다. 하여튼 우리는 안전을 보장해야만 한다. 바꾸어 말하면, 앞에서 언급한 게르만족과 슬라브족 사이의 문제를 해결할 필요가 있다. 동일한 취

---

[668] 1806년 나폴레옹 전쟁 중에, 프랑스 군대와 프로이센 왕국의 빌헬름 3세의 군대가 예나와 아우어슈테트에서 전투를 벌였다. 프로이센군이 패하였다. 프랑스군이 예나에 입성할 때, 철학자 헤겔은 예나 대학 교수였는데, 나폴레옹을 '세계 정신'이 말을 타고 있다고 평하였다.

[669] 진짜 대륙과 거대 대륙은 세계도를 의미한다.

지(趣旨)로 동유럽이 - 서유럽처럼 - 독립 민족 국가로 분리되도록 우리가 조처해야 한다. 만약 이렇게 할 수 있다면, 독일 민족을 본래적인 세계적 지위 - 어떤 일 국민(一 國民)에게도 멋진 충분한 지위 - 로 환원시킬 수 있을 뿐만 아니라 동시에 국제 연맹의 성립의 정지 조건(條件, the conditions precedent)[670]도 만들어낼 수 있어야만 할텐데.

만약 우리가 단호한 평화 규정을 짊어지운다면 - 국제 연맹의 원활한 작용이 계속될 수 없을 정도로 - 가혹한 감정을 남길 거라고 독자가 내세우고 있다. 1871년 프로이센의 알자스 병합 이후의 결과를, 물론 독자는 기억한다. 그러나 역사의 교훈을 하나의 사례(事例)를 통해서만 얻을 수 있는 것은 아니다. 미국 남북 전쟁(the great American Civil War)[671]은 쌍방이 지칠 때까지 행해졌으나, 오늘날 미국 남부 사람은 미국 북부 사람과 마찬가지로 연방 정부에 충성한다. 두 문제 즉 흑인 노예 문제 및 개별 주(州)의 연방 정부(聯邦 政府) 탈퇴권 문제가 마침내 해결되었으며, 내전의 원인이 사라졌다. 보어 전쟁은 최후의 최후까지 지속되었으나, 보어 전쟁 시 영국군에 대항하여 보어 게릴라를 지휘한 스머츠(Smutz)[672] 장군은 현재 영국 내각의 각료 가운데 장수(長壽)의 명예로운 지위를 향유하고 있다. 1866년

---

[670] 권리의 이동 전에 일어나야 할 조건

[671] 남북 전쟁은 War between the States라고도 불린다. 노예제를 옹호하는 남부 주(11개 주)와 노예제 폐지를 주장한 북부 주(23개 주) 사이에 터진 전쟁으로 사 년 동안 계속되었다(1861~1865). 북부군이 승리하였지만, 지금도 미국 남부에서는 미국 남북 전쟁을 'The War of Northern Aggression'으로 부르기도 한다.

[672] 1870~1950, 남아프리카의 정치가, 군인, 수상, 제2차 보어 전쟁(1899~1902)에서, 스머츠 장군은 영국에 대항하여 싸웠다.

프로이센·오스트리아 전쟁[普墺戰爭][673]도 격하게 진행되었으나, 십이 년 만에 오스트리아는 프로이센과 독오 동맹[674]을 체결하였다. 만약 우리가 현재의 승리라는 좋은 기회를 이용하지 못하여 독일인과 슬라브족 사이의 숙원(宿怨)의 문제를 미해결로 방치한다면, 앞으로 악감(惡感)을 사게 될 것이다. 이 악감은 — 희미해지는 패배의 기억이 아니라 — 도도하며 엄청난 인구를 지닌 민족의 일상적 노여움에 기반을 두고 형성될 것이다.

❦ ❦ ❦ ❦ ❦

동유럽에서 영토를 재편성하는 데 안정적인 조건은, 국가군(國家群)이 2층이 아니라 3층로 분할되어야 하는 것이다. 독일과 러시아 사이에 복수의 국가군으로 된 한 층(層)이 반드시 있어야만 한다(1. 위에서 제시한 영토 재편성의 세부와 관련된 점은, 파리 평화 회의 결정 이후 대폭 수정할 필요가 있다. 하지만 나의 당면 의도는, 목전에 직면한 문제를 해결하는 것이 아니라, 내가 구축하려고 애쓰는 일반 개념에 구체적인 면모를 보여주려는 것이다. 내가 이 책에서 1918년 크리스마스 당시의 관점을 기술하고 있다는 점을 유의하면, 나의 목적은 충분히 도움이 될 것이라고 본다.). 러시아인이, 금후 수십 년 안에 적어도 삼십 년 안에, 군사 독재(軍事 獨裁)의 기반을 제외하고는, 독일의 침입에 절망적으로 저항할 가능성은 전혀 없다. 따라서 러시아가 직접 공격을 당하는 것을 막아야 한다. 러

---

[673] 소독일주의를 주장한 프로이센과 대독일주의를 옹호한 오스트리아-헝가리 제국 사이에 터진 전쟁이다. 7주 전쟁이라고도 한다. 이 전쟁에서 프로이센이 승리하여 오스트리아를 뺀 소독일주의 통일 운동이 프로이센을 중심으로 전개되었다.

[674] 1879년 독일과 오스트리아, 헝가리가 제국이 맺은 군사 동맹이다. 러시아가 공격할 경우에, 양국이 서로 지원할 것을 약속하였다.

시아 농민은 문맹(文盲)이다. 러시아 농민은, 토지 — 도시 출신의 혁명파와 협력하면서 찾았던 유일의 보상 — 만을 얻었다. 현재 소지주가 된 러시아 농민은, 자신의 토지와 마을을 관리·운영할 방법에 대해서는, 문외한(門外漢)이다. 더욱이 러시아 중산 계급은, 증오하는 독일인의 — 혁명파에 속한다는 심경(心境)으로 — 명령을 기꺼이 받아들일 정도로 상처(傷處)를 받았다. 한편 러시아 도시 노동자는 어떠냐 하면 — 러시아 인구 가운데 소수에 지나지 않았으나, 비교적 높은 교육을 받았고 커뮤니케이션 거점을 지배하고 있기 때문에 — 오늘날 러시아의 위정자 계급을 이룬다. 최근 독일의 쿨툴(Kultur)은 도시 노동자에게 '영향을 미칠' 수 있는 지위에 있었다. 러시아에 정통한 사람의 의견에 따르면, 러시아가 독일인과 맞서려고 러시아 자신의 힘에 의존하게 된다면, 러시아에서 일종의 독재 지배는 거의 불가피(不可避)하다고 한다.

그러나 독일인과 러시아인 사이의 국경 지대에 사는 슬라브족과 그 유사 혈통의 민족은, 러시아인과 질적으로 다른 능력이 있다. 체코인(Czechs)[675]을 생각해 보자. 체코인은 볼셰비즘의 위협에 굴하지 않았고 러시아가 극도의 혼란 상태에 빠져 있었을지라도 민족 국가의 자치 능력을 입증하지 않았던가? 세 측면이 독일에 포위되어 있고 나머지 한 측면만 헝가리와 접하고 있지만, 슬라브계의 보헤미아[676]를 다시 만들고 유지하는 비상한 정치적 능력을 체코인이 보여주지 않았던가? 또한 보헤미아를 근대

---

[675] 서 슬라브 민족 분파이다. 중부 유럽의 체코 공화국의 원주민이다. 이들은 공동의 조상, 문화, 역사, 체코어를 공유하고 있다.

[676] 체코의 서부·중부 지방을 지칭하는 역사적 지명이다. 보헤미아의 대표적인 도시가 바로 프라그이다.

공업과 근대 과학의 중심지로 만들지 않았던가? 하여튼 체코인은 자국 내의 질서 확립(秩序 確立)과 독립 지향 의지가 부족하지 않을 것이다.

발트해와 지중해 사이에 이와 같은 비(非)게르만계에 속하는 일곱 민족이 있다. 그 규모에서 보면 각각 제2급 유럽국에 사는, 폴란드인, 보헤미아인(체코인과 슬로바키아인), 헝가리인(마자르족), 남슬라브인(세르비아인, 크로아티아인, 슬로베니아인), 루마니아인, 불가리아인, 그리스인이다. 그 가운데 마자르인과 불가리아인은, 제1차 세계 대전 동안 독일을 지하였으므로 현재 영국의 적이다. 그러나 마자르인과 불가리아인은 다른 다섯 민족에 포위되어 있는 관계로, 양자 가운데 어느 누구도 프로이센의 지원 없이 피해를 줄만큼 강해질 수 없다.

지적한 일곱 민족을 차례로 검토해 보자. 첫째, 중요 수로로 비스와(Vistula) 강[677]을 끼고 있으며 역사적 고도(古都)인 크라쿠프(Cracow)[678]와 바르샤바(Warsaw)를 배경으로, 약 이천만 명의 폴란드인이 있다. 현재 러시아가 폴란드의 일부를 흡수했지만, 폴란드인은 러시아인보다 일반적으로 높은 문명을 지닌 민족이다. 프로이센의 한 주(州)인 포젠(Posen)[679]의

---

[677]   길이는 1,047킬로미터이며, 폴란드 국토의 60퍼센트 이상을 흘러 흑해로 유입된다.

[678]   폴란드 남부에 있는 바스와 강 연안에 접한 하천 도시이다. 17세기초 바르샤바로 수도를 옮기기 전까지 폴란드의 수도였다.

[679]   포젠은 1848년 프로이센의 주로 설립되었으며 1871년 독일 제국에 속하였다. 주민은 독어 사용 인구와 폴란드어 사용 인구로 나눌 수 있었는데, 유대인은 독일어를 사용하였다. 제1차 세계 대전이 끝난 뒤 베르사유 조약에 의해 포젠은 폴란드에 이양되었다가 다시 독일이 점령하였으나, 제2차 세계 대전 이후 폴란드의 영토가 되었다. 폴란드어로는 포즈난이라고 한다.

폴란드인은 – 독일의 쿨퉅(Kultur)의 혜택을 누리고 있으나 – 지배 민족인 독일인이 독일의 쿨툴에서 빚어낸 몇몇 폐해는 경험하지 않고 있다. 폴란드인 사이에 명백히 파벌적 경향과 흐름이 강하다는 결함이 있다. 하지만 갈리치아(Galicia) [680]지방에 살고 있는 폴란드인 귀족이 더 이상, 동(東)갈리시아의 루테니아인(Rutheanians)[681]을 억압하도록 허용함으로써 매수되어, 오트리아 합스부르크 왕실을 더 이상 지지하지는 않고 있으므로, 폴란드인에서 적어도 파벌이란 하나의 농기 – 하나의 기득권 – 는 당연히 사라져야만 했어야 했는데.

어떤 방법으로든 신생 폴란드에 발트해로의 출구를 제공해야만 한다. 이것은 폴란드의 경제적 자립에 필요할 뿐만이 아니라 전략적 관점에서 보아 – 심장 지대의 폐쇄해에 있는 – 발트해로 폴란드 선박을 띄우는 것이 바람직하기 때문이다. 게다가, 독일과 러시아 사이에 완전한 완충 지대(緩衝地帶)가 있어야만 한다. 불행하게도 – 발트해의 출구로 향하는 어떤 폴란드령 대상(帶狀)을 설정할 경우에 – 주로 언어적으로는 독일계가 다수이나 융커적인 기질이 강한 동프로이센의 지방이 독일에서 격리(隔離)될 수 있다. 비스와(Vistula) 강[682] 동쪽에 있는 프로이센과 폴란드인의 거주 지

---

[680] 현재 우크라니아 남서부를 중심으로 한 지역이며, 폴란드 최남단도 들어간다. 제1차 세계 대전 이후 칼리치아는 폴란드의 일부가 되었으며, 제2차 세계 대전이 끝난 뒤에 동갈리치아는 서우크라이나의 일부가 되었으며, 서갈리치아는 폴란드의 일부가 되었다.

[681] 중세부터 근세에 걸쳐 동유럽에 거주한 동슬라브계 민족이다. 18세기 말 러시아와 오스트리아-헝가리의 지배를 받기도 하였다.

[682] 폴란드 중북부에 있는 강으로, 카르파티아 산맥에 발원하여 바르샤바와 토루니를 거쳐 발트해로 흐른다. 길이는 1,047킬로미터이다.

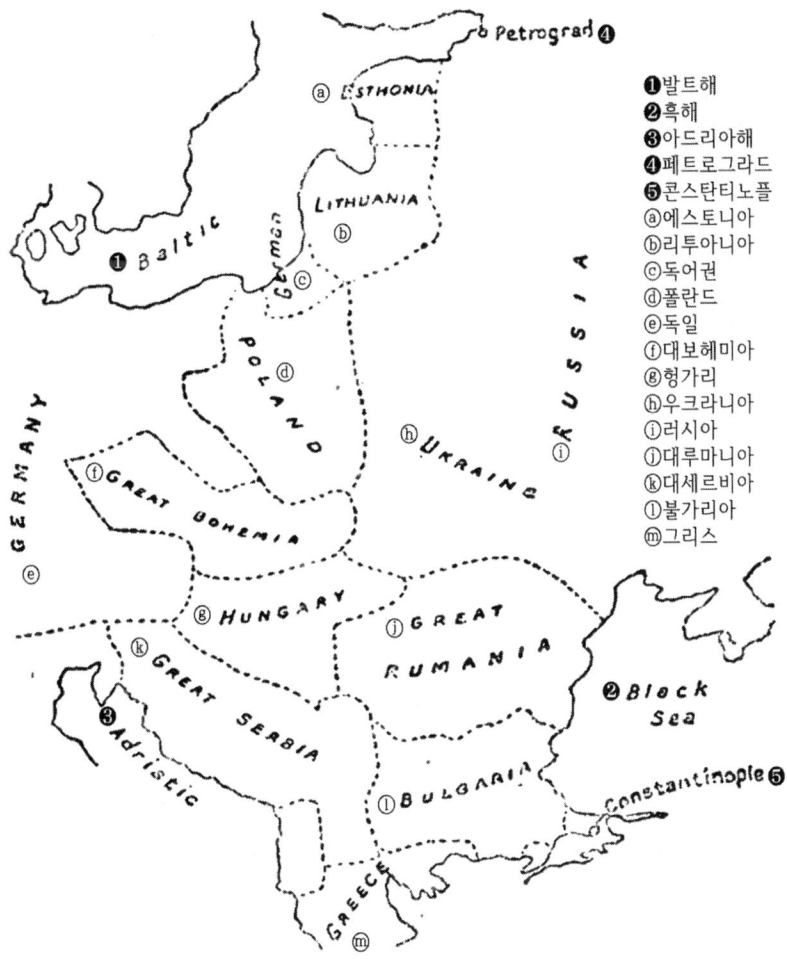

【그림31】 독일과 러시아 사이에 위치한 중간 지대의 국가들. 여전히 해결되어야 할 국경 문제가 많다.

제6장 • 여러 나라의 자유 243

역에 있는 포젠 사이에, 인구를 서로 교환하려고 왜 생각하지 않을까?(1. 필자가 이 부분을 쓴 뒤, 베니제로스씨(M. Venizelos)[683]는 1919년 1월 14일 파리 주재『타임스(Times)』특파원과의 인터뷰에서, 다음과 같은 말을 하였다. '소아시아의 중심지에는 터키가 지배하는 수십만 명의 그리스인이 여전히 남아 있습니다. 이를 치유할 수 있는 유일의 대책(對策)이 있습니다. 이것은 인구의 대규모 상호 이동을 고무하는 입니다.'). 제1차 세계 대전 동안 우리는, 단순한 수송 면(面)과 더불어 인적 조직(人的 組織) 면(面) 양쪽을 통하여 방대하게 생각하면서 일을 하였다. 지난날 외교관은 - 이와 같은 곤란한 문제에 대처하기 위해 - 토지 문제에 관계하는 법률가(land lawyer)의 말처럼, 온갖 종류의 '지역권(地役權, servitude)'[684]에 호소하였다. 그러나 타국 영토를 내부를 관통하는 통행권(rights of way)은, 항상 불편을 줄뿐만 아니라 분쟁의 구실이 된다. 이 경우에 급진적 치유책 - 모든 점에서 개인에게 공평하고 더욱이 관대한 치유책 - 의 비용을 인류 전체가 부담하는 보람을 마련할 수 없을까? 각각의 토지 소유주가 마음대로 그의 재산을 교환하고 그의 국적을 보유하든지 또는 그의 재산을 보유하고 그의 국적을 변경할 자유를 누려야만 한다. 하지만 만약 토지 소유주가 후자를 택한다면, 학교 교육을 포함한 다른 사회적 권리와 자격에서 특권의 유보(留保)를 허용하지 않도록 해야 한다. 미국은 학교에서, 모든 국가에서 온 이주자에게 엄격한 영어 수업을 의무화(義務化)하고 있다. 영국과 프랑스 같은 국가는 오늘날 인종적으로 보면 동질 국가이며, 그 이유는 구시대의 정복자가 이 같은 통일 작업을 무자비하게 강행(强行)했기 때문이다. 근동[685]의 각국에서 국민의 안(顔)이 잡연(雜然)하여

---

[683] 1864~1936
[684] 자기 땅의 편익을 위해 남의 땅을 이용할 수 있는 권리이다.
[685] 서남 아시아와 중동 지역, 발칸 지역을 포함한다.

인류에게 큰 재앙을 초래한 것은, 프랑스와 영국과 같은 국가와는 대조적(對照的)이다. 근대적(近代的) 수송(輸送)과 조직의 능력을 우리가 공평하고 관대하게 활용한다면, 꼭같은 행복한 사태를 이룰 수 있을 것이다. 폴란드와 같이 특수한 경우 위와 같이 행할 이유는 지대한 영향을 미치지 않을 수 없다. 말하자면 폴란드의 포젠은, 독일 동부 국경 지대(國境 地帶)를 향하여 매우 위협적인 만(灣)[686]을 물고 있으며, 독일령 동프로이센은 앞으로 독일이 러시아로 침투할 수 있는 디딤돌 역할을 할 수 있다(1. 명백한 대인 논증(對人論證, argumentum ad hominem)에 대처하기 위해서, 말하자면, 아일랜드의 경우에서 진실로 이와 비교할 만한 어떤 전략적 필요성도 없다고 필자가 생각하지 않을 수 없다!).

다음 문제를 검토하면, 체코인과 슬로바키아인이 있다. 폴란드인이 러시아, 프로이센, 오스트리아 사이의 국경선으로 분단된 바와 같이, 최근까지 헝가리로부터 오스트리아를 분리하는 국경선에 의해 단절된 '경계' 민족이 바로 체코인과 폴란드인이다. 체코인과 슬로바키아인을 합하면, 그 인구가 구백만 명 정도로 추측한다. 양 민족은 유럽에서 가장 활기찬 소국가 가운데 일국(一國)을 형성할 수 있다. 이들은 석탄, 금속, 목재, 수력, 옥수수, 술을 제공하는 남다른 지역을 갖추고 있고 발트해와 바르샤바에서 비엔나와 아드리아해를 경유하는 철도 간선의 중추에 위치한다.

그러면 남슬라브족(the South Slavs) − 유고(Jugo)는 남쪽을 의미하는 데 − 가운데 슬로베니아인, 크로아티아인, 세르비아인 세 종족을 살펴보자. 이들도 오스트리아-헝가리 국경선으로 분리되었으며 그 인구는 약 천이백만 명이다. 더욱이 이들은, 서로 대립적인 로마 가톨릭교회와 그리

---

[686] 포메라니아만으로, 발트해 남동부, 폴란와 독일의 해안에 있는 해역이다.

스 정교회 가운데 한쪽에 속한다. 로마 가톨릭 교도인 슬로베니아인과 크로아티아인이 그리스 정교도인 세르비아인과 코르푸 협정(the pact of Corfu)[687]을 맺어야만 했다. 이것은 – 발칸 사정을 잘 알고 있는 어느 누가 보아도 – 진실로 오스트리아·헝가리 제국(帝國)의 위령(威令)없이는 절대 불가능한 일이었을 것이란 점을 생생하게 이해할 것이다. 남슬라브족은 아드리아해의 여러 항구(諸港口)에 자유롭게 출입하게 될 것이다. 유럽의 간선 철도의 일부가, 사바 강[688]에 면한 달마티아[689] 유역(Save Valley) 아래에서 베오그라드(Belgrad)에 이르러 모라바(Morava) 지방[690]과 마리차(Maritza)의 '회랑(回廊)지대'을 경유하여 콘스탄티노플(Constantinople)에 도달할 수 있다.

 이어서 검토할 국가는 루마니아이다. 루마니아는 유럽의 중동부에 속한 국가이다. 자연 지리적(自然 地理的) 관점에서 루마니아의 중심은, 풍요한 수맥(水脈)의 계곡, 각종의 풍부한 광맥(鑛脈), 유정(油井), 울창한 삼림이 있는 대(大)트란실바니아 산맥이란 요새이다. 이 산맥은 카르파티아 산맥계의 일부이다. 트란실바니아 지방의 농부는 루마니아인이다. 그러나 '특권'

---

[687] 1917년, 슬로베니아, 크로아티아, 세르비아로 이루어진 유고슬라비아 통일국가 건설을 선언한 협약이다. 1927년 유고슬라비아가 되었다. 남슬라브족이 세운 Yugoslavia는 남슬라비아라는 뜻이다.

[688] 다뉴브 강의 지류, 남동 유럽에 있으며, 동유럽의 여러 나라를 거쳐 베오그라드에서 다뉴브 강과 합류한다.

[689] 남동 유럽의 아드리아해 동부 해안에 있는 지역

[690] 체코의 동부 지방, 영어로는 모라비아로 칭한다.

을 지닌 소수인 마자르족과 작센(Saxon)[691] 출신의 계급이, 통치자로 군림하여 왔다. 비록 작센인과 루마니아인의 상호 적개심(敵愾心)이, 프로이센인과 폴란드인의 상호 적대감처럼 격렬한 것은 아니라고 인정해야 한다. 하지만 여기에서도 상당한 정치적 수완을 다시 한 번 발휘하여, 토지 소유 명의 변경(土地所有名義變更)[692] 또는 루마니아 시민권의 완전한 획득 문제를 해결할 수 있어야 한다.

현재 왕국인 루마니아의 나머지 부분은, 트란실바니아 산맥에서 발원하는 하천들에 의해 관개되는, 트란실바니아의 ― 동향과 남향으로 ― 완만히 연장된 경사지[693]이다. 이 풍요한 경사지는 석유, 기름, 밀, 옥수수를 산출하는 유럽의 주산지(主産地) 가운데 하나이다. 천이백만 명의 루마니아인은 풍요로운 생활을 할 것이다. 갈라치(Galatz),[694] 브러일라(Braila),[695] 콘스탄차(Constanza)[696]는, 흑해에 진출할 수 있는 루마니아의 항구이다. 흑해에 루마니아 선박을 띄어야만 하는 것은, 모든 자유민(自由民)의 중대한 관심사가 될 것이다. 왜냐하면 흑해가 당연히 심장 지대의 폐쇄 수역이기 때

---

[691]   트란실바니아 작센인이다. 독일어로는 Siebenbuerger Sachsen이라고 한다. 오늘날 루마니아에 사는 독일어를 사용하는 소수 종족이다. 12세기후 트란실바니아(독어로는 Siebenbuerger)로 이주한 독일인을 뜻한다. 트란실바니아 작센족이라고도 한다.

[692]   새로운 거주지의 형평법적인 교환(an equitable exchange of homes)

[693]   트란실바니아 고원 지대

[694]   루마니아 동부에 있는 도시. 다뉴브 강과 접하며 항만 도시이다.

[695]   루마니아 동부의 도시이다. 다뉴브 강 연안의 항구도시이다. 칼라치아와 가깝다.

[696]   흑해 연안에 접한 루마니아의 항구 도시

문이다. 국제 연맹이 발트해와 흑해를 무관심하게 간주할 수 있는 시대는 영원히 오지 않을 것이다. 그 이유는 심장 지대가 전능한 군국주의 국가의 기지가 될 수 있기 때문이다. 문명은 자연의 힘(nature)을 관리(管理)하고 우리 자신의 행동을 자제(自制)하는 걸로 이루어 진다. 인류 통합의 최고 기관으로서 국제 연맹은 심장 지대의 동향을 면밀히 지켜보면서 심장 지역의 가능한 조직자들의 행동을 감시(監視)해야 한다. 이는, 런던과 파리의 경찰 행정이 단순한 개별 도시문제를 넘어서 전국민적(全國民的) 문제라는 생각과 같은 맥락으로 볼 수 있다.

그리스인은, 중간 지대(Middle Tier)[697]에 사는 일곱 민족 가운데, 제1차 세계 대전 동안 독일의 군사적 지배에서 처음으로 해방되었다. 그 단순한 이유는 단순히 그리스가 심장 지대 외부에 있고 따라서 해양 세력이 접근 가능한 곳이었기 때문이다. 하지만 오늘날을 잠수함과 항공기의 시대라고 본다면, 심장 지대의 대국(大國)이 그리스를 점령한다면 이것은 아마도 세계도의 지배를 수반할 수 있다. 앞에서 검토한 마케도니아[698]의 고대 역사가 재연(再演)될 것이다.

마지막으로 마자르인과 불가리아인의 문제를 보자. 양 국민은 – 프로이

---

[697] 서유럽과 러시아 사이의 중간 지대이다. 맥킨더는 독립 소국가들로 이루어진 지대(a tier)가 결국 동유럽과 심장 지대 자원을 조직하려는 강대국의 시도를 막을 수 있게 해야 한다고 한다. 그는 이게 바로 중간 지대이며 독일과 러시아, 영국을 분리할 수 있을 거라고 강조한다. 중간 지대에 위치한 국가들의 사이의 인구 이동을 통한 정치적 균형에 의한 평화를 그리고 있다. 중간 지대를 지배하는 어느 국가라도 세계를 지배할 수 있다는 뜻이다.

[698] 현재 동유럽의 발칸 반도의 중앙부에 해당되는 지역이다. 고대 알렉산드로스 대왕이 지배한 마케도니아 왕국의 옛날 땅이다.

센의 지배를 받지 않았으나 – 프로이센에 착취를 당한 바 있다. 부다페스트(Budapest)[699] 사정(事情)에 능통한 어떤 사람도, 독일인에 대해 마자르인이 품은 심오한 소외(疎外)의 감정을 느낄 것이다. 최근의 동맹[700]은, 사실상 진심이 아니라 단순히 편의적(便宜的) 발상(發想)에서 맺어졌다. 천만 명의 마자르 족 가운데 약 백만 명 정도의 지배층이, 나머지 구백만 명을 마치 이민족을 지배하는 것 못지않게 억압하여 왔다. 프로이센과의 동맹 – 왜냐하면 이것은 사실상 오스트리아와의 동맹일지라도 프로이센과 직접 결탁된 것이므로 –은[701] 엄밀히 말하면 마자르인의 과두 지배 지지에 대한 답례(答禮) 이외(以外)의 어떤 것도 아니다. 분명히 마자르인 지배 계급으로 인하여, 일반적으로 슬라브인과 루마니아인 간의 적대감(敵對感)이 깊어졌다. 하지만 독일인을 대신하여 슬라브족에게 소작을 주어 얻는(搾取) 이윤이 더 이상 없다면, 헝가리 정부는 조만간 민주주의라는 새로운 환경에 적응할 것이다. 불가리아인이, 세르비아와 동맹을 맺어 터키 제국과 싸웠다는 것을 기억하자.[702] 세르비아와 불가리아의 차이점은 일시적으로 격(激)하였을지라도, 일종의 가문 불화(不和)에 불과하였다. 그 주요 원인은, 최근 성장의 차이이고 대체로 최근 창건된 교회 조직 사이의 경합 관계(競合 關係)

---

[699] 다뉴브 강변에 위치한 헝가리의 수도이며 최대 도시이다.

[700] 오스트리아-헝가리 제국은 1867년 형성되어 1918년까지 존속하였다.

[701] 1879년 체결된 독일-오스트리아 동맹, 비스마크르 동맹 체제에 속하는데, 러시아가 침략할 경우에, 두 강대국이 상호지원하기로 약속하였다.

[702] 제1차 발칸 전쟁(1912~13)에서, 불가리아와 세르비아,그리스, 몬테네그로는 느슨한 동맹을 맺어 터키 제국과 싸웠다.

에서 연유하였다. 제2차 발칸 전쟁[703] 당시 불가리아인이 행한 배신 행위가 되풀이되지 않도록 해야 한다. 그러나 연합국이 공평한 해결책을 강력히 **결정한다면**, 전쟁에 깊이 지친 양 민족 – 불가리아인과 세르비아인 – 은 아마도 흔쾌(欣快)히 수용할 것이다. 최근 이십 년 동안 불가리아에서 통용(通用)된 것은, 오스트리아의 대공(大公) 페르디난트 (Czar Ferdinand)[704]의 의도뿐이었다.

  동구의 중간 지대에 속하는 여러 나라[諸國]와 관련된 전략적 의미로 보아 가장 중요한 점은, 그 가운데 가장 높은 문명의 폴란드와 보헤미아 양국이 북쪽 즉 프로이센의 공격에 가장 노출된 위치에 있다는 것이다. 양국(兩國)이 확실한 독립 국가를 유지해야만 한다. 이를 위해서는 양국은 – 아드리아해와 북해에서 발트해까지 펼쳐진 – 넓은 웨지 형상으로 된, 일련의 독립 국가군(獨立 國家群)에서 선두에 서야한다. 합해서 육천만 명 이상의 인구를 지닌 동구의 일곱 독립 국가는 철도 교통(鐵道 交通)으로 확실히 결속되고 있고, 아드리아해, 흑해, 발트해를 통과하여 대양에 접근할 수 있다. 전체적으로 보아 이런 일곱 독립 국가는, 프로이센과 오스트리아의 독일인과 효과적인 균형을 유지할 수 있다. 이 목적과 연관하여 이외의 다른 대책(對策)은 찾을 수 없다. 그런데도 절대 필요한 것은 국제 연맹은, 국제법(國際法)에 따라 전함을 흑해와 발트해로 항상 파견할 권리를 지녀야만 한다.

---

[703] 1913년 제1차 발칸 전쟁의 결과 영토 분배에 불만을 품은 불가리이가 원래 동맹국인 세르비아와 그리스를 공격함으로써 터진 전쟁이다. 불가리아가 패하였다.

[704] 1863~1914, 오스트리아-헝가리 제국의 왕위 계승자. 사라예보에서 세르비아 청년에 의해 암살되었다.

❦ ❦ ❦ ❦ ❦

　국제 연맹(國際聯盟)의 이상(理想)이, 전쟁의 사막 위 멀리 떨어진 신기루(蜃氣樓)처럼 서구인의 마음속에 머무르고 있다. 이와 같은 위대한 국제 정치 수완을 완전히 발휘한다면, 민주적 이상(理想) − 국제 연맹 − 이, 실현될 수 있을 것 같다. 현실적·실체적(實體的)인 국제 연맹을 세울 수 있다면, 어떤 기본 조건이 충족되어야만 할까? 그레이 자작(Viscount Grey)[705]은 팸플릿[706]에서 이를 주장했다. 첫째 조건은 '각국의 행정 수반(行政 首班)이 진지하고 확실히 이 구상(構想, the Idea)을 채택해야한다'는 것이었다. 둘째 조건은 '이 구상의 기초를 기꺼이 세우려는 정부와 국가의 국민은, 이와 같은 조직으로 자국의 행동에 일종의 제한이 가해지며, 일정의 불편한 도덕적 의무(道德的 義務)를 수반할 수 있다고 이해해야 하고, 강국은 무력으로 약소국에 자신의 이익을 널리 강요하려는 권리를 삼가기로 해야 한다'는 것이었다.

　이런 입장은, 뛰어나고 아주 필요한 전제(前提)이다. 그러나 우리를 충분히 납득(納得)할 수 있을까? 일반적 의무를 우리가 지기 전, 구체적 조건들의 의미가 무엇인가를 생각하는 편이 낫지 않을까? 국제 연맹이 고려를 해

---

[705]　1862~1933,영국의 자유주의 정치가, 자유당 정권 아래 1905년부터 1906년까지 외무장관을 지냈다. 1919~1920년에 걸쳐 미국 주재 영국 대사를 역임하였다. 국제 연맹을 옹호하였다.

[706]　1918년 그레이는 국제 연맹의 이상을 옹호한 긴 팸플릿을 발표하였는데, 중립국과 적국에서 널리 읽혔으며, 일본에서도 출판되었다. 그는 국제 연맹이 약국의 권리를 지키고 전쟁에 앞서 평화적인 분쟁 해결을 당사국에 요구할 필요성을 설명하고 있다.

야 할 확실한 현실이 있다. 제1차 세계 대전 전(前) 국제 연맹의 새끼꼴이 있었다. 그 회원들은 국제법 체계의 당사자인 국가였다. 그 가운데 두 강대국[707]이, 처음에 소국 가운데 한 국가[708] 그리고 다른 국가[709]에 대한 국제법상의 의무를 파기하였기 때문에,[710] 우리가 전쟁을 수행할 필요가 없었을까? 두 강대국이 — 법의 이름으로 개입한 유력한 여러 국가[諸國家] 연합(聯合)이 거의 패배 직전까지 가는 — 결과를 초래하지 않았던가? 강국이 무력한 약국에 대하여 자국의 이익을 널리 강요할 수 있는 권리를 '삼가야' 만 한다고 말하는 것이, 위에서 말한 사례(事例)를 참고해도 불충분할까? 요컨대, 우리가 현실 —사태의 진상(眞相) —을 고려하지 않는다면, 우리의 이상이 우리를 원형으로 둘러쌈으로써 현실이 아닌 이상만을 보지는 않을까?

인류의 일반 의사(意思)에 역행(逆行)하는 예외적인 강국이 없어야만 국제 연맹이 영속할 것이라는 점은 명백하지 않을까? 또는 이 문제를 다른 방법으로 풀어 말하면, 국제 연맹에서 압도적 협력자 혹은 복수의 협력자로 이루어진 집단조차도 결코 허용해서 안된다는 뜻이다. 하나의 압도적인 협력자가 있는 연방이, 성공한 사례가 있을까? 미국에는 뉴욕, 펜실베이니

---

[707] 오스트리아-헝가리 제국, 독일

[708] 보스니아·헤르체고비나

[709] 벨기에

[710] 1908년 오스트리아-헝가리 제국이 1878년 10월 5일 베를린 조약에 의거 술탄(Sultan)의 지배 아래 있었던 보스니아·헤르체고비나를 합병하였다. 1914년 독일은 1839년 런던 조약에 의거 보장된 중립국 벨기에가 독일군의 통과를 거부하자 벨기에를 침공하였다.

아, 일리노이와 같은 큰 주(州)가 있으나, 그 가운데 어느 주(州)도 전체 미합중국의 작은 부분 이상(以上)이라고 생각하지 않는다. 캐나다에는 퀘벡(Quebec)과 온타리오(Ontario) 양주(兩州)가 상호 균형을 이룬다. 따라서 캐나다 자치령(自治領) 내의 여러 소주(小諸州)를, 양주 가운데 한 주가 위협할 수는 없을 것 같다. 영연방 오스트레일리아에는 거의 같은 크기의 뉴사우스웨일스(New South Wales)[711]주와 빅토리아(Victoria)[712]주가 있다. 스위스의 대(大)칸톤(Canton)인 베른(Berne)[713]조차도 결코 지배적 존재가 아니다. 프로이센이 지배했기 때문에 독일 연방은 겉치레가 아니었을까? 비록 아일랜드인은 서로 의견이 일치하였을지라도, 영국 제도(British Isles)[714] 안에서 권력 이양[715]을 방해하는 주요한 어려움이 잉글랜드의 우월적인 지위가 아닐까? 거의 압도적인 독일을 유럽에 부상하도록 내버려두었던 사실 때문에, 제1차 세계 대전이 일어나지 않았을까? 나폴레옹, 루이 14세[716] 또는 펠리페 2세[717] 시대에 유럽 체계의 일국(一國)이 너무 강했다

---

[711] 오스트레일리아 동남부에 위치하고 있다. 면적은 80만 평방 킬로미터이다.

[712] 오스트레일리아의 남동부에 있다. 면적은 약 24만 평방 킬로미터이다. 오스트레일리아에서 인구 밀도가 가장 높다.

[713] 스위스 의회가 있으며, 스위스에서 네번째로 큰 도시이다. 독일어로 베른(Bern) 이탈리아어로는 베르나(Berna)라고 한다. 독일어를 사용하는 구역이다.

[714] 그레이트브리튼, 아일랜드를 비롯한 그 주변의 육천 개가 넘는 섬을 포함한다.

[715] 지방 분권과 자치

[716] 1638~1715, 프랑스의 왕, 태양 왕(Roi-Soleil)으로 불린다. 중앙집권적이며 중상주의 정책을 추진하였으며, 대외 전쟁을 일으켰다. 중세 이후 최장 집권한 인물이다.

[717] 1527~1598, 합스부르크가 출신의 스페인 왕. 나폴리와 시칠리아의 왕, 포루투갈의 왕, 밀라노의 군주이기도 하다. 스페인 제국과 스페인 황금 세기의 전성기에 군림한

는 사실 때문에, 과거 유럽 대전쟁(大戰爭)이 터지지 않았을까? 국제 연맹이 성공할 가능성이 있다면, 이 누적적 증거를 직시(直視)하고 이것을 그럴듯한 말로 얼버무리지 말아야만 할까?

독자가 고려해야만 할 또 다른 현실(Reality) 즉 활동 기업형 조직의 현실이 있지 않는가? 국제 연맹 회원국이 금후 평온한 삶을 향유한다면, 다른 현실 즉 활동 기업형 조직의 진상을 고찰하고 직시할 수 있는 두 방법이 있을 것 같다. 현재의 문제(the Present)와 미래의 문제(the Future)이다. 연맹에 함께 참가할 단위로써 쓸모 있는 여러 나라[諸國]를 구체적으로 고찰함으로써, 현재의 문제에 있어 이런 현실(Reality)의 의미를 가장 잘 전달할 수 있다는 뜻이다.

대영 제국은 하나의 활동 기업형 조직이다. 독자가 아는 바와 같이, 영국인 — 의기양양하게 전쟁의 시련을 이겨내고 대영 제국 전체의 힘을 결집한 바 있는 국민 — 에게 한 쪽의 종이 위에 쓴 세계 연맹 계획 때문에 대영 제국의 결합성에 일어날 위험을 무릅쓰라고 설득한다면, 영국인 대다수는 반발(反撥)할 것이다. 그래서 대영 제국 안의 각 연방 조직이 점진적 과정을 통해 국제 연맹의 회원국 자격을 얻음으로써 자신의 지위에 **익숙해질** 거라고 추정할 수 있다. 그러나 영연방의 범위 안에서 보면, 사실 그 가운데 여섯 자치령(自治領)의 관계[718]는 이미 평등 관계이고 각 자치령은 동격의 독립성을 향유하고 있다. 단지 지난 해[719] 이 문제가 구체적으로 결정되었

왕으로, 절대주의 군주에 속하는 대표적 인물이다.

[718]　캐나다, 뉴질랜드, 남아프리카 연방, 뉴펀들랜드, 아이랜드 자유국인 것 같다.

[719]　1918년

다. 금후 자치령(Dominions)[720]의 수상은, 하급 식민지상(植民地相)을 통해서가 아니라 영국 수상과 직접 교섭할 수 있다. 즉 웨스트민스터 의회(議會)[721]를 더 이상 제국 의회(the Imperial Parliament)가 아니라 단지 연합 왕국(United Kingdom) 의회[722]라고 칭할 수 있다. 국왕의 칭호 문제를 보면, 연합 왕국과 해외 자치령의 왕이라고 부르는 것이 부적절(不適切)하다는 점과 모든 자치령의 평등을 존중하는 데 전(全) 대영 제국의 왕과 비슷한 어떤 이름을 붙이고 인정해야만 한다는 점은, 뒤에 해결해야 한다. 비록 이와 같은 호칭의 문제에서 이름(name)이 현재 사실상(事實上)의 문제가 될 수 있을지라도, 영국, 캐나다, 오스트레일리아가 자신의 함대와 육군을 보유하고 있고 전쟁이 터졌을 때에만 영국, 오스트레일리아, 캐나다가 전략적 통합 지휘권을 수용할 수 있을 것이라고 현재 우리가 확신하지 못할까? 인구 문제를 검토해도 마찬가지이다. 캐나다와 오스트레일리아의 힘(power)이 영국의 힘과 비슷해질 것이란 사실은, 이미 시간 문제에 불과하지 않을까? 그리고 남아 있는 비교적 작은 세 자치령 − 뉴질랜드, 남아프리카, 뉴펀들랜드 − 사이에 균형이 이루어지고 있기 때문에, 그 중요성은 커질 것이다.

  프랑스와 이탈리아는 활동 기업형 조직이다. 대영 제국이 한 단위인 연맹

---

[720] 잉글랜드의 식민지가 발전하면서 파생된 걸로 주권을 지닌 독립국을 의미한다. 대체로 식민지가 아니라 대체로 영국과 대등한 지위를 누리는 반(半) 독립적 국가 행위자라 할 수 있다. 영국 국왕이 원수이며 총독이고 사실상 국가 수반이 된다.

[721] 웨스트민스터 궁전은 런던 강변에 있으며, 영국 의회 의사당으로 사용되고 있다.

[722] 그레이트브리튼과 북아일랜드로 구성된 연합 왕국의 의회이다. 보통 영국 의회, 웨스트민스터 의회로 불린다.

에, 프랑스와 이탈리아가 가입할 것인가? 다행스럽게도, 우리가 제1차 세계 대전의 후기 단계에서 전략적인 단일 전략(單一戰略) 지휘 체계(指揮體系)의 원칙을 확립으로써, 베르사유[723]란 명칭 앞에 새로운 역사적 의의를 붙일 수 있다. 영국, 프랑스, 이탈리아는 그 대사가 아니라 그 수상이 몸소 참여함으로써, 공동으로 협의하는 습관을 가졌다. 세 나라는 국제 연맹의 동료 회원국이 되기 위하여, 어떤 결정적 크기의 불균등(不均等)에도 적응할 수 있을 것이다. 아마도 캐나다·오스트레일리아 수상이, 영국·프랑스·이탈리아 수상 회의에 초대받을 기회가 오지 않을까? 만약 당신이 오늘의 활동 기업형 조직을 인정하고 ─ 단순히 가공적(架空的)이고 서류상의 형식적인 수속과 같은 ─ 진보를 하려고 하지 않는다면, 금후 각국의 현상을 분석하고 이와 같은 기회의 의미를 파악하는 것은, 더욱더 큰 가치를 지닐 것이다. 1918년 독일 공세의 위험 때문에, 단일 전략 지휘 체계를 확보하지 않을 수 없었다는 점을 기억하라(1. 내가 이 글을 쓴 뒤, 파리 강화회의[724]는 대영 제국을 하나의 혼성체 ─ **일정의 목적을 성취하기 위한** 하나의 단위 ─ 로 다루었다.).

그러면 미국은 문제가 없는가? 분리된 미국의 주(州)가 각각 국제 연맹의 한 단위[725]가 될 수 있으리라고 가정하는 것은 실익(實益)이 없다. 미국은 미합중국의 주(州)를 융합하기 위하여, 제1차 세계 대전 이전 역사상 가

---

[723] 제1차 세계 대전이 끝난 뒤인 1919년 프랑스 북부에 위치한 베르사유 궁전에서 연합국과 패전국 독일 사이에 강화 조약이 체결된 곳이다. 베르사유 조약에 의해 규정된 국제 질서를 베르사유 체제라고 한다. 1935년 독일은 베르사유 조약을 파기하였다.

[724] 1919년 1월부터 제1차 세계 대전 승전국인 연합국이 패전전국의 강화 조건에 대해서 협상을 한 회의를 뜻한다. 대체로 협의는 프랑스 외무성이 있는 파리의 케도르세(quai d'Orsay)에서 진행되었다.

[725] 회원국

장 큰 전쟁을 치렀다. 그러나 미국은 – 서유럽의 개별 국가 동맹과는 크게 다르게 – 하나의 압도적 파트너와 크게 비슷한 무엇과 같은 느낌을 준다. 미국은 국제 연맹에 참여해야만 한다. 이건 – 건전한 기능을 위하여 – 여섯 영국 자치령이 하나의 단위가 아니라 균형을 잡아주는 세력으로서 결합해야 한다는 뜻이다. 솔직히 말하면, 삼천 마일[726] 무방비 국경으로 분리된 미국과 캐나다의 힘의 차이가 적었다면, 이것은 더 큰 문제가 될 수 있으며, 시련이 더 가혹했을지도 모른다. 하지만 다행스럽게도 미국과 캐나다의 국경선은 길조(吉兆)를 보여준다.

그러나 상당수의 국제 연맹 회원국 간에 이루어지는 바와 같이, 적당한 힘의 평형을 이루지 못하면 그 결과 앞으로 전쟁이 조만간 발생할 것 이다. 따라서 이 같은 평형을 이룰 필요성 – 압도적 강국이 일정 지역을 지배함으로써 일어날 위험에, 연맹이 노출되지 않도록 할 필요성 – 도 절실하다. 이는 대륙의 연맹 회원국보다 도서국의 회원국에 더 급박한 사태이다. 해양 세력에는 명백한 고유(固有)의 제약(制約)이 있다. 말하자면 어느 도서국(島嶼國)이든 혹은 더군다나 반도국(半島國)이든, 그 세력 기지를 확대하는데, 자연의 한계도 있기 마련이다. 연맹의 시련은, 대륙의 심장 지대 안에서 일어날 것이다. 심장 지대에서 자연은, 세계의 궁극적 지배를 위한 모든 필요 조건을 두루 갖추고 있다. 인간의 선견(先見)으로써 그리고 확고한 보장 수단을 강구함로써, 심장 지대의 궁극적 지배를 이루지 못하게 막는 것이 인류의 과제임에 틀림이 없다. 독일과 러시아에는 혁명이 있었다. 그럼에도 불구하고 독일과 러시아 국민은, 의연한 활동 기업형 조직의 성격이 강하고 각기 강력한 역사적 관성을 지닌다

---

[726] 약 4,829킬로미터

따라서 세계 여러 나라(世界諸國)가 단일의 세계 체계로 융합하는 것이 지상의 지옥을 대신할 수 있는 유일한 대안이라는 관점에서, 이상주의자들은 국제 연맹을 지지한다. 이들이 동유럽의 적절한 세분(細分)에 어떻게 관심을 두고 있는가에 초점을 모아 보자. 독일과 러시아 사이에 있는 실질적으로 독립한 일련의 여러 나라(諸國)가 하나의 중간 지대(a Middle Tier)를 형성함으로써, 독일과 러시아는 자신의 목적을 달성할 것이다. 그러나 중간 지대 없이 독일과 러시아는 그 목적을 이룰 수 없다. 독일의 세력들과 러시아 사이에 있는 단순한 어느 참호선도 - 독일의 정치가인 나우만(Naumann)[727]의 저술『중부 유럽론』[728]에서 훌륭히 검토된 바와 같이 - 게르만족과 슬라브족 두 민족의 대립하고 있다는 사실에 어떤 변화도 줄 수 없고, 양국의 불안정한 관계를 지속시킬 것이다. 세계 연맹(the World League)에 참여할 외측 국가의 지지를 받을 '중간 지대'는, 동유럽을 삼국 체계 이상으로 분할하려는 목적을 달성할 것이다. 더욱이 거의 힘이 같은 중간 지대(Tier)의 여러 국가는, 스스로 국제 연맹 신회원국이 될 수 있는 크게 흡족한 집단이 될 것이다.

따라서 한번 세계 제국의 유혹과 기회(opening)를 없애 보자. 그러면 독일과 러시아 사이에 무슨 일이 일어날 것인가를 누가 예언할 수 있을까? 순전한 부자연스러운 구조인 프로이센이 - 영국 또는 프랑스와는 달리 - 몇몇 연방주로 분할될 것이란 징후가, 이미 있다. 프로이센인은 역사적으로

---

[727]   1860~1919, Friedrich Naumann, 독일의 신학자, 자유주의 정치인, 언론인이다.

[728]   Mitteleuropa. 그는 1915년 발간된 이 책에서 중간 지대에 있는 중부 유럽 국가들이 독일의 지도 아래 군사적·경제적 결합을 이루어야 한다고 주장하였다. 독일이 전쟁을 한 목적을 분명히 하였다.

보면 동유럽에 속하고 지방으로 보면 서유럽에 속한다. 아마도 러시아인은, 일종의 느슨한 연합체를 이룰 수많은 국가로 전락하지 않을까? 독일과 러시아는 서로 대립함으로써 대제국으로 성장하였다. 그러나 중간 지대의 국민 — 폴란드인, 보헤미아인, 헝가리아인, 루마니아인, 세르비아인, 불가리아인, 그리스인 — 은 방위를 위한 목적을 제외하고는 전혀 연합을 구성할 것 같지 않다. 인접 양 강대국이 세계 제국 건설을 위해 동유럽에 새로운 조직을 세우려고 한다면, 중간 지대의 국민은 — 독일인 및 러시아인과 너무나 다르므로 — 어김없이 이에 저항할 거라고 믿을 수 있다.

세계적인 주목을 받지 않을 수 없는 심장 지대와 아라비아에는, 몇몇 전략적 지점이 있다. 왜냐하면 이 지점을 점유함으로써 세계 지배를 촉진하거나 예방할 수 있기 때문이다. 그러나 이 때문에 이 지점을 국제 연맹에 미경험의 국제 관리[729]를 하게끔 하는 것이 현명한 처사라고 할 수 없을 게다. 여기에서도 활동 기업의 진상을 꼭 염두에 둘 필요가 있다. 공동 보호의 책임을 진 국가의 대리인[施政國]은 필시 지역의 민족들 또는 파당들의 편을 들기 때문에, 공동 주권(Condominium)[730]이 성공을 거둘 가능성은 대체로 낮다. 국제 관리의 가장 효율적 방법은, 인류를 위한 피신탁자로서 한 강대국(one Power)에 위탁 통치하는 방법일 것 같다. 물론 다른 지점의 경우 다른 강국이 맡을 수 있다. 이 방법은, 베를린 회의[731]에서 보스니아와 헤르체

---

[729]   신탁 통치(信託統治)

[730]   둘 이상의 국가가 동등한 주권을 행사하는 지역(국가, 영토)을 뜻한다. 그 보기로 제2차 세계 대전이 끝난 뒤 1945~1949년 동안 영국, 프랑스, 미국, 소련이 점령한 지역을 들 수 있다.

[731]   러시아-투르크 전쟁의 결과로 독일의 비스마르크가 주최한 국제회의이다. 프랑스 독일, 오스트리아, 이탈리아, 오스만 제국 영국, 러시아 7개국이 참여하여 발칸반도

고비나의 행정을 오스트리아-헝가리에 위탁했을 때, 실험적으로 시도된 바 있다. 이는, 보호를 받은 양 지방(地方)의 물질적 진보에 관한 한, 성공을 거두었다. 아메리카 공화국[732]과 대영 제국이, 해양과 각 해역을 연결하는 해협의 평화를 위한 세계의 신탁 관리국으로 부상할 수 있다. 따라서 그 대상에는 파나마, 지브롤터, 몰타, 수에즈, 아덴, 싱가포르가 포함될 수 있고, 이 경우에 새 원칙과 활동 기업형 조직의 실상(fact)을 조절하지 못할 이유가 없다. 하지만 이것은 단지 기성(旣成) 실상(實相)을 조정하는 것이 된다. 이 원칙의 시험은 – 대부분의 다른 세계적 원칙과 마찬가지로 – 심장 지대와 아라비아와 관련이 있다. 세계 도서국의 국민은, 코펜하겐 혹은 콘스탄티노플 또는 더욱이 킬(Kiel) 운하[733]의 운명에 결코 무관심할 수 없다. 왜냐하면 심장 지대와 동유럽에 위치한 강국이, 발트해와 흑해에서, 해전(海戰)을 준비할 수 있기 때문이다. 제1차 세계 대전 동안, 북해와 동부 지중해에서의 안전을 확보하기 위하여, 연합국의 전체 해군력이 필요하였다. 독일이 전쟁 초부터 흑해에 기지를 두어 충분한 잠수함 작전을 수행하였다면, 아마도 대(對)수에즈 운하 육상 전투를 할 독일 군대의 안전을 도모할 수 있었을 것이

국가들의 영토를 설정하였다.

[732] 미국

[733] 독일 북부의 슐레스비히 홀슈타인 주에서 북해와 발트해를 연결하는 운하이며 19세기 말쯤 세워졌다. 정식 명칭은 북해-발트해-운하이다.길이는 얼추 100킬로미터이다. 베르사유 조약은 제1차 세계 대전 이후, 킬 운하를 모든 국가의 상선과 전함에 개방할 것을 규정하였다. 국제 운하가 되었는데, 1936년 독일의 히틀러는 이를 파기하였다.

다.[734] 이상의 사실에서 우리는 팔레스타인, 시리아, 메소포타미아[735], 보스포루스 해협과 다르다넬스 해협, 발트해로부터의 출구가 어떤 식으로 국제 관리 아래 두어야 한다는 결론을 내릴 수 있다. 팔레스타인, 시리아와 메소포타미아의 경우에 미국과 프랑스가 국제 신탁을 취할 것이란 점은 이해가 간다. 무슨 이유에서, 역사적 도시 콘스탄티노플을 국제 연맹의 워싱턴으로 만듦으로써 콘스탄티노플의 문제를 풀려고 하지 않을까? 세계도의 철도 네트워크가 완성된다면, 콘스탄티노플은 철도, 증기선, 항공기가 지구상에서 가장 쉽게 접근할 수 있는 장소 중의 하나가 될 것이다. 콘스탄티노플에서 서구의 주요 국가는 ― 지난 수세기 동안 억압당하였던 ― 정확히 이와 같은 지역을 관통하여, 빛을 발산할 수 있다. 대체로 이곳에 발하는 빛은, 인류의 관점에서 보아 가장 필요한 빛이다. 콘스탄티노플에서 우리는, 서양과 동양을 결합하고 ― 해양의 자유로써 ― 영원히 심장 지대에 침투할 수 있다.

팔레스타인에 유대 민족의 보금자리를 마련한 것은, 제1차 세계 대전의 최대 성과 중의 하나이다. 이것이 바로 현재 진실을 말할 수 있는 하나의 주제이다. 수세기 동안 유대인 거주 지역(Ghetto)[736]에 거의 감금되었으며 영

---

[734] 1905년 독일이 이끄는 오스만 제국의 군대가 남팔레스타인에서 영국의 보호령인 수에즈 운하를 공격하였다. 영국이 승리하였다.

[735] 티그리스 강과 유트라테스 강 사이에 있는 충적 평야이다. 오늘날 이라크의 일부이다.

[736] 게토는 유럽 여러 도시에 유대인이 강제로 이주해서 형성된 유대인 주거 지역이다. 이탈리아어인 ghetto는 카나제로의 베네치아 게토 ― 베네치아의 유대인 구역 ― 에서 유래하였으며, 1899년부터 대도시의 소수 민족 밀집 거주지를 뜻하는 용어로 확산되었다.

예스러운 높은 사회적 지위를 얻지 못한 유대인은, 불균형하게 발전하였다. 유대인은, 그 성격 상의 결함뿐만 아니라 그 탁월한 재능 때문에, 일반적으로 기독교인의 증오 대상이 되었다. 앞에서 검토한 바처럼 − 마자르족과 터키족을 이용하여 독일이 남유럽을 지배하였던 것 같이 − 유대인의 도움을 받으면서 유대인이라는 대리인을 이용하여 독일은 적지 않게 세계의 대(大) 상업 거점(商業據點)에 침투하였다. 러시아 볼셰비키의 지도자 가운데 다수는 억압받는 유대인이었다. 고향을 잃은 뛰어난 유대인은, 이런 유(類)의 국제적 사업에 전념하였다. 기독교 왕국은 실상에 놀랄 큰 권리가 없다. 그러나 상호 우호적인 독립국으로 구성된 국제 연맹에는, 이와 같은 음모적인 정치 활동의 여지(餘地)가 남아 있지 않을 것이다. 따라서 한 민족의 고향 − 세계의 지리적·역사적 중심 − 에 유대인이 '정주·안주하여'야만 한다. 이 방향으로 힘을 돌려야 한다. 팔레스타인 밖의 활동 기업형 조직으로 여전히 남을 그런 대 유대인 공동체에서조차, 판단 기준 − 유대인 자신에 의해 유대인에게 미친 사태를 판정하는 기준 − 을 기대하지 않을 수 없다. 하지만 이건, 유대인이 국적을 의연히 수용한다는 의미이다. 유대인의 일부는 이런 자격을 잊으려고 애쓴다. 유대교와 히브리 민족을 구별하려고 힘쓰는 논자(論者)가 있다. 그러나 분명히 유대교와 히브리 민족이 넓은 정체성이 있다는 일반적 견해는, 크게 틀린다고 할 수 없다.

광대한 사막과 고원 지대로 이루어진 환대(環帶, girdle)를 넘어서 있는 아시아와 아프리카의 광활한 인구 조밀 지역에도 − 잉글랜드령 인도 제국(帝國, British Raj)[737]과 같은 − 활동 기업형 조직이 있다. 국제 연맹의 규

---

[737] British Raj는 잉글랜드령 인도 제국을 의미한다. Raj는 산스크리트어와 힌두스탄어로 통치(rule, 지배)라는 의미이다.

격에 맞는 세계 균형을 실현하려고 이런 활동 조직을 성급히 흔들어 쓰러뜨리는 일은 정말로 어리석다. 중국의 자오저우만(膠州灣, Kiauchau)[738]과 동아프리카(East Africa)의 어느 지역도 강대국 독일의 수중에 절대 반환하지 말아야 한다. 독일(Power)은 — 대륙 국가가 육상으로 전개한 군대가 이 지역 각각에서 기존 요새를 입수해야만 하는 시기를 전략적으로 염두에 두면서 — 이 두 지역을 접수한 바 있다. 세계도를 정복하는 데 도움을 줄 수 있는 보조 인력으로 중국인과 흑인을 이용하려는 분명한 의도를 지녔다는 말이다. '인도 제국(諸國, the Indies)'[739]에 살고 있는 인류의 절반이, 궁극적으로 어떤 역할을 할 것인가에 대해 누구도 정확히 예언할 수 없지 않는가. 그러나 인도인과 중국인을 심장 지대 정복으로부터 보호하는 일은 도서 국민의 명백한 의무이다.

구 독일령 남서 아프리카와 남태평양에 산재한 독일령 섬[740]은 독일에 반환하지 말아야한다. 전략적으로 매우 중요한 소수의 지점의 경우에 국제 신탁을 실시한다는 조건으로 국제 연맹에서 지지하고 있는 민족 독립의 원칙은, 각국이 자신의 국내 정치의 지배자가 되어야만 한다는 걸 뜻한다. 이 원칙이 남아프리카와 남태평양의 섬에 유효하다. 그 밖의 다른 원칙은 미래 분쟁의 씨를 뿌릴 것이고 군비 축소를 저해하는 요인이 된다.

---

[738] 독일이 중국 북부의 산동 반동 남쪽 연안에 소유하였던 조차지이다. 1898년에서 1914년까지 조차하였다.

[739] 인도, 인도차이나, 동인도 제도를 칭한다

[740] 동아프리카의 독일 식민지는 루완다, 부룬디, 탄자니아, 카메룬, 토고랜드 등이 있다. 태평양에는 독일령 뉴기니아, 비스마르크 군도, 독일령 솔로몬 군도, 나우루, 마샬 군도, 독일령 사모아, 마리아나 제도가 있었다. 중국에는 자오저우만, 칭다오, 옌타이가 있었다.

❦ ❦ ❦ ❦ ❦

   위에서 우리는, 현재 진행중인 국제 연맹과 활동 기업형 조직의 출발이라 할 수 있는 국제 체계의 실상에 대하여 충분히 검토하였다. 하지만 미래의 활동 기업형 조직 – 국제 체계 – 의 관리 방법을 언급해야만 한다. 그레이 자작(Viscount Grey)[741]은 우리가 이와 같은 국제적인 대사업(國際 大事業)에 접근할 때 필요한 마음의 상태를 기술하였다. 앞의 글에서 이를 인용하였다. 따라서 이런 대사업(偉業)에서 그의 언급보다 더 정확한 무엇을 덧붙일 수 있을까?

   자유방임형(型)의 자유 무역과 독일식(式)의 약탈적 보호 무역 양쪽이, 제국(帝國)주의(Imperial)의 원칙이며 전쟁을 향하여 나아가고 있다는 소신(所信)을 내가 밝혔다. 다행스럽게도 신생 대영 제국의 성원(the younger Britains)은 맨체스터 학파의 자유 무역[742]을 신뢰하지 않고 있다. 위대한 미국의 정치가 알렉산더 해밀턴(Alexander Hamilton)[743]이 예시한 경제적 이상 – 모든 발전에서 균형 잡힌, 진정한 독립 국가의 이상 – 을 추구하기 위하여, 모국이 자치령에 준 재정적 독립을 이용하였다. 물론 이는 대규모의 국제 무역을 금지하려는 뜻은 전혀 아니다. 즉 무역의 결과가 항상

---

[741] 1862~1933, p. 251 과 역주[705]를 볼 것.

[742] 맨체스터 자유주의, 맨체스터 자본주의 등으로도 불린다. 19세기 영국의 자유 무역 운동의 정치적 흐름을 대변한다. 대표적 경제학자로는 코드던, 브라이트, 바스티아(Bastiat) 등이 있다.

[743] 1755~1804, 미국 건국의 아버지라고 불리는, 미국의 정치 사상가, 철학자이다. 농본주의와 작은 정부들을 옹호하며 연방주의를 주창하였다.

목표 삼은 균형을 향하게끔 하고 회복 가망이 없을 정도로 일방적인 경제적 불공평 상태가 쌓이지 않도록 무역을 관리해야 한다는 의미이다.

어떤 국가에서도 상업 '침투(浸透)'를 방치(放置)한다면, 국제 연맹은 안정적으로 기능할 수 없을 것 같다고 나는 생각한다. 상업 침투의 목적이, 타국으로부터 적절한 고용 관계 실현의 기회 ― 아주 숙련된 노동을 필요로 하는 고용 형태의 공정한 몫 ― 를 박탈하는 데 있기 때문이다. 필시 침투가 그 목적을 달성하는 한, 상대 나라 안에서 일반적인 불만(不滿)이 고조될 것이다. 만약 코브던주의(Cobdenism)[744]의 기치 아래 일국의 특수한 산업을 전문화함으로써 다른 몇몇 국가의 국민이 천박한 육체 노동자의 지위로 떨어지고 이를 감수하지 않을 수 없다고 느낀다면, 그 결과는 상업적 침투 성공의 경우와 크게 다르지 않을 것이다. 일정 국가에서 어떤 특수 산업이 발달한 결과, 그 제품에 관한 한 세계 시장 이하의 시장에 만족할 수 없게 되었을 때, 타국의 경제적 균형은 전복되기 쉽다. 금회(今回)의 전쟁 뒤 세계의 주요 국가는, '기간(key, 基幹)' 혹은 '기초(essential)' 산업을 타국이 박탈하도록 방임하지 않을 것이다(1.두 용어 ― 기간 산업과 기초 산업 ― 의 서로 다른 의미를 엄밀히 구별해서 필자가 항상 사용하지 않고 있다. 기간 산업이란, 그 자체가 비교적 소규모일지라도 다른 대규모 산업에 필요한 산업이다. 보기를 들면, 영국에서 일년에 이십만 파운드 가치가 있는 아닐린 염료를 연간 이천만 파운드의 값어치가 있는 직물·종이 제조업에 사용하였다. 이 비율은 문을 여는 문(door)의 열쇠(key)에 비유할 수 있다. 조그마한 열쇠와 같은 성격이 없는 기초(essential) 산업이 있다. 이

---

[744] 국제 자유 무역과 내정 불간섭의 외교정책이 번영과 세계 평화를 이루는 핵심의 필수 조건이라고 주장하는 정 경제 이론이다. 아담 스미스의 사상에 바탕을 두어, 코브던은 자유 무역의 확대가 세계 번영의 주요한 수단이며, 경제 진보를 위한 국제 분업을 강조하였다.

를테면 20세기의 철강 산업과 같은 것이다. 두 용어의 의미를 구별해서 사용하는 것은 바람직하다. 왜냐하면 각각 상이한 방어책이 아마도 양 산업에 필요할 수 있기 때문이다.). 당신이 이와 같은 두 범주(範疇)의 산업을 철저히 연구할 때 – 단순히 방어 대책(防禦 對策)에 몰리어 한 방편(方便)에서 다른 방편(方便)을 쓰려고 추구하는 대신 – 일반적인 경제 독립과 발전이란 매력적이고 긍정적인 이상을 채택한다면, 뒷날 후회하지 않을 게다. 예외 없는 법은 없다는 점을 의식하면서 코브던주의의 자유 무역 정책을 소극적으로 채택하려고 시도하면, 오늘날의 세계 상황에서, 거대 다수의 **임시 조정 기구(臨時調整機構)**로 이루어진 엉성한 단체를 목격할 것이다. 관세율 인하와 장려금 지급이란 일반적 제도는, 나타나는 각각의 어려운 문제를 – 신속하고 손쉽게 – 우리가 다루게 할 수 있게 한다. 그 까닭은 우리가 적합한 통제 기구를 손에 쥐고 있기 때문이다. 하지만 이 책에서 나는 이런 기구에 내재한 문제를 상세히 설명하지는 않겠다. 나는 지금 이상(理想)과 목적(目的)이란 문제를 다루고 있다. 코브던주의자는 국제 무역이 본질적으로 유익하고 국제 전문화(분업)가 자연적 원인으로 보이지 않는 손에 의해 일어난다면, 이를 결코 막을 수 없다고 믿는다. 다른 한편, 베를린인도 국가 간 경제적 전문화를 제창(提唱)하고 있으나 – 대부분 과학적인 분석에 근거를 두어 운영함으로써 – 최고의 이윤을 내는 국내 산업을 육성하여 숙련된 노동의 고용 기회를 제공하기 위해 노력한다. 각 경우에, 그 결과는 같다. 산업의 활동 기업형 조직은, 국가를 지배하고 진정한 독립을, 다른 국가뿐만 아니라 자국으로부터도, 박탈한다. 그 결과 차이가 마찰을 일으키고 점점 심화되어 충돌하고 결국 전쟁을 치르게 할 것이다.

국가 경영(國家 經營)에서 비극(悲劇)을 초래할 활동 기업형 조직과 관련하여 세 가지 유(類)의 정신적 태도를 지적할 수 있다. 첫째 항복과 체념 즉 숙명론(宿命論)인 **자유방임주의**(*laissez-faire*)가 있다. 이 같은 정신 상태에서 발생한 상황은 자기 과실로 저절로 생긴 질병의 조건과 비슷하다. 즉 인체(人體)는 일종의 활동 기업형 조직으로 간주될 수 있고 그 기능이 균형을 잃으면, 유기적으로 영향을 받아 결국 의사의 진찰도 혹은 더욱이 외과 의사의 외과용 메스(scalpel)도 소용이 없게 된다. 왜냐하면 병(病)을 멈춘다는 사실이 생명 그 자체를 잃는 것이기 때문이다. 19세기 중엽 대영 제국의 따사로운 햇볕을 받으면서, 분명히 가장 현명한 정치 철학이 최후의 심판일(審判日)을 위해 생존할 수 있었고 일체를 신의 섭리(攝理)에 위탁할 수 있을 것 같았다. 1914년 8월[745] 우리가 외과 의사의 수술대에 누웠을 때, 다행스럽게도 질병이 치명적 단계로 진척되지는 않았다. 그러나 징집 적령자 가운데 군복무 부적격자로 분류된 백만 명이 있다. 이 점에서 보면 이들은, 거의 바로 당시,[746] 전쟁 발발에 대하여 신께 감사하는 증후를 보인다.

활동 기업형 조직에 대한 제2의 정신적 태도는, 공황(恐慌, panic)의 태도이다. 이건 프로이센의 태도였다. 이 태도는 자유방임주의란 위안(慰安)의 종교 못지않게 즐겁고 한편으로 신뢰할 수 있는 빌붙는 초인 철학(超人哲學)에 의해 숨겨져있을지라도 말이다. 노골적으로 그리면 독일인의 쿨툴은, 궁극적으로 다위니즘[747]에서 표현된 바와 같이, 경쟁·자연 도태 사상에 사로잡히고 공포에 질린 독일인의 불안한 심리 상태에서 발전되었다. 그 결과 프로이센인은 인간이 생잔(生殘)하기 위해 사람을 먹어야 한다면 하여튼

---

[745] 1914년 8월 독일은 프랑스에 선전 포고를 하였으며, 영국은 독일에 선전 포고를 하면서 미국은 중립을 선언하고, 제1차 세계 대전이 유럽 대륙에서 진행되었다.

[746] 1914년

[747] 진화론이라고도 한다. 영국의 생물학자 다윈이 주장한 생물학적 진화론에 바탕을 두고 있다. 그 핵심 자연 선택(자연 도태)이다. 환경에 가장 잘 적응하는 자가 살아남는다는 것이다.

식인종이 되기로 결심할 것이란 의미이다! 따라서 프로이센인은, 일생 동안 신체를 단련하기 위하여 주도면밀(周到綿密)하게 프로 권투 선수의 힘과 능률을 연마하였다. 유감스럽게도 프로이센인이 육성한 엄청난 활동 기업형 조직(the monster Going Concern)은 점점 탐욕을 채우면서 괴물(怪物)로 변하여, 마침내 프로이센인은 활동 기업형 조직을 먹여 살리지 않을 수 없게 되었다. 우리의 세계에서 일어나는 잔인하고 탐욕적인 사건의 절반은 공황이란 심리에서 발생하였다.

제3의 태도를 취하는 자는 무정부주의자[748]와 볼셰비키이다. 무정부주의자와 볼셰비키 양쪽을 구별할 수 있다. 그러나 활동 기업형 조직[국가 체계]이 와해되든지 혹은 산산조각으로 부서지든지, 무정부주의자와 볼셰비키 양쪽은 실질적으로 큰 차이 없다. 이 태도는 사회의 자살을 뜻한다. 동유럽뿐만 아니라 중유럽에서도 볼셰비즘이 창궐하거나 말거나, 재건(Reconstruction)[749]의 시기 동안 서구의 민주주의 나라가 책임을 지고 질서를 회복해야할 필요성은 매우 중요하다. 서구인은 승리자이다. 그리고 각각의 국가에서 너무나 자주 되풀이되었던 이상주의, 무질서, 기근, 폭정의 악순환으로부터 세계를 구할 수 있는 유일의 종족이, 서구인이다. 만약 우리가 현재 작동 중인 사회 기구를 서둘러 해체하지 않고 ― 일련의 사회 질서를 점진적으로 도입함으로써 ― 우리의 이상을 성취한다면, 착실히 산출

---

[748] 무정부주의(아나카즘)는, 국가의 권위를 인정지 않고 해로운 걸로 보면서, 자발적인 협력의 제도에 기반을 둔 자치 단체로 대체해야 한다고 주장한다. 아나르키(anarchy)는 고대 그리스어로 <지배하는 사람이 없는>이란 뜻이다.

[749] 여기에서 재건이란 제1차 세계 대전이 끝난 뒤, 평화와 안전을 확고히 하고, 전쟁으로 폐허가 된 지속가능한 사회 경제 발전을 이룩하려는 프로그램을 뜻한다. 제1차 세계 대전을 모든 전쟁을 종식하기 위한 전쟁으로 보기도 하였다.

을 유지할 수 있다. 이것은 기본적인 현실(Reality)이며 과거 어느 때보다 현재의 문명이 의존하고 있는 게다. 질서 회복을 위한 지렛대로서 존재하는 국민적 기반(national base)도 전혀 없다는 것 따라서 무정부상태와 폭정을 무한히 연장한다는 것이, 전세계(全世界)의 무질서를 뜻한다는 걸 잊지 말아야 한다. 고대 로마 세계가 붕괴(崩壞)되었을 당시, 과거 로마가 도달했던 문명 단계를 재현하기 위하여 수백 년의 시간이 필요하였다.

그러나 활동 기업형 조직 사상에 사로잡혀 방황함으로써 국가라는 신체에 질병이 생긴다면, 그리고 공황적 태도의 결과로 범죄(犯罪)를 낳기 때문에 공황에 빠지지 말아야 한다면, 그리고 혁명이 자살적 반란(反亂)으로 끝나기 때문에 더욱이 혁명을 겪지 말아야만 한다면, 우리에게 남아 있는 경로가 어떤 것일까? 물론 관리의 경로이다. 이것은 민주 정체에서 자제(自制)[750]를 뜻한다. 만약 제1차 세계 대전이 어떤 교훈을 남겼다면, 이는 이와 같이 거대한 근대적 생산 능력도 통제할 수 있다는 걸 입증해 보였다는 것이다. 제1차 세계 대전이 방치할 수 없을 정도의 세계적으로 국제 금융의 대붕괴(大崩壞)를 낳을 거라고, 과거 많은 사람이 가정한 바 있다. 그러나 실제로 이와 같은 일이 닥치자 – 적지(敵地)에서 뽑아 낸 민간 신용(individual credit)의 뿌리를 감당할 수 있는 국가 신용(national credit)으로 치환하는 단순한 묘안을 이용하여 – 당시 영국과 독일의 상호 신용 공여 체계(相互信用 共與 體系)가 너무나 쉽게 성공을 거두었다.

만약 우리 목적이 금후 세계 경제 전체라는 활동 기업형 조직의 관리라고 일단 인정한다면, 국제 연맹을 구성하는 이상적 단위는 균형적으로 경제 발전을 이룩한 국가가 되어야만 한다. 자원은 지구상에 불평등하게 분

---

[750] 행동과 감정을 억제·통제할 수 있는 능력. 자기 관리

포되어 있다. 그러나 각 지역에 고유한 주식(主食) 작물의 재배를 빼고, 인간의 농업 활동(primary pursuit)이 차지하는 비율은 전체 산업 활동에서 비교적 낮다. 광물을 광산에서 얻어야만 하고 열대 식물을 열대 지방에서만 재배할 수 있다. 하지만 광물과 열대 지방의 생산물 양쪽, 현재 쉽게 수송할 수 있다. 따라서 고도 산업의 위치를, 인간의 선택과 의지에 따라 정할 수 있다. 우리의 성격은 우리의 직업에서 나온 것이다(We are what our occupations make us). 모든 성인은 그의 직업적 특성이란 흔적이 있다. 이 사실은 국가에도 해당된다. 자존심이 높은 국가는 금후 고도 산업의 응분의 몫을 확보하려고 하지 않을 수 없다. 그러나 이와 같은 산업은, 상호 균형을 이루지 못하고는 발전될 수 없을 정도로 맞물려 있다. 따라서 각국은 각각 주요 산업 노선에 따라 발전하기 위해 애쓸 것이며, 외부에서 이를 저해(沮害)하지 말아야한다는 결론이 된다.

 내가 분명히 확신하는 바로, 위에서 검토한 이상(理想)이 평화를 세울 수 있다. 일상 사회에서도 매우 불평등한 생활 수준을 지닌 사람이 진정한 의미에서 친구가 될 수 있는 기회는, 기분 나쁠 정도로 적다. 즉 아름다운 관계가, 보호와 종속과는 결코 양립할 수 없다. 의심할 바 없이, 문명은 서비스의 교환에 있다. 하지만 이 교환은 평등한 교환이 되어야만 한다. 화폐 경제학은, 서비스가 부여하는 산업 고용의 질이란 관점에서 아주 다른 가치를 지닌, 등가(等價)의 서비스들로서 평가하였다. 세계 각국이 만족을 얻기 위해서는 어느 정도 평등한 국가 발전의 기회를 확보하도록 우리가 노력해야만 한다.

제7장 인류의 자유

남녀가 이런 자유로운 국가들에서 더 많은 자유를 누릴 것인가 • 272

조직이 국내 지역들에 기초를 두어야할 필요성 • 274

다른 방도의 조직은 전국적인 계급과 이익에 기초한다 • 275

이는 필시 국제 계급 투쟁을 낳을 것이다 • 275

따라서 이상은, 균형 잡힌 국가들 안에서 균형 잡힌 지방들이다 • 275

이런 조직은 최대 다수에게 최대 기회를 마련한다 • 277

민족주의 운동의 원인 • 279

부당한 중앙 집중화에 대해 반대하며 • 282

박애 국가들은 경제적으로 균형 잡혀야 하며, 박애적 지방들로 구성되어야 한다 • 287

박애는, 만약 지속될 수 있다면, 활동 기업형 조직의 발전을 통제하는 데 좌우된다 • 293

세계 지리가 제시한 현실(Realites)[751]의 검토에서 시작하여, 만약 여러 나라의 자유를 확보할 수 있다면, 일정한 수의 대국 사이에서 자원의 평등한 분배라는 합당한 해결책 이외에 어떤 것에도 의존할 수 없다는 결론을 제6장에서 내렸다. 우리는 － 활동 기업형 조직의 당면(當面) 현실에서 － 각국의 경제 성장을 관리함으로써 여러 나라가 자칫하여 무궤도(無軌道) 상태에 빠져 충돌하지 않도록 해야 한다는 것도 확인하였다. 그러나 이와 같은 원칙이 남녀(Men and Women)의 자유와 무슨 관계가 있을까? 연맹에 가입한 자유의 여러 나라[自由 諸國]가 자국 시민에게 연맹 이전보다 더 많은 자유를 제공(提供)할 수 있을까? 확실히 지금까지 전장에 승리하기 위해 전투하여 온 사람, 위험을 무릅쓰고 거친 바다를 항해하여 온 선원(船員), 가정에서 일하고 기다리며 탄식하여 온 어머니와 부인은, 임박한 목전(目前)의 위험에서 단순한 패배를 찾지는 않고 있다. 이들은 － 자신의 생애 또는 사랑하는 귀중한 사람의 생애에서 － 더 큰 행복을 찾을 수 있다는 적극적(積極的) 비전을 세운다.

  이와 같은 관점을 지니고, 이 책의 앞에서 지적한, 민주적 이상주의(democratic idealism)가 연속하여 경험한 일련의 발전 단계를 분석해 보자. 미국 독립 선언[752]은 이 어구(語句)를 자유(自由)란 단 하나의 용어로 구

---

[751] 상상한 것이라기 보다는 있는 그대로의 사태(진상)을 뜻한다.
[752] 영국이 지배한 북미 13개 식민지가 독립을 선언한 것으로 1776년 7월 4일 － 미국 독립 － 이 기념일로 채택되었다. 미국 독립 선언문 제2장에서 생명과 자유와 행복의 추구 권리를 정하고 있다. 만인을 위한 행복 추구권이다. 민주적 이상주의에 속하는 프랑스 혁명은 1789년에서 1799년까지 전개된 혁명으로, 군주정을 무너뜨리고 공화국을 세운 자유주의 혁명이다. 제헌 국민 의회가 채택한 <인간과 시민의 권리 선언(1789)>은, 인간의 자유와 평등, 인민주권, 언론의 자유, 삼권분립, 소유의 불가침권 등

체화하였고 관리를 의미하는 평등(平等)과 자제를 의미하는 박애(博愛)를 덧붙였다. 박애[753]는, 모든 통치 형태 가운데 가장 어려우나 가장 고귀하며 민주주의의 성공에 꼭 필요하다. 그 이유는 대부분의 평범한 시민이 박애란 가치를 존중할 수 있는 능력이 있어야만 하기 때문이다. 이것은 민주주의 정치 철학의 최초의 한 순환(段階)이 끝났음을 의미한다. 민주주의 사상은, 직접적이고 명확하게 인류의 자유에 적합하다.

　19세기 중반, 민주주의 사상의 제2차 단계가 시작되었다. 그 목적은 민족이란 국민의 자유를 추구하려는 것이었다. 민족적 자립(民族的 自立)의 요구란, 일정한 지역에 속한 사람이 **공동**의 행복 추구 권리를 주장하는 것이다. 지역의 주민이 평등을 확보하고 스스로 관리할 수 있는 방법을 포함한다. 인간이 함께 자라지 않는다면, 박애적(博愛的) 감정(感情)은 육성되기 쉽지 않다. 그러므로 국민 감정(國民 感情)의 역사가 이 역할을 한다. 일반적으로 단순한 민족주의는, 공동 행복 추구권만을 요구한다. 그러나 국제 연맹의 초기 단계에 이르러 우리는 일진보(一進步)하여 프랑스 혁명의 위대한 삼부작의 단계 – 자유, 평등, 박애 – 란 이상(理想)을 국제 사회가 기대할 수 있게 하였다. 법 앞에 여러 나라의 평등을 확보하려면 국제 연맹이 어느 정도 관리할 필요는 분명히 있다. 나는, 각국의 균형 잡힌 발전이란 이상에서, 박애의 원칙에 함축된 자제의 원리를 볼 수 있다고 생각한다. 발전이

을 규정하였으며, 프랑스 혁명의 기초를 마련하였다.

[753]　박애란 자기가 바라지 않는 걸 남에게도 행하지 말며, 항상 자신이 원하는 선사(善事)를 남에게 베풀어야 한다(Ne faites pas à autrui ce que vous ne voudriez pas qu'on vous fît. - Faites constamment aux autres le bien que vous voudriez en recevoir.)라고 <1795년 헌법>에 규정되고 있다. 박애란 타자를 향한 것이며, 사회와 공동체에 대한 의무와 봉사라고 할 수 있다.

균형을 잃는다면 국가는 – 무모하게 또는 범죄적 계획으로 – 결핍의 상태를 반드시 충족하려고 날 뛸 것이다. 이 같은 결핍은 타국을 희생함으로써 충족될 것이다. 달리 말하면, 외부에서뿐만 아니라 내부에서도, 관리를 실시함으로써, 겨우 여러 국가 간[諸國家間]의 평등을 영구적으로 확보할 수 있다. 그러나 이것은 국내 정치가 항상 국제 정치에 영향을 받는다는 점을 염두에 두고 내정(內政)을 해야 한다는 말을 포함한다. 즉 피상적 의미에서 보면 자명한 이치(理致, truism)이나, 보통 받아들이는 것보다 더 깊은 함축성을 지닌다.

여러 나라[諸國]는, 일종의 여러 지역 사회[諸地域 社會]라는 별명(別名)이 있는 이상 – 여러 나라의 조직이 존속하려면 – 무엇보다도, 이 조직이 국민 전체의 '이익'이 아니라 오로지 국내의 지역 공동체들에 기초를 두어야만 한다는 암시를 깔고 있다고 나는 생각한다. 이것을 바로 하원(the House of Commons)이란 고래적인 영국적 사상에서 찾을 수 있다. 물론 *commons*란 용어는, 물론, 공동체(communities)를 의미하는 프랑스어 'communes'과 같다. 여러 공동체(諸共同體) – 주(shires)와 시(burghs) – 의 의원(議院, House of Communities)이, 사실 오늘날에 맞는 하원의 번역어일 것이다. 실제로 중세의 기사와 시민(burgess)은, 오늘날의 인위적으로 획일화된 선거구보다 더 완전하고 균형 잡힌 생활 공동체를 대표하였다.

만약 국가의 진정한 조직이 –지역들에 의거한 조직을 대신하여 – 계급과 이익에 의해 존재한다면(1. 웰스씨(Mr. H. G. Wells)[754]가 지적한 바 와 같이, 비

---

[754] 1866~1946, 영국의 소설가, 역사가, 사회학자이며, SF(공상 과학)의 아버지로 불린다.『타임머신』,『투명인간』 등의 소설이 한글로 번역되었다.

록 그가 현행 경향에 이끌려 '이익'에 의거한 집단을 받아들이고 있지만, 나는 그가 잘못이라고 본다.) 여러 인접 나라[隣接 諸國]의 같은 계급은 스스로 동일 이익을 지니고 결합할 것이고 국제 사회의 수평적 분화라는 현상이 거의 필연적으로 계속 일어날 것이다. 다행스럽게도 바벨탑[755]의 전설은, 언어(言語)라는 몇몇 대(大) 활동 기업형 조직들의 시작을 알렸다. 따라서 세계 공용어가 탄생할 수 없기 때문에 국제주의가 방해를 받았다. 그러나 현대에 들어와 자본과 노동 사이의 투쟁이 빚어짐으로써, 몇몇 경구(警句)와 단어가 국경을 초월하여 공통의 통화처럼 사용되었고 소수의 핵심 사상을 국제적으로 전파하는 데 기여하였다. 제1차 세계 대전 직전(直前)의 단계(段階)에서, 불행하게도 당시 급속히 세인의 관심을 쏠렸던 일정 사회적 현실(Realities)에 이 경구와 단어가 어울렸다. 자본의 국제 제휴는, 세계의 약소국의 몇몇을 위협할 정도로 힘을 얻었다. 상업적 침투를 위하여 바꾸어 말하면 경쟁

---

[755] 바벨탑에 관한 기록은 《구약 성서》의 <창세기> 11장 1~9절에 실려 있다. "온 세상이 한 가지 말을 쓰고 있었다. 물론 낱말도 같았다. 사람들은 동쪽으로 옮아 오다가 시날 지방 한 들판에 이르러 거기 자리를 잡고는 의논하였다. 어서 벽돌을 빚어 불에 단단히 구워내자. 이리하여 사람들은 돌 대신에 벽돌을 쓰고, 흙 대신에 역청을 쓰게 되었다. 또 사람들은 의논하였다. 어서 도시를 세우고 그 가운데 꼭대기가 하늘에 닿게 탑을 쌓아 우리 이름을 날려 사방으로 흩어지지 않도록 하자. 야훼께서 땅에 내려 오시어 사람들이 이렇게 세운 도시와 탑을 보시고 생각하셨다. 사람들이 한 종족이라 말이 같아서 안 되겠구나. 이것은 사람들이 하려는 일의 시작에 지나지 않겠지. 앞으로 하려고만 하면 못할 일이 없겠구나. 당장 땅에 내려 가서 사람들이 쓰는 말을 뒤섞어 놓아 서로 알아듣지 못하게 해야겠다. 야훼께서는 사람들을 거기에서 온 땅으로 흩으셨다. 그리하여 사람들은 도시를 세우던 일을 그만두었다. 야훼께서 온 세상의 말을 거기에서 뒤섞어 놓아 사람들을 흩으셨다고 해서 그 도시의 이름을 바벨이라고 불렀다." 환상적이며 실현할 수 없는 계획을 바벨탑에 비유하기도 한다.

상대국의 사회적·경제적 균형을 파괴하기 위하여 독일은 자본의 국제 제휴를 악용하였다. 노동 측은 단지 남이 하는 대로 할 수 있었고, 또한 국제 조직을 세우기 위해 노력할 수 있었다. 따라서 국제 프롤레타리아와 국제 자본주의 간의 계급 투쟁 사상이 도래하였다. 전쟁의 진행 과정에서, 우리는 자본의 국제적 조직을 해체하는 데 크게 고생하였다. 다름 아닌 국제 자본과의 전쟁을 목적으로 갑자기 탄생한 국제 조직에 집착함으로써, 국제 자본 해체에서 우리가 성취한 모든 성과를 노동 측이 현재 무(無)로 되돌릴 수 있을까? 국제적으로 조직된 노동의 관성이 강해진다면, 그러할 것이다. 다름 아닌 국제 자본주의의 재활성화는 불가피(不可避)하기 때문이다. 뒤이어 일어날 경제 전쟁의 결과로, 볼셰비즘이 세계적으로 발전할 수 있다. 아니면 당사자들 가운데, 일방의 당사자의 승리로 끝날 수 있다. 그래서 승리한 당사자는 진정한 세계 정부 혹은 새로운 조직자의 제국이 될 것이다. 노동 측이 승리한다면, 새로운 혁명으로 넘어질 때까지, 노동 계급 조직자가 권력에 집착하며 맹목적으로 계속 조직할 것이라는 본질적인 관점에서 보면, 그 조직자는 그 이전의 군국적(軍國的)·자본주의적(資本主義的) 인간과 다를 바 없다는 걸 곧 알게 될 것이다. 따라서 역사의 수레바퀴는 한바퀴 돌아, 무질서와 폭정이라는 주기적 국면에 이를 것이고, 미래 학생에게 교회주의·군국주의·자본주의 시대를 잇는 또 다른 '시대'인 프롤레타리아의 시대를 기억하도록 교육할 수 있다. 장래에 권력을 소유한다면 노동 측의 지도자는 － 심장 지대의 황야에서 질풍노도(疾風怒濤)처럼 쇄도(殺到)한 기마(騎馬)의 군세(軍勢)처럼 － 민중(民衆)에게 망설이지 않고 기관총을 마구 쏴 댈 것이다.

그러나 지역 공동체에 기초를 둔 조직이 여러 나라의 안정적이고 따라서 평화로운 생활에 필수적이라고 주장한다면, 이런 지역 공동체는 국가 그 자체의 생활과 양립할 수 있는 그 자신의 완전하고 균형 잡힌 생활을 해야만 한다. 이 방법을 빼고는, 우리의 지역 조직에 강하게 반대할 수 있는'계급과 이익' 조직의 결성을 막지는 못한다. 거대 도시(巨大都市)가 지역 공동체 출신의 젊은 최고급 두뇌 대부분을 다 짜내도록 당신이 방치하는 한 − 진행 중인 한 양상만을 인용하면 − 매우 오랫동안 조직은 부당할 정도로 주요 도시(都市)에 집중되지 않을 수 없으며 필연적으로 전국적 규모의 계급과 이익을 기조(基調)로 삼은 조직을 낳을 수밖에 없다. 우리가 이 문제를 인류의 자유 또는 여러 나라의 자유란 관점에서 보든지, 결론은 변함이 없다고 나는 생각한다. 즉 중요한 유일의 사실은, 전투적인 구호와 일시적인 치유책을 지닌 계급 조직을 − 유기적 조직체의 이상(理想) 즉 각 지방의 균형 잡힌 삶의 이상으로 대체함으로써 − 제거하는 것이다. 소공동체들로 이루어진 지방 안에서도 균형을 이룩해야만 한다.

🍎 🍎 🍎 🍎 🍎

논거의 다른 극단 − 인류의 기본적 자유 − 에서 문제를 생각해 보자. 평범한 인간이 무엇을 원할까? 음식과 거주 다음으로 인간은 자유를 원하고 있다고 밀(J. S. Mill)[756]은 말하였다. 그러나 20세기 민주주의 이론가는, 기회 선택의 자유만이 아니라 기회 그 자체의 평등을 강조한다. 그 수가 점점

---

[756] 1806~1873, 영국의 정치 철학자, 경제학자이다. 고전적 자유주의의 대표적 인물이다. 저술로는 『자유론』, 『공리주의』, 『여성의 예속』 등이 있다. 『여성의 예속』 제4장에서 밀은 음식과 의복 다음으로 어느 인간이나 원하는 가장 중요한 바람은 자유라고 하였다. 'After the basic needs for food and clothing, freedom is the first and strongest want of human nature.'

늘어나고 있는 인간 즉 건강한 인간이 요구하는 바는, 의미있는 삶 및 이 의미를 구현할 수 있는 행동의 삶 즉 인간의 소질을 실현할 수 있는 기회이다. 인간의 이런 발상에는, 사랑, 자식의 고상한 양육, 달리 말하면 기술과 솜씨 좋음에서 얻는 기쁨, 또는 종교와 영혼의 구원 혹은 어떤 유(類)의 스포츠에서 우수함 아니면 사회 구조와 그 발전, 미(美)의 음미, 예술적 표현과 감상이 포함될 수 있다. 그러나 이런 저런 방법으로 인간은, 지적(知的) 생활의 흐뭇한 만족 그리고 부수적으로 인간적 존엄(尊嚴)의 인정을 바란다.

최근 들어, 고대 사회에서는 노예로 태어났을 사람에게 일반적 기초 교육을 보급하여, 삶의 의미와 관념을 다룰 수 있는 기술을 가르치기 시작하였다. 완전한 문맹자(文盲者)는, 사물을 구체적 형태로만 생각한다. 따라서 위대한 종교 지도자는 우화를 들어 천천히 설교(說敎)하였다. 문맹자는 이상주의의 기쁨 혹은 위험 어느 것도 순순히 받아들일 수 없다. 분명히 서구 공동체는, 현 세대에 있어, 위험한 단계를 지나고 있다. 반쯤 교육을 받은 사람은, 매우 영향을 받기 쉬운 상태에 있으니 심리적으로 비상할 정도로 동요할 수 있다. 오늘날의 세계는 주로 이런 사람으로 되어 있다. 이 같은 종류의 사람은, 관념을 이해할 수 있으나 관념을 검증하는 습관 및 그 사이에 정신을 가다듬는 습관을 얻지는 못했다. 바꾸어 말하면, 오늘날 대부분 사람이, 선거(elections) 경험이 풍부한 사람에게 잘 알려진 사실 즉 '암시(暗示, suggestion)'[757]를 매우 받기 쉽다. 이처럼 선거의 달인은, 청중과 함께 논리적으로 생각하고 문답하려고 멈춰 서지 않는다. 암시는 독일 선전주의자의 방법이다.

---

[757] 말이나 몸짓으로 타인의 생각, 느낌, 행동을 조작하고 유도려하는 심리 작용을 뜻한다.

현재 '기회의 평등'이란 표현은 두 가지의 의미를 포함한다. 첫째, 관리이다. 그 까닭은 평균적인 인간 본성을 가정하면, 관리 없는 평등이 있을 수 없기 때문이다. 둘째, 이 표현은 행동의 자유 및 단지 생각하지 않을 자유만이 아니라 달리 말하면, 관념을 자신의 행동으로 시험할 수 있는 자유를 포함한다. 버나드 쇼(Bernard Shaw)[758] 씨는 '능력 있는 자는 행할 수 있고 능력 없는 자는 가르친다.'고 말한 바 있다. '할 수 있다.(can)'와 '할 수 없다.(can not)'란 용어가 기회의 유무(有無)를 뜻한다고 해석하면, 이 꽤 냉소적 경구(警句)는 중대한 진실을 시사(示唆)한다(1. Bernard Shaw, Man and Superman, 12th edition, p.230). 자신의 관념을 시험할 기회가 허용된 사람은 책임 있는 사상가가 될 것이나, 이와 같은 기회를 얻지 못한 사람은 당분간 사상을 — 무책임하게 말하자면 아카데믹하게 — 계속 향유할 것이다. 후자의 조건은 정확히 오늘날 신문을 읽는 대부분의 지성적인 노동자 계급의 조건이다. 그 일부는 이 사실을 충분히 알고 있고 유감(有感)으로 생각한다.

현대 산업 사회 생활의 해독(害毒)은 무엇일까? 명백히 지루함 즉 노동의 지루함과 사소한 사회·공동체 생활의 단조로움이다. 영국인이 전쟁 전(前) 럭비(football)[759] 게임 도박에서 위안을 얻었다는 것은 당연하다. 책임 있는 결단의 대부분은 소수에게 유보된다. 이 소수는 활동을 하여도 보이지 않는다. 왜냐하면 큰 중심들에서 떨어져 있기 때문이다.

최근 육십 년 혹은 구십 년이 지나면서, 민족주의 운동(Nationality

---

[758]   1856~1950, 아일랜드의 문학자, 평론가, 정치가, 교육자. 1925년 노벨 문학상을 수상하였다.

[759]   공식적으로 rugby football라고 한다. 럭비는 축구의 일종이다. 미식 축구도 있다.

movement)이 큰 활력을 얻은 이유는 무엇일까? 민족 의식(nationality)은, 중세 또는 19세기에 이르는 근대에서조차 큰 지배력을 행사할 수 없었다. 근대 국가의 크기가 확대되었을 뿐만 아니라 공동체 안에서 근대 국가가 더 큰 기능을 포괄하여 수행하자, 민족 의식이 발생하였다. 민족주의 운동은 – 관념의 삶을 영위할 수 있고, 행하도록 허용되기 때문에 '할 수 있는' 사람이 될 수 있는 – 기회(scope)[760]를 바라는 지식 청년의 불안을 바탕으로 삼는다. 고대 그리스와 중세 사회는 너무 느슨하게 결합되었으므로 모든 중요한 도시에서도 젊은 지성인이 활동할 수 있는 기회는, 풍부하였다. 18세기까지 도시의 역사를 흥미롭게 하고 때때로 너무 진부(陳腐)하게 한 것이 바로 그런 사실이 아닐까? 현재 중요한 영국 주요 도시 가운데 한 도시의 역사를 채택하여 이게 진실인지를 살펴보자. 최근 수 세대 동안 도시는, 경제 성장을 보여주는 단순한 통계 기록(統計 記錄)이라고 할 수 있다. 기껏해야 도시(town)는, 몇몇 중요한 부문에서 전문화되고 있고 완전한 유기적 조직체의 면모를 상실하고 있다. 도시의 제도적 기능면에서 보면 모든 게 분명히 이류이다. 왜냐하면 도시에 지방적 명성을 뛰어넘는 시설 혹은 산업이 없다면, 도시의 가장 우수한 인간이 떠나가 버릴 것이기 때문이다. 이런 시설 또는 산업은, 진정한 지방색이 풍부한 생활을 발전시키기보다 항상 짓밟고 있다.

아테네와 피렌체를 세계의 스승으로 만든 놀라운 문명의 원천이, 왜 피렌체와 아테네서 시작되었을까? 현재 도시(cities)의 크기로 평가한다면, 아테네와 피렌체[761]는 소도시이나 정치적·경제적 의미로 보면 독립 자치 도시

---

[760] 영역

[761] 이탈리아 중부에 위치한 도시. 영어로는 플로렌스라고 한다. 15세기 르네상스의

였다. 두 도시의 길거리에서 악수를 하고 그 가족이 근친 결혼한 사람은, 단지 동일한 산업에 종사하고 경쟁하는 주인 또는 같은 시세(市勢)로 경쟁하는 상인만이 아니었다. 최고의 지성적 인간이 활동하는 모든 중요한 부문은, 하나의 친밀한 서클 안에 반영되었다. 멀리 떨어진 수도로 떠날 필요가 없는 유능한 피렌체 청년이 – 그의 고향 피렌체에서 그리고 피렌체를 위하여 – 실천할 수 있는 활동들을 어떻게 선택할 수 있는가를 상상해 보자. 그는 시장 대신에 수상이 될 수 있다. 국토 방위군 사병의 지휘관 대신에 사실상의 전투 – 의심할 바 없이 소규모 전투 – 에서 도시 국가의 군대를 지휘하는 장군이 될 수 있다. 하지만 이건 그가 지닌 기량(器量)을 완전히 발휘하기에 충분하다. 만약 그가 화가, 조각가 또는 건축가라면 – 피렌체 밖의 지체가 높은 방문자인 부자 고객으로부터 디자인 주문을 받은, 기념물 대신에 – 자신의 고향 피렌체에 기념물을 세우는 데 헌신할 기회를 향유할 것이다. 물론 어느 누구도 아테네 혹은 피렌체 규모의 제도로 돌아가야만 혹은 돌아갈 수 있다고 제안하지는 않고 있다. 그러나 국가 전체의 계급 조직을 발전시킴으로써, 지방 생활이 지닌 고유한 가치와 이익 대부분을 다 짜내 버리고 있다는 점은 여전히 사실이다.

아일랜드[762]의 자치 요구(自治 要求)의 골자(骨子) 및 아일랜드보다는 강도가 약한 스코틀랜드의 자치 요구의 골자가, 잉글랜드가 꾸며낸 사악함에 대한 비난에 있는 것은 아니다. 그 진정한 동기를 기회의 평등을 주장하는 정치 운동에 참여한 청년이 유발하였다고 당신은 전적으로 확신하고 있는

중심지였다. 단테, 마키아벨리, 레오나르도 다빈치의 고향이기도 하다.

[762] 북대서양에 있는 섬이다. 그레이트브리튼섬과 분리되어 있으며, 정치적으로 아일랜드 공화국과 북아일랜드로 분열되어 있다.

가? 비록 청년이 기회의 평등을 완전히 이해하지 못할지라도 말이다. 보헤미아인[763]은 오스트리아 폭정의 지배를 받으면서, 눈에 띄는 경제적 번영을 도모하였다. 그러나 보헤미아인은 자신의 체코슬로바키아의 국가 독립을 얻기 위하여 분투하고 있다. 영국의 어느 공장에 근무하는 노조 간부가 멀리 떨어진 런던 사무소의 노동 조합 집행부에 저항하는 건, 동일한 인간 심리의 진실한 일면(一面)이 없지 않을까?

다름 아닌 **자유방임**의 경제 원칙으로 우리의 지방 생활은 쑥밭이 되었다. 백 년 동안 우리는, 활동 기업형 조직이 불가항력의 신(神)인 것처럼, 자유방임의 경제 원칙에 봉사하였다. 분명히 이것은 목전의 현실이다. 그러나 일정(一定)의 이상(an ideal)이 고무한 정책을 지닌다면 우리 마음대로 활동 기업형 조직을 개선할 수 있다. **자유방임주의**는, 이와 같은 유의 정책은 결코 아니었고 운명으로의 단순한 포기였다. 독자는 나에게 중앙 집중화가 시대의 '대세(大勢)'라고 말대꾸할 수 있다. 나는 이 같은 종류의 집중화가, 모든 시대의 맹목적 대세라고 맞받아칠 것이다. 천구백 년 전 '있는 자는 받을 것이요.'[764]라고 말하지 않았던가?

런던의 성장을 생각해 감안해 보자. 백년 전 백만 명이었던 런던 인구가 오늘날 칠백만 명 이상으로 늘어났다. 훨씬 본질적인 의미를 지닌 진상을 말하면, 백년 전 런던 인구는 영국 전체 인구의 십육분의 일과 같았으나, 현재 런던 인구는 그 오분의 일을 점한다. 어찌하여 이와 같은 일이 발생하였

---

[763] 보헤미아는 중부 유럽에 있었던 왕국으로 1867년 오스트리아-헝가리 제국에 속했으나, 1918년 제1차 세계 대전에서 오스트리아-헝가리 제국을 포함한 동맹국이 패배하자, 체코슬로바키가 되었다. 현재 체코 지역 대부분을 차지하는 곳이다.

[764] 신약성서 마가복음 4:25. 맥킨더는, 이 구절을 부자에서 더 부유한 자로의 소득 재분배라는 의미로 사용한 것 같다. 돈이 돈을 번다는 뜻인 듯하다.

을까? 의회를 처음 개원했을 때 – 흥미로운 지방 생활로 분주한 의원을 의회에 출석하도록 하기 위해 – 수당을 지불해야만 할뿐만 아니라 자신의 대표[765]를 선출하지 않는 공동체에 벌금을 부과해야만 하였다. 이것은 사태의 본래 모습이었다. 강력한 지역적 자기 작용(磁氣作用)에 대항한 연방화라고 할 수 있다. 머캐덤 포장 도로[766]를 도입하였을 때, 런던에서 퍼져 나가는 하나의 별(star)[767]모양의 도로를 건설하였다. 이 도로로 시골의 생활을 런던으로 끌어 올렸으며 시골은 서서히 약화되면서, 런던이 성장하였다. 철도가 건설되었을 때에도, 간선 철도가 런던으로부터의 별(star)모양을 취했으며 급행 열차가 오르내리면서 런던을 양육하고 시골을 착취하였다. 현재 정부(the State)가, 소포 우편 제도와 같은 서비스를 설립함으로써, 반드시 집중적 경향을 강화하는 데 돕고 나설 수밖에 없다. 따라서 런던 주변의 약 백 마일[768] 내외에 있는 장(場)이 서는 소도시들(market towns)의[769] 지방색이 상실되는 결과를 초래한다. 지방 생활의 다양성이란 점에서 보면 퇴화하고 있다.

런던 사람의 십중팔구는, 어떤 진정한 의미에서도, 이런 변화에서 이익을 얻지 못한다. 런던 사람은 교외에 살면서, 도시의 사무실까지 지하철을 타고 쏜살같이 출근했다가 교외 자택의 침실까지 되돌아온다. 단지 토요일과

---

[765] 의원

[766] 머캐덤은 도로 건설 방법 가운데 하나이다. 1783년 스코틀랜드 출신의 머캐덤(John Loudon MaAdam)이 머캐덤 도로 건설에 선구적 역할을 하였다.

[767] 중심으로부터 퍼져 나가는 다섯 혹은 여섯 점(点)들을 지닌 진부한 별

[768] 약 161킬로미터

[769] 농촌에 있는 중간 크기의 도시로 정기적으로 시장이 열린다.

일요일에만, 그는 공동 생활을 즐기며, 하찮은 화제(話題)로 그와 연결된, 이웃을 보고 재미있어 한다. 대부분의 경우에 그는, 인쇄된 말인 신문과 잡지를 제외하고는 결코 다수의 전문가와 생동적으로 접촉할 수 없다. 지방의 산업 노동자처럼, 그의 풍부한 관념의 삶이 그의 책임 있는 행동의 삶과는 분리된다. 그 결과 그는, 이와 같은 관념과 행동 양쪽으로 인하여, 무한한 고통을 받는다.

그러나 중앙 집중화는, 제가 사회적 기능과 경제적 기능의 분리라고 칭한 일반적인 과정의 일부(一部)일 뿐이다. 활동 기업형 조직[770]이 직면한 국민적 숙명론 때문에 이런 분리가 발생한다. 산업 생활이 일부 지역을 붐비게 하고 다른 지역을 빈곤에 빠지도록 우리가 방임하였다. 나는 — 과거 이 같은 현상이 채탄소(採炭所) 근처에 발전소를 세울 필요 때문에 어느 정도 불가피했지만, 이것이 현재 발생한 정도에 이른 것은 아니었다고 — 인정한다. 적합하게 관리함으로써 '촌락 지역'을 — 각각의 공장 또는 한 무리의 소공장들에 의존하는 — 공동체로 대체할 수도 있었을 것이다. 물론 부자와 빈자 —주인과 노동자 — 가 선린의 책임을 진 관계를 맺으면서 결합될 수 있는 공동체이다. 하지만 그게 아니라, 대도시에 이스트엔드과 웨스트엔드 (East and West Ends)[771]가 성장하끔 내버려두었다. 물론 진정한 정치적 능력의 핵심적 자질(資質)은, 선견의 능력 즉 사회 병폐의 예방 능력이다. 지난 백 년 동안 우리의 방법은 방임하는 것이었다. 사태가 극단적으로 악화되었을 때 미봉책(彌縫策) — 보기를 들면 공장 입법, 주택 입법 따위 —

---

[770] 대규모 경제 현상

[771] 영국 런던의 극빈자 주거 지역과 부자 주거지역의 지명이다. 대체로 빈자 거주 지역과 부자 거주 지역을 의미한다.

를 적용했다. 현 상태로서 세울 수 있는 유일의 유기적 치유책은, 어떤 희생을 치르고라도 도시 구역을 확대하는 것 이외(以外)에는 있을 수 없다.

이상에서 고찰한 내용은 산업 분야뿐만 아니라 영국의 교육 제도와 학문적 직업(learned profession)[772]에도 적용된다. 영국의 교육 제도는 국민적 경쟁의 길을 열어주는 장학금 제도를 통하여 가장 우수한 젊은 두뇌를 구매 ― 솔직히 말해야만 하는데, 왜냐하면 대학 간 경쟁의 요소가 있기 때문이며 ― 하게 되어 있다. 19세기 중엽 영국은 특정 학교를 특정 대학(college)에 결부시킨 폐쇄적 특별 장학금 제도를 대체로 폐지하였다. 이 제도가 훨씬 더 건전(健全)하다고 나는 생각한다. 오늘날의 사회 관습에 의거하여, 우리는 전국에 흩어진 유복한 가정 출신의 많은 그 밖의 다른 행운아를 장학금 수령자 명단에 보태고 있다. 따라서 퍼블릭 스쿨(public school)[773]과 옥스퍼드(Oxford)와 케임브리지(Cambridge)의 신입생 모집에 지망할 수 있고, 애당초 그 자제(子弟)는 지방적 환경에서 벗어날 수 있다. 대학생의 다수는, 중앙 집권적 공무원의 직위, 중앙 집권적 법률직, 더욱이 중앙 집권적 의료직에 종사하게 된다. 이들은, 생의 최고의 시절 동안 런던에서 노심초사(勞心焦思)를 하면서, 기다린다. 그 가운데 ― 대규모이지만, 비정상적으로 세분화된, 인재(人材) 경쟁에서 ― 승리의 빛을 발한 이는, 소수이다. 그러나 현 정부에 법률가가 과다하다고 우리가 불만을 품고 있지 않은가! 전체 제도와 기구는, 역사적 관성에서 생긴다. 잉글랜드 중부

---

[772] 전통적으로 고도의 지식과 교육이 필요한 신학, 법학, 의학과 관련된 직업을 뜻하였지만, 대체로 준비 과정에 학문의 배움이 중요한 역할을 하는 직업이다.

[773] 영국의 상류 계층의 자식들이 대학 진학을 목적으로 다니는 기숙형 사립 학교이다. 13세에 입학하여 18세에 졸업한다. 이튼, 윈체스터, 럭비 스쿨, 세이튼 폴 등의 학교가 있다.

지방(Midlands) 잉글랜드의 동부 지방과 남부 지방을 모두 사실상의 잉글랜드(England)라고 간주했을 때, 옥스퍼드와 케임브리지는 지방 대학이었고 런던 지역은 외딴 시골의 자연 발생적 시장 중심지에 불과하였다. 그러나 지난 세기, 도로와 철도가 건설됨으로써, 지방에 생기를 불어넣는 데 충당할 직업과 인재를, 런던이 끌어당길 수 있었다. 비범한 두뇌를 지닌 인간의 주된 임무는, 자신의 국민을 지도하고 국민에게 부담을 지도록 도우면서 그 부담을 경감하는 데 있다. 특별한 두뇌는 자신의 지방 특유의 독특한 풍미가 있지만 국가에 최고의 봉사를 하고 있는 인간이다(1. 나는 모교에 깊은 감사를 표하면서 옥스퍼드 출신자로서 옥스퍼드의 몰락을 바라는 의도는 추호도 없다. 그 낮은 수준의 학과 가운데 몇몇을 높은 수준으로 끌어올려 더 번창하기를 바랄뿐이다.).

균형적인 지방 공동체의 실현을 막고 있는 최대의 장애물 가운데 하나가, 평민과 상류 계층이 사용하는 통용어(dialect)가 다르다는 점이다. 노르만 정복[774] 이후 영국에서, 농민은 영어로 말하였다. 기사 계급은 프랑스어를 사용하고 사제는 라틴어를 썼다. 그 결과 기사 계급은, 지배하는 일반 대중보다 프랑스 출신의 기사와 함께 있으면 더욱더 큰 친밀감(親密感)을 느꼈다. 사제도 마찬가지였다. 오늘날 이 점에서 보면, 스코틀랜드인과 잉글랜드인이 진기하게 다른 것 같다. 잉글랜드에서, 전문직에 종사하는 상층 계급의 자제는, 지주 계급의 자제와 마찬가지로, 같은 학교와 대학에 다닌다. 상인과 대기업의 경영자도 자신의 자제를 같은 학교에 보낸다. 따라서 언어와 복장과 태도로 구분할 수 있는 사회적 분열선을, 상층 중산 계급과 하층 중산 계급 사이에 그을 수 있다. 다른 한편, 스코틀랜드의 최상층 계급은 자

---

[774] 1066년, 노르망디 대공 윌리엄 1세가 잉글랜드의 헤이스팅스에 상륙하여 승리를 거두어 잉글랜드를 노르만 정복자가 지배하게 되었다.

식을 대부분 잉글랜드의 퍼블릭 스쿨과 잉글랜드 대학에 보낸다. 따라서 스코틀랜드 교회의 목사, 스코틀랜드 법정의 변호사, 의사와 학교 선생은, 지방 대학에서 대체로 교육을 받았다. 이곳의 대학에는, 잉글랜드보다 훨씬 더 많은 수의 상점 주인과 직인 계급(職人 階級)의 자식이, 늘 입학하였다. 그 결과로 스코틀랜드의 귀족 사회가, 잉글랜드보다 훨씬 더 크게 일반 대중과 유리되었다고 나는 본다. 스코틀랜드 귀족 계급이 단지 운명에 사로잡혀 방황하고 있다고 내가 비난하려는 생각은 없다. 결혼 적령기가 된 여덟 명의 아름다운 딸을 키운 어떤 스코틀랜드 준남작은, 딸 모두를 마차에 실어 에든버러(Edinburgh)에서 런던으로 쫓아 버렸다. 그 까닭은 돈이 있거나 혹은 돈을 벌 기지(機智)가 있는 지면(知面)의 모든 젊은 스코틀랜드 청년이. 이미 런던에 가 버렸기 때문이란 소문이 있을 정도이다! 18세기 말과 19세기 초, 에든버러는 자기 특유의 불꽃색을 지닌 유럽을 밝히는 등불 가운데 하나였다. 오늘날 이것은 경제적 국면을, 전국가(全國家)이든 하나의 지방이든, 삶의 다른 국면과 분리하려고 애쓰는 일이 쓸모없다는 것을 보여주는 일반적 사태 가운데 하나의 예(例)이다.

❦ ❦ ❦ ❦ ❦

여러 나라의 자유에서 아래로 혹은 위로 추론하든지, 우리는 동일한 결론을 내릴 것이다. 타국을 우호적으로 대하는 국가는, 모든 다른 영역에서와 같이 경제적 영역에서도 반드시 주체적이고 독립적인 지위가 있어야 한다. 말하자면 완벽한 균형 잡힌 생활을 향유·유지해야만 한다. 국민이 계급과 이익으로 분열된 국가는, 진정한 의미의 자립은 불가능하다. 그 이유는 투쟁의 목적상 이런 국가가, 동일한 계급에 속하고 같은 이해를 지닌 집단을 국경을 넘어서 지원하는 성향이 있기 때문이다. 따라서 국가 조직은 지방 공동체(provincial communities)를 근거로 해야 한다. 그러나 지방이 지역적 갈망을 독자적으로 충족할 충분한 힘이 있다면, 국민적 연대와 결속에 지장이 없는 한, 자신의 완전하고 균형 잡힌 생활을 할 필요가 있다. 이것이 정확히 인간의 진정한 자유가 요구하는 것 - 자신의 지방에서 풍부한 삶을 위한 범위와 기회를 찾는 것 - 이다. 전국적인 계급과 이익에 의한 조직은 갈등과 투쟁의 결과이다. 그러나 이 조직으로 만족의 삶을 살 수 없다. 왜냐하면 이 조직으로 말미암아, 더 많은 수의 직업적인 전문인을 지방을 떠나서 수도에 머물게 하기 때문이다. 더욱이 빈민가 및 국민이 겪는 다른 대부분의 물질적 고통은, 지방 생활의 무기력 때문에 생긴다. 그 까닭은 -지방 생활을 완전하게 하고 균형을 잡으려는 - 원칙에 반하는 결과로 이 모든 사태가 발생하기 때문이다.

물론 지역 생활의 충실을 위해서는, 국민 전체의 연대 - 연방제 - 를 전제로 한다. 여기에서 목표는, 단순한 계획의 지방 분권화가 아니라, 본질적으로 상이한 사회 기능을 같은 지역 단위들로 분속(分屬)하는 것이다. 명백히 이것은, 현재 앵글로-색슨 사회 전반에 걸쳐 일어나고 있으며 - 정부의 행정면에서는 - 대세로 막을 수 없는 현상이다. 미국, 캐나다, 오스트레일리아, 남아프리카 모두는 꽤 차이가 있으나 연방제를 채택하고 있다. 영국의 최근 체제가, 연방제와 거리가 멀다고 할 수는 없을 것 같다. 단지 아일랜드 문제가 길을 막고 있으나, 이것은 본질적으로 조그마한 문제이다. 우리는 결코 - 영국 인구 사천만 명 이상이 겪고 있는 질병의 유기적 치유책을 항구적으로 막으려고 - 사백만 명의 반목(quarrels)을 허용할 수 없다. 압도적 파트너란 사실을 없애기 위해 남부·북부 지방으로 잉글랜드를 분할할 필요가 있을 수 있다. 그러나 이 책에서 취한 관점에서 보면, 이런 분할 자체가 바람직할 걸로 생각할 수 있다. 단순히 '가스와 수도'의 권리를 지방에 제공하는 것만으로 이런 희망적인 목적을 성취하기는 불충분하다. 지도자와 주민 양쪽이, 지방의 지역들에 자기 조직들이 기초를 둘 수 있도록, 지역의 경제 생활에 몰두하도록 하는 것도 포함되어야 한다. 만약 모든 사회 단위 — 국가, 지방, 지역 — 가 그 생활의 완전함과 균형을 유지할 수 있는 적절한 조치를 취할 권력이 있거나 오히려 바란다면, 어느 계급 혹은 이익을 지닌 광범위한 조직 유지의 급박한 필요성은, 점점 줄어들 게다. 물론 정보와 교육에 관한 것은 예외라고 할 수 있다.

나무[木]의 일생(一生)를 생각해 보자. 자연계의 삼림에서 경쟁은 격하다. 본래의 능력을 발휘하여 완전하고 균형 잡힌 발육을 하는 나무는 없다. 삼림의 중심에 위치한 수목은 빛을 얻기 위해 위를 향하여 어렵게 힘들게 가지를 뻗치고 있다. 삼림 주변에 있는 나무는 한쪽으로 치우쳐 외부로 가지를 내밀고 있다. 빈민굴에 해당되는 삼림의 심연에는 온갖 부패와 기생 현상이 일어난다. 단테(Dante)[775]가 꾼 꿈처럼, 나무에 감금된 망령(亡靈)이 있다면, 뿌리에 대항하여 너무 많은 줄기를 올리기 위한, 군엽(群葉)의 삼림 연맹 (forest league) 과, 거꾸로 군엽에 대항하여 달콤한 빛과 공기를 빼앗기 위한, 뿌리의 삼림 연맹을 삼림에서 상상할 수 있다. 하지만 두 동맹은 쓸모가 없다. 왜냐하면 각각의 나무는 뿌리와 군엽으로 되어 있기 때문이다. 여기에서 문명 세계의 정원사가 긍정적 역할을 할 수 있다. 그는 식물의 생활 기능을 익히 알고 유기적 치유책을 사용하여 단지 각 나무의 완성된

---

[775] 1265~1321, 이탈리아 피렌체 출신의 시인, 작가, 정치가이다. 르네상스의 선구적 인물로 간주되며, 저술에는 『신곡』 등이 있다. 나무로 변한 망령에 대해서는 『신곡』 지옥편 제13곡을 볼 것.

아름다움을 연출할 수 있다. 그는, 수목이 그 나름대로의 이상에 따라 독자적으로 성장하도록 하기 위해 나무를 일정 간격을 두어 심는다. 그는 묘목(苗木)을 육성하고, 성장 과정에 있는(young) 나무를 전지(剪枝)하고 성숙한 나무에서 비정상적 부분(disease)을 마구 베어 낸다. 덕분에 우리는 지상에서 가장 고무적인 광경 중의 하나 — 온전히 성장하고 균형 잡힌 고상한 각각의 나무로 이루어진 공원 — 를 향유한다. 이 같은 삼림을 놀이터로 삼아 이 가지에서 저 가지로 껑충 뛰고 있는 원숭이와 다람쥐만이 방임되어 왔다. 이들이 바로, 비유를 들면 복잡한 국제 관계[776]에서 활약하는 붙잡기 어려운 국제적 착취자이고 부당 이득을 취하는 상인이라는 의미이다.

  이상에서 든 정원사 우화는, 성장과 관리란 기능이 서로 다르고 분리되어야 한다는 관념도 포함한다. 국가의 관료가 사회주의적 성향을 지니게 되어 단순하게 성장을 보장하기는커녕 주도하려고 할 때, 이들은 적합한 기능을 적절히 할 수 없게 된다. 이것은 비평(批評) — 분별 있고 동정적일지라도 — 하지만 여전히 비평이다. 비평의 기질은 예술적·조형적인 정열(情熱)과 모순된다. 성장 불균형의 징후를 미리 보아 지속적 경계(警戒)에 근거한, 비평을 한 비평가는 과거 거의 없었다. **자유방임주의 체제** 아래 영국 상무성(British Board of Trade)은 활동 기업형 조직의 행동을 경계·감시할 수 있는 적절한 기구가 없었다. 즉 아무것도 하지 않는다는 현책(賢策, advisability)에 매료되어 있었다. 국제 연맹 혹은 여러 나라로 이루어진 모든 종류의 연방 정치 제도에서, 정부 기관은 본질적으로 방위적 기능의 부서(defensive departments)와 감시적(監視的) 기능의 부서(outlook departments)로 되어야 한다. 경계(警戒) 부서 혹은 감시 부서는 경고를

---

[776] 삼림

발표해야 하고, 따라서 관련 지역의 여론이 개입할 때까지 경고를 계속 발하는 일종의 계몽의 역할을 하여야 한다. 이는, 활동 기업형 조직이 괴물처럼 비대하여 그 결과 세계 혹은 국내의 균형을 파괴할 수 없도록 미연(未然)에 방지할 수 있는 **시간이 있을 때** 그렇게 해야 한다는 말이다. 내가 알기로, 미국에서는 농업의 관리는 그 주(州)의 권한에 속하나, 현재 국가 전체의 자원을 보존·감시하고 필요한 경고를 발하는 역할은, 연방 농무성(聯邦 農務省)이 한다. 이미 세계 농작물 수확 통계를 모으며 적절한 경고를 통하여 안정적인 시장과 가격을 확보하려고 애쓰는 국제 농업 연구소(International Agricultural Institute)[777]가, 로마에 있다. 이 기구는 금회의 전쟁 동안 연합군에 상당한 도움을 주었다.

이상(理想) – 각 지역의 온전하고 균형 잡힌 경제 성장과 발전 – 이, 이 시대의 전반적 경향과 어긋나며 사실 케케묵은 것이라는 실무가의 비평을 내가 분명히 받고 있다. 단지, 세계적 조직화와 지역적인 분업이란 방법을 통하여, 대량의 싼 생산물을 얻을 수 있다고 나는 듣게 될 것이다. 이런 조직과 분업이 현재의 경향이며 당분간 최대의 물질적 이익을 줄 거라고 나는 인정한다. 그러나 만약 동물을 사육한다면, 근친 교배(近親交配)를 계속함으로써 그 한계에 다다를 때가 없을까? 이번에는 다시 이종 교배(異種交配)에 도움을 구할 필요가 없을까?

아테네인과 피렌체인은 생을 전체(全體)로 보았기 때문에, 위대하였다. 만약 능률(能率)과 가격 합리화(價格合理化)의 우상(偶像)을 냉혹하게 추구

---

[777]   Instituto internazionale di agricoltura(IIA)는 이탈리아의 왕 비토리오 엠마누엘 3세에 의해 1905년쯤 로마에서 창건되었다. 주로 세계 여러 나라와 식민의 농업 관련 자료를 수집하고 배포하는 기능을 하였다. 제2차 세계 대전 이후 식량 농업 기구(FAO)로 이어졌다.

한다면, 청년은 인생에서 일면(一面)만을 볼 수 있는 시대에 머물 것이다. 전면적으로 사태를 볼 수 있는 전망대의 입장 열쇠를, 국내·국제 조직자만 지닐 것이다. 이런 식으로 창조적인 두뇌를 계속 확보하고, 지성적으로 활동적인 노동자 때문에 만족할 수 있을까? 모든 전문화는 죽음의 씨를 품고 있다. 가장 용감한 군대도, 때때로, 적시(適時)에 충분한 보급을 받을 필요가 있다. 두뇌의 발달과 만족(滿足)의 증가에 있어, 단순한 기술 교육 혹은 건강한 주거 환경(住居環境)을 넘어서, 미묘한 심리적인 것도 필요하다. 가능한 한 일확천금을 벌지 않으려는 금세기 말에, 우리가 현재보다 훨씬 더 부유하지 말았어야 했는데라고 확신할 수 있을까?

내가 알기로, 제1차 세계 대전 동안 – 단일 기업형 조직들(single concerns)로 세계 무역을 경영하려고 – 관리자들 즉 국제 관리자들의 위원회들을 세웠으며 이들이 우리를 굶주리게 하지는 않았다. 그러나 위기 상황에서 지능과 경험의 축적된 자본을 아주 바르게 사용하였다. 이와 같은 인재(人才)는, 항상 목전의 닥쳐올 파산의 두려움으로, 자신의 사업을 추진한 사람이다. 이런 분은 항상 자신의 관리 능력 범위 내에서 기업 활동을 함으로써, 성장하였다. 안전한 삶을 마련할 수 있는 기업 합동(企業 合同) 혹은 정부 기관과 같은 거대한 조직이, 위기 시(危機時)에 이와 같은 사람을 무한정 제공할 수 있다고는 도저히 상상할 수 없다.

신용과 보험 제도의 기초(base)가 확충되어야 한다고 주장하는 다수(多數)가 있다. 나는 동감한다. 즉 신용과 보험 제도의 기능은, 다양한 기후와 계절(season)의 영향 그리고 특정 기업의 다양한 성공도(成功度) 때문에 생긴, 지방의 격차와 결손을 시정(是正)하는 것이다. 하지만 그래도 신용과 보험 제도가 세계 전체의 금융 지배와 같은 위험의 측면이 있다는 것도 인정해야 한다. 국제 사회 '이익' 가운데 극히 일부의 이익이 우리를 지배하지 않도록, 국제 연맹을 이용할 수 있는 방법을 터득(攄得)해야 한다. 이 같은 관점에서 보아 우리가 선택할 수 있는 두 방법이 있다. 하나는 국제 연대를 통하려 이런 이익을 관리하는 것이다. 다른 하나는, 다른 '이익들'을 대표하는 국제 조직의 수중에 있는 거대한 금융 기관과 싸움으로써, 이런 이익과 균형을 이루는 것이다. 완전히 성장하여 발전한 공동체로 구성된 연합 조직(聯合 組織)은 — 연맹이든 국가이든 연방이든 — 그 성질상 제국(帝國)이 될 위험성은 없다. 그 까닭은 연합 조직은 도처에서 균형 잡힌 인간 관계에 기초를 두기 때문이다. 한편으로 전문가가 지도하는 전문적인 대조직체는 필연적으로 우세한 위치를 차지하려고 항쟁할 것이다. 이 투쟁은 결국 이런저런 형태의 전문가의 승리(勝利)로 끝날 수밖에 없다. 이것이 바로 제국의 정체(正體)이다. 왜냐하면 제국(帝國)은, 불균형하게 이루어지기 때문이다.

🍒 🍒 🍒 🍒 🍒

우리는 오늘날의 세계를 두루 살펴보았다. 모든 조직이 현재 폐쇄적이라는 것, 전체(全體)의 균형을 변화시키지 않고서는 어떤 것도 현재 변화될 수 없다는 것, 항해 도중에 불완전한 사상을 — 누구의 방해도 받지 않고 — 투하(jetsam)[778]할 수 있는 사막같은 해안이 세상에 더 이상 없다는 것 등을 우리가 실감하고 있을까? 논리적이고 조화된 사고를 해야 하나 실천적이고 신중한 행동을 할 필요가 있다. 왜냐하면 하나의 강력한 활동 기업형 조직을 다루어야만 하기 때문이다. 만약 당신이 활동 기업형 조직을 멈추게 하거나, 그 운행을 늦추기만 해도, 활동 기업형 조직은 당신을 무자비하게 벌

---

[778] 난파 때 배를 가볍게 하기 위해 바다에 화물을 버리는 걸 뜻한다.

할 것이다. 만약 당신이 활동 기업형 조직을 관리하지 않고 내버려둔다면 활동 기업형 조직이 당신을 큰 폭포 꼭대기로 데려갈 것이다. 당신은 단순한 울타리를 치고 수리함으로써, 활동 기업형 조직을 관리할 수 없다. 왜냐하면 이 활동 기업형 조직이 행복을 '추구하는' 수억의 인간으로 구성되기 때문이다. 이런 수억의 인간은, 개미떼처럼 당신이 친 모든 울타리에 떼를 지어 몰려 올 것이다. 우리는 이상(ideals)의 매력을 통해서만 인간을 유도(誘導)할 수 있다. 이게 바로 기독교의 교리와 그 기적을 비판한 까닭이다. 이 비판으로 세워진 모든 장애물을 뚫고, 19세기 이후, 기독교가 대세(大勢)를 잡은 이유가 단적인 증거이다.

전후의 재건을 관리하고 추진하는 데 가정 절실한 것은, 나의 생각으로, 균형 잡힌 국가와 지방 자치를 선호하는 정치적 능력에 대한 확신이다. 그리고 자유 무역 또는 보호 무역 어느 것으로도 죄를 짓지 말아야 한다. 목전(目前)의 이와 같은 이상(理想)에 따라 한두 세대 동안 우리가 지속한다면, 위에서 지적한 활동 기업의 성격은 차츰차츰 변화될 수 있다. 따라서 우리는 박애적 국가들과 박애적인 지방들을 실현할 수 있다. 일국의 한계 안에서 여전히 정체하고 있는 매우 다른 이익들을 계략으로 짓누르려고, 자신의 한계를 국제 영역으로 확대하려고 노력하는 투쟁적인 조직화된 이익들은 사라질 것이다. **자유방임**이란 진기하고 소극적 이상이, 수세대를 통하여 점진적으로 영국 사회의 전체 구조(全構造)와 어떻게 동화하였는가를 기억해 보자. 결과적으로 이와 같은 이상은 성장한 기득권을 쓰러뜨리기 위하여 현재의 세계 전쟁을 이용하였다.

전쟁 전(前) 박애 운동이 주창한 이런 저런 공평한 이상 — 주택 공급, 금주 권장, 산업의 화해(和解)와 그 밖의 것 — 에 따라서, 우리의 전후 재건이 점진적으로 진행될 거라고 우리가 생각하고 있는 것 같다. 그러나 만약 삽

심만 호의 신주택(新住宅)을 건설하여,[779] '원하는' 곳에 단순히 배급한다면, 영국이란 선박이 무거운 바닥짐을 지녔을지라도 다시 표류하게 될 것이다.

   전쟁 동안, 전략적 통일 지휘 사상과 국제 경제면에서의 단일 관리라는 사상에 성공적으로 대처하였다. 사태를 건설적으로 고찰하는 것은, 파괴를 하는 것보다는 훨씬 어려우며, 단순한 문제는 아니기 때문이다. 전후의 평화 영역에서 – 전쟁 영역과 경제 영역 보다 더 민감하고 실행 가능성이 적을 지라도 – 전략적 통일 지휘와 국제 경제의 단일 관리와 비슷한 규모의 구상을 하고 실행할 용기가 없을까?

> '브루투스여, 실수(失手)는 우리를 지배하는 하늘 성좌에 있는 것이 아니라, 우리에게 있으며, 우리는 하찮은 인간이라네.'[780]

---

[779] 제1차 세계 대전 이후인 1919년 제정된 도시 계획법(애디슨 법)에 따라 영국은 신주택 건설을 허용하였다. 지방 정부에 보조금을 지급하여 3년 안에 오십만 채의 집을 짓는 데 재정 지원을 한다는 내용이다.

[780] 셰익스피어, 『카이사르』(Shakespeare, Julius Caesar I, ii, 140-141), 귀족이며 로마의 장군인 카시우스(Cassius)가 그의 친구 브루투스에게 로마 공화정의 최선의 이익을 위해서 폭군인 카이사르가 로마의 군주가 되는 걸 막아야 한다고 설득하면서 한 말이다. 결국 브루투스는 카이사르 암살 음모를 떠맡는다. 브루투스는 로마를 위하여 바른 일을 한다고 생각하지만, 카이사르 암살 과정에서 나쁜 결정을 내리게 된다. 이 구절은, 인간을 결정하게 하는 게 운명이 아니라 인간의 조건이라는 뜻으로 해석되기도 한다. 혹은 우리의 삶을 지배하는 게 운명이 아니라 우리가 통제할 수 있으며, 우리가 책임을 져야 한다는 뜻으로 보기도 한다.

제8장 후기

최근의 총선, 세계 환경에서 그 의미 • 298

이웃함의 알뜰한 미덕에 대하여 • 301

이 책을 쓴 뒤 나는 – 나의 반대자들이 지지한 한 명의 자유당원과 한 명의 사회주의자를 상대로 하여 – 스코틀랜드 의회 선거에서 지지 않으려고 싸웠다.[781] 자유주의의 문제에 관해서는, 현재 유익하게 말할 수 있는 것은 더 이상 없다. 19세기 개인주의의 표현인 정당의 운명이 어떻게 변했든지, 완고한 개인주의는 항상 영국인의 성격의 일부를 형성할 것이다. 항상 되풀이되는 사회주의 선전은 현재 매우 중요한 국면에 있다. 단순한 관료적 사회주의(Socialism)[782]의 경향은 최근의 사건으로 비판을 받았다. 전쟁 동안 있었던 관료의 횡포(橫暴)한 태도에 대하여 우리가 많은 것을 알면 알수록, 이런 관료가 영국의 영원한 주인공이 되기를 덜 바랄 것 같은 생각이 든다. 나와 맞섰던 사회주의자는 토지 재산을 빼앗고 자본 이자를 폐지하려고 애썼다. 바꾸어 말하면, 그는 일종의 몰수 혁명에 착수하길 원했다. 그러나 이것이 그의 입장에서 불가결의 요소는 아니라고 할 수 있다. 그의 지지자 – 자신의 주장을 완전히 표현할 힘은 없지만 자신이 보기에 불타는 신념을 지닌 젊은이 – 는, 거의 모든 회합에서, 러시아 볼셰비키를 용감하게 옹호하였다. 볼셰비즘에는 두 측면(側面)이 있다. 말하자면 하나는, 대부분의 대혁명의 일정 단계(一定 段階)에 필수적인 자코뱅파적 단순한 폭력[783]

---

[781] 1899년 맥킨더는 제국의 보호 무역으로 기울면서 자유당을 떠나 보수·통일당에 참여하였다. 1910년에서 1922년까지 의원을 지냈다. 1909년 스코틀랜드 하윅(Hawick Burghs)의 보궐 선거에서 그가 보수당 후보로 나왔지만 실패하였다. 1910년 맥킨더는 글래스고에서 통합당 후보로 나와 근소한 차이로 당선되었다. 그 뒤 의원직을 1922년까지 유지하였다.

[782] 관료적 사회주의는 관료적 집산주의라고도 하는데, 대부분의 활동이 엄청난 수의 관료 조직에 의해 직접 관리되며, 이 모든 조직은 단일의 조직으로 연결된다.

[783] 프랑스 혁명 시기의 정치 결사로 불어로 Jacobins, Club des Jacobins으로 불린

과 독재주의라는 면이 있다. 다른 하나는, '생디칼리슴적' 이상주의[784]라는 면이 있다. 양 측면을 올바르게 평가하면, 나와 겨루었던 스코틀랜드 청년을 실제로 유인하고 사로잡은 것이 바로 볼셰비즘의 뒷양상이다. 볼셰비키는, 지역 공동체 - 볼셰비키가 설명하는 바와 같이, 그 상층부에 자본가가 있는 수많은 사회 피라미드 - 를 바탕으로 삼은 의회 정치에 반란을 일으키고 있다. 볼셰비키의 이상은 직업별 소비에트 혹은 노동조합 - 노동자, 농민, 당신이 원한다면, 전문직의 소비에트 - 의 연대(連帶)에서 비롯된다. 따라서 페트로그라드와 베를린 두 곳의 볼셰비키는, 서구 '부르주아' 모델에 기초를 두어 의회 헌법의 **뼈**대를 만들려는, 국민적 집회에 시종일관 반대하였다. 볼셰비키의 반란은 지역의 존중이 아니라 이익에 의한 조직을 향하고 있다(1. 농민의 직업 소비에트가 지방적인 것은 단순히 일시적 우연이다. 이런 소비에트는 ― 다양한 지역적 이익을 한 공동체로 결합한다는 더 완전한 의미에서 보면 ― 지방적인 건 아니다.). 이 책에서 말한 이유 때문에, 내가 생각하기로, 이런 조직은 필시 마르크주의적인 국제 계급 - 부르주아 계급에 대항하는 프로레타리아 - 투쟁을 낳게 될 것이며, 마지막에는 프롤레타리아의 한 부분이 나머지 프롤레타리아 부분과 투쟁하는 결과를 낳을 거라는 말이다. 러시아 도시 노동자는 러시아 농민과 서로 의견이 맞지 않고 있다. 결말은 단지 세계 무정부 상태 또는 세계 폭정이 될 것이다.

다. 여러 해석이 있지만 로베스피에르가 추진한 공포 정치 ― 테러리즘 ― 와 관련이 깊다. 자코뱅 파는 국민 공회의 왼쪽 의석에 앉아서 좌익이란 용어의 기원을 마련하였다. 자코뱅은 극단적 평등과 폭력을 떠올린다.

[784] 생디칼리슴은 조합주의, 노동조합 지상주의, 노동조합으로 번역되기도 하는데, 자본가와 국가가 아니라 집산주의적인 노동조합의 연합체가 경제를 운영해야 한다고 주장한다. 주로 총파업과 사보타지와 같은 수단을 옹호한다.

따라서 내가 쓴 글이, 현재 인류 대위기에서 나타나는 실재 삶의 격렬한 흐름에 적합하다고 확신하면서, 나는 고요한 서재(書齋)로 돌아 갈 것이다. 하원(House of Commons or Communities)이란 고래적이고 영국적인 개념, 주(州)와 지방(Provinces)의 연합체란 미국적 개념, 국제 연맹이란 새로운 이상(理想) 모두는, 동유럽과 심장 지대의 폭정적(暴政的) 틀 안에서 주조된 정책들과는 대립된다. 왕조적이든 볼세비키적이든 같다. 볼세비키 폭정(暴政)이, 왕조 러시아 제정(帝政)의 폭정에 대한 극단적 반동의 산물이라는 것은, 사실일 수 있다. 그런데도 사회 구조적 조건이 광범위하게 한결같은 러시아·프로이센·헝가리 평지들이, 군국주의의 진전(進展)과 생디칼리슴의 선전 양쪽에 적합하다는 것도 진실이다. 서구인과 도서국의 국민은, 이런 육상 세력의 쌍두(雙頭)수리[785]와 싸워야만 한다. 더욱이 근대적 교통과 통신의 수단이 발달함으로써, 섬과 반도에서도 자연적 국경과 장벽의 구별은 애매해져서, 이익에 의거하여 대륙이나 대양을 가로지르는 조직이 실질적 위협이 되고 있다. 심장 지대 – 자연의 대조(對照)가 거의 없는 – 내부에서, 의식적인 이상의 도움을 빌어서만, 민족 국가(nationalities)의 방향으로 정치 생활을 형성하여, 우리가 진정한 자유를 확립할 수 있다. 단지 이 위험한 심장 지대에 '침투' 할 수 있는 유일한 기초를 마련한다면, 해양 민족(oceanic people)은 지역 – 사정이 허락하는 한, 충분하고 균형 잡힌 자신의 삶을 누릴 수 있는 지역 – 에 의한 자신의 조직이 더욱 확고히 뿌리내리도록 노력해야만 한다. 이런 노력은 지방에서 말단의 도시에 이르

---

[785] 쌍두수리는 독수리 문장이며, 동로마 제국과 신성 로마 제국과 관계한 나라들이 문장으로 사용하고 있다. 동로마 제국이 쌍두수리는 그리스 교회, 러시아, 알바니아, 세르비아 등으로 계승되었으며, 로마 제국을 상징하는 신성 로마 제국과 합스부르크 왕가의 문장으로 오스트리아-헝가리 제국과 독일 등으로 이어졌다.

기까지 경주되어야 한다. 이스트엔드(East Ends)[786]와 웨스트 엔드(West Ends)[787]는 우리의 도시를 두 계급으로 분열한다. 어떤 희생을 무릅쓰고라도, 이를 해소하는 방향을 찾아야 한다. 지방의 정치 — 성공적인 지도자가 약한 동포(同胞)의 이익을 위하여 뚜렷이 봉사하는 측 — 가 우리의 진정한 이상(理想)이어야만 한다.

한 인간이 '친구와 이웃'에게 말을 걸던 시절이 있었다. 우리는 여전히 친구가 있으나, 우리의 친구는 전국 방방곡곡에 흩어져 있고 우리와 같은 사회 계급에 든다. 달리 말하면 우연히 우리의 친구가 우리 가까이 있게 된다면, 그 까닭은 우리가 속한 계급이 사는 도시 구역에 따라 모였기 때문은 아닐까? 중세(中世) 초기(初期) 세 사람 — 한 사람은 로마법을 복종하고 다른 사람은 프랑크족의 관습을 복종하며, 고트(Goths)족[788] 관습을 복종하는 나머지 한 사람 — 이 시장에서 만나 대화할 수 있었다는 풍문(風聞)이 있다. 오늘날 힌두교도, 회교도, 기독교도가 있는 인도에서도 그러하다. 14세기 피렌체 혹은 페리클레스 시대의 아테네 또는 엘리자베스 시대의 잉글랜드에서는, 전혀 다른 판국이다.

도시와 교외에 있는 현대 문명 세계에 살고 있는 우리 대다수에게, 이 위대한 고래(古來)의 단어 - 이웃 - 는, 생소한 느낌을 준다. 오늘날의 세계가 크게 요구하는 게 바로 이웃 관계이다. 그리고 단순히 현대에 들어 교통이 편리해짐으로써 목적 없이 불안스럽게 나다니는 짓을 하지 말도록 힘차

---

[786] 런던시의 빈민가

[787] 런던시의 부호들이 사는 지구

[788] 3~5세기 로마 제국에 침입한 게르만족의 한 분파로, 로마 제국의 몰락에 중요한 역할을 하였다. 이탈리아와 이베리아에 왕국을 세웠다.

게 구(求)한다. 실리주의적 조직자가 이용하는 세계 지리의 단순한 노예가 되지 않기 위하여, 우리의 정신을 재정비하도록 하자. 우리의 동포 주민에 대한 이웃 관계 달리 말하면 박애적 의무는, 행복한 시민 생활을 할 수 있는 유일의 확고한 기초이다. 그 결과는, 가장 낮은 도시에서 지방을 거쳐 국가로 그리고 세계 국제 연맹으로 상향·확대될 것이다. 바로 이것이, 빈자가 사는 빈곤 생활과 부자의 권태뿐만 아니라 계급 투쟁과 국제전(國際戰)을 치유할 수 있는 방안이다.

부록

1919년 1월 25일 프랑스 외무성(le Quai d'Orsay)[789]에서 있었던 불가피한 사건에 대한 단평(短評)

연합국의 대표가 파리 평화 회의 제2차 총회에 참석하였다.[790] 현안(懸案)인 국제 연맹과 다른 사항에 대한 보고를 맡을 위원회 임명 결의안이, 그들의 목전에 있었다. 위원회의 구성 – 5대 강국(미국, 대영 제국, 프랑스, 이탈리아, 일본)에 각각 두 명의 위원을 배정하고, 오 명의 위원을 나머지 소국 전체에 나누어 주기로 한 합의 – 을 강대국 대표만이 참석한 십인 위원회가 결정하였으며, 이 안은 당시 재결(裁決, endorsement)을 위하여 총회에 상정(上程)되었다. 자연히 5대 강대국을 제외한 국가들 – 약소국들 – 이, 불만을 털어놓았다. 캐나다 대표 보르덴(Sir Robert Borden)[791] 경이, 누가 그리고 어떤 권한에 바탕을 두어 그 따위 위원회의 구성을 결정하였느냐고 따졌다. 이 질문은 전체 회의 토의(討議)에 제출되지 않을 수 없었

---

[789] the French Ministry of Foreign Affairs, 케도르세는 파리 시내를 지나서 영국 해협으로 흐르는 센 강변에, 프랑스 외무성이 위치한 곳이다.

[790] 1919년 1월 18일 제1차 세계 대전과 연관하여 연합국과 동맹국(패전국)이 강화 조건을 토의하기 위해 회의가 열렸다. 이를 파리 강화 회의라고 하는데, 장소는 대체로 프랑스 외무성이었다.

[791] 1854~1937, 캐나다의 정치가, 제1차 세계 대전 동안 캐나다 수상(1911~1920, 8대 수상)을 역임하였다.

다. 따라서 벨기에 브라질 세르비아 그리스 포르투갈 체코슬로바키아 루마니아 시암(타이), 중국, 대표는, 분기(奮起)하여 각국의 특별 대표권을 주장하였다. 그 때 미국 대통령 윌슨 씨(Mr. Wilson)[792]와 영국 수상 로이드 조지 씨(Mr. Lloyd George)[793] 사이의 의장석에 있었던 프랑스의 클레망소 씨(M. Clemenceau)[794]가, 발언하였다. 휴전이 성립되었을 때 강대국이 천이백만 명의 전투 병력을 전장에 유지했다는 점, 강대국만이 합의하고 주도해서, 세계의 미래를 결정했을지도 모른다는 점. 그러나 새로운 이상에 고무되어 강대국이 소국과 협동하기 위하여 소국을 초청했다는 점을 그가 지적하였다. 위원회 임명 결정안은, **만장일치로**(*nemine contradicente*) 무수정(無修正) 통과되었다.

따라서 – 강국이든 소국이든 모든 주권 국가가 평등한 권리를 지니고 있다는 가정에도 불구하고 – 현실의 세계를 지배하는 것은 여전히 힘이다. 제안한 국제 연맹이 현실에 근거를 두어야 한다는 이 책의 주제는, 우리가 국제 연맹이 영속하기를 원한다면, 유효하다. 더욱이 강대국의 수 – 5 – 는 전쟁 전, 2국 동맹[795] (단지 이탈리아와의 3국 동맹)[796]과 3국 협상[797] 참여

---

[792] 1856~1924

[793] 1863~1945

[794] 1841~1929, 프랑스의 정치가, 프랑스 수상(1906~1917)을 지냈다.

[795] 1879, 독일과 오스트리아-헝가리 제국

[796] 1882년 독일, 오스트리아-헝가리 제국, 이탈리아가 맺은 조약이며 1915년 종료되었다.

[797] 19세기 말부터 20세기 초까지, 영국, 프랑스, 러시아 사이에 체결된 여러 동맹 조약을 뜻한다.

국의 전체수(영국, 프랑스, 러시아)와 정확히 일치한다. 이런 강대국 사이의 적대감으로 인하여, 제1차 세계 대전이 일어났다. 현재 동맹 관계를 유지하는 5대 강국이 계속 동의하는 한, 국제 연맹을 당연히 유지할 수 있다. 5라는 수는, 5개 강국 가운데 1국 혹은 2국 측의 패권적 지위 요구를 저지할 정도로 충분하지는 않다. 분명히 신생 독일(New Germany)과 신생 러시아 때문에, 언젠가 강대국의 수를 5개국에서 7개국으로 늘릴 것이다. 아마도, 퀘도르세의 불가피한 사건이 보여준 적나라한 사실에 주목한 소국은, 소국들 간에 일종의 동맹 관계를 맺을 수 있다. 가능 지역을 보면, 스칸디나비아 집단, 동유럽의 중간 지대 그룹(폴란드와 유고슬라비아) 스페인어계의 남아메리카 집단(역시 브라질을 넣지 않더라도) 모두이다. 하여튼 뒤떨어진 참을 수 없는 부적격물로 변하기 전에, 낡아빠진 조약들이 바르게 수정되도록 인류 전체의 여론을 이끄는 데, 연맹이 기여하여야 한다. 그러나 위선적인 말투는 없애야한다. 민주주의(Democracy)는 반드시 현실(Reality)을 직시(直視)해야만 한다.

추가 논문

지리학의 범위와 방법 (1887)
    The Scope and Methods of Geography (1887)
지리에서 본 역사의 전개축 (1904)
    The Geographical Pivot of History (1904)
공처럼 둥근 세계와 평화의 쟁취 (1943)
    The Round World and the Winning of the Peace (1943)

지리학의 범위와 방법[798]

지리학이란 무엇인가? 이건 지리학회에서 검토하기는 이상한 질문인 듯합니다. 하지만 여기에 대해 답해야만 하고 현재 답할 이유는 두 가지입니다. 먼저, 지리학자들은 지리학이 학교와 대학의 교과 과정에서 다른 과목 보다 명예로운 지위를 점해야 한다고 최근 적극적으로 주장하였습니다. 세상 사람 특별히 교육계(教育界)는 이런 질문 – "지리학이란 무엇인가?" – 으로 대꾸하고 있습니다. 이런 말투에는 비꼬는 기미가 있습니다. 현재 우리가 벌이고 있는 교육상의 다툼은 이 질문에 할 수 있는 응답에 좌우될 것입니다. 지리학이 지식의 단순한 덩어리가 아니라 지식 분야 – 학과목 –가 될 수 있을까요? 이건 그저, 지리학의 범위와 방법이란 더 넓은 질문에 추가 조항일뿐입니다.[799]

현재 여러분에게 이 문제에 주의하게끔 힘주어 말하는 다른 이유는 지리학 내부에서 연유하고 있습니다. 지난 오십 년 동안, 몇몇 단체들 – 우리 지리학과 관련된 대부분의 단체들 – 은 세계 탐험을 장려하는 데 적극

---

[798] 맥킨더는 1887년 "지리학의 범위와 방법"을 발표하였다. 이를 신지리학 선언이라고도 한다. 논문 발표 이후 몇개월 뒤에 맥킨더는 영국 왕립 지리학회의 재정 후원으로, 옥스퍼드 대학의 지리학 교수직을 얻었다. 최초의 새로운 지리학 교수직이라 할 수 있다. 지리학자에게 프랫폼이 주어진 것이라고 맥킨더는 지적하고 있다. 사실 1889년이 되어서야 옥스퍼드 대학은, 지리학 연구자로 졸업생을 배출할 수 있게 되었다.

[799] 맥킨더는 19세기 말부터 지리학이 대학의 정규 과목이 되어야 한다는 운동을 시작하였다. 그는 1899년 옥스퍼드 대학 지리학원(the Oxford School of Geography)을 개원하였으며, 약 이십 년 동안 경제 지리를 강의하였다.

적이었습니다. 당연한 결과로서, 우리가 현재 위대한 지리상의 발견 기록의 마지막 단계에 거의 도달하고 있습니다. 우리 지도에 큰 백지 상태로 남아 있는 곳은 극지(極圈, The Polar regions)[800]뿐입니다. 스탠리(H. M. Stanley)[801] 같은 인물이 콩고 같은 지역을 세상에 알려 즐겁게 할 수는 결코 없을 것입니다. 당분간 — 뉴기니[802] 아프리카 중앙 아시아에서 그리고 극한 지역의 경계를 따라 — 좋은 일이 생길 것입니다. 당분간, 그릴리(Greely)[803] 같은 사람이 때때로 옛날의 울려퍼졌던 환영을 받을 수 있을 것이지만, 부족한 건 영웅같은 인물이 아니라는 걸 보여줄 것입니다. 그러나 모험 이야기는 점점 줄어들고 있습니다. 영국 육지 측량부(Ordinance Suvery)[804]의 특무대(details)가 갈수록 이런 이야기의 장소를 머물게 됨에 따라, 지리학회의 동료들 조차도 낙담하여 묻고 있습니다. "지리학이란 무엇인가?"

만약 내가 왕립 지리 학회 — 정복할 세계가 더 이상 없어서 울음을 터뜨

---

[800] 극지는 자전축 기울기의 여각보다 높은 위도 지역을 뜻한다. 북쪽의 극지를 북극, 남쪽의 극지를 남극이라고 한다.

[801] 1841~1904, 중앙 아프리카 탐사로 유명한 영국의 저널리스트이며 탐험가. 벨기에 왕 레오폴드 2세의 후원으로 콩코 분지와 콩고 강을 답사하고 지도를 완성하는 데 기여하였다. 1899년 기사 작위를 받았다.

[802] 오스트레일리아 북방에 있는 세계에서 두번째로 큰 섬

[803] Adolphus Greely, 1844~1935. 미국의 군인이며 극지 탐험가이다. 군인이 받을 수 있는 최고의 훈장인 명예 훈장을 받았다.

[804] OS, 영국의 지도를 작성하고 관리하는 육지 측량 부서이다. 우리 나라의 국토지리원과 비슷하다. 1749년 스코틀랜드 반란에 대응하기 위해 군사 지도를 작성할 목적으로 시작되었다.

린 알렉산드로스 대왕같은 단체 — 가 곧 그 역사의 문을 닫을 거라고 생각하지 않았다면, 내가 이 논문을 쓰지 않았을 거라고 말할 필요는 없습니다. 지리학회가 앞으로 할 과업을 논문 — 가령 브라질에 대한 웰스 씨의 논문,[805] 대양에 관한 뷰캐넌 씨의 논문(Mr. Buchanan),[806] 역사와 지리의 관계에 대한 브라이스 씨(Mr. Bryce)의 논문[807] — 이 예시하고 있습니다. 그럼에도 불구하고, 우리 눈으로 새로운 적소(適所)로 우리의 갈길을 인도하는 데 크게 유리할 것입니다. 현재로서는 이 질문에 대한 토의는, 아마도 지리 교과의 교육상 싸움에서 우리에게 새로운 무기를 부여할 수 있는 그 이상의 우연한 편익이 될 수 있을 것입니다.

우리가 관심을 쏟아야 할 첫 질문은 다음과 같습니다. 지리학이 한 과목 아니면 여러 과목일까요? 더 정확하게 말하면, 자연 지리학과 정치 지리학이 하나의 연구를 하기 위한 두 단계 혹은 다른 방법으로 연구할 수 있는 별개의 과목일까 즉 하나는 지질학의 부속물이며, 다른 하나는 역사학의 부속물일까요? 영국 과학 진흥 협회(the British Association)[808] 지리학 분과

---

[805] James W. Wells, 영국의 지리학자, 브라질 삼천 마일(약 4,828킬로미터)을 탐험·여행하였으며 저서로 «Three Thousand Miles Through Brazil»가 있다.

[806] J. Y. Buchanan, 스코틀랜드 출신의 화학자, 북극 탐험가, 해양학자이다. 왕립 지리학회에서 강독한 «The Similarities in the Physical Geography of the Great Oceans» 등이 있다.

[807] James Bryce, 1838~1922, 영국의 학자, 법률가, 자유주의 정치가, 역사가이다. 논문으로 1886년 발표한 «The Relation of History and Geography» 등이 있다.

[808] British Association for the Advancement of Science라고도 한다. 과학을 진흥시키고 과학자들 사이의 협력과 교류를 촉진하기 위해 세운 단체이다. 영국 과학 진흥 협회는 1831년, '독일 자연 과학자·의사 협회'를 모델로 창건되었다.

의장이 이 질문을 최근 크게 중시하였습니다. 의장은 다음과 같이 적고 있습니다.

"'과학적' 지리학으로 여길 수 있는 것을 역사와 융합해서 조화를 이루기는 어렵습니다. 마치 지질학이 천문학과 다른 바처럼, 양쪽은 전적으로 다릅니다. "[809]

저는, 정말 마지못한 마음으로 망설이면서, 감히 골드스미드 경(Sir Frederick Goldsmid)[810]과 같은 정말 존중하는 대가에 반대한다는 뜻을 비추고 있습니다. 그 이유는 단지 이러할 뿐입니다. 버밍엄에서 취한 입장[811]은, 지리학의 최고 전망에 치명적이라고 내가 굳게 확신하기 때문입니다. 더욱이 나는 골스미드 경의 선언 - 그가 내린 결론을, 더 타당한 근거(reason)를 지닌 논거 앞에서, 기꺼이 포기할 준비를 하고 있다는 표명 - 에 주목하고 있습니다. 아주 어려운 토의에서, 내가 나의 **논거**가 더 타당한 근거를 지녔다고 가정한다면, 이는 정말로 주제넘은 일이 될 것입니다. 나는 논거를 제시하고 있는데, 이유는 단지 내가 알 수 있는 한, 이 논거는 문제의 강연[812]에서 맞서 뒤짚어지지 않았기 때문일뿐입니다. 아마도 골드스미스 경은 그저 대부분 사람의 마음에 통용되고 있는 과목에 대한 희미한

---

[809]   골드스미드 경의 관점은 지리가 독립 분야로 가장 바람직하게 연구될 수 있다는 것이다.

[810]   1818~1908, 영국의 장군, 중국과 중동 지역에서 활동한 바 있다. 1864년 왕립 지리학회에 참여하였으며 부회장을 지냈다. 1886년 버밍엄에서 열린 지리분과 회의에서 의장을 맡은 바 있다. 맥킨더는 1895년 입스위치에서 열린 지리 분과 회의에서 의장을 맡았다.

[811]   지리가 독립 분야로 연구되어야 한다는 견해

[812]   강독, address

관점들을 표현하였습니다. 이건 더욱더 있음직합니다. 그 이유는 골드스미스 경의 언급을 보면, 그 자신이 명확히 하고 있는 바와 대립된 관점을 지지할 수 있는 논거를 사용하였기 때문입니다(2. 골드스미드 경은 이 문단에 대해 공손한 답변을 썼다. 이 답변을 보니 나는 그가 의도한 그의 말에 의미를 붙이지 않았다는 걸 이해하고 있다. 이 점에 대해서는 미안하게 생각한다. 나의 논거가 이 말에 부여할 수 있는 자연스러운 의미라고 내가 생각하는 한, 이 문단을 고치지 않고 그대로 두었다. 이 말은 지리학자들에 반하여, 더 큰 의미를 지니고, 쉽게 인용될 수 있다. 그 이유는 이 말이 지리학을 연구하는 동료한테서 나왔기 때문이다.).

우리가 인용한 글이 있는 같은 페이지에, 브라이스 씨(Mr. Bryce)의 "역사와 지리의 관계(Geography in it relation to History)"를 크게 지지한다고 밝힌 문단이 있습니다. 브라이스 씨 강연의 핵심 명제는, 인간이 대체로 "자신의 처한 환경의 피조물"이라는 것입니다. 정치 지리학의 기능은 인간과 환경 사이의 상호 작용을 추적하여 밝혀내는 것입니다. 골드스미드 경은 말하기를 정치 지리학의 필요 조건이, 우리의 미래 정치가에게 "지리적 조건들"을 "완전히 파악"할 수 있게끔 해야 하는 것라고 합니다. 하지만 그가 말하는 "완전한 파악"을, "자연·과학 지리학"을 배제한 다음에 남는 지리학[813]에서, 할 수 있을 거라고 그가 상상하고 있는 것 같습니다.

계속 나아가기에 앞서, 우리가 내린 지리학의 정의를 유리하게 개선할 수 있는지 없는지를 검토할 수 있습니다. 생리학은, 인간과 환경의 상호 작용을 추적하여 밝혀내는 과학의 정의와 일치합니다. 생리학·물리학·화학의 기능은 다름 아닌, 대부분의 정확한 국소성(局所性, locality, 지역)[814]을 불문

---

[813] 인문 지리학인 듯하다.

[814] 전체 가운데 한 부분에 관계하는 성질을 뜻한다. 물리학에서 국소성의 원리란 대상에 아주 가까이에 있는 환경만이 영향을 직접 미친다는 것이다. 맥킨더는 지리학

하고, 힘의 작용을 추적하는 것입니다. 특별히 지리학의 특성이라 함은, 지리학이 지역(locality)[815] — 지역에 따라 변화하는 환경 — 을 추적하는 것입니다. 지리학이 이렇게 하지 못하는 한, 지리학은 단순히 지문학(地文學, Physiography, 자연 지리학)이 될 수 있으며, 중요한 지형학적 요소는 생략되었을 것입니다. 그래서 나는 지리학을, 과학 — 사회의 인간과, 지역에 따라 변하는 그만큼의 인간 환경 간의 상호 작용을, 추적하여 밝혀내는 중요한 기능을 하는 과학 — 으로 정의할 것을 제안합니다.(3. 꽤 다른 관점에서 내린 다른 정의에 대해서는 토론에서 내가 한 개회사를 보십시오. "지리학은 분포의 과학 — 말하자면 지표면에 있는 사물의 배열을 일반적으로 추적하여 밝혀내는 과학 — 입니다.")

상호 작용을 고려하기 전에, 상호 작용하는 요소들을 분석해야만 합니다. 이와 같은 요소들 가운데 하나는(4. 물론 다른 요소는 사회의 인간이다. 이 요소의 분석은 환경보다 훨씬 더 간단할 것이다. 배저트(Bagehot)[816]의 『자연 과학과 정치학』의 내용을 고려하는게 가장 좋을 것이다. 인간들의 공동체는 생존 투쟁의 단위들로 보아야만 하며, 자신들이 처한 몇몇 환경에 다소 도움을 받는다. 347쪽의 "공동체"와 "환경"에 대한 정의를 볼 것.) 변화하는 환경이며, 이에 대한 분석은, 내가 생각하기로, 자연 지리학의 기능에 속합니다. 따라서 우리는, 현존 견해들에 적대

을 연구함에 있어 물리학의 영향을 크게 받았다.

[815] 위치 관계

[816] 1826~1877, 영국의 평론가, 경제학자, 정치학자이다. 버크의 보수주의에 큰 영향을 받았다. 『자연 과학과 정치학(Physics and Politics)』, 『영국의 국가 구조』 등의 저술이 있다. 앞의 책의 Physics란 용어는 물리학과 자연 과학이란 의미를 지니고 있으며, 부제는 «Thoughts on the Application of the Principles of 'Natural Selection' and 'Inheritance' to Political Society»이다.

적인 입장에 처하게 됩니다. 우리는, 자연 지리학에 기초하지 않고 계속해서 그러하지 않는다면, 어떤 **합리적** 정치 지리학은 존재할 수 없다고 생각합니다. 현재로서는, 우리는 비합리적 정치 지리학 – 말하자면 그 주요 기능이 인과 관계를 추적하여 밝혀내는 게 아니라 따라서 일단(一團)의 기억할만 한 고립된 자료들로 남을 수밖에 없는 과학 – 의 결과로 인하여 어려움을 겪고 있습니다. 이런 지리학은 결코 교과목이 될 수 없을 것이며, 따라서 교사의 존경을 받을 수 없을 것이고, 엘리트(rulers of men)가 되기에 적합한 도량(度量)이 넓은 사람들을 항상 끌어당기지 못할 것입니다.

하지만 이렇게 대꾸할 수 있습니다. 정치 지리학을 위하여, 자연 지리학이 제공한 것보다 더 피상적이며 더 쉽게 습득한 분석에, 만족한 채로 머물 수 없을까요? 답하면, 우리는 최저 입장을 취하고 있습니다. 이런 분석은 시도되었으며, 부족하다는 점이 판명되었습니다. 과학의 심오한 분석 – 모든 점에서 발생하는, 우리게게 영원히 "왜?"라는 의문을 품게 하게 하는 본능을 불러일으키고 충족시키는 분석 – 을 배우는 게, 옛날 학파가 남긴 책의 목록 이름 또는 소위 인문 지리(descriptive geography)[817]의 기술에서 충분한 양의 정보를 얻는 것보다, 실제로 더 쉬울 것입니다. 지형학(topography)은, "왜라는 이유들"을 지리학에서 제거하고 있는데, 거의 만장일치로 선생과 학생이 거부하고 있습니다.

가르치는 데 실질적인 편의성보다, 더욱더 중요한 입장을 우리가 취하는 또 다른 이유가 있습니다. 나는 세 가지를 말씀드리겠습니다. 첫째는 이러합니다. 옛 지리학자들이 "지형(physical features)"을 그 인과 관계에서 명명(命名)한 걸, 우리가 알게된다면, 더욱더 쉽게 진보할 수 있습니다. 새

---

[817] 사실의 언급으로 이루어신 지리힉의 한 분야

로운 사실이 질서정연하게, 일반적 도식(scheme)에 어울릴 수 있습니다. 이 사실은, 지난 날 얻은 모든 지식에 새로운 해석을 보여주고 있습니다. 이 지식은 번갈아 많은 점에서 이 사실을 해명하고 있습니다. 하지만, 기술의 방법 그리고 더군다나 열거법(列擧法)을 채택하였을 경우, 각각의 사실이 추가됨으로써, 우리의 기억이 지탱할 수 있는 중하(重荷)는 점점 커질 것입니다. 이건 자갈 더미에 다른 자갈 한개를 던지는 것과 비슷합니다. 이건, 원칙을 이해하는 대신에 공식을 기억함으로써 수학을 배우는 것과 비슷합니다.

둘째 이유는 간단히 말하면 이것입니다. 피상적 분석을 하면 과오를 범하기 쉽습니다. 한편으로 본래 다른 사물들의 피상적 유사성의 아래쪽을 보지 못함으로써, 다른 한편으로 피상적으로 다른 사물들의 본질적 유사성을 탐지하지 못함으로써, 이런 일이 발생합니다.

셋째 이유는 이것입니다. 환경의 요소들을 그 정확한 관계에서 생생하게 파악하는 사람은, 환경과 인간 간 새로운 관계를 풍부하게 제안·표명할 수 있을 거 같습니다. 비록 과학의 진보를 의도하지 않을지라도, 같은 조건 아래 다른 지리학자들이 탐구·발견한 관계들을 신속하고 생생하게 그래서 지속적으로 평가·이해하게 될 것입니다.

여기에서 멈춰 우리의 견해를 일련의 명제로 요약하기로 하겠습니다.

(1) 정치 지리학의 기능이 사회의 인간과, 지역에 따라 변하는 그만큼의 인간 환경 간의 상호 작용을 탐구·발견하고 증명하는 거라는 데 동감합니다.
(2) 이것의 예비 관계로 두 요소들이 분석해야만 합니다.
(3) 이런 요소들 가운데 하나 — 변화하는 환경 — 를 분석하는 게 자연 지리

학의 기능입니다.

(4) 그밖의 어떤 것도 이런 기능을 충분히 수행할 수 없습니다.

그 이유는 -

다른 어떤 분석도 사실들을 - 그들 사이의 인과 관계와 충실한 관점에서 - 제시할 수 없을 것입니다.

따라서 -

다른 어떤 분석도

첫째, 교과로서 교사에게 도움을 줄 수 없고

둘째, 학생들 가운데 가장 우수한 인재를 사로잡을 수 없으며

셋째, 유한한 기억력을 가장 잘 이용할 수 없으며

넷째, 똑같이 신뢰할 수 없으며

다섯째, 똑같이 제안·표명할 수 없을 것입니다.

여기에서 우리는 이런 의견 - 우리의 질문이 바람직하다고 가정하면, 그럼에도 불구하고 우리가 불가능한 것이 무엇인가를 질문할 수 있다는 소견 - 을 예기하지 않을 수 없습니다. 우리는 이건 시도되지 않았다고 답할 것입니다. 자연 지리학은 지질학의 부담을 이미 진 사람들이 항상 넘겨 받았으며, 정치 지리학은 역사학의 부담을 이미 진 사람들이 항상 떠맡았습니다. 중도적인 즉 지리적 입장을 취함으로써, 과학의 이런 부분들과 역사학의 이런 부분들이 똑같이 그의 연구에 적합하다고 볼 학자를 앞으로 만나봐야 합니다. 지식은, 결국, 하나입니다. 하지만 오늘날의 극단적인 학문의 전문화로 인하여 어떤 부류의 사람들은 사실을 보지 못하는 거 같습니다. 우리가 전문화하면 할수록, 학자들 - 그들의 지속적인 목적이 특별한 과목들 간의 관계를 도출하는 연구자들 - 에게는 더욱더 많은 여지와 필요가

마련될 것입니다. 모든 격차들 가운데, 가장 깊은 격차들 중 하나가, 자연 과학과 인문학 사이에 나타나고 있습니다. 다름 아닌 지리학의 의무는, 많은 이의 의견에 따르면 우리 문화의 평형을 뒤집고 있는 심연 위에, 다리는 놓는 것입니다. 지리학의 수족(手足) 가운데 어느 하나를 베어 보세요. 당신은 가장 고귀한 부분에 속한 지리학을 쓸모없게 할 것입니다.

이와 같이 말함으로써, 우리가 지리학 자체의 전문화의 필요성을 보지는 못하는 게 아닙니다. 만약 우리가 과학에서 독창적인 연구를 하길 원한다면, 전문화해야만 합니다. 하지만 이를 위해서는, 자연 지리학 혹은 정치 지리학이 전체 교과로는 거추장스러울 수 있습니다. 더욱이, 여러분의 전문 교과는 이런 저런 분과(分科) 안에 전적으로 떨어질 필요는 없습니다. 이는 경계를 가로질러 있을 수 있습니다. 지리학은, 일찍이 두개의 큰 가지로 나누어진 하나의 나무와 같습니다. 그 잔가지는 그럼에도 불구하고 풀수 없게 뒤엉켜 있습니다. 우리는 몇몇 인접 잔가지를 선택하고 있습니다.하지만 이런 잔가지는 다른 가지에서 나올 수 있습니다. 교육 교과로서, 하지만, 그리고 교과에 속하는 모든 생산적인 전문 분야를 위한 기초로서, 우리는 전체 지리학을 가르치고 이해할 것을 강력히 요구하고 있습니다.

이런 가능성의 문제로 인하여, 우리는 자연스럽게 지리학과 그 인접 과학의 관계에 대한 탐구를 행하게 됩니다. 우리는 브라이스 씨(Mr. Bryce)가 채택한 대체적인 환경 분류가 최선이라고 받아들이지 않을 수 없습니다. 먼저, 지표의 형상(形狀)에서 기인하는 영향이 있습니다. 둘째, 기상학과 기후에 속하는 영향이 있으며, 셋째, 지역이 인류의 산업에 마련하는 산물입니다.

그러면 먼저, 지표의 형상에 대해 살펴 보겠습니다. 여기에 지리학자와 지질학자 사이에 벌어지고 있는 논란거리가 있습니다. 지질학자는, 암석권

(lithosphere)[818]의 형태를 결정하는 원인들을 자신의 과학이 다루어야 한다고 하면서 자연 지리학을 위한 공간이나 자연 지리학의 필요성은 없다고 주장합니다. 지리학자는 결과적으로, 지질학의 가장 기본적인 결과를 제외한 어떤 것도 그의 자료에 포함시키지 않음으로써, 자신의 과학에 해를 주었습니다. 지리학과 지질학 간의 치열한 경쟁은 오늘 참석한 우리 모두가 잘 아는 일이 아닐 수 없습니다. 이건 지리학에 나쁜 결과만을 낳았습니다. 두 과학 — 지질학과 지리학 — 은 부분적으로 동일한 자료를 지닐 수 있습니다. 하지만 결과적으로 어떤 언쟁도 있지 말아야 합니다. 자료를, 비록 같을지라도, 다른 관점에서 보기 때문입니다. 자료는 서로 다르게 분류되고 있습니다. 지질학자는 이런 약점을 보일 생각은 전혀 없습니다. 지질학자의 자신의 학과에서 이루어지는 각 단계마다, 그는 그와 같은 계통의 동료에 의존하고 있습니다. 고생물학(Palaeontology)[819]은 지층(stratum)[820]의 상대적 시대를 알 수 있는 열쇠입니다. 하지만 이는 생물학과를 **빼면** 비합리적입니다. 물리학과 화학의 가장 어려운 문제들 가운데 일부는, 광물학(mineralogy)[821]의 영역에 속합니다. 특별히, 보기를 들면, 변성 작용

---

[818] 암석권, 암권이라고도 한다. 지구의 지각과 맨틀 최상부의 암반을 합친 부분을 뜻한다.

[819] 지질학의 한 분야이다. 지질학상의 시간 척도에 따라 지구에 살았던 생물을 대상으로 그 분류, 생태, 역사, 진화를 밝히려는 학문이다.

[820] 대체로 층 모양으로 쌓인 퇴적암이다.

[821] 지구 과학의 한 분야이다. 광물의 화학, 결정구조, 광학적·물리적 성질 등을 연구한다.

(metamorphism)[822]의 원인과 방법입니다. 지질학적·역사적 시기를 공통으로 측정할 수 있는 최선의 시도는, 크롤 박사(Dr. Croll)[823]의 반복되는 빙하 시대에 대한 천문학적 해석에서, 찾을 수 있습니다. 하지만 이걸로 충분합니다. 지질학과 지리학의 엄밀한 구별은 내가 보기에 여기 — 지질학자는 현재를 보고 과거를 해석할 수 있으며 지리학자는 과거를 보면서 현재를 해석할 수 있다는 것 — 에 있습니다. 이런 경계를 최고의 지질학자 가운데 한 분이 우리를 위해 이미 추적하여 밝혀내었습니다.

게이키 박사(Dr. Archibald Geikie)[824]는 그의 『지질학 교과서(Text book of Geologly)』에서 이 경계를 다음과 같이 명쾌하게 결정하고 있습니다(5. Archibald Geikie, "Text-book of Geology," 1882, p. 910).

"한 지역의 지사학(地史學) 연구[825]는 두 개의 서로 다른 연구 노선을 포함한다. 먼저 우리는 지표(地表, 表層, surface) 아래 있는 암석의 본질과 배열을 먼저 고려할 수 있다. 목적은 암석에서, 연대순으로 기록된, 식물과 동물의 삶에서 그리고 자연 지리에서, 연속적인 변동을 확인하려 함이다. 그러나 암석사(巖石史) 외에도, 우리는 표층사(史) 자체, 산맥과 평지의 기원과 변천, 계곡과 협곡, 산정(山頂), 고개(passes), 호분지(lake basin, 湖

---

[822] 기존 암석이 생성기와 다른 온도와 압력, 유체로 인하여 광물 조직이 변화하는 작용에 의해서 변성암이 형성된다.

[823] James Croll, 1821~1890, 스코틀랜드 출신의 과학자이다. 기후 변동에 대한 천문학적 해석 이론 — 지구 궤도 변동에 기반한 기후 변동 이론 — 을 제시하였다.

[824] 1835~1924, 영국의 지질학자이다. 그가 영국 자연 지리 연구에 도움을 주었으며, «The Teaching of Geography(1887)» 등의 저술을 남겼다.

[825] 한 지역 혹은 지구 전체의 지층이 더듬어 온 역사를 연구하는 분야이다.

盆地)를 추적하고 밝혀내기 위해 노력할 수 있다. 이는 암석에서 형성된 것이다. 뒤로 거슬러 올라가면 이 두 연구는 서로 융합되지만, 앞으로 계속될 수록 더욱 구별된다. 보기를 들면, 계곡(溪谷, valleys) 군(群)들을 향해 솟아 오른 해양 석회암 덩어리는, 두 종류의 크게 다른 모습을 마음에 떠올리게 한다. 이 석회암의 성인(成因)의 기원 측면에서 보면, 암석은 우리에게 해저 (海底, seabed) — 긴 세월에 걸쳐 석회질로 된 화려한 해수 동물상(動物相)의 유물이 쌓인 지대 — 를 우리 앞에 출현하게 한다. 우리는 모든 바닥을 추적해서 밝힐 수 있으며, 유기물 함량과 성분을 정확하게 기록하고 동물학상의 천이(遷移, succession) — 이런 첨가된 해저들이 기록이라 할 수 있는 바 — 를 규명한다. 그러나 우리는, 이런 해양에 형성된 석회암이 현재와 같이 — 여기에서는 구릉으로 솟아 있고 저기에서는 계속으로 침강해 있는 바처럼 — 우뚝 서 있는 이유를 전혀 설명할 수 없을 것이다. 암석과 그 함량은 한 연구 주제를 구성하며, 암석의 현재 경치(景致)사(史)는 다른 연구 주제이다."

동일한 견해를, 모즐리 교수(Moseley)[826]는 "지리 교육의 과학적 양상"이란 강연에서 지지하였습니다. 같은 논조의 다른 많은 구절 가운데 다음 구절(6. R. G. S. Educational, ' 1886, p. 228, Professor Moseley)을 인용할 수 있습니다.

"지질학과 분리하기 위해, 자연 지리학을 지질학의 한 부분으로 볼 수 있다. 이런 분리가 유효해야만 하는 이유는, 한 교과 — 지질학 자체의 전체

---

[826] Henry Nottidge Moseley, 1844~1891, 영국의 박물학자로 챌린저호 탐험 항해에 참여하였다. 맥킨더는 옥스퍼드 대학에서 자연 과학을 공부하면서, 모즐리 교수 밑에서 동물학을 전공하였다.

보다 일반 교육에 훨씬 필요하고 적합한 교과이며, 이는 전문 연구로서 다른 과학 분야, 분명히 지질학 자체의 연구를 조장하는 지렛대로 작용하며 훨씬 많은 학생의 마음을 끌 수 있는데 – 가 특별한 대우를 받기 위해 여기에서 그렇게 형성·결합되기 있기 때문이다.

"주요 논거는 대학에서 자연 지리학 교수직 설립에 반대하는 것인데, 대학에서 자연 지리학 교과는 이미 지질학 교수가 담당하고 있다. 하지만 게이기 교수(Professor Geikie)는 이미 이런 관점을 수용하지 않고 있으며, 그의 서간에서 지적하고 있는 바처럼 이미 '지질학은 매일 그 영역을 넓히고 있는데, 가장 끈질긴 교사의 체력으로도 담당하기 어려울 정도로 이미 너무 방대해지고 있다.'"

이 구절에서 모즐리 교수는 자연 지리학 강좌와 교수직 설립을 옹호하고 있습니다. 여기에서 그가 지리학의 통합에게 반대하고 있다는 결론을 내려서는 안됩니다. 이건 그가 행한 강의 다른 부분에서도 명백히 나타나고 있습니다.

"아마도, 현재 전체로서 지리학의 옹호를 확실히 할 수 없는 건 아닐지라도 – 지리학의 경계가 분명히 애매모호하기 때문이며, 결과적으로 취약한 모든 측면에 대한 공격 때문에 – 자연 지리학의 요구를 강조하려고 한다면, 성공의 가망성은 있을 수 있다."

다시 말하기를, "자연 지리학이 – 일반 학습의 목적으로 특별히 채택된 교과가 되어 그리고 정치 지리학이라 불리는 것에 대한 지식에 기반할 수 있는 유일의 진정한 기초로서 – 모든 고등 보통 교육[827]의 일부를 형성할 필요는 없을까요?"

---

[827] 전문 교육과는 달리 인격 교육을 중시하는

아마도, 자연 지리학의 경우보다 더 나은 지리학의 통합을 부인하는 이론은 어느 곳에서도 지리학에 아마도 해를 주지 못할 것입니다. 지리 교과는 지질학자에게 넘겨졌으며, 그 결과 지질학적인 편견을 지니고 있습니다. 화산과 온천, 빙하와 같은 현상은, 일어나고 있는 지역을 무시하고, 장(章)들로 분류되고 있습니다. 지질학자의 관점에서 보면, 이 걸로 충분합니다. 지질학자는 로제타석(石, 로제타 스톤)[828]을 보고 있는데, 각각의 상형 문자로 된 글은 아주 중요합니다. 그러나 전제 구절, 기록된 사건의 해석은, 다른 기록을 해석할 목적에서, 하찮은 것입니다. 그러나 이런 과학은 실질적으로 자연 지리학이 아닙니다. 게이키 박사는 그의 «자연 지리학의 기초(Elements of Physical Geography)»(7. New Edition, 1884, p. 3.)에 지문학(physiography)[829]과 동등한 용어를 사용하고 있다고 분명히 우리에게 말하고 있습니다. 진정한 자연 지리학은, 지표면의 형상(形狀)의 분포에 대해 인과적 설명을 하려는 목적을 지닙니다. 자료는 지형(地形, topographical)에 기반하여 재분류되어야 합니다. 만약 내가 감히 이 문제를 다소 느닷없이 제시한다면, 지형학은 일정 형상에 대하여, "왜 그것이 존재하는가?", 지문학은 "어디에 그것이 존재하는가?", 자연 지리학은 " 왜 그것이 거기에 있는가?", 정치 지리학은 " 그것이 사회의 인간에게 어떻에 작용하고 인간이 그것에 어떻게 반응하는가?"라고 묻고 있습니다. 지질학

---

[828] 이집트의 로제타에서 1799년 발견된 석판이다. 기원전 196년 프롤레마이오스 5세의 칙령이 새겨진 비석의 일부이다. 비문은 고대 이집트의 상형 문자, 민중 문자, 그리스 문자로 기술되어 있다.

[829] 지구의 자연적 특징과 과정을 연구하는 지리학의 한 분야이다. 그 목적은, 바위, 해양, 전지구의 동·식물상 패턴을 낳고 변화하는 힘을 이해하는데 있다고 한다. 자연 시리학으로 불리기도 한다.

은 "그것이 어떤 과거의 수수께끼를 푸는 데 도움을 주는가?"라고 묻고 있습니다. 지문학은, 지질학자와 지리학자가 보기에, 공통의 기반입니다. 첫 네 교과 ─ 지문학, 지형학, 자연 지리학, 정치 지리학 ─ 는 지리학자의 영역에 속합니다. 질문들이 이어서 나옵니다. 이런 질문 가운데 어느 질문도 뚝 멈출 수 있습니다. 하지만 이 질문 앞의 질문들에 답하지 않았다면 우리라 뒤에 질문에 유익하게 답할 수 없을 거라는 게 나의 주장입니다. 고유한 지질학은, 그 엄격한 의미에 보면, 논거의 연속에는 불필요합니다.

우리는, 더욱이[830] 지문학으로 간주할 경우라도, 현재의 (지질학적) 자연 지리학이 지리적 목적들에 불충분하다는 걸 보여주는 두 가지 실례를 들어 보겠습니다.

첫째 실례는, 화산과 빙하와 같은 주제를 부당하게 중시한다는 것입니다. 여기에 대해, 왕립 지리 학회 사무국의 간사이신 베이츠 씨[831]가 나로 하여금에 관심을 여러 차례 기울이게 하였습니다. 지질학자들이 쓴 책은 완전히 자연에 관한 것입니다. 화산과 빙하는, 그 뒤에 가장 현저하며 눈에 띄는 흔적을 남기는 현상입니다. 따라서, 지질학적인 관점에서 보면, 이런 흔적이 아주 중요하며 전문적 연구의 가치가 있습니다. 하지만 결과는 고생물학자가 쓴 생물학 저술과 비슷합니다. 이걸 살피면, 달팽이 껍데기가, 가령, 아주 세세하게 기술된 것을 찾을 수 있을 거로 기대해야 하지만, 껍데기 안에 있는 더 중요한 연부(軟部)를 상당히 무시하고 있음을 알 수 있을 것입니다.

나의 둘째 실례는, 경험적인데, 모든 사려 깊은 여행자의 경험에 호소해

---

[830] 자연 지리학을

[831] Henry Walter Bates, 1825~1892, 영국의 박물학자, 곤충학자, 탐험가. 만년에는 왕립 지리학회 사무국에서 근무하면서 영국 정부의 식민지 사업에 도움을 주었다.

야 한다는 것입니다. 그러니까 우리가 라인 강을 거슬러 여행한다고 해 봅시다. 다음과 같은 질문을 하지 않는다면 당신은 이상하게 호기심이 부족하지 않을 수 없을 것입니다. 라인 강이 주변 지역과 거의 같은 높이에서 굽이쳐 흘러 관통하는 수 마일의 평탄지(flat land)를 통과한 뒤에, 갑자기 협곡을 가로 가로지르는 라인 강의 어느 지역에 도착하는 이유가 무엇일까요? 우리가 빙엔(Bingen)[832]에 도착할 때, 이 협곡이 한층더 갑자기 끝나고, 그 자리를 호수같은 유역 — 평행의 산맥으로 둘러싸인 곳 — 이 대신하는 이유는 무엇일까? 내가 충분히 파악하고 있는 정규 자연 지리학은 이런 질문에 답하지 못하고 있습니다. 혹시 이 주제에 대한 전문적 지식을 얻는다면, 우리는 이런 점 — 만약 우리가 «지질학회 저널(the Journal of Geological Society)»(8. 1874.)을 주의깊게 살펴본다면, 이 주제에 대해 램지(Sir Andrew Ramsay)[833] 경이 쓴 마음에 드는 논문을 찾을 수 있다는 사실 — 을 알게 될 것입니다. 하지만 이건 독창적인 대가들(authorities)의 연구를 위한 시기(時期)와 기회를 의미하며, 심지어 우리의 보상은 보잘 것 없을 것입니다. 그렇게 다룬 지역은 소수의 고립된 지역뿐입니다.

  나는, 이 주제를 다룬 이런 부분은 건설적 시도로 마치기로 하겠습니다. 나는 우리 모두가 잘 아는 한 지역을 선택할 것입니다. 우리의 관심을 문제가 아니라 방법에 집중할 수 있을 겁니다. 잉글랜드 동남부를 보기로 들어보겠습니다. 이런 지역의 지리를 다루는 일상적 방법은, 지형적(physical)

---

[832] Bingen am Rhein인데 보통 빙엔으로 부른다. 독일의 라인란트 팔츠 주에 속하며, 라인 강변에 위치하고 있다.

[833] 1814~1891, 스코틀랜드의 지질학자. 저술에는 «자연 지질학과 영국의 지리» 등 있나.

관점에서, 먼저 해안 그리고 나서 지표를 기술하는 것입니다. 해안의 곶과 내포(內浦, inlets) 그리고 지표의 구릉과 계곡을 순서대로 나열할 것입니다. 그리고 우리는 정치적 구역들의 목록을 만들고 더 나아가 중요 도시들의 목록을 작성하면서 이 도시들이 위치한 천안(川岸, bank)의 강을 언급할 것입니다. 경우에 따라서 몇몇 흥미롭지만 고립된 사실들이 첨가될 수 있는데, 그 위에 이름표를 걸어 놓을 수 있는 머리 속의 못(peg)이라고 할 수 있습니다. 이런 연구의 정치적 부분은, 기껏해야 좋은 기억법의 지위 이상으로 상승하지는 못합니다. 지형적(physical) 부분에 대해 말하자면, 내가 보기에, 중대한 과오를 범하고 있다는 데, 모든 교과서가 의견이 같습니다. 이들은 해안과 지표의 기술을 별개로 다루고 있습니다. 이건, 원인과 결과의 연쇄라는 적절한 관점에서 증명하는 데 치명적입니다. 지표와 해안에서 일어나는 사건은, 마찬가지로 두 힘 — 암석층의 변화하는 저항력과 대기와 해양의 변화하는 침심력 — 의 상호 작용의 결과입니다. 침심력 — 피상적이든지 미미하든지 — 암석의 집합체에 작용합니다. 왜 플램버러 곶(Flamborough Head)[834]이 있을까요? 왜 요크셔 고원 지방(Yorkshire Wolds)[835]이 있어야만 할까요? 이런 두 지역은 단지, 다름 아닌 동일한, 위로 경사진 백악층(chalk-strata) 덩어리의 두 가장 자리(rim)에 지나지 않습니다.

잉글랜드 남동부의 지리 — 계속해서 일련의 인관 관계를 보여주는 지역 — 를 추론하여 일반적인 점을 살펴보기로 합시다. 테이블 위에 펼쳐

---

[834] 잉글랜드 요크셔 해안에 있는 약 13킬로미터 길이의 곶이다.

[835] 북동 잉글랜드의 북요크셔와 요크셔의 이스트 라이딩 지방에 있다.

진 흰색의 테이블 보처럼, 지대(land) 위에 백악(chalk)[836]으로 된 큰 시트(sheet)를 던진다고 상상해 봅시다. 이 백악의 시트를, 조심성 없는 손으로 펼친 테이블 보처럼, 몇몇 단순한 주름으로 구겨지게 해 봅시다. 향사(向斜, 길쭉한 홈, furrow)을 드러내는 선이(9. furrow와 ridge는 각각 향사(syncline)와 배사(背斜, anticline)란 의미로 이 글에서 사용되고 있다. 계곡(valley)과 구릉(hill)과는 조심스럽게 구별되어야 한다. 이 글에서 내가 지적한 바와 같이, furrow와 ridge는 종종 인과적인 관계가 있지만, 같은 것하고는 거리가 멀다.), 케닛 강(the Kennet)[837]으로 내려가 레딩(Reading)[838]에 도달한 뒤에 템스 강(the Thames)[839]을 따라 바다에 이릅니다. 배사(背斜, ridge)의 선이 동쪽으로 솔즈베리 평원(the Salisbury Plain)[840]을 가로지른 뒤에 윌드 지방(the Weald)[841]의 중심 아

---

[836] 백악은 연토질 석회암으로, 잉글랜드 도버 해협 주변의 절벽을 형성하는 두터운 지층을 이룬다. 여기에서 흑판에 사용하는 분필(chalk)이라는 말이 나왔다고 한다.

[837] 케닛 강은 잉글랜드 남부에 있으며, 템스 강의 지류이다. 케닛은 잉글랜드의 윌트셔에 있는 지방 정부 구역이다

[838] 잉글랜드 남부에 있는 도시이다. 템스 강과 케닛 강이 합류하는 곳에 위치한다.

[839] 잉글랜드 남부를 흐르는 강이다. 런던 시내를 지나는데, 영국에서 두번째로 긴 강이며, 길이는 346킬로미터이다.

[840] 솔즈베리 평원은 중남 잉글랜드의 남서 지역에 있으며, 면적은 780제곱킬로미터이다. 고고학상 유명하며, 스톤헨지가 있다.

[841] 잉글랜드 남서부에 있는 지대로 과거 살림 지대였다. Weald의 뜻은 빽빽한 삼림이란 뜻이다.

래로 지납니다.[842] 향사의 둘째 선은..프롬 강(the Frome)[843] 유역과 그 해저의 연장, 솔렌트와 스피트헤드 (the Solent and Spithead)[844]를 따르고 있습니다. 마지막으로, 배사의 둘째 선은, 퍼벡(the Isle of Purbeck)섬 그리고 현재 분리된 부분인 와이트섬(the Isle of Wight)[845]을 가로지르고 있습니다. 이와 같은 향사와 배사가 부식성(腐食性)의 힘에 영향을 받지 않는다고 상상해 보십시오. 이런 층의 곡선은 지표의 곡선과 비슷할 것입니다. 배사(ridge)는, 윗부분이 평평하고 넓을 것입니다. 향사(furrow)는 바닥이 평하고 넓을 것입니다. 케닛-템스 강 향사는 동쪽으로 나아가면서 점점 그 폭이 넓어지는 특색을 지닐 것입니다. 향사 맨 아래 부분과 배사 맨 위 부분을 연결하는 사면의 가파름은, 변화할 것입니다. 이 지대가 이와 같은 풍경을 보였다고 가정하는 건 아닙니다. 융기력과 부식력은 항상 동시에 작용하였습니다. 영국 국회 의사당(the House of Parliament)[846]의 경우처럼, 붕괴 과정은 건물이 완공되기 전에 시작되었습니다. 부식을 제외하는 건 암석

---

[842] 습곡(주름이 생긴 구조)은 배사와 향사라는 두 구조를 지닌다. 배사는 힘을 받아 불룩 튀어나와 휘어진 부분이며, 향사는 거꾸로 접시처럼 아래로 오목하게 움푹 휘어진 부분을 뜻한다.

[843] 잉글랜드의 서머셋에 위치한 강이다. 길이는 약 44킬로미터이다.

[844] 스피트헤드는 잉글랜드 남부 햄프셔 주의 솔렌트 해협의 동측에 있다. 북측 햄프셔 해안과 남부 와이트섬에 둘러싸인 동서로 긴 해역이다. 유명한 포츠머스 군항이 있다. 솔렌트는 잉글랜드 본토와 와이트섬(the Isle of Wight)을 분리하는 해협이다.

[845] 잉글랜드 남쪽에 위치한 섬이다. 대안(對岸)은 햄프셔 주이다.

[846] 웨스터민스터 궁으로 템스 강변에 위치하고 있으며, 1834년 10월 화재로 대부분 소실되었으나, 1840년에 초석을 놓고, 1867년까지 공사를 계속하였다. 1941년 나치의 폭격으로 손상을 입었다. 2019년 현재 웨스터민스터 궁은 내려 앉고 있다고 한다.

의 단순한 배열을 보여주기 위한 방편입니다. 이런 단순성은, 붕괴와 명백히 혼동함으로써 감추어지고 있습니다. 사실을 하나 더 말씀드리겠습니다. 즉 경질 백악(hard chalk) 위와 아래에, 연점토(soft clay) 층이 있다는 것입니다. 우리가 필요한 모든 걸 지질학에 의지하였습니다.

형상을 만드는 일은 마무리되고 있습니다. 현재 정(chisel)을 사용해야만 합니다. 공기와 바다의 힘은, 우리의 식탁보를 해지게 하고 있습니다. 하지만 테이블에 식탁보를 구겨지게 놓았을 때, 식탁보가 풀을 먹어 단단해진 거처럼, 우리가 기술한 향사와 배사는 붕괴되지 않았습니다. 그 붕괴된 가장자리와 말미는, 구릉 산맥과 곶처럼 단단하게 돌출되어 있습니다. 향사 바닥은, 위에 있는 점토 아래에 덮혀 있는데, 런던·햄프셔 분지[847]를 따라 죽 늘어선 계곡들을 낳고 있습니다. 연점토 층을 바다가 침식하여, 템스 강 어귀의 큰 어귀(great inlet) 그리고 더 좁고 더 복잡한 수로(水路) － 풀(Poole)[848] 항구에서 솔렌트를 거쳐 스피트헤드(Spithead)[849]로 확대되고 있으며, 사우샘프턴 워터(Southampton Water)[850]과 포츠머스(Portsmouth)[851], 랭스턴(Langstone), 그리고 체체스터 하버(Chichester

---

[847] 런던 분지는 긴 삼각의 퇴적 분지로 런던과 남동 잉글랜드의 넓은 지역의 토대를 이루고 있으며, 길이는 약 250킬로미터이다. 햄프셔 분지는 잉글랜드 남부에 있는 고제(古第) 3기의 지질 분지이다. 모래와 점토로 되어 있다.

[848] 잉글랜드 남부의 도시

[849] 잉글랜드 남부의 햄프셔에 있는 솔렌토의 동측에 있는 지역이다. 이곳은 남동쪽을 제외하고 바람으로부터 보호되고 있다. 영국왕이 참여하는 관함식이 열리는 곳으로 유명하다.

[850] 잉글랜드의 솔렌트와 아일오브와이트의 북쪽에 있는 삼각강이다.

[851] 잉글랜드 남부 햄프서 주의 항구 도시이다. 영국 해협에 면해 있다.

Harbour)[852]로 분지하는 수로를 낳고 있습니다. 백악 시트의 위로 향한 가장자리는 죽 이어진 구릉을 만들고 있으며, 이는 다양한 지명 – 버크셔 다운스(Bershire Downs)[853], 칠테른 구릉(Chiltern)[854], 고그마고드 구릉(Gogmagog Hills)[855] – 으로 그리고 이스트(東)앵글리아 고지(East Anglian Heights)란 지명으로, 북서 방향의 케닛-템스 강 분지로 약진하고 있습니다. 노스다운스와 사우스다운스(the North and South Downs)[856]는 서로 마주보고 서 있습니다. 종석(the key stone)[857]이 없는 아치의 시작선들(springs)에 비유할 수 있습니다. 같은 아치형이, 솔즈베리 평원(Salisbury Plain)[858]을 형성하고 있으며 햄프셔의 백악 고지대에서 동쪽으로 연장되고 있습니다. 비치 헤드(Beachy Head)[859]와 노스 포랜드와 사

---

[852] 생물학적·지질학적인 특수 과학 관심 지대(Site of Special Scientific Interest)이며, 햄프셔의 체체스터 서쪽에 있다.

[853] 잉글랜드 남부애 있는 죽 늘어선 백악 구릉이다,

[854] 잉글랜드의 런던 북서부 교외에 있는남서-북동방향으로 확대되는 구릉이다. 길이는 74킬로미터이다

[855] 잉글랜드의 캠브리지 남동부로 몇 마일 확산되는, 죽 늘어선 백악 저구릉이다.

[856] 사우스다운스는 잉글랜드 남동 해안 지대를 가로질러 확대되고 있는 약 670제곱킬로미터의 죽 이어진 백악 구릉이다. 노스다운스는 잉글랜드 남동부에 있는 백악 구릉으로 이루어지 산맥이다.

[857] 아치의 꼭대기 부분에 있는 쐐기 모양의 돌이다.

[858] 잉글랜드 중남부의 남서측에 있는 백악 고원 지대이며 면적은 약 780제곱킬로미터이다.

[859] 잉글랜드의 서섹스의 영국 해협 연안에 있는 돌출부(突端)로, 사우스다운스의 바다쪽으로 확대된 곳이며, 그 백악 절벽은 높이가 150미터가 넘는다

우스 포랜드(the North and South Forelands)[860]는 단지 다운 산맥(the Down ranges)이 바다쪽으로 돌출된 것입니다. 노스다운스는, 비치헤드처럼, 단일 곶(promontory)에서 끝나지 않고, 단지 길게 줄지어 전 절벽 — 노스 포랜드와 사우스 포랜드로 표시된 두 말미(end) — 에서 끝나고 있다는 사실은, 관계 — 지표의 사면과 지층의 경사 간에 항상 존재하는 관계 — 에 주의를 기울이는 데 도움을 줄 수 있습니다. 몇 문장 뒤로 가서 보면, 만약 우리의 단순한 배사와 향사 체계가 실제로 이루어졌다면, 배사의 꼭대기와 향사 바닥을 연결하는 경사(dip)의 가파른 정도가 변화한다는 사실은 우리가 언급하였습니다. "복원된(restored)" 잔해(ruins)에서의 산맥(a hill range)의 위치를 기억함으로써, 우리는 그 방향뿐만 아니라 그 두 표측(表側)의 상대적인 가파름도 기억할 수 있을 것입니다. 하나는 경사층에 의해 이루어질 것이며, 다른 하나는 이 층이 갑자기 끝나는 곳의 단층애(斷層崖)입니다. 우리가 단층애에 올랐을 때, 우리 앞에서 우리가 가파른 사면(斜面)을 보거나 아니면 물결치는 듯한 고지대(upland)를 보는가는, 층의 경사에 크게 의존합니다. 이 점에서 두 백악 고지대들 — 좁은 산등성이를 지닌 산등성이(ridge)로 이스트(東)앵글리아와 켄트의 돌출부(projection)를 형성하고 있는, 칠테른(Chiltern)[861]과 호그스백(Hog's Back)[862] — 을 비교해 보십시오. 칠테른의 북서 단층애는 이스트 앵글리아의 서측 단애

---

[860] 노스 포랜드와 사우스 포랜드는, 잉글랜드 남동부의 켄트 연안에 위치한 백악 헤드랜드(돌출부, 돌단(突端))이다

[861] 칠테른 구릉은 잉글랜드 런던 북서쪽 교외에서 남서-북동 방향으로 펼쳐진 구릉, 길이 74킬로미터 가장 넓은 폭은 19킬로미터이다. 백악 단층애이다.

[862] 잉글랜드 서레이의 노스다운스에 있는 구릉으로 된 산등성이다. 백악기에 백악으로 이루어졌다

(scarp)[863]와 함께 이어지고 있습니다. 칠테른의 남동 경사 사면은, 노포크의 방대한 고지대를 이루는 경사 사면((dip-slopes)과 함께 이어지고 있다. 이 경사는 칠레른의 경우에 급하며, 노스포크의 경우에는 경미합니다. 비슷하게, 켄트의 고지대는 호그스백의 연장 부분입니다. 남측 단애 표측(表側)들은 – 켄트에서의 그 연속 부분이 단지 완만하게 경사지고 있을지라도 – 거의 다르지 않습니다. 한편으로 호그스백의 북측 경사 사면은 가파릅니다. 산맥(hill range)의 이와 같은 말단 확장부는, 곧 고찰하는 바와 같이, 영사에서 아주 중요합니다. 이 확장부는 케닛-템스 분지의 서측 광폭(廣幅)에 달려 있는 거로 간주될 수 있습니다. 템스 강에 있는 삼각강 연안은, 분지의 가장자리(lip)를 나타내는 산맥과 거의 평행을 이루고 있으며, 북측 연안은, 헌스턴 포인트(Hunstanton Point)[864]에서 칠테른에 이르는 구릉들로 이어지는 굴곡(curve)과 평행을 이루며, 남측 연안은 노스 다운스의 아주 곧은 산맥과 평행을 이룬다는 점에, 관심을 기울여야 합니다.

이 지역의 하천은 자연히 세 부류로 나눌 수 있습니다. 첫째, 이스트(東) 앵글리아의 경사 사면를 따라 흐르는 하천들입니다. 결과적으로 이런 하천들은 많고 대체로 평행을 이룹니다. 이 강들은 지도상에 나무 모양으로 나타나는 하나의 큰 흐름(stream)을 이루려고 합류하지 않습니다. 둘째, 대향사(furrow) 아래로 흐르는 강들인데요, 레딩(Reading) 아래로 흐르는 케닛 강과 템스 강이며, 다른 한편으로 솔렌트와 스피트헤드에 의하여 해저 연장 부분을 지닌 프롬(Frome) 강입니다. 템스 강의 많은 지류는 명백하지만, 프폼 강에서 볼 수 있는 나무 모양의 특징은, 템스 강의 해저 연속 부분을

---

[863]   거의 수직에 가까운 단애
[864]   헌스턴은 잉글랜드 노퍽에 있는 해변 마을이다.

감안하지 않으면, 불명확할 것입니다. 프롬 강, 스타우어 강(the Stour),[865] 에이번 강(the Avon),[866] 테스트 강(the Test),[867] 이첸 강(the Itchen)[868], 메디나 강(the Medin)[869]은 합류하여 하나의 큰 흐름을 형성하고 있으며, 아일오브와이트섬의 동쪽에 그 어구가 있습니다. 협곡들을 지나 바로 백악 삭맥을 가로지는 분류들(streams), 레딩 위의 템스 강, 윌드 지방(the Weald)의 여러 소하천들이 있습니다. 이런 상황은, 예전에 아치형의 층이 완성되었다고 가정하지 않으면, 이해할 수 없을 것입니다. 이런 분류는 산맥의 평평한 사면 아래로 흐르는데, 보통의 유체 역학 법칙을 따르고 있습니다. 우리 지역의 유일한 돌출 형상은, 암석의 습곡(褶曲)[870]을 제외하고 특별한 설명이 필요한 것인데, 던지니스(Dungeness)[871]를 형성하고 있는 조약돌의 둑(bank)[872] 입니다(10. 나는, 이처럼 묘사하면서, 리스 힐(Leith Hill)[873]

---

[865] 잉글랜드 남부 켄트를 흐르는 하천이다. the Great Stour라고도 한다.

[866] 잉글랜드 남서부에 있는 강이다. 길이는 137킬로미터이다

[867] 잉글랜드 햄프셔를 흐르는 강이다. 전체 길이는 64킬미터이다.

[868] 잉글랜드 햄프셔를 흐르는 강이다. 길이는 45킬로미터이다.

[869] 메디나 강은 잉글랜드의 아일오브와이트섬의 중요한 하천이다. 길이는 16킬로미터이다.

[870] 지층이 물결 모양으로 주름이 지는 현상으로 압축력의 결과이다. 대체로 아치 형태를 지닌다.

[871] 잉글랜드 켄트 해안에 위치한 갑(岬)이다. 두 개의 원자력 발전소가 있다.

[872] bank는 일반적으로 강 혹은 호수를 따라 있는 지역을 뜻한다.

[873] 잉글랜드 서레이의 도르킹 남서쪽으로 있는 길이 7킬로미터의 나무가 많은 구릉이다.

과 서섹스의 삼림 지대(the Forest Range of Sussex)[874]에 대한 설명을 빠드렸다. 이들 역시 암석의 습곡에 의존하고 있으나, 이들의 원인을 설명하려면 이 논문에서 너무나 많은 공간을 차지할 수 있다. 이 글은 단지 그 토픽에 철저히 다루려는 게 아니라 방법을 보여주려는 취지만을 지닌다.)

이건 잉글랜드 지역에 대한 일반적인 정밀 분석입니다. 그러면 인간에게 어떤 영향을 미쳤을까요? 삼림과 소택지 가운데, 세 넓은 고지대가 초창기에 도드라졌습니다. 인간이 자연으로부터 최소한의 저항을 받으면서 정주할 수 있는 대(大)개간지(開墾地, clearing)[875]입니다. 켈트족의 언어로 이 고지대는 "궨트(Gwents)" — 라틴 정복자[876]에 의해 "벤타(Ventae)"로 개악된 명칭 — 로 알려졌습니다.[877] 이는 우리가 친숙한 백악의 고지대였습니다. 즉 솔즈베리 평원과 햄프셔에 있는 아치 모양의 맨위와 이스트(東)앵글리아와 켄트에 있는 백악 산맥의 말단 확장부입니다. 이스트(東)앵글리아에는, 벤타 이체니(Venta Icenorum)[878]가 있었습니다. 켄트와 캔

---

[874] 서섹스는 잉글랜드 남동부 지역에 있다. 사우스 다운스 백악 구릉을 넘어서, 울창한 서섹스 윌드 지방이 있다.

[875] 숲과 삼림의 개간이란, 나무와 숲을 그 뿌리와 함께 영구적으로 제거하는 과정이라고 한다. 토지를 — 목장, 경작 농업, 인간의 거주지, 혹은 철도나 도로 건설을 위한 목적으로 — 삼림, 숲 혹은 관목을 제거하는 과정이다.

[876] 로마

[877] 고대 영국에는 세 궨트가 있었는데, Venta Belarium, Venta Icenorum, Venta Silurium이다. Gwent는 일반적으로 영국에서는 평야, 평원이란 뜻이라고 하는 사람도 있다.

[878] 노퍽에 있었던 이케니족의 도시 국가 혹은 수도이다. 이곳의 이케니족은 서기 51년 로마 지배에 대항하여 폭동을 일으킨 걸로 유명하다.

터베리에는(11. 따라서, J. R. Green은 이걸 인정하고 있다. 'Making of England ' 1882, p.9. 그러나 Isaac Taylor는 Kent가 Cenn ― 웨일스어의 고이델어 형식인 a head 혹은 a projection― 에 기원들 두고 있다고 한다. 'Words and Places,' 1885, p.148), 다른 퀜트가 남긴 유산을 우리가 아직 지니고 있습니다. Winchester의 첫 음절(12. Venta Belgarium)[879]이 세 연음부를 완성하고 있습니다.[880] 뒤에, 여전히 고대이지만, 이 세 지대는 게르만 지배자를 구성한 세 종족의 첫 둥우리였습니다. 앵글 족은 노퍽(Norfolk)과 서퍽(Suffolk)에, 주트족(Jute)은 켄트에, 색슨족(Saxon)은 햄프셔에 정주하였습니다.[881] 그 후에도 여전히 잉글랜드에서는, 윈체스터, 캔터베리(Canterbury), 노리치(Norwich)가 중세 도시들 가운데 주요 도시들이었습니다. 오늘날까지도 이런 지역들 가운데 두 곳의 격리(isolation)는 그 흔적을 남겼는데, 그 인구의 현저한 특징입니다. 펜스(Fens)[882]는 노퍽과 분리되었으며, 윌드 지방의 삼림은 켄트(Kent)[883]를 둘

---

[879] 정복자 로마인은 벤타 벨가리움으로 불렀다. 벨가에족의 도시라는 뜻이다. 오늘날 윈체스터로 알려져 있다. 영국에서 Venta 혹은Wentā 는 도시 혹은 만남의 장소를 뜻한다고 보는 사람도 있다. 웨일스말로 gwyn 백색이란 뜻도 있다. 웬체스터가 백악 위에 위치하고 있기 때문이다.

[880] Winchester는 서기 730년 쯤 Uintancaestir라고 하였는데, 그 연원은 서기 150년 쯤 Quenta, Venta ― 주요 지역+ ceaster(로마 도시) ― 이다. ventaceaster를 로마 성채의 거주자들이라고 보기도 한다.

[881] 5세기 이후 게르만족인 색슨 족, 주트 족, 앵글 족이 잉글랜드로 이주하였다.

[882] 잉글랜드 동부의 해안 평지이다. 펜스는 소택지로 둘러싸여 앵글로 색슨 족의 침략을 쉽게 방어할 수 있는 안전 지대였다.

[883] 잉글랜드 남동부에 있는 카운티이다. 캔터베리 성당이 켄트에 있으며, 5세기쯤 켄트 농부는 주트족의 왕국이 되었다.

러 막았습니다. 이들의 민족들은 영국 역사에서 뚜렷한 위치를 점하였습니다. "노퍽 사람(men of Norfolk)"과 "켄트 사람(men of Kent)"은 눈에 띄게 반항적 소질이 있었습니다.

잉글랜드의 동부와 남부에는 4개의 대도시가 있었습니다. 넷째 도시가 바로 런던이었습니다. 지리적 조건들이 런던의 중대성을 결정하였습니다. 지도를 보면 즉시 명백히 알 수 있습니다. 펜스와 윌드 지방은 한편으로 노퍽과 켄트에 커뮤니케이션 라인을 강제할 것이며, 다른 한편 나머지 잉글랜드는 다른 지역에 런던이라는 일반적 방향을 지나도록 강제할 것입니다. 켄트는 유럽 대륙에 가장 근접한 곳에 있습니다. 따라서 워틀링 가도(街道, Watling Street)[884]는 켄트의 가도일뿐만 아니라 프랑드르(Flanders)로 가는 길이었습니다. 구릉이 템스 강 소택지를 가장 좁게 하는 곳에, 워트링 가도의 자연 교차점이 있습니다. 앞에는 나루터이고 뒤에는 선교(bridge)입니다. 이 지점은 타워힐(Tower Hill)[885]과 덜위치(Dulwich)[886]와 시드남(Sydenham)[887]의 고지대(高臺, heights) 사이에 있습니다. 즉 버몬지섬(the isle of Bermond)은,[888] 건조한 지대이며, 주변의 둘러싼 소택지에서

---

[884] 잉글랜드에 있는 가도로, 대체로 오늘날 캔터베리와 세인트올번스 사이에 있는 고대 가도로 처음에 고대 영국인이 사용하였으며, 뒤에 로만인이 도로를 포장하였다.

[885] 런던 북서쪽에 있는 작은 구릉에 위치하고 있다.

[886] 런던 남쪽에 있는 지역이다.

[887] 런던 남동부에 위치한 구역이다.

[888] Bermondsey는 런던의 남동 구역에 위치하고 있다. 서레이의 역사적인 카운티(historic county) 노르만 족이 행정을 위해 세운 구역이다.

디딤돌처럼 솟아오르고 있습니다. 깊은 강의 인근 제방 위의 단단한 지반은 − 선교 혹은 나룻터의 "출발 지점(take off)"으로 필요한데 − 상륙 지점 (landing place)으로도 필요합니다. 그런데 여기에, 출발 지점과 상륙 지점을 위한 자연적 정류장(halting place)인 지대 − 따라서 도시가 확실히 부상할 수 있는 지대 − 에 자연 통로의 교차점이 있습니다. 이 도시는, 한쪽 통로가 육로이며 다른 통로가 해로라면, 더욱더 중요하게 될 것입니다. 만약 하천 교통과 해상 교통의 교차점이라면, 더더욱 중요하게 될 것입니다. 스켈트 강(Scheldt)[889]의 위치에 비하여, 템스 강 어구의 위치는 더욱 의미심장합니다. 이것은, 안트베르펜(Antwerp)[890]과 런던을 연결하는 중대한 조건을 결정하고 있읍니다. 잉글랜드의 대륙 정책도 크게 결정하고 있습니다. 그러니 많은 요인들이 상호 작용하여 런던의 중대한 조건을 유지하고 있습니다. 이게 바로 런던이 옛날부터 꾸준히 성장해온 비밀입니다. 주어진 지리적 형상의 중요성은 인간 문명의 발전 정도에 따라 변합니다. 하나의 자연적 장점에 의존하는 도시는, 언제 어느 때나 망할 수 있습니다. 단일의 기계 발명은 변동에 영향을 미칠 수 있습니다(13. 런던의 "중대한 조건"에 대해 이렇게 설명함에 있어, 나는 타워 힐의 완전한 의의를 지적하지 않았다. "언덕(dun)" 달리 말하면 언덕 위의 성채가, 정확히 런던의 장소를 명백히 정하였다. 그러나 다른 요인이 − 위에서 말한 바와 같이 − 런던의 중대한 조건을 결정하였다.).

도시들에서 더욱더 그러합니다. 마지막으로 정치적 구획(區劃, division)을 생각해 보겠습니다. 두 유형의 정치적 구획이 있습니다. 자연적 구획

---

[889] 프랑스 북부, 벨기의 서부와 네덜란드 남서부를 흘러 북해로 유입되는 강이다. 총 길이는 350킬로미터이다.

[890] 영어로는 엔트워프이며, 벨기에의 도시로 프랑드르의 앤트워프 주의 주도이다

과 자의적 구획입니다. 프랑스의 주(州)[891]로의 옛 구획과 도(道)[892]로의 구획에 의해 나타난 대비는 이런 차이를 보여주는 데 도움을 줄 수 있습니다. 하나는, 소국들이 하나이 대국으로 첨가되는 것과 같은 무의식적 과정의 결과입니다. 다른 하나는, 의도적인 입법의 산물입니다. 잉글랜드에서는 이 두 타입의 구획이 나란히 있습니다. 잉글랜드 중부 지방(mildlands)에서는 자의적 구획이 있으며, 그 주요 도시에 따라 이름 지어진 카운티인데요, 머시아(Mercia)[893]의 분할에서 비롯된 걸로 볼 수 있을 듯 합니다(14. J. R. Green, "Conquest of England," p. 141 주를 참고. 하지만 Issac Taylor, "Words and Places," 1885, p.179.와 대조할 것.). 다른 한편 잉글랜드 동부와 남부에서는, 카운티가 자연스럽게 성장하고 있으며 자체의 특유한 기원을 지칭하는 지명을 지니고 있습니다. 자의적 구획의 경우에, 경계도 자의적으로 그어질 가능성이 높습니다. 자연적인 구획의 경계는 항상 자연적인 것이며, 아마도 두 유형이 있을 수 있습니다. 이주자들은 중심에서, 자연적 장애물을 부딪힐 때까지 아니면 다른 지방분권적 정착지의 방해에 부딪힐 때까지 — 퍼져나가고 있습니다. 우리가 다루고 있는 지역에서, 이런 마지막 경우에 대한 몇몇 훌륭한 보기를 살필 수 있습니다. 서레이, 켄트, 서섹스(Sussex)[894]의 거주자들은 백악 구릉과 고지대에 정주한 뒤에, 그들의 전위들(前衛,

---

[891]　province
[892]　déparement, 행정 구역의 도
[893]　7~8세기 영국 중부의 앵글로 색존의 왕국, 7왕국 중의 하나이다.
[894]　잉글랜드 남동부에 위치한 카운티였다. 고대 서섹스 왕국의 지역과 거의 일치한다. 서쪽으로는 햄프셔와, 북쪽으로는 서레이와, 북동쪽으로는 켄트와, 남쪽으로는 영국 해협과 경계하고 있다.

advanced guards)이 중심에서 만날 때까지 차츰차츰 삼림 지대로 밀고 들어갔습니다. 이런 카운티의 경계선은 정확히 우리가 이런 상황에서 기대해야 하는 것과 같습니다. 이것과, 우리는 버크셔(Berkshire)[895]와 햄프셔(Hampshire)를 서레이와 서섹스와 분리하는 경계를 비교할 수 있습니다. 이 경계는, 대체로 백쇼트 모래땅(砂土, Bagshot sands)에 위치한, 일상적으로 사용하는 목초 지대를 가로지르고 있습니다. 이런 불모지는 더 나은 토양으로 채워지지 않는 한, 점유할만 한 가치가 없습니다. 펜스 지역[896]을 다시 생각해 봅시다. 다섯 카운티가 이런 소택지로 혀를 내밀고 있는 모양새를 갖추고 있습니다.

시간이 부족하여 이 주제를 더 상세하게 다룰 수는 없습니다. 광범위한 결과는 이러합니다. 백악의 습곡과 그 경도(硬度)를, 그 아래 층과 그 위층과 비교하여, 고려해 봅시다. 그러면 이런 사실 — 두 개의 대 갑(岬)의 원인, 두 개의 대 후미(入海, inlet)[897]의 원인, 위치, 잉글랜드 동남부의 주요 도시와 구획의 중요성을 결정한 세 개의 대(大)고지대 공지(空地) — 을 실례를 들어가며 보여줄 수 있을 것입니다. 동일한 추리 과정을 필요한 어떤 수준의 세목에도 계속 적용할 수 있을 것입니다. 그 밖의 모든 지역의 지리도 비슷하게 논의될 수 있습니다. 더욱이, 관련된 몇몇 단순한 지질학적 사고방식을 완전히 익힌 다음에, 육지(a land)의 생생하고 정확한 개념을 몇몇

---

[895]   잉글랜드 남동부의 카운티이다.

[896]   잉글랜드 동부에 있는 연안 평야이며, 소택지로 되어 있었으나, 수 세기 전에 물빼기를 하여, 현재는 경작지이다.

[897]   강 혹은 해안, 호수의 일부가 육지쪽으로 깊숙이 들어가 생긴 지형을 뜻한다고 한다.

문장으로 전달할 수 있습니다. 이 방법을 처음 적용하는 걸 파악하는 데 필요한 노력은, 옛 방법에 필요로 하는 것보다, 더 많이 들 것입니다. 그 장점(beaty)은, 새롭게 정복할 때마다 획득은 점점 더 쉬워질 것이란 사실에 있습니다.

우리는 지질학과 지리학의 관계와 관련된 우리의 결말을 명제의 형식으로 요약할 수 있습니다: –

1. 암석권(lithosphere)[898]의 형태를 아는 게 중요하다.
2. 이건, 암석권의 형태를 결정하는 원인을 이해함으로, 정확하고 생생하게 유념할 수 있다.
3. 이런 원인들 가운데 하나가 바로, 암석의 상대적 경도와 배열이다.
4. 어떤 지질학적 자료 혹은 추리도, 지리학상의 논거에 부적합하다면, 수용될 수 없다. 이는, "왜 일정한 형상이 어디에 있는가?"란 질문에 답하는 데 도움을 주어야만 한다.

브라이스 씨가 제시한 나머지 두 범주의 환경적 요소들은 크게 언급할 필요는 없습니다. 기상학과 지리학의 구별은 실용적이어야만 합니다. 기상학의 대부분은 실용적이며, 일기 예보를 다루고 있다는 점에서 그러한데요, 이건 지리학자가 필요로 하는 게 아닙니다. 평균 혹은 반복 기후 조건만이 그의 지식의 범위 안에 있습니다. 더욱이 여기에서 그는 기상학의 결과를 자료로 채택하는 데 자주 만족해야만 합니다. 이것은 기상학 자체가 물리학의 결과를 수용하는 것과 비슷합니다. 지리학에 너무 많은 걸 포함시

---

[898] 암권이라고 하며, 지구의 지각과 맨틀 최상부의 단단한 암반을 합친 부분이다.

키는 건, 특히 독일 지리학자들의 과오입니다. 지리학은 많은 교과와 관련을 맺고 있지만, 통째로 이런 교과를 포함하는 건 아닙니다. 저명한 페셀(Peschel)[899]조차도 그의 책『자연 지리학(Physische Erdkunde)』에서(15. Vol. ii, pp. 118-127, 그리고 토의 자료.) 기압계에 대한 논의와 기압 보정(補正)에 필요한 공식의 증명을 포함시키고 있습니다. 이런 탈선은 종종 되풀이되는 비난 ― 지리학자들은 단지 모든 학문을 취미삼아 해보는 사람이라는 혐의 ― 의 원인이라고 할 수 있습니다. 우리는 지리학이 독립적인 학문의 분야라고 주장하고 있습니다. 지리학의 자료는 다른 과학의 자료와 겹치고 있습니다. 하지만 지리학의 기능은 이런 자료들 간 일정한 새로운 관계를 지적하는 것입니다. 지리학은 계속되는 논거(argument)가 되어야 합니다. 일정한 논지(point)가 포함될 것인지 안 될 것인지의 테스트는, 이러해야 할 것입니다. 즉 이게 논거의 본바탕에 적합한가?입니다. 자료를 입증할 목적으로 얼마만큼 일탈을 허용할 것인가는 물론 실용적 질문입니다. 대체로 이런 일탈은, 이를 입증하는 게 여타 과학의 기능이라면, 배제되어야 합니다.

브라이스 씨가 제시한 마지막 범주는 지역의 산출입니다. 광물의 분포는 분명히, 암석 구조를 따르기 마련입니다. 우리는 여기에 대하여, 단지 우리가 망치로 쳐온 못을 한번 더 두두리기 위해서만, 언급할 필요가 있습니다. 동물과 식물의 분포와 관련하여, 우리는 바로 위의 단락에서 언급한 것에, 테스트를 적용해야 합니다. 말하자면 이는 지리적 논거의 본바탕에 얼마나 적합한가? 란 테스트입니다. 문제의 동물과 식물이 인간 환경에서 눈에 띨 정도의 요소인 한, 그 분포는 꼭 알맞은 것입니다. 이 분포가 지리적 변동

---

[899] Oscar Peschel, 1826~1875, 독일의 지리학자, 민족지학자, 출판가, 인류학자이다. 라이프치히 대학의 교수를 지냄, 인종 분류로 유명하다.

- 육지로부터 섬의 분리, 혹은 설선의 후퇴와 같은 변화 - 을 형성하는 한에 있어서도, 그만큼 이것도 아주 적당할 것입니다. 하지만 동물과 식물의 상세한 분포에 관한 연구와 이런 생물의 진화에 대한 이해를 돕는 연구는, 지리학의 분야가 결코 아닐 것입니다. 이건 동물학 혹은 식물학의 분야이며, 그 이유는 이런 분야를 제대로 연구하려면, 지리학에 대한 예비 연구가 필요하기 때문입니다.

문제의 진상은 모든 과학의 경계는 자연스럽게 절충되고 있다는 점입니다. 지식은, 우리가 앞서 말한 바와 같이, 하나입니다. 지식의 교과들로의 분할은, 인간의 나약함을 인정하는 것입니다. 이것의 마지막 보기로, 우리는 지리학과 역사의 관계를 다룰 수 있습니다. 지리학과 역사의 기본 단계에서는, 양자가 분명히 함께 가야 합니다. 하지만 그 단계가 높아지면 높아질 수록 양자는 갈라질 것입니다. 역사가는, 원본 자료에 대한 비판·비교 연구에서 자신들의 온전한 과업을 찾고 있습니다. 그는, 필요한 사실과 아이디어를 선택하기 위해 스스로 과학을 꼼꼼하게 조사할 시간도 없고 경향도 거의 보이지 않습니다. 그를 위해 이런 일을 하는 게 지리학자의 기능입니다. 다른 한편, 지리학자는 자신의 제시한 관계들을 증명하기 위해 역사에 의존해야만 합니다. 이와 같은 관계를 규제하는 법칙의 대부분은 - 시간이 흐름에 따라 진화하는데 - "선사 시대"의 역사를 상당하게 쓸 수 있게 할 것입니다. 그린(John Richard Green)[900]이 쓴 『Making of England』는, 대체로, 역사의 경로가 되었음이 틀림없는 지리적 조건들에서 추론한 걸로

---

[900]　1837~1883, 영국의 역사가이다. 대표적인 저술로는 『영국 국민사』가 있다. 이 책은 4년 동안 11판을 찍을 정도로 좋은 평판을 받았다. 『The Making of England』에서는 앵글로 색슨족 시대 449~1066년의 역사를 다루고 있다.

되어 있습니다. 내가 지리적 논거의 본바탕(main line)으로 생각하는 걸 보여주어야만 할 일이 남아 있습니다. 나는 두 단계로 나누어 말씀 드릴 것입니다. 첫 단계는 일반적인 것인데요, 가령 대학의 강의 과목의 개요 혹은 교과서 앞부분에 실린 목차에서 수집할 수 있습니다. 둘째 단계는 이걸 일정(一定)한 문제 – 델리와 콜카타는 각각 인도의 구수도(舊首都)· 신수도(新首都)가 되어야만 하였을 이유들 – 에 특별히 적용하는 것입니다.

우리는 지문학(physiography)[901] 지식을 전제로 하고 있습니다. 그러면 육지가 없는 장갑(掌甲)이란 생각에서 시작하고, 역학(mechanics)[902]에서 유추하여 지구의 개념을 형성하기로 합시다. 먼저, 뉴턴의 법칙은 절대적 강성(rigidity) 가설에 근거하여, 그 이상적인 단순성(simplicity)으로 증명되고 있습니다. 이런 법칙은, 탄성(elasticity)과 마찰 저항(friction)이라는 상쇄(相殺) 경향이 도입되어서 꼭 마음에 새겨 두게 되었습니다. 따라서 우리는 지리학 연구에 열정적으로 착수(attack)할 수 있을 것입니다. 육지 없는 조건에 있는 우리의 지구를 상상해 보십시오, 중심이 같은 (concentric) 세 개의 회전 타원체(楕圓體, spheroid) – 대기, 수계, 암권(巖圈) – 로 구성된 지구말입니다. 두 유형의 거대한 힘 – 태양 열과 지축(地軸) 위의 지구의 자전 – 이 전세계에 작용할 것입니다. 분명히, 무역풍계(tradewind system)[903]가 방해받지 않고 편향될 것입니다. 다음에 셋째 유형의 전세계

---

[901] 지문학은 원래 지리학의 한 분야이며, 자연 현상에 대한 기술을 뜻하였다. 뒤에 자연 지리학과 같은 의미가 되었다. 자연 지리학은 계통 지리학의 일부분이다. 지형, 기후 등의 자연 환경을 연구 대상으로 한다.

[902] 물체 혹은 기계의 운동 혹은 그 힘과 상호 작용을 고찰하는 학문의 총칭이다. 물리학에서 역학이라고 하면 고전 역학 혹은 뉴턴 역학을 뜻하기도 한다.

[903] 아열대 고압대에서 적도 저압대로 강하게 부는 바람인데, 무역풍으로 부르는

적으로 작용하는 힘을 도입하기로 합니다. 즉 지축이 지구 궤도의 평면으로 기울어졌다는 것, 태양을 도는 지구의 공전(公轉)입니다. 그 결과로 회귀선에서 적도 무풍지대로 일년 내내 진행하면서, 무역풍을 분리합니다.[904] 우리가 전지구적이라고 칭한 마지막의 넷째 원인은, 지구 궤도의 타원율의 영년 변화(永年 變化), 지축의 경사각에 있습니다. 이는, 무역풍계의 일년 내내 진행과 강도에서, 비슷한 변화를 낳고 있습니다.

따라서 이제까지는 우리가 경노상의 변화를 멀리하였습니다. 경도(經度)[905]가 주어지면, 고도, 계절, 세기(世紀), 기후 조건을 아주 작은 수의 자료로도 추론할 수 있습니다. 그러면 우리의 기본 가설을 포기합시다. 있는 그대로의 지구 — 뜨거워지고, 냉각되고, 줄어들고, 주름이 지는 — 를 상상해 봅시다. 지구가 뜨거워지고, 지구가 냉각되며, 따라서 줄어들고 외측 더 차가워진 지각(地殼)은 결과적으로 주름이 질 것입니다. 암권은 결코 대기, 수계와 중심이 같지 않을 것입니다. 해저는 향사와 배사로 함몰되고 있습니다. 배사는 수계로 돌출되어, 수계를 통하여 대기로 튀어나오고 있습니다. 배사는 지구상의 수류를 막는 장애물로 작용합니다. 이는, 급류의 바닥에 있는 돌에 비유할 수 있는데요, 이 돌로 인하여 흐름이 지장을 받고 분류됩니다. 이런 흐름은 바위를 뛰어넘거나 바위 위에서 나누어집니다. 이

이유는 무역을 위해 범선이 이 바람을 이용하였기 때문이다. 하지만 원래 의미는 정해진 경로를 따라 부는 바람이란 뜻이다.

[904] 무역풍은, 지구의 자전에 의한 코리올리 효과로 대충 남위 30 ~ 북위 30도 사이에서 부는 바람이다. 북반구에서는 항상 북동쪽에서 불며, 남반구에서는 남동쪽에서 분다.

[905] 지구 상에서 본초 자오선을 기준으로 해서 동측으로 동경, 서측으로는 서경이라고 하며 각각 180도로 표시한다.

와 같은 순전히 기계적인 작용은, 상 호크 곶(Cape San Roque)[906]의 남
적도 해류(南赤道 海流)[907]의 분류(分流)에서 충분히 고찰될 수 있습니다.
상 호크 곶은 잉글랜드의 기후에 뚜렷한 영향을 주고 있습니다. "비월(飛
越, leaping over)" 작용은 산맥 위에서 발생하는 바람의 경우에 명백히 볼
수 있습니다. 결과적으로 산맥의 사면을 습기찬 공기로 덮고 있습니다. 하
지만, 이런 기계적 작용 외에, 변화하는 온도와 습도란 원인이 있습니다.
주로 육지와 바다의 상이한 온도에서 기인하는데, 따라서 열대 몬순 기후
(monsoon)[908] 때문입니다. 큰 물결 모양으로 주름이 지는 형세는, 특별한
의미가 있습니다. 만약 대륙이, 적도를 가로질러 세 대대역(大帶域, band)
으로 확대되지 않고, 동측과 서측으로 확장되었다면, 기후는 대략 위도에
의해 표시될 수 있을 것입니다.

    따라서 우리는, 지구의 표면(surface)을 분석함에 있어 꾸준히 진보하고
있습니다. 육지없는 지구를 상상해 보십시오 그러면 공기와 물 순환에 의한
원동력(motor power)을 볼 수 있을 것입니다. 우리의 구상을 큰 물결 모양
으로 주름진 지구로 바꾸어 보십시오 그러면 우리는, 역학적 장애물과 온
도·습도 불규칙성으로 인하여, 단순한 흐름[909]이 어떻게, 거의 무한하지만
여전히 질서 잡힌 복잡한 특징을 지닌, 흐름으로 분화되고 있는가를 파악할

---

[906]   브라질 북동부 대서양 연안에 있는 곶이다.

[907]   남동 무역풍에 의해 발생하는 해류로 동쪽에 서쪽으로 흐른다.

[908]   열대 계절풍 기후이다. 계절풍의 영향을 받는 해안에 분포된다. 겨울에는 건기
가 되며, 여름에는 습한 바람으로 우기가 된다. 브라질 동해안 일부 지역에 여기에 해
당된다.

[909]   기류, 수류, 해류.

수 있을 것입니다. 하지만 한 단계 더 나아가도록하겠습니다. 암권의 형태는 고정되지 않고 있습니다. 수축이 여전히 진행 중에 있습니다. 물결 모양의 옛 주름은 솟아오르고 새로운 주름이 생기고 있습니다. 이런 주름이 솟아오르면서, 파괴되기 시작합니다. 흐름은 그 경로를 막고 있는 장애물을 제거하는 데 작용하고 있습니다. 이 흐름은, 순환의 완벽한 단순성을 이루려는 경향이 있습니다. 따라서 지구 표면의 형상은, 계속 변화하고 있습니다. 그 정확한 형태는 그 현재의 조건만 아니라 지난 일에 의해 결정됩니다. 최근의 변화는, 지리학의 가장 매혹적인 장(章)들 가운데 한 장의 주제입니다. 평지(plain)는 암석 퇴적물(debris)로 만들어지고 있습니다. 대륙은 섬을 낳고 있습니다. 많은 원천 — 조류의 이동 경로, 동물의 분포 혹은 인접 해양의 깊이에서 비롯되는 밑바탕 — 에서 증거를 얻을 수 있습니다.

　이어지는 각 시기(chapter)는 과거 일어난 바를 전제로 합니다. 논거는 중단되지 않고 계속됩니다. 장애물의 위치와 바람의 경로에서 강우 분포(降雨 分布)를 추론할 수 있을 것입니다. 물결 모양의 주름이 진 사면의 형태와 분포 그리고 강우 분포에서, 배수계(排水系)에 대한 설명이 이어지고 있습니다. 토양의 분포는 주로 암석 구조에 의존하며, 토양과 기후에 대한 고찰에 이어서 식생(植生)[910]에 기반하여 자연 지역들(natural regions)[911]로 지표면을 분할합니다. 나는 여기에서, 식물 종의 분포가 아니라 광범위한 유형의 지구의 야채 커버(the vegetable clothing)라 불리는 것 — 극지 사막과 열대 사막, 온대림과 열대림, 초원(grass-plains)으로 함께 분류할 수

---

[910]　지구 상 육지의 어느 장소에 생육하는 식물 집단을 뜻한다.

[911]　기본적인 지리적 단위이며, 일반적으로 지리학, 지질학, 기후란 공동의 자연적 형상에 의해 구별되는 한 지역을 의미한다.

있는 지역들 - 의 분포에 대해 언급하고 있습니다.

그러면 연구의 둘째 단계로 넘어가면, 두 전문 용어를 활용하는 게 좋을 것입니다. "환경"은 자연 지역입니다. 지역이 적으면 적을 수록, 이 지역을 통틀어 획일적 혹은 거의 획일적 조건들의 수는 더 커지는 경향 있습니다. 따라서 우리는 다른 목(目)들로 된 환경을 지니고 있는데, 논리적 용어를 빌리면, 그 외연(extension)과 내포(intension)는[912] 역비례하여 변하고 있습니다. 공동체들에서도 그러합니다. "공동체(A community)"는 일정한 공동의 특질을 지닌 사람들의 집단입니다. 공동체가 작으면 작을 수록, 공동 특질의 수는 커지기 쉽습니다. 공동체는 서로 다른 유형의 분자들(orders) - 인종, 국가, 지방(provinces),[913] 도시 - 로 되어 있습니다. 마지막의 두 표현은 공동의 인간 집단들이란 의미로 사용되고 있습니다. 이와 같은 두 용어를 사용함으로써, 한 환경에 노출된 두 공동체의 결과, 두 환경에 노출된 한 공동체와 같은 논의를 정확히 할 수 있습니다. 가령, 이렇습니다. 지리적 조건들이 어떻게 영국 민족을 세 상황 - 브리튼, 아메리카, 오스트레일리아 - 에서 분화하였는가?

도처에서 정치적 질문은, 자연의 연구 결과에 좌우될 것입니다. 기후와 토양의 일정한 조건은 밀집된 인구들의 집합체에 필요합니다. 일정한 인구 밀도는 문명의 발전에 필요할 것 같습니다. 이런 원칙을 감안하여, 고대 고지 문명 - 신세계, 페루와 멕시코 - 과 고대 저지대 문명 - 구세계, 이집

---

[912] 내포는 개념이 갖는 공통의 성질을 뜻하며, 외연은 일정 개념이 구체적으로 가리키는 특정 대상을 뜻한다. 외연과 내포는 바깥쪽(범위) 또는 안쪽(성질)이라는 의미도 지닌다. 외연은 겉으로 보이는 범위이며, 내포는 안에 품고 있는 성질이다.

[913] 런던을 제외한 지역

트와 바빌론 — 간의 비교와 같은 문제들에 대해 논의할 수 있습니다. 그리고 또, 비교적 평온한 사회층들은 넓은 평지의 기저(基底)를 이룹니다. 넓은 평지는 특히 동질적 인종 — 러시아인과 중국인 — 의 발전에 유리합니다. 다시 한번, 동물, 채소와 광물질의 생성의 분포는, 문명의 지역적 특질을 결정하는 데 크게 효과가 있습니다. 이 점에서, 구세계와 신세계, 오스트레일리아가 — 곡물과 짐을 나르는 짐승이 상대적으로 풍부하다는 문제에서 — 제시하고 있는 일련의 사정(series)을 고찰해 보십시오.

가장 흥미로운 장들(chapters) 가운데 한 장은 인간의 자연에 대한 반응을 다루고 있습니다. 인간은 자신의 환경을 변화시키며, 이런 환경이 인간의 후손에 미치는 영향은 결과적으로 변합니다. 그리고 자연 형상들의 상대적인 중요성은, 물질 문명과 지식의 상태에 따라 시대에 따라 달라집니다. 인공 조명[914]을 활용함으로써, 상트페테르부르크(St. Petersburg)[915]란 대 공동체를 건설할 수 있게끔 하였습니다. 인도와 신세계로 가는 희망봉 항로의 발견으로 말미암아, 베네치아[916]가 몰락하였습니다. 증기 기관과 전신의 발명으로 인하여, 거대한 규모의 현대 국가가 가능하게 되었습니다.

---

[914] 램프, 아크 램프, 백열등, 형광등, LED, 자연광의 이용

[915] 발트해 동부 핀란드 만에 면한 네바 강 삼각주에 위치한 러시아 서부의 도시이다. 성 베드로의 도시란 뜻이다. 1917년까지 러시아 제국의 수도였다. 2018년 기준으로 인구는 약 오백삼십오만 명이다.

[916] Venezia. 이탈리아 북동부에 위치한 도시이다. 베네치아는 아드리아 해의 여왕, 다리들의 도시, 물의 도시, 수상 도시 등으로 알려지고 있다. 중세에는 서유럽과 다른 세계 사이의 무역 중심지 역할을 한 해양 강대국이었으나, 인도 항로의 발견과 대항행 시대와 더불어, 무역의 중심이 아드리아해에서 대서양과 태평양으로 전환되면서, 베네치아는 서서히 쇠퇴하였다.

이런 보기를 아주 많이 제시할 수 있습니다. 우리는 이런 보기를 여러 범주로 나눌 수 있습니다. 하지만 오늘 저녁 우리의 목적은, 단순히 이런 주제들의 가능성들을 보여주는 것입니다. 하지만 하나는 항상 기억해야만 합니다. 일정 시기의 역사 경로는 — 정치, 사회, 혹은 나머지 어느 인간 활동의 영역에서이든 — 환경뿐만 아니라 과거에 얻은 관성에 의해서도 만들어집니다. 인간이 주로 습관의 지배를 받고 있다는 사실을 인정하지 않을 수 없습니다. 가령, 영국인은 변칙(變則)을, 어느 정도의 독성을 지닌 불법 방해(nuisances)가 되어서야, 참지 못합니다. 이런 경향이 미친 영향을 지리학에서 항상 잊지 말아야 합니다. 밀퍼드 헤이번(Milford Haven)[917]은, 현재의 상태에서, 미국과의 무역에서 리버풀(Liverpool)[918]보다 훨씬 더 큰 자연적 장점을 제공하고 있습니다. 하지만 리버풀이 하여튼 아주 가까운 시기에 밀퍼드 헤이번에 굴복해야만 할 것 같지는 않을 것 같습니다. 이는 **타성**(*vis inertiae*)의 경우에 속합니다.

우리가 약속한 특별한 실례(實例)로 현재 넘어가기를 제안합니다. 우리는 원천에서 시작할 것입니다. 태양열과 지구의 자전에서 무역풍계를 실례로 입증하고 있습니다. 이런 열이 아시아의 방대한 주요부에 미친 영향에서, 우리는 무역풍계의 몬순(monsoon)[919] 변화를 추론할 수 있습니다. 몬순 지대 안에, 아시아의 팔억 인구 가운데 약 칠억 명이 모여 살고 있습니

---

[917]　웨일스 남서부의 밀퍼드 헤이번 수로의 북측에 있는 항구 도시이다.

[918]　잉글랜드 북서부의 중심 도시이며, 머지 강 하구에 위치하고 있다. 비틀즈의 고향으로 유명하다.

[919]　계절풍

다. 남서 몬순 지대를 바로 가로 질러, 히말라야 산맥[920]이 퍼지고 있습니다. 그 결과 인도양의 수증기가 히말라야 산맥의 남측 면에 범람하고 있습니다. 따라서 산맥의 방향에서 아주 중요한 특질이 나타나고 있습니다. 강우(降雨)는 산맥에서 암석 퇴적물을 씻어 내려 그 맨 아래 부분에 기름진 평지를 형성하게 합니다. 그러니 히말라야 산맥의 남측 기슭을 따라, 우리는 - 대 인구를 지탱하는 데 필요한 기후와 토양 조건들을 지닌 - 지역대(地域帶)를 볼 수 있습니다. 사실상 우리는 전체 반도 인구의 오분의 이가 벵골의 주(州)들, 북서 지방,[921] 펀자브 지역[922]에 집중되고 있다는 걸 알 수 있습니다. 비록 이 세 지방(州, provinces)의 면적이 전체 지역의 육분의 일도 채 되지 않을지라도 말입니다. 더욱이 몬순의 풍부한 수증기는 히말라야 산맥의 고지와 결합하여(고지는 물결 모양으로 주름 잡힌 층에 의해 형성된 비교적 새로운 결과이다.), 설선 위에서부터 풍부한 빙하 시스템(glacial system)을 낳고 있습니다.[923] 여기에서 일어나는 한 결과는, 평지의 하천은 일년 내내 계속 흐르며, 끊임없이 항행 가능하다는 것입니다. 그래서 우리

---

[920] 지구 상에 가장 높은 곳에 위치한 산맥으로, 인도 아대륙과 티벳 고원 사이에 있는 수많은 산맥으로 이루어진 거대한 산맥이다.

[921] 방글라데시의 북서 지역과 서벵골의 북부 지역을 뜻하는 듯하다.

[922] Bengal, 벵골은 남아시아의 지정학적, 문화적, 역사적 지역이며, 인도 아대륙의 동측인 벵갈 만 연안에 위치하고 있다. 갠지스 강과 브라마푸트라 강의 삼각주 일대를 차지한다. 인도 아대륙은 인도 반도라고도 한다. 펀자브 지역은 인도의 북서부와 파키스탄 북부에 있는 인더스 강 상류 지역이다. 펀자브는 5 개의 강이란 의미이다.

[923] 설선을 위 아래로 일년 내내 눈이 내려 축적되며 결과적으로 빙하가 형성된다. 중력으로 빙하는 이동하게 되며, 빙하 표면에서 수증기가 증발하며, 빙하 침식, 퇴적 등을 통하여 빙하 지형을 만들어 낸다.

는, 문명의 발달에 알맞는 두 조건 – 인구 밀도와 커뮤니케이션의 용이함 – 을 지적할 수 있습니다.

　부유한 문명 공동체는, 정복자에게는 유혹적인 지역에 해당됩니다. 그런데 정복자의 종류는 두 가지입니다. 즉 육상 늑대(landwolves)와 바다 늑대(seawolves) 입니다. 이런 두 종류의 늑대가 각각 갠지스 강 유역에서 그들의 먹이에 어떻게 접근할까요? 먼저 인도의 육상 방향의 변경을 먼저 고찰해 봅시다. 히말라야 산맥의 북동부는 실제로 적(정복자)이 통행할 수 없습니다(16. 역사에 하나의 예외가 기록되고 있다. 중국군이 한 번 네팔(Nepaul)[924]에 도달하는 성과를 거두었다.).북서부는 술라이만 산맥(the Sulaiman range)[925]인데요, 여러 통로로 뚫려 있습니다. 이 산맥의 경계 벽(壁)인 이란 고원에서, 정복자들이 파도처럼 계속 이어져 내려왔습니다. 하지만 이 산맥 선 안에는 아주 효과적인 장해(障害)물 – 타르 사막(the Thar desert) 혹은 대인도 사막(the great Indian desert),[926] 그 연속 부분인 쿠츠 대습지(the Rann of Katch)[927] – 이 있습니다. 이 장벽은, 술라이만 산맥과 나란히 바다에서 거의 히말라야 산맥까지 확장되고 있습니다. 사막과 히말라야 산맥 기슭 사이에 비옥한 지대(地帶, belt)는 아주 협소합니다. 이 아주 좁은 문

---

[924]　Nepal의 옛표기이다.

[925]　아프가니스탄 남부의 산맥에서 파키스탄 발루치스탄 북부에 걸쳐 있는 산맥이다. 전체 길이는 450킬로미터이다.

[926]　타르 사막은 대 인도 사막이라고도 한다.인도 라자스탄 주, 파키스탄 동부에 있는 사막으로 인더스 강이 사막의 서측으로 흐르며, 유역에서는 인더스 문명이 번창하였다. 면적 약 200,000제곱킬로 미터이다. 아라비아해 사이에 쿠츠 대습지가 있다.

[927]　Great Rann of Kutch, 인도의 쿠츠 지역 타르 사막에 있는 염분 소택지이다. 면적은 약 7500제곱킬로미터이다.

을 통과하면, 누구든지 갠지스 강 유역에 접근할 수 있습니다. 알렉산드로스 대왕[928]은 이 입구까지 진군하였습니다. 그가 오른 쪽으로 우회하여 인더스 강을 따라 갔다면, 인도는 이겨낼 수 있었을 것입니다. 이 통로의 동쪽 말단 가까이에 델리(Delhi)[929]가 있습니다. 델리는 줌나-갠지스 강(Jumna Ganges)[930] 항행의 최상부 – 육지에서 수상 운송 편으로 옮겨 싣는 장소 – 에 있습니다. 따라서 델리는 상업의 자연 중심지입니다. 이는 아시아 정복자들의 작전을 위한 자연 기지이기도 합니다. 정복자의 좌측에는 산맥이, 우측에는 사막이, 측면으로 배치되어 있으며, 정복자의 커뮤니케이션 라인은 후방으로 안전합니다. 이 지역의 전략적 중요성을 영국이 놓지지 않았습니다. 여기에 심라(Simla)[931] 인도의 여름 수도가 있습니다. 여기에 또 군대 숙영지가 빽빽하게 자리 잡아 이어지고 있습니다. 여기에 여러 전투가 행해진 벌판이 있습니다. 델리를 둘러싸고 많이 있었습니다. 현재는 콜카타[932]를 둘러싸고 그렇습니다. 특이하게 인도는 바다에서 접근하기는 어렵습니다. 동부 해안은 격랑(激浪)이 부닥치고 있습니다. 우리는 큰 비용을 치르

---

[928] 기원전 356~32, 마케도니아의 왕이다. 알렉산드로스 3세이다. 그는 페르시아를 정복한 뒤에, 인도 원정을 하였다.

[929] 인도의 수도인데, 인도 북부의 대도시권을 이루고 있다.

[930] 줌나 강은 히말라야 산맥의 우타라간드에서 발원하여 남쪽으로 그리고 남동쪽으로 흘러 갠지스 강과 합류한다. 길이는 1,358킬로미터이다.

[931] 영국의 통치 시대 인도 제국의 여름 수도이다. 인도 북부의 히마찰프라데시 주의 주도이다.

[932] 인도 북동부에 있는 항구 도시

고 마드라스(Madras)[933]에 항구를 세워야만 하였습니다. 서부 해안은 양항(良港)이 많습니다. 하지만 그 뒤에는 서고츠 산맥(the Western Ghats)[934]의 가파쁜 사면이 솟아오르고 있습니다. 몬순의 수증기로 흠뻑 젖어, 서고츠 산맥은 삼림으로 빽빽하게 덮혀 있습니다. 이는 오늘날까지 세계에서 가장 야만적인 종족 가운데 몇몇 종족의 거주지라 할 수 있습니다. 봄베이(Bombay)[935] 뒤에는, 철도가 현재 산맥 위로 지나고 있지만, 최근까지 산맥은 가장 효과적 커뮤니케이션 장벽이었음에는 틀림없습니다. 포르투갈인이 고아(Goa)[936]에 정주하였지만, 전진할 수 없었습니다. 영국이 인도에서 점유한 지역 가운데 가장 먼저 차지한 곳은 봄베이[937]였습니다(17. 잉글랜드가 가장 먼저 점유한 곳이다. 이보다 다소 앞서 글랜드는 수라트(Surat)[938]와 세인트 조지 요새(Fort George)[939]에 상관(factories)을 설치하였다.). 그러나 봄베이 관구

---

[933] 마드라스는 1996년 첸나이로 개명되었다.

[934] 인도 대륙의 서해안을 따라 위치한 산맥이다. 길이는 1600킬로미터이다. 2012년 세계 문화 유산에 등재되었다.

[935] 인도의 서해안에 면한 마하라슈트라 주의 주도인데, 1995년 뭄바이로 개명하였다.

[936] 인도의 서부 연안에 위치한 주이다. 16세기에서 20세기 중반까지 포르투갈 령 인도의 일부였고 포르투갈의 아시아 거점이었다.

[937] 1661년 봄베이는 포르투갈 공주와 잉글랜드 찰스 2세의 결혼 지참금으로 잉글랜드에 주어졌다. 영국 동인도 회사에 제공되면서, 뭄바이는 영국의 상업 거점이 되었다.

[938] 1612년 잉글랜드가 수라트에 처음으로 해외 상관을 세웠다.

[939] Fort St. George, 잉글랜드가 해안 도시인 마드라스에 1644년 세운 요새이다. 영국 동인도 회사가 점차 요새화하였다

(管區, the Presidency of Bombay)[940]는 발전할 수 있는 마지막 지역이었습니다. 하나의 대규모 자연 수로가 갠지스 강 어귀에 있습니다. 여기에, 즉 후글리 강(the Hoogly)[941] 연안에 있는 콜카타에 정착하였습니다. 다름 아닌 강이 합류하며 연안 운송을 위한 장소이며, 따라서 상업 중심지입니다. 바다를 건너 온 정복자들의 활동(작전)을 위한 자연 기지(base) 역할을 하고 있습니다. 영국은 여기에서 자신을 영향력을 넓은 지역에 걸쳐 확대하였습니다. 옛 봄베이와 마드라스 관구(presidencies)는 각각 하나의 주(province)로 계승되었습니다.[942] 하지만 벵골 관구는 벵골·북서·펀잡·중부 주(州)들이 되었습니다. 우리는 아삼 주(Assam)[943]과 버마(Burma)[944]도 덧붙일 수 있습니다. 따라서, 요약하면, 비옥한 지대(地帶)의 두 말단은, 인도로 들어가는 두 문호 — 카이버 고개(the Khaibar Pass)[945]와 후글리 강 — 입니다.

---

[940] 1843년에서 1846년까지 Bombay and Sind로도 알려졌으며, Bombay Province 라고도 불렸다. 세 영국령 인도의 행정 구획(presidency) 가운데 하나이다. 그 소재지가 봄베이시에 있었다. presidency는 관구로 번역하였다.

[941] 인도의 벵골 서부에 있는 갠지스 강의 지류로 길이는 약 260킬로미터이다.

[942] 봄베이 관구(presidency), 마드라스 관구와 함께 봄베이 관구는 영국 세력의 주요한 세 중심을 이루었다

[943] 인도 북동부에 있는 주이다. 동북 인도의 핵심 지역이다.

[944] 영국령 인도에 속하였다면 버마는 1824~1948년 영국의 지배를 받았다. 버마의 랑군은 콜카타와 싱가포르 사이의 중요한 항구였다.

[945] 파키스탄과 아프가니스탄 사이에 있는 고개이다. 남 아시아와 중앙 유라시아를 연결하는 세계 교통의 요충지 역할을 하였으며, 실크 로드의 중요한 지점이었다. 전략 상의 이유로 제1차 세계 대전 이후 영국은 카이바르 고개에 철도를 건설하였다.

이 지대를 따라 대 교통로인 줌나-갠지스 강이 있습니다. 하천 항행의 양쪽 말단에, 전략적·상업적 수도 — 한편으로 델리, 다른 한편으로 콜카타 — 가 있습니다(18. 캘커타(calcutta) — Kali Katta — 여신 칼리의 마을. 이는 다음과 같은 질문을 주고 있다. 이 특정한 마을이 다른 어느 마을과는 달리 거대 도시로 상승하였을까? 나는, "자연 선택" 유추 과정을 나타내내는 용어로"지리적 선택"을 제안하고 싶다.).

이 정도로, 우리는 지리학의 범위와 방법에 대한 개술을 마치도록 하겠습니다. 나는, 내가 약기한 노선에 근거하여 지리학이 성공적으로 발전될 수 있을 거라고 생각합니다. 말씀 드리면 즉시, 정치가와 상인의 실질적인 필요, 역사가와 과학자의 이론적 필요, 교사의 지성적 필요를 충족시킬 지리학입니다. 지리학의 내재적인 폭과 다방(多方)의 관점은, 지리학의 주요 장점이라고 자랑해야 합니다.동시에 우리는, 이런 것들이 다름 아닌 전문가들의 시대에 지리학을 "의심쩍어 하게한" 바로 그 특질이라고 인정해야만 합니다. 이는, 우리를 위협하는 교양 교육의 붕괴에 맞서는 항변(抗辯)이 될 것입니다. 우리 조상의 시대 동안, 고전 연구(ancient classics)[946]는 만인이 교양을 쌓는 데 공동 요소들이었습니다. 전문가가 겸비할 수 있는 기초였다는 말입니다. 세상은 변화하고 있습니다. 그리고 고전 연구도 전문 분야가 되고 있는 것 같습니다. 우리가 사태의 전환을 애석히 여기든지 혹은 이걸 즐거워 하든지, 똑같이 우리의 의무는 치환(置換) 분야를 찾는 것입니다. 내가 보기에, 지리학은 필요한 특질 가운데 몇몇을 결합하고 있는 것 같습니다. 실용적 인간이 보기에, 그가 국가 혹은 부의 축적에서 탁월함을 겨

---

[946] 고전기 그리스어, 라틴어로 된 서양의 고전 혹은 이에 대한 연구를 뜻한다. 고대 그리스 로마 세계에 대한 연구가 큰 부분을 차지한다. 고대 언어, 철학, 문학, 역사, 문헌학, 고고학 등이 있다.

냥하든지 말든지, 지리학은 귀중한 정보의 창고입니다. 연구자에게는, 지리학은 격려(激勵)의 기초이며, 이런 기초에서 시작하여 수 많은 전문 분야를 따라 연구할 수 있을 것입니다. 교사에게는, 지리학은 지성의 힘을 끌어낼 수 있는 도구가 될 것입니다. 정말로, 다음과 같은 교사의 예스러운 수업에는 예외입니다. 교과의 훈육적 가치를 이 교과가 학생들에게 품게하는 강력한 혐오감으로 측정하는 교사입니다. 이것은 모두, 지리 교과의 통합이란 가정에 대해 얘기한 것입니다. 달리 취할 수 있는 방법은 실용적[947] 지리학과 과학적 지리학으로 분리하는 것인데요, 이걸 채택하면 양쪽이 모두 몰락하는 결과를 낳을 것입니다. 실용적 지리학은 교사로부터 배척당할 것이며 뒷날의 시기에는 이해하기 어렵게 될 것입니다. 과학적 지리학은 대부분의 사람이 무시할 것입니다. 그 이유는 일상 생활에서 쓸모 있는 요소가 부족하기 때문입니다. 세상 물정에 밝은 사람과 학생, 과학자와 역사가는, 공동의 플랫폼을 잃을 것입니다. 세계는 더 가련하게 될 것입니다.[948]

---

[947] 쓸모 있는

[948] 맥킨더는 자연 지리와 인문 지지를 하나의 학문 분야로 강력히 주장하고 있다.

지리에서 본 역사의 전개축(軸)[949]

후세의 역사가들이 — 오늘날 우리가 이집트 왕조의 역사를 보는 바처럼 — 현재 우리가 경과하고 있는 근대의 약 수백 년을 원근(遠近)을 가려 고찰하면, 아마도 지난 사백 년을 콜럼버스[950] 시대로 명명(命名)할 것입니다. 그

---

[949] 맥킨더는 1904년 1월 25일 영국 <왕립 지리학회>에서 "지리에서 본 역사의 전개축"이란 논문을 발표하였다. 맥킨더의 나이는 43세였다. 이 시기에 유럽에 철도가 건설되었으며 증기력과 전기가 확산되었는데, 섬나라 영국은 강국으로 자리잡게 된다. 당연히 해양 세력과 육상 세력 사이에 잠재적 갈등을 낳게 될 것이라는 가정에서 맥킨더는 전개축(pivot) 개념을 제시한다. 그는 전개축을 다섯 도해(圖解)로 설명하고 있다. 그 가운데 '[그림 5] 힘과 세력(Power)이 차지하고 있는 자연적 공간과 지역(seat)……' 은 가장 유명하며, 그의 정치 지리학 이론의 골자를 분명히 보여준다

맥킨더는 전통적 세계관에 의문을 표하면서, 서유럽과 아메리카가 세계 지리의 중심이라는 견해를 수정하고 있다. 그는 전체로 세계를 힘과 세력이 차지하는 공간과 지역을 세 지대로 나누고 있는데, 하나는 전개축 지역으로 전적으로 대륙적이며, 다른 하나는 외측 초승달형 지역으로 전적으로 해양적이며, 마지막으로 내측 초승달형 지역은 부분적으로 대륙적이며 부적으로 해양적이라는 것이다. 약 35분 진행된 이 논문 강독에서 맥킨더는 웅변적으로 지리학에서 전개축 이론을 역사적 사실, 동양에 의한 서양 역사의 형성, 전개축에 대한 일종의 피해 망상 등으로 설명한다.

이 논문은 지정학 분야에서 쓰여진 가장 탁월한 글 가운데 하나이다. 지리적 지혜를 담고 있는 지정학의 고전이다.

[950] 1451?~1506, 이탈리아 제노바 출신의 탐험가, 항해자, 정복자, 노예 상인, 대항해 시대 백인으로 처음으로 1492년 아메리카를 발견하였다.

러면서 1900년 직후 이 시대가 곧 끝났다고 말할 수 있을 것 같습니다. 최근, 이와 같은 의미에서, 지구의 지리적 탐험 사업이 거의 종료되었다는 것이 일반적(一般的) 견해(見解)입니다. 금후 지리학의 목적은, 정교하고 국지적인 관측(觀測)을 계속하고 냉정하게 전체로서 학문적 통합으로 전환되어야 한다고 우리가 인정하고 있습니다. 지도에 한정하면 세계 지도는, 최근 사백 년 동안 거의 오차(誤差)가 없이 완성되었습니다. 그리고 더욱이 남극 지역과 북극 지역에서 조차 난센(Nansen)[951]과 스코트(Scott)[952]의 탐험 항해(探險航海)로써 남·북 양극 지방(南北 兩極 地方)의 실체가 명확해졌습니다. 이 방면에서, 새로운 연극같은 지리적 발견은 거의 기대할 수 없습니다. 그 성과는 위대하였습니다. 하지만 오늘날 20세기의 개막은, 한 대역사 시대의 종언(終焉)을 고하는 조짐을 충분히 보여줍니다. 하지만 위대할지라도, 위와 같은 업적 때문만은 아닙니다. 선교사, 정복자, 농부, 광부, 최근에는 기술자가, 세계 도처에서 아주 엄밀히 여행자의 발자취를 따라 이동하였습니다. 그래서 그 결과, 멀리 떨어진 변경 지대 어디에서 새로운 지명이 발표되면, 바로 그것이 사실상 문자 그대로의 영유권의 정치 문제와 결부되었을 정도입니다. 유럽, 북아메리카, 남아메리카, 아프리카, 오스트랄시아[953]에는, 문명 국가 혹은 반(半)문명국 사이에서 일어난 전쟁의 결과를 빼고, 새롭게 소유권 주장의 경계를 명확히 해야 할 장소는 거의 남아 있

---

[951] 1861~1930, 노르웨이의 탐험가, 외교관, 과학자, 국제정치가, 노벨 평화상 수상자, 1893년 프람호를 타고 북극 원정을 하였다.

[952] 1868~1912, 영국의 해군 장교, 두 차례 남극 원정을 하였다. 1912년 남극점에 도착하였으나, 귀로에 조난을 당하여 사망하였다.

[953] 호주, 뉴질랜드와 남태평양 제도 지역

지 않습니다. 아시아에서조차 예르마크(Yermak)[954]를 지도자로 선택한 기마 민족 코사크와 대항해 시대의 선구자인 바스쿠 다 가마[955]의 뱃사람들이, 처음 한 야심적 게임 수(手, moves)의 최종 단계가 임박한 것 같습니다. 대충 말씀드리자면, 콜럼버스 시대의 본질적 특징을 그 이전 시대와 비교해서 말하면, 거의 하찮은 저항에 대한 유럽의 대팽창(大膨脹)이라고 기술할 수 있습니다. 한편으로 중세 기독교 왕국은 좁은 지역에 유폐되었고 항상 외적(外敵)의 겁략 위협(劫掠 威脅)에 시달렸습니다. 콜럼버스 시대 이후 시대인 현재부터, 우리는 일종의 폐쇄 정치 체계를 다시 한번 다루어야만 합니다. 그런데도 이는 세계적 규모의 현상(現象)이 될 것입니다. 사회 세력이 폭발할 때 마다 − 주변에 있는 미지(未知)의 공간(空間)과 야만적 혼돈 속으로 흡수되어 사라지기는커녕 − 이런 폭발은 확산(擴散)되어 지구의 반대 측에서 날카롭게 반향(反響)되고 있습니다. 따라서 세계적 규모의 정치적·경제적 유기적 조직에서 약한 분자는 타파될 수 있습니다. 포탄을 토루(土壘)에 투하하는 경우와 큰 건물 또는 배와 같은 밀폐된 공간과 단단한 구조물 가운데 투하할 경우를 보면, 양쪽의 결과는 크게 다릅니다. 아마도 이 사실을 다소 반쯤 의식함으로써, 세계 도처의 정치가는 관심의 대부분을, 마침내 영토 확장에서 상대적 효율성이란 의미의 국제 경쟁으로 돌리고 있습니다.

따라서 현재의 20세기 초기 동안, 다소 완전한 관점에서, 우리가 세계 지

---

[954] 1532/42?~1585, 시베리아 탐험가, 러시아 민화의 영웅, 시베리아 정복을 시작한 인물이다.

[955] 1469?~1524, 포르투갈의 탐험가, 항해자이다. 희망봉을 우회하여 인도로 가는 항로를 처음 발견하였다.

리와 역사의 상호 관계를 처음으로 더 넓게 일반화할 수 있다는 생각이 듭니다. 최초로 전세계적(全世界的) 규모(規模)에서 지형(地形)을 비교·고찰하고 사건을 실질적으로 파악할 수 있으며, 하여튼 세계사 전체에서 지리적인 인과 관계의 명확한 양상을 나타내는 공식을 찾을 수 있다는 의미입니다. 우리가 운이 좋다면, 이 공식은 현재 국제 정치에서 경쟁하는 몇몇 세력을 올바르게 볼 수 있는 실용적 가치도 지녀야만 합니다. 우리가 잘 알고 있는 제국(帝國)의 발전이 서향(西向)으로 이루어졌다(westward march)는 표현은, 상기(上記)의 공식화(公式化)를 위한 경험적이고 단편적인 시도의 일례(一例)입니다. 오늘 저녁 내가 제시하고자 하는 것은, 인간의 행동에 대하여 최대의 강제적 효과를 발휘(發揮)하는 것이 세계의 지리적 특징이라는 점을 개술(概述)하는 데 있습니다. 그리고 역사의 몇몇 주요 시기(主要 時期)가 지리적 특징과 유기적으로 연관되어 있다는 걸 소개할 것입니다. 물론 당시의 사람이 구체적인 지리 지식이 없었을지라도, 이런 연관성을 찾을 수 있습니다. 나의 현 목적(現 目的)은 이런 저런 종류의 특징이 미친 영향력을 상론(詳論)하려는 것은 아닙니다. 지역별(地域別) 지리 연구(地理硏究)에 심취하려는 것도 아닙니다. 세계 전체를 하나의 유기적 조직체로 보고 그 일부로서 인류 역사를 소개하려는 것입니다. 내가 진리의 일측면(一側面)만을 볼 수 있다고 나는 인정합니다. 그리고 나는 극단적 실리주의(實利主義)에 빠져 방황하려는 생각은 없습니다. 자연이 아니라 인간이 시작하고 있고 자연이 대체로 인간 행동을 지배하고 있습니다. 나의 목전(目前)의 관심사(關心事)는, 세계사의 동인(動因)이 무엇인가가 아니라 일반적인 자연적·물리적 힘이 인간을 지배하고 있는가를 밝히는 것입니다. 비록 내가 이를 캐기 위해 노력할지라도, 진실을 향한 첫 일보(一步)를 내딛기만을 기대할 수밖에 없습니다. 나의 견해에 대한 전문가의 비판을 겸손히 받아들

것입니다.

고(故) 프리맨(Freeman)[956] 교수의 관점에 따르면, 역사라고 칭할 만한 유일의 역사는 지중해 주변과 유럽 여러 민족(諸民族)과 관련된 것이라고 합니다. 물론 어떤 점에서 보면 이것은 사실입니다. 왜냐하면 그리스와 로마의 유산(遺産)이 세계 도처에 큰 영향을 끼치게 사상이, 바로 여기에서 발생하였기 때문입니다. 이 사상으로 유럽 종족이 세계를 지배하였습니다. 그러나 매우 중요한 다른 각도에서 보면, 이와 같이 유럽 종족의 역사에 한계를 설정함으로써, 사고를 방해하는 결과는 낳습니다. 국가라든지 국민을 형성하게 된 신념(idea)은 — 국가 혹은 국민이, 단순한 동물이라는 인간의 무리가 아니라고 할 수 있는데 — 국가 조직을 고찰하면, 공동의 시련에 시달리고 공동의 외부 압력에 저항할 필요로 인하여, 항상 수용되었습니다 잉글랜드의 신념은, 덴마크·노르만 정복자에 의해, 두둘겨 맞으면서 7왕국(Heptarchy)[957]으로 변형되게 하였습니다. 프랑스란 국가의 신념은, 훈족을 물리치기 위해 살롱 전투(Chalons)[958]에서 프랑크족, 고트족, 로마인이 일치 단결함으로써 실현되었고, 영국과의 백년 전쟁[959]을 통해서 프랑스

---

[956] 1823~1892,영국의 역사가, 자유주의 정치가 옥스포드 대학의 근대사 교수,대표작은 『노르만인의 잉글랜드 정복사』이다.

[957] 중세초 그레이트브리튼섬으로 침입한 앵글로 색슨이 세운 7개의 왕국을 뜻한다. 앵글로 색슨 7왕국이라고도 한다.

[958] 451년. 로마, 서고트족 연합군과 아틸라가 지휘하는 훈족 사이에 터진 전투이다. 불어로는 카탈라우눔 전투(Bataille des champs Catalauniques)라고 한다. 갈리아를 침공한 아틸라는 결정적 승리는 거두지 못하고 물러났다.

[959] 1337~1453년 사이에 있었던 영국과 프랑스 사이에 왕위 계승 문제와 중세의 패권을 둘러싸고 벌어진 갈등과 대립, 전투이다. 잉글랜드의 국민 의식도 강화되었다.

의 국가 의식이 강화되었습니다. 유럽에서 하나의 기독교 사회란 신념은 로마의 기독교 박해(迫害)로 생성되어 십자군 전쟁[960]을 통하여 성숙했습니다. 미국의 경우에도 단지 긴 독립 전쟁[961]의 과정을 거친 뒤 미국이란 신념을 수용하였고 지역적이거나 식민적인 애국심(愛國心)은 가라앉았습니다. 프랑스와의 전쟁[962]에서 남독일은, 북독일과 제휴관계를 맺은 뒤, 독일 제국의 신념을 마지못해 채택하였습니다. 문자적인 의미로 역사를 보면, 신념과 — 그런 신념의 결과 — 문명에 관심을 모으는 경향이 있습니다. 그래서 구체적인 동태(動態) — 보통 위대한 신념을 생기(生起)·성숙하게 하는 노력의 자극적 원인 — 말하자면 공동의 노력으로 대처한 사실과 외부의 압력을 잊기 쉽습니다. 불쾌한 인물은 그의 적을 결합시키는 유익한 사회적 기능을 합니다. 그리고 바로 외민족(外民族)의 야만적 행위에 저항함으로써 유럽 문명은 개화하였습니다. 따라서 오늘 저녁 잠시 동안 유럽과 유럽의 역사(歷史)가, 아시아와 아시아적 역사(歷史)에 종속되었다는 관점을 여러분이 유지하기를 바랍니다. 왜냐하면 사실 유럽 문명이란 아시아 민족의 침입에 대항한 세속적인 전쟁의 산물에 불과하기 때문입니다.

현대 유럽 정치 지도[963]를 보면, 유럽 대륙의 반을 점하는 러시아의 방대

---

[960] 중세에 서유럽의 가톨릭 교회의 국가들이 성지 예루살렘을 이슬람 지배에서 구하기 위해 아홉 차례 파견된 원정군을 십자군이라고 한다.

[961] 1775~1783, 아메리카 동부 해안의 잉글랜드령 13개 식민지가 프랑스와 동맹을 맺어 영국으로 부터의 독립을 쟁취하기 위해 전쟁이다. 미국은 이를 혁명 전쟁이라고 한다. 전쟁의 결과로 미국이 탄생하였다.

[962] 1879년 프로이센-프랑스 전쟁, 프로이센이 승리하여 독일 제국이 탄생하였다.

[963] 정치 지도란 국가, 주, 도시, 지방의 정부 경계를 명시하기 위해 제작한 지도이다. 강, 호수, 바다, 대양 등도 표기된다. 대체로 정치 지도는 세계 지리를 이해하는 데

한 지역과 서구 여러 나라가 점유한 훨씬 적은 지방들의 군집이 있습니다. 양 지역의 차이는 정치적으로 보면 크다고 할 수 있습니다. 지형상(地形上)으로, 유럽 동측에는 일련의 대저지대(大低地帶)가 있고 반대쪽에는 — 산악과 계곡, 도서(島嶼)와 반도(半島)로 이루어진 — 변화무쌍한 복합 지대가 있습니다. 양 지역은 비슷하게 대비(對比)되고, 함께 현대 유럽을 형성하고 있습니다. 언뜻 보기에 이 같이 친숙한 사실 때문에 자연 환경과 정치 조직의 상관 관계가, 너무나 명백하여 기술할 가치가 없는 것처럼 보입니다. 특히 러시아 평원 도처의 기후가 추운 겨울과 더운 여름이 지배하는 대륙성 기후라고 우리가 언급할 경우에도 그러합니다. 따라서 이곳의 인간 생활 환경에서도 지역적 변화가 거의 없을 정도로 획일적입니다. 그러나 『옥스퍼드 지도(Oxford Atlas)』에 실린 것과 같은 일련의 역사 지도첩(地圖帖)을 보면, 유럽의 러시아와 동구의 대평원이 이와 같은 공통점을 지니게 된 것은 단지 최근 백년 동안의 문제라는 사실을 알 수 있습니다. 뿐만 아니라 그 이전의 시대에 매우 상이한 경향을 지닌 정치 집단이 넓게 분포되었고 집요하게 거듭 그 존재를 드러냈다는 점도 이해할 수 있습니다. 통상(通常) 두 국가군(國家群)이, 이 지역을 남과 북의 정치 체계(政治 體系)로 나누었습니다. 러시아는, 인간 이동(移動)과 정착(定着) 경향을 아주 최근까지 규정하였던, 각각의 지리상의 특징이 있었습니다. 이런 지리상의 특징[964]을 나타내는 산악 지도[965]가 없다는 것은 사실입니다. 겨울 눈이 남에서 북으로 이동하면서 평원의 지표면에서 사라지고 있습니다. 그리고 강우(降雨)의

도움을 준다. 미국의 CIA가 국가 정보를 제시하는 데 사용하는 지도도 정치 지도이다.

[964] 토지의 고저(高低)

[965] 기복 지도

계절(季節)이 이어집니다. 흑해 부근에는 5월과 6월이 최대 강우기(最大 降雨期)입니다. 그러나 발트해와 백해 근처에서는 7월과 8월까지 최대 강우기가 늦춰집니다. 그 남측에서는 늦여름이 한발기(旱魃期)입니다. 이와 같은 기후적 구조로 인하여, 북부·북서부 삼림 지대는 소택지(marshes)에 의해서만 단절되고 있습니다. 한편 남부와 남동부는 끝없는 초원 스텝 지대였고, 수목은 강(river)을 따라 생기를 얻고 있습니다. 양 지대(地帶)를 분리하는 선은 카르파티아 산맥 북단(北端)에서 북동 방향으로 비스듬하게 이어지면서, 카르파티아 산맥의 북부 말단보다 남단(南端) 가까운 곳에서 끝나고 있습니다. 모스크바의 위치는 분리선의 약간 북측(北側) 달리 말하면 이 선의 삼림 측에 있습니다. 러시아 외곽 부문에 있는 대삼림지대(大森林地帶)는 서쪽으로 거의 정확하게 유럽 지협의 중심을 통과합니다. 이 지협의 폭은 발트해와 흑해 사이에 800마일[966]입니다. 삼림 지대는, 유럽의 반도부에서, 이 경계를 넘어서 북방의 독일 평원들까지 연장되고 있습니다. 남부의 대스텝 지대는 카르파티아 산맥의 트란실바니아 산괴(山塊, bastion)를 돌아 현재 루마니아의 옥수수 경작지를 관통하여 다뉴브 강 유역을 거슬러 올라가 아이언 게이트(Iron Gates)[967]까지 계속됩니다. 이 지방 언어(言語)로는 푸스타(Pusstas)[968]로 알려진 헝가리 평원 대부분은 현재 경작되고 있습

---

[966] 약 1,287킬로미터
[967] 카르파티아 산맥을 가로지는 다뉴브 강으로 단절된 유고슬라비아와 불가리아 사이의 협곡
[968] 판노니아 스텝 지대로 판노니아 평원에 위치하고 있다. 헝가리어로는 Puszta라고 한다.

❶삼림 지대와 소택지 ❷스텝 지대 ❸모스크바 ❹카잔 ❺키에프

≪그림1≫ 19세기 이전의 동유럽
(베르크하우스 자연 지형도의 드르데(Drude)에 따름)
(౪ Dr. Oscar Drude 1852~1933 독일의 생물학자, 식물 지리학으로 유명하다.)

니다. 헝가리 평원(平原)[969]과 그 주변은 카르파티아 산맥과 알프스 산맥의

---

[969] 헝가리 대평원은 헝가리의 대부분을 점하는 평지이다. 판노니아 평원의 가장 큰 부분을 점한다.

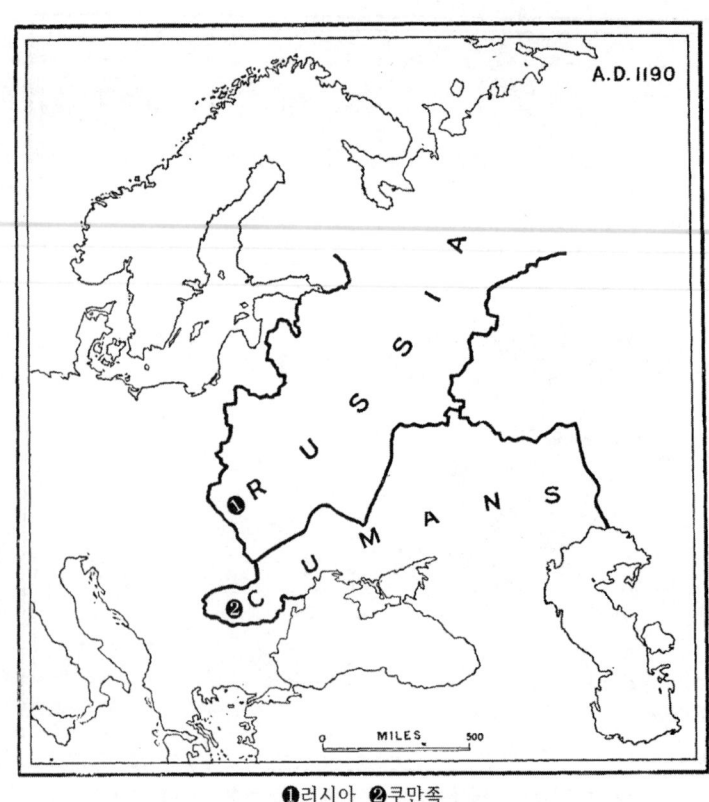

❶러시아 ❷쿠만족

≪그림2≫ 제3차 십자군 시대의 동유럽 정치 지도
(옥스포드 역사 지도에 따름)

삼림 가장자리로 되어 있습니다. 러시아의 북측 부분을 제외하고 최근 러시아 서부 전역에서는 삼림 개간 사업이 진행되면서 소택지가 간척되고 스텝 지대의 경지화(耕地化)가 촉진되고 있습니다. 그 결과 토지의 특징은 통일적으로 고르게 되고 있습니다. 그래서 과거 인간 생활에 심대한 영향을 미친 자연의 요소도, 점차 소멸(消滅)되는 방향으로 나아가고 있습니다.

   초기의 러시아와 폴란드가 국가를 세운 역사(歷史)는, 전적으로 삼림 지대의 공간(glade)에서 전개되었습니다. 다른 한편 대스텝 지대를 통하여, 멀리 떨어진 아시아의 알려지지 않은 후미진 곳에서 – 우랄 산맥과 카스피해 사이의 통로를 따라 – 투란계(系, Turanian)[970] 유목 민족이 눈에 뜨일 정도로 출현하였습니다. 이 같은 상태는 5세기에서 16세기에 걸친 전시기 동안 일관성(一貫性) 있게 계속되었습니다. 투란인에는, 훈족, 아바르족, 불가리아족, 마자르족,[971] 하자르족(Khazars),[972] 페체네그족(Patzinaks)· 쿠만족(Cumans),[973] 몽고족, 칼미크족[974]과 같은 잡다한 명칭을 붙일 수 있습니다. 아틸라(Attila)[975] 시대에 훈족은 스텝 지대의 다뉴브 강 말단 외지

---

[970] 투란 사람은 우랄 알타이어족을 포함하며 인도 유럽어족에 속하는 아리안족과 셈족과는 구별되는 종족이다.

[971] 우랄어족에 속하는 헝가리아어를 사용하는 헝가리와 관련된 인종 집단을 뜻한다.

[972] 터키어를 사용하는 부족들로 이루어진 터키계 반(半)유목 민족

[973] 중세 유라시아와 동유럽을 지배한 중앙 아시아 출신의 터키계 유목족에 속한다.

[974] 몽골 고원 서부에서 신장의 북북에 거주한 오이라트족(Oirat)을 뜻한다. 소수민족이며 칼미트족은 중국, 러시아 등에 흩어져 살고있다.

[975] 406?~453, 훈족의 지도자. 현재 러시아 동유럽 독일을 잇는 대제국을 세웠다. 투르크/몽골족에 속한다고 추론한다. 아틸라가 죽은 뒤, 훈족과 아바르족(Avars)이 결합하여 한 민족을 형성하게 되는데, 훈+아바르에서 헝가리가 유래하였다는 사람도 있다. 중세 독일의 영웅 서사시 <니벨룽 이야기>에서 에첼이란 이름으로 등장한다. 아틸라가 이탈리아를 침공하였으나, 교황을 만난 뒤에, 오스트리아로 돌아갔으며, 아마도

❶러시아 ❷폴란드 ❹카잔 ❺시비르한국 ❻아스트라한 ❼자포로제 코사크족
❽오스만 터키족 ❾타타르족과 터키족의 나라들

《그림3》 신성 로마 제국 황제 샤를 5세의 즉위 당시의 동유럽 정치 지도
(옥스퍼드 역사 지도에 따름)

인 즉 푸스타 가운데 자리를 잡았습니다. 그때부터 여기에서 북쪽, 남쪽, 서쪽 세 방향으로 유럽의 정주 민족(定住民族)에 타격을 가했습니다. 이상(以

그곳에 죽었다고 한다.

上)의 이유에서 유럽 근대사의 대부분을 사실 아시아 민족의 공세로 인하여 직접 혹은 간접으로 일어난 변동에 대한 주석(註釋)으로 쓸 수 있었을지도 모를 일입니다. 정말로 당시 앵글족과 색슨족[976]이 쫓기어 바다를 건너 브리튼섬에 피난하여 잉글랜드를 창건했을지도 모를 일입니다. 프랑크족, 고트족, 로마 지방 분구 관장은 아시아족의 겁략(劫掠)에 대항하여 공동 전선을 편 살롱 전투[977]에서 최초로 협력하지 않을 수 없었습니다. 그 결과 이들은 무의식적으로 근대 프랑스를 형성하는 데 기여하였습니다. 훈족이 아퀼레이아(Aquileia)[978]와 파도바(Padua)[979]를 파괴하자, 피난한 이탈리아인이 수상 도시 베네치아[980]를 건설하였습니다. 더군다나 밀라노에서 교황 레오 1세[981]가 아틸라와의 화해 공작(和解 工作)에 성공함으로써, 로마 교황이 결정적으로 정치적 위신을 회복하였습니다. 이것은, 무방비 평원을 구름같이 엄습한 한 무리의 냉혹하고 정치 사상(政治 思想)없는 기마족 의 습격 - 비유하면 빈공간을 통하여 자유롭게 내리치는 아시아적 대(大)해머

---

[976] 앵글로색슨족은 5세기쯤 독일 북쪽에서 그레이트브리튼섬 남부에 침입한 앵글족, 색슨족, 주트족을 칭하는 게르만계 부족이다. 20세기 초까지 독일에는 작센 왕국이 있었다.

[977] 451년, 카탈라우눔 전투라고 하기도 한다. 아틸라가 이끄는 훈족과 서유럽 민족 연합군 사이에 터졌다. 타격을 받은 아틸라는 헝가리 평원으로 물러났다.

[978] 고대 로마 시대에 세워진 도시로 아드리아해의 맨 위쪽에 위치하고 있다. 주민들이 약탈자 아틸라를 피하여 해변의 석호의 섬들로 이주하였다고 한다.

[979] 이탈리아 동북부의 도시. 영어로 파두아라고 한다.

[980] 베네치아는 대부분 베네치아 석호(Laguna di Venezia) 위에 설립되었다.

[981] 390~461

의 충격 — 이 낳은 수확(收穫)입니다. 아바르족[982]이 훈족의 뒤를 침입하자 이를 막은 것은 오스트리아인입니다. 변경 백령(邊境 伯領)으로 오스트리아를 세웠고 비엔나의 요새를 강화하였습니다. 이는 샤를마뉴 야전의 결과입니다. 다음에 마자르족이 침입하였습니다. 마자르족의 헝가리 스텝지대의 기지에서 부단히 공격했기 때문에, 오스트리아 전초 지대(前哨地帶)의 가치가 점점 높아졌습니다. 그래서 독일의 정치적 초점이 동방의 변경 지대로 끌리게 되었습니다. 불가리아인은 다뉴브 강의 남쪽 토지에서 지배적 특권 계급의 지위를 확립하였습니다. 비록 자신의 언어가 피지배 슬라브계 민족의 언어보다 못했지만, 그 이름을 지도상에 남겨 놓았습니다. 아마도 엄격한 의미의 러시아 스텝 지대를 가장 오랫동안 그리고 가장 효과적으로 점령한 종족은, 하자르족입니다. 하자르족의 전성기는 사라센족이 대이동을 하였던 시기(時期)와 일치합니다. 아랍 지리학자는 카스피해를 하자르해로 기록하고 있습니다. 그러나 그 뒤 결국 새로운 유목민 군단이 몽고에서 도착하였고, 북부 삼림 지대의 러시아인은 킵차크 칸국(the Mogol Khans of Kipchak)[983] 혹은 '스텝 지대'의 몽골 칸 (Mongol Khan)[984]에게 이백 년 동안 조공(朝貢)을 바쳤습니다. 따라서 러시아를 제외한 나머지 유럽이 급속히 진보하고 있었을 때, 러시아의 발전은 지연되고 비뚤어지게 되었습니다.

우리는 다음과 같은 사실에 주의해야만 합니다. 삼림 지대(the Forest)

---

[982] 5세기에서 9세기까지 중앙 아시아, 중동부 유럽에서 활동한 유목 민족이다.

[983] 1259년 몽골 제국이 분열된 뒤에, 설립된 칸국이다. 서구에서는 금장 칸국(the Golden Hord)라고도 한다.

[984] 한(汗)인데, 칸은 몽골/터키계 군주 혹은 황제를 지칭하는 지위이다.

에서 흑해와 카스피해로 흐르는 하천이 존재한다는 것입니다. 이 하천은 유목민(nomad)의 통로인 스텝 지대를 횡단하고 있습니다. 그래서 유목민이 때때로 기마 민족의 이동 방향과 직각인 경로를 따라 일시적으로 이동하였다는 것입니다. 따라서, 직전에 스칸디나비아의 바랑족(Norse Varangian)[985]이 콘스탄티노플로 가는 도중에 드네프르 강(Dnierper)[986] 방면으로 내려간 바와 같이, 그리스 정교 선교사는, 같은 강을 올라서 키예프(Kief)[987]까지 진출하였습니다. 이보다 훨씬 더 이른 시기에, 튜턴계의 고트족[988]은 이 짧은 시기 동안 드네스트르 강[989] 위에 나타나 발트해 연안에서 같은 남동 방향으로 유럽을 가로 질렀습니다. 그러나 이것은 현재 더 넓게 일반화해도 문제가 없는 일화(逸話)입니다. 요약하면 약 천년 동안 기마 민족이 아시아 방향에서 끝없이 등장하여 우랄 산맥과 카스피해 사이의 넓은 입구(interval)를 관통하여, 남부 러시아의 훤히 트인 공간으로 말을 몰았으며 유럽 반도의 틀림없는 심장부인 헝가리에 치명상을 입혔습니다. 기

---

[985] 9세기에서 11세기에 걸쳐 중세의 키예프 루스를 지배한 게르만족의 분파이다. 860년 키에프에서 콘스탄티노플을 공격하였으며, 드레프르 강을 따라 흑해로 항행하였다. 카스피해로도 침투하였다.

[986] 러시아에서 발원하여 벨로루시를 통과하여 흑해로 흐르는 하천이다. 길이는 2,285킬로미터이다.

[987] 현재 우크라이나의 수도, 드네프라 강 하구인 흑해로부터는 952킬로미터 떨어져 있다.

[988] 3세기에서 5세기에 걸쳐 로마 제국에 침입하여 이탈리아, 프랑스, 스페인 왕국을 건설한 튜턴족의 한 분파이다.

[989] 카르파티아 산맥에서 발원하여 우크라이나의 남서부 몰도바를 통하여 남동으로 흘러 흑해로 유입되는 하천이다. 길이는 1,362킬로미터이다.

마 민족에 대항할 필연성 때문에, 주변의 위대한 여러 민족 — 러시아인, 게르만인, 프랑스인, 이탈리아인, 비잔틴 그리스인 — 의 역사가 형성되었습니다. 유럽에 침입한 기마 민족이 본격적인 전제 국가 아래 탄압과 억압 정치를 전개하였음에도 불구하고, 주변의 여러 민족에게 건전하고 강렬한 반동을 고무하는 결과를 초래하였습니다. 그 이유는 기마 민족이 지닌 힘의 기동력이 스텝 지대로 제약되었기 때문이고, 그 기동력은 필연적으로 주변 삼림과 산맥을 넘어서는 약해질 수밖에 없었습니다.

기마 민족에 대항할 만 한 힘의 기동력을 지닌 민족은, 선박을 이용하여 유럽에 침투한 바이킹(Vikings)[990]이었습니다. 유럽 해안의 북부에서 남부를 따라 스칸디나비아에서 내려오면서 하천의 흐름(riverways)을 이용하여, 바이킹은 내륙으로 침투하였습니다. 그러나 대체로 말하면 그 까닭은 바이킹의 세력이 수역(水域) 근처에서만 효과적이었기 때문에 활동 범위는 한계가 있었습니다. 따라서 유럽 반도에 정주(定住)한 인간은 두 압력 — 동쪽으로부터의 아시아 유목 민족의 압력 및 나머지 세 측면에 가해진 해적의 압력 — 에 발이 묶였습니다. 본질상 네 방향에서 끼친 압력 가운데 어떤 압력도 유럽 반도에 치명적 결과를 주지 못했습니다. 따라서 이 같은 압력은 유럽이 발전할 수 있게 한 좋은 자극이 되었습니다. 단지 강조할 만 한 점에서 보면, 스칸디나비아인의 유럽에 미친 형성적(形成的) 영향이 아시아 유목족의 영향보다 적었다는 것은 주목할 만합니다. 왜 그런가 하면 바이킹의 공격으로 영국과 프랑스 양쪽이 통일 국가를 향한 장기적 조처를 취하였으

---

[990] 바이킹 시대(800~1050) 동안, 서유럽 연안을 침략한 고대 노르드어를 사용한 게르만족의 한 분파이다. 주로 덴마크, 노르웨이, 스웨덴에 근거지를 두었다.

나, 한 때 바이킹 때문에 이탈리아의 통일이 중단되었기 때문입니다.[991] 옛날 로마는, 여러 정주 민족(定住 民族)의 전력(戰力)을 – 도로망을 통하여 – 동원하였으나, 그 뒤 로마 도로망은 붕괴되었고 18세기가 되어서야 복구되었습니다.

더욱이 사료상(史料上) 훈[992]족의 침입조차도 아시아로부터 이어진 일련의 습격 가운데 첫 기습은 결코 아니었던 것 같습니다. 고대 그리스의 호메로스와 헤로도토스가 말한 스키타이족[993]은 말의 젖을 먹었고 분명히 기마 민족의 특유의 관습을 지녔습니다. 그 뒤의 스텝 지대 거주자와 같은 종족 출신이었을 것입니다. *Don*, *Don*etz, *Dn*eiper, *Dn*eister 와 *Dan*ube와 같은 여러 하천(河川) 이름 앞에 붙은 켈트적 요소는 어쩌면 꼭 같은 종족은 아닐지라도 유사한 습관을 지닌 동일계 종족의 통로를 나타낼 수 있습니다. 그러나 켈트족[994]은 – 그 뒤의 고트족과 바랑족처럼 – 그저 북부 삼림 지대에서 내려온 것 같습니다. 그러나 인류학자가 단두형(短頭型, Brachy-Celphalic)으로 명한 골격은, 아시아인의 특징입니다. 하지만 단두형 인구의 큰 부분이 서쪽으로 쫓기어 중부 유럽을 통해 프랑스로 몰려들었고, 유럽의 북부·서부·남부의 장두형(長頭型, Dolico-Celphalic) 인구로 분명히

---

[991] 주로 용병 출신의 노르만 사람은, 독립적으로 990년부터 1139년까지 영토와 공국을 정복하면서 이탈리아 남부를 통일하여, 시칠리아를 포함한 시칠리아 왕국을 세웠다.

[992] 흉노

[993] 기원전 9세기부터 12세기까지 활동한 유목 기마 민족이다. 헤로도토스에 따르면, 스키타이족은 흑해 연안에서 유목 기마 민족이며, 주로 다뉴브 강과 흑해 사이의 초원을 근거지로 삼았다고 한다.

[994] 켈트어 그리고 비슷한 문화를 지닌, 인도 유럽 인종으로 아리안족의 일파이다.

침투하였습니다.[995] 이들이 십중팔구 아시아에서 왔을지도 모릅니다('The Race of Europe,' by Professor W. Z. Ripley (Kegan Paul, 1990) 참고).

그러나 이상에서 말씀드린 유럽의 형성에 아시아가 미친 영향을 완전히 이해하게 된 시기는, 15세기 몽고 침입 이후입니다. 하지만 이와 관련된 중요한 사실을 심사숙고(深思熟考)하기 전, 우리의 지리적 관찰의 초점을 유럽에서 다른 곳으로 옮겨 보는 것은 바람직할 것입니다. 그러면 우리가 구세계(the Old World)[996]를 온전히 전체(全體)로서 생각할 수 있습니다. 세계 각지의 강우(降雨)는 해양의 기후에 영향을 받고 있습니다. 그러므로 당연히 가장 큰 대륙(landmass)의 심장부가 상대적으로 우량(雨量)이 적을 것 같습니다. 따라서 전세계 인구의 삼분의 이가 대륙의 주변 – 대서양 주변 유럽, 인도양과 태평양 연안, 인도 제국(諸國)과 중국 – 근처를 따라, 비교적 좁은 지역에 밀집되어 살고 있습니다. 실제 비가 내리지 않기 때문에 거의 사람이 살지 않는 광범위한 대륙 지대(大陸 地帶)가, 사하라 사막이 북아프리카를 완전히 가로질러 아라비아로 펼쳐있는 것처럼, 확산되고 있습다. 아메리카와 오스트레일리아가 완전히 분리된 것과 같이, 중부·남부 아프리카는 유럽과 아시아로부터 거의 완전하게 분리된 별세계(別世界)입니다. 사실, 유럽의 남부 경계는 지중해라기보다 과거와 현재에도 사하라 사막으로 보는 것이 적당합니다. 그 까닭은 백인 세계와 흑인 세계를 분리한 것이 바로 사하라 사막이기 때문입니다. 따라서 외양(外洋)과 사막

---

[995] 장두형이란 비교적 좁고 긴 뇌를 지닌 인종을 뜻하며, 단두형이란 비교적 길기보다는 넓은 뇌를 지닌 인종을 뜻한다. 인종 분류의 근본 기준으로 뇌의 치수를 채택한 인류학자는 스웨덴의 렛시우스이다.

[996] 콜럼버스가 아메리카 대륙을 발견하기 전 유럽인들이 알고 있었던 세계의 일부 – 유럽, 아시아, 아프리카 – 를 뜻한다.

으로 둘러싸인 연속의 유라시아 대륙은 이천백만 평방마일[997] 또는 ─ 사하라 사막과 아라비아를 셈에 넣지 않는다면 ─ 전지구 육지 면적의 반이나 됩니다. 아시아 ─ 시리아와 페르시아에서 북동의 만주에 이르는 지역 ─ 에는 고립된 사막이 많이 흩어져 있습니다. 그러나 이런 사막은, 사하라 사막과 비교할 만한 연속의 공지(空地)는 결코 아닙니다. 다른 한편, 유라시아에서는 하천 유역의 구조가 매우 현저한 특징을 지니고 있습니다. 그 중앙부와 북부의 광대한 지역으로 흐르는 하천은, 그 유역의 주민이 외계와 교통하는 데는 쓸모가 없었습니다. 볼가 강, 아무다리야 강,[998] 시르다리야 강[999]은 내륙(內陸)의 염호(鹽湖)로 흐르고, 오비 강[1000] 예니세이 강,[1001] 레나 강[1002] 북부의 빙해(氷海)로 흐르고 있습니다. 이 같은 하천 가운데 여섯 하천은 세계 최대급의 하천에 포함됩니다. 타림 강[1003]과 헬만드 강(Helmund)[1004]과 같은, 매우 작으나 상당히 중요한 분류(分流)가 동

---

[997] 약 54,389,750 제곱킬로미터

[998] 파미르 고원에서 발원하여, 여러 강과 합류하면서 북서쪽으로 흘러 아랄해로 유입되는 하천이다. 길이는 2,620킬로미터이다.

[999] 텐산 산맥에서 발원하여 아랄해로 흘러드는 강이다. 길이는 2,212킬로미터이다. 시르 강이라고도 한다.

[1000] 알타이 산맥에서 발원하여 북극해로 흐른다. 길이는 3,650킬로미터이다.

[1001] 러시아를 흐르는 하천으로 북극해로 흘러든다. 길이는 3438킬로미터이다.

[1002] 러시아의 시베리아 동부를 흘러 북극해의 랍테프 해로 유입된다. 길이는 4,400킬로미터이다. 러시아 혁명을 주도한 레닌은 '레나 강 사람'이란 필명이다.

[1003] 중앙 아시아 타림 분지를 흐르는 내륙 하천이며, 길이는 2,030킬로미터이다.

[1004] 아프가니스탄에서 가장 긴 강이다. 이란과의 국경 근처의 습지대로 유입된다.

일한 지역에 있습니다. 이 하천도 대하천과 비슷하게 대양에 이르지 못한다는 점은 같습니다. 따라서 사막 지대로 얼룩덜룩하지만, 대체로 유라시아의 핵심 부분은 가끔 빈약한 목초지가 있는 넓은 스텝 지대입니다. 그 내부에는 하천에 의해 유지되는 오아시스가 많습니다. 그러나 해양에서 수로를 통해서는 이곳에 전혀 침투할 수 없습니다. 바꾸어 말하면, 희박하나 합치면 상당한 인구 – 기마 유목 민족과 낙타를 활용한 유목 민족 – 를 유지하는 데 필요한 모든 조건을 이 광활한 지역이 겸비하고 있습니다. 이 유목 민족의 생활권 영역의 북방 한계는, 북극권에 준하는 기후의 삼림(subarctic forest)과 소택지와 초원으로 이루어진 넓은 지대(belt)의 경계목(境界目)에서 끝나고 있습니다. 이 지역의 동부·서부 말단을 제외하고 정주 농업(定住 農業)이 발전하기에는 기후가 너무 매섭습니다. 이 삼림 지대는, 동측에서 남측을 향하면서 아무르 지방[1005]과 만주 지방을 경과하여 태평양 연안으로 연장되고 있습니다. 비슷하게 유럽의 선사(先史) 시대에 서측에서도 비상할 정도로 많은 지역이 삼림이란 압도적인 식생(植生, vegetation)[1006]으로 덮여 있었습니다. 따라서 북동쪽, 북쪽, 북서쪽으로 삼림과 소택(沼澤)이 형성되었으므로, 스텝 지대는 헝가리의 푸스타에서 만주 지방의 소(小)고비 사막(砂漠)에 이르는 4천 마일[1007]에 걸쳐 끊임없이 퍼져 있습니다. 그 서부 말단을 제외하고, 바다로 접근하기 쉬운 대양으로 흐르는 하

길이는 1,130킬로미터이다.

[1005]   아무르 강은 러시아의 극동지대와 중국의 북동 지방 사이를 흐르는 세계에서 열번째로 긴 강이다. 길이는 2,824키로미터이다.

[1006]   육지에서 생육하는 식물 집단이다.

[1007]   약 6,437킬로미터

≪그림4≫ 내륙 하천과 북해로 흐르는 하천의 유역
(정적 도법)

천이, 스텝 지대를 관통하지는 않고 있습니다. 왜냐하면 최근에야 오비 강과 예니세이 강의 하구로 화물 수송용 항로를 개발하려고 시도했다는 점을 우리가 무시할 수 있기 때문입니다. 유럽, 서부 시베리아, 서부 투르키스탄(Turkestan)[1008]에서 스텝 지대는 저지대에 있으며, 어떤 곳에서는 해면보다 낮은 지점에 위치하고 있습니다. 몽고 지방에는 스텝 지대가 계속 동쪽을 향하여 고원 위로 퍼지고 있습니다. 그러나 건조한 내륙 지대(the heartland)[1009]의 − 초목과 가파른 비탈이 없는 − 낮은 산맥을 넘어 스텝 지대의 한 말단에서 다른 말단으로 이어지는 통로를 지나는 데, 어려움은

[1008] 투르키스탄은 서쪽으로는 카스피해, 동쪽은 중국, 북부는 아랄해, 남쪽은 아프가니스탄 북부 이란 국경에 이르는 지역이다.

[1009] 『민주적 이상과 현실』(1919)에서 맥킨더가 지적한 심장 지대를 의미하는 개념은 아니다. 이 논문의 강독회가 1904년 열렸다는 점을 기억하면 좋을 것 같다.

없습니다.

  14세기 중엽 결국 유럽을 습격한 기마 유목 민족의 무리는, 삼천 마일[1010] 떨어진 몽고의 고(高) 스텝 지대에 최초의 병력을 집결하였습니다. 그러나 폴란드, 실레지아, 모라비아, 헝가리, 크로아티아, 세르비아에서 수년 동안 일어난 대파괴(大破壞) — 칭기즈 칸이란 이름과 연상된 동양의 기마 유목 민족의 대동요로 발생한 사태 — 는, 가장 먼 곳의 가장 일시적 사건에 지나지 않았습니다. 황금 군단the Golden Horde)이 아랄 해에서 우랄 산맥과 카스피해 사이의 입구를 통해, 카르파티아 산맥의 기슭에 이르러 킵차크의 스텝 지대를 지배하였던 동안에, 다른 황금 군단이 카스피해와 힌두쿠시 고원 사이의 남서쪽으로 내려와 페르시아, 메소포타미아와 시리아에까지 침입하여 일 칸 왕국(Ilkhan)[1011]을 세웠습니다. 제3의 군단은 뒤이어 중국 북부로 엄습하여 중국을 정복하였습니다.[1012] 인도와 Mangi 달리 말하면 남중국을, 티베트라는 견줄 데 없는 자연 장벽이 잠시 당면한 침략으로부터 보호했습니다. 사하라 사막과 북극해의 빙군(氷群)을 제외한다면, 지구상에 이 장벽에 견줄 만한 것은 없을 것 같습니다. 그러나 그 뒤 남중국(Mangi)의 경우에는 마르코폴로[1013] 시대 그리고 인도의 경우에는 티무르(Tamerlane)[1014] 시대에, 티베트란 자연 장애물은 우회할 수 있었습니다.

[1010] 약 4,828킬로미터

[1011] 1256년부터 1335년까지 이란을 지배한 몽골 왕조이다.

[1012] 1271년 쿠빌라이 칸이 원나라를 세우게 된다.

[1013] Marco Polo, 1254~1324, 이탈리아의 베네치아 공화국의 상인이며, 유럽에 중앙 아시아와 중국을 소개한『동방 견문록』을 남겼다.

[1014] 1336~1405, 티무르 제국의 창건자이다. 중앙 아시아에서 서아시아에 걸쳐 옛

따라서 이와 같은 전형적이고 충분한 사료(史料)의 보기를 통해서 보면, 구세계의 연변에 살았던 모든 정주 민족은 중앙 아시아의 스텝 지대에서 생긴 기동력의 세력 확장을 곧 실감할 수 있는 일이 터졌습니다. 러시아, 페르시아, 인도, 중국은, 속국이 되었거나 아니면 몽고 왕조의 조공국(朝貢國)이 되었습니다. 몽고 왕조는, 소아시아에서 등장한 초창기의 터키 민족 세력조차도 반세기 동안이나 때려 눕혔습니다.

유라시아[歐亞]의 다른 연변(緣邊) 지역에서 그러했던 바와 같이, 유럽의 경우에도 일찍이 침략한 기록이 있습니다. 중국은 몇 차례 북으로부터의 정복에 굴종하였고 인도는 북서부 국경에서 침략한 적에게 몇 번이나 패하였습니다. 그러나 페르시아의 경우를 살펴보면, 적어도 이른 시기에 행해진 습격 가운데 한 습격은 서구 문명의 역사에서 특별히 중요합니다. 몽고족이 활동하기 삼백 년 또는 사백 년 전에, 중앙 아시아에서 나타난 셀주크족(터키인)[1015]은 동일한 통로를 따라 광대한 지역을 유린하였습니다. 이 지역을 우리는 다섯 해 – 카스피해, 흑해, 지중해, 홍해, 페르시아만[1016] – 의 구역으로 볼 수 있습니다. 셀주크족은, 케르만(Kerman),[1017] 하마단

몽골 제국 절반에 달하는 제국을 세웠다.

[1015] 셀주크는 셀주크 왕조를 창건한 인물이며 1021년? 죽었다. 셀주크 왕조는 11세기초부터 12세기말까지 중앙 아시아, 이란, 이라크, 시리를 지배한 셀주크 제국을 세웠다.

[1016] 이란, 이라크, 쿠웨이트, 사우디 아라비아, 바레인, 카타르, 아랍 에미리트, 오만에 둘러싸인 만

[1017] 이란의 테헤란에서 남동쪽으로 1076킬로미터 떨어진 광대한 평원에 위치한 도시

(Hamadan),[1018] 소아시아에 본거지(本據地)를 마련하였고 바그다드[1019]와 다마스쿠스[1020]의 사라센 왕국을 전복(顚覆)하였습니다. 서유럽의 기독교 왕국이 한데 뭉뚱그려 십자군 운동으로 알려진 대전투를 잇달아 기도한 이유는, 표면상으로 예루살렘의 기독교 순례자에 대한 셀주크족의 박해를 응징하는 것이었습니다. 십자군 전쟁은 결국 그 급박한 목적을 이루지 못했습니다. 하지만 십자군을 현대사의 시작 ─ 아시아의 심장으로부터의 압력에 대항할 필요 때문에 고무된 유럽 진보에 관한, 또 다른 뛰어난 전례(前例) ─ 으로 생각할 정도로 십자군 전쟁은 유럽의 통합과 각성을 촉구하였습니다.

따라서 우리가 이르고 있는 유라시아 개념은, 북쪽에서는 빙하로 둘러싸여 있고 다른 곳에서는 바다로 둘러싸여 그 면적이 북아메리카 면적의 세 배 이상 혹은 이천백만 평방마일[1021]이 되는, 하나의 연속적 육지 개념입니다. 구백 평방마일[1022] 혹은 유럽 지역의 두 배 이상인 그 중심과 북부는, 외양에 출입할 수 있는 수로(水路)가 없습니다. 하지만 다른 한편 이 지역 일대는, 아한대 북극권에 속하는(subarctic) 삼림 지대를 제외하고, 기마 유

[1018] 이란에가 가장 오래된 도시이며, 이란 중서부에 위치한 산악 지대에 있다. 테헤란에서 남서쪽 약 360킬로미터 떨어진 곳이다

[1019] 이라크의 수도이다. 압바스 왕조가 세운 고대 도시이지만, 1055년 셀주크족이 바그다드를 점령하였다.

[1020] 현재 시리아의 수도이다. 구약 성서에는 다메섹이라고 디어 있다. 예루살렘에서 약 240킬로미터 떨어진 곳이다.

[1021] 약 54,389,750 제곱킬로미터

[1022] 약 2,330 제곱킬로미터

목 민족과 낙타를 활용한 유목 민족의 기동력을 동원하기는 여러모로 아주 알맞은 곳입니다. 이 중심부(heartland)[1023]의 동부·남부·서부 방향으로, 항해 기술을 터득한 민족이 접근할 수 있는, 방대한 반월호형(半月弧型)의 주변 지역이 있습니다. 이를 지형(地形)에 따라 네 지역으로 구분할 수 있습니다. 보통 네 지역이, 각각 4대 종교 – 불교, 브라만교, 마호메트교, 기독교 – 의 영역과 같다는 건 당연합니다. 첫 두 종교의 영역은 몬순 지대[1024]입니다. 이 지대의 한쪽은 태평양을 향하고 있고 다른 쪽은 인도양을 보고 있습니다. 넷째 지역인 기독교 영역은, 서측의 대서양에서 오는 강우에 의해 관개되는 유럽입니다. 칠백만 평방마일[1025]이 되지 못하는 세 지역 – 불교, 브라만교, 기독교 – 전부에는, 십억 이상의 인구 달리 말하면 세계 인구의 삼분의 이 이상이 살고 있습니다. 셋째 영역인 마호메트교 지역은 위에서 지적한 다섯 해 – 카스피해, 흑해, 지중해, 홍해, 페르시아만 – 의 주변 지역과 일치하며 또는, 자주 기술하는 바와 같이, 중동 지역(中東 地域)입니다. 이 지역은 아프리카에 가깝게 놓여있으므로 대개 건조합니다. 따라서 오아시스[1026]를 제외하고, 인구 밀도가 희박한 곳입니다. 이 곳은, 유라시아 대륙의 중심부의 주변 지대(地帶, marginal belt) 근처의 특징을 어느

[1023] 이건 『민주적 이상과 현실』(1919)에서 지적한 심장 지대를 뜻하는 건 아니다. 역자의 강의노트를 좋을 거 같다.

[1024] 몬순은 계절풍이라고도 한다. 아리비아해에서 교대로 부는 북동풍과 남서풍을 지칭하는데, 뱃사람이 몬순을 이용하였다.

[1025] 약 18,129,916 제곱킬로미터

[1026] 사막, 스텝 지대에 있는 녹지이다. 오아시스에는 섬, 하천, 눈 녹은 물을 수원으로 사용할 수 있으며, 농업도 가능한 곳이 있으며, 취락이 형성되기도 하며, 통상로로 중요한 역할을 하였다.

정도 보이고 있습니다. 중동 지역은 대체로 삼림이 없고 사막으로 덮여 있으므로 유목 민족이 활동하기에 적합합니다. 그러나 이곳은, 아시아 주변 지역의 특징이 농후(濃厚)한데요 — 왜냐하면 양호한 만(良彎, sea gulfs)이 있으며 하구에서 거슬러 올라 갈 수 있는 대하천이 있고 해양 세력의 활동에 노출되어 있기 때문이며 — 이곳에서부터 해양 세력의 활동을 가능하게 합니다. 그 결과 역사를 통하여, 본질상 대륙 주변부에 속한 여러 제국을 우리가 주기적으로 보았습니다. 이런 제국은, 바빌로니아와 이집트 등의 대 오아시스의 농업 인구에 바탕을 두었고 지중해와 인도양의 여러 문명 세계(文明 世界) 나라들과 자유롭게 해상 커뮤니케이션을 유지하였습니다. 그러나 우리가 추측한 바와 같이 이 제국은 전례가 없을 정도의 격렬한 일련의 정치 혁명을 감수하였습니다. 왜냐하면 한편으로 중앙 아시아에서 스키타이인, 터키인, 몽고인이 침입했기 때문이고, 한편으로 다른 지중해 민족이 서측 바다와 동측 바다를 연결하는 육상로(陸上路)를 정복할 목적으로 쇄도(殺到)하였기 때문입니다. 여기가 바로, 초기 문명 시대의 환대(環帶, girdle)에서 가장 약한 지점입니다. 그 까닭은 수에즈 지협이 해양 세력을 동부와 서부로 대분(大分)하였기 때문입니다. 중앙 아시아에서 페르시아만으로 나온 페르시아의 건조한 황무지(臺地)는, 외양(外洋)의 가장자리로 진격(進擊)할 수 있는 기회를 유목 세력에 끊임없이 제공하였습니다. 그러니 한편으로 중국과 인도 문명이 존재하고, 한편으로 지중해 세계가 존재하게 되었습니다. 양 문명이 직접 접촉하는 일은 없었습니다. 그 이유는 유목 민족의 방해가 컸기 때문입니다. 바빌로니아 오아시스, 시리아 오아시스, 이집트 오아시스 세력이 가냘프게 유지되었을 때마다, 유목 민족은 스텝 지대에서 나와 이란과 소아시아 등의 의 훤히 트인 고원(高原)을 전진(前進) 포스트로 점거하고, 그곳에서 펀자브 지방[1027]을 경유하여 인도로 공격하였고 시리아를 경유하여 이집트로 공격하였고 보스포루스와 다르다넬스의 양 해협(the broken bridge)을 넘어서 헝가리로 공격하였습니다. 비엔나는 유럽의 중심부(내유럽)을 향한 문호(門戶)에 있었고, 러시아의 스텝 지대에서 직접 내습하는 적에 대한 저항 거점이란 의미입니다. 그리고 흑해와 카스피해 남측을 우회하여 펀자브 방면에서 공격하는 적을 막기 위한 수비의 역할을 비엔나가 하였습니다.

  이상(以上)에서 사라센 사람과 터키 사람의 중동 지배 방법이 본질적으로 다르다는 점을 명확히 하였습니다. 사라센인은 셈족의 한 지파(支派)였으며, 원래 유프라테스 강 유역과 나일 강 유역 그리고 하부 아시아(Lower Asia)의 소오아시스 지대가 사라센인의 생활 본거지(本據地)였습니다. 사라센인은 자신의 국토에서 가능한 두 유형의 교통 수단 — 한편으로 말과 낙타의 기동력 및 다른 한편으로 선박의 기동력 — 활용함으로써, 대제국을 창건하였습니다. 서로 다른 시기에, 사라센인의 함대는, 지중해의 스페인까지 그리고 인도양의 말레이 제도[1028]에 이르는 양 영역을 동시에 지배하였습니다. 동쪽과 서쪽 해양 사이에 있는 전략적 중추 지점에서, 사라센인은 알렉산드로스 대왕[1029]의 선례를 따르면서 나폴레옹[1030]의 등장을 예기하는 듯, 구세계의 주변에 속한 모든 지역을 정복하려고 했습니다. 더욱이 사라

[1027] 인도 북서부에서 파키스탄 북동부에 위치한 지역
[1028] 동남 아시아 대륙과 호주 사이에 있는 여러 섬을 뜻한다. 섬의 수는 약 이만오천 개 정도이다.
[1029] 356~323 기원전
[1030] 1769~1821

센인은 본래 기마 민족의 영역인 스텝 지대를 위협할 수 있었습니다. 내륙 아시아(the closed heart)에서 온 투란계[1031]의 이교도(異敎徒)인 바로 터키족이, 사라센 문명을 파괴하였습니다. 터키족은 — 유럽인, 인도인, 중국인과 마찬가지로 — 아라비아인과는 전혀 다릅니다.

해상 교통(海上交通)의 기능은, 대륙의 중심부(the heart)에서 말과 낙타를 이용한 이동 방식(mobility)[1032]과는 크게 대조(對照)를 보입니다. 하천 문명 단계(the Potamic stage of civilization)[1033] — 양자 강의 중국 문명, 갠지스 강의 인도 문명, 유프라테스 강의 바빌로니아 문명, 나일 강의 이집트 문명 — 는 해양에서 역항(逆航) 가능한 하천 항행에 바탕을 두었습니다. 문명의 내해(內海) 단계(the Thalassic stage of Civilization)[1034]로 기술할 수 있는 문명 - 그리스와 로마 문명 - 은 원래 다름 아닌 지중해의 해상 교통에 기반을 두고 형성되었습니다. 사라센족과 바이킹족은, 접근 가능한 외양(外洋)의 연안 항행(沿岸 航行)을 토대로 지배하였습니다.

남아프리카의 희망봉(希望峰)에서 인도 제국(諸國)으로 가는 항로의 발견의 가장 중요한 의의는, 비록 우회 항로(迂回 航路)였지만 유라시아의 동·서 연안 항로를 결합(結合)한 것입니다. 따라서 인도 희망봉 항로를 따라 우회하여 중앙아시아 스텝 지대 — 유목족의 배후를 맹렬히 공격함으로써, 스텝 지대 — 유목족이 점한 중심적 위치가 지닌 전략적 우위를 어느 정도 무

[1031] 투란은 원래 중앙 아시아에 있었던 지역이다. 원래 투란계는 이란계 부족이었지만, 6세기~7세기쯤 터키족을 지칭하게 되었다.

[1032] 기동력

[1033] potamic은 강 혹은 하천 항행과 관련된이란 뜻이다.

[1034] thalassic은 바다와 관련된, 내해 혹은 작은 섬과 관련된이란 의미이다.

력화하는 결과(結果)가 발생하였습니다. 콜럼버스 전후(前後) 세대의 위대한 항해자가 시작한 이와 같은 교통 혁명으로 인하여, 기독교 왕국은 당시로 보아서 최대한의 힘의 기동력을 얻었습니다. 원래 기독교 세계는 신속한 기동력은 부족하였습니다. 세계의 육지는 분리되어 있습니다. 이 육지를 포위하고 있는 하나뿐인 끊임없는 대양은, 물론 '바다를 장악하는 자가 세계를 지배한다'는 제해권(制海權) 이론의 지리적 근거입니다. 마한 제독(Mahan)[1035]과 스펜서 윌킨슨(Spencer Wilkinson)[1036]과 같은 저자들이 설명한 내용은 이러합니다. 하나의 대양은 ― 제해권의 궁극적 통일과 현대 해군 전략과 정책을 통합할 수 있는 이론을 마련할 수 있는 ― 지리적 조건이며, 이로써 유럽과 아시아의 관계가 역전될 수 있다는 큰 정치적 효과를 거둘 수 있었다는 말입니다. 따라서 중세 유럽은 ― 남쪽으로는 통행할 수 없는 사막, 서쪽으로는 미지의 대양, 북쪽과 북동쪽에는 빙하 혹은 삼림 지대로 뒤덮인 불모지 사이에 ― 갇혀 있었고, 동쪽과 남동쪽에서는 기마 민족과 낙타를 활용한 유목 민족의 우세한 기동력 때문에 끝없는 위협(威脅)을 받았습니다. 중세 유럽과는 전혀 다르게, 현재 새로운 교통 수단을 지

[1035] 1840~1914, 미국의 해군 제독, 역사가, 군사학자, 『해양 세력이 역사에 미치는 영향』과 『해양 세력이 프랑스 혁명과 제국에 미친 영향』에서, 해양의 군사적·상업적 지배의 상호 의존성을 중시하면서 해상 통상의 지배가 전쟁의 결과를 좌우한다고 하였다. 그는 해양을 거대한 하이웨이라고 보면서 해양 세력의 대영 제국을 성공적으로 계승할 국가로 미국을 그렸다. 해군력이 군사적·경제적 팽창을 통한 국가 번영에 꼭 필요하다는 논거를 강조하였다.

[1036] 옥스퍼드 대학의 전쟁사 교수, 전쟁사가, 저널리스트. 1894년 『바다의 지배(the Command of the Sea)』를 썼다. 그는 해양에서의 영국의 군사적 우위가 영국을 침략으로 부터 지키는 데 충분할 것이라고 강조하였다.

닌 유럽인은 – 접근할 수 있는 해표면(sea surface)과 연안 지역(coastal land)을 삼십 배 이상 획득하면서 – 유라시아 육상 세력을 거꾸로 정치적·군사적으로 포위하는 입장에 놓이게 되었습니다. 그래서 유럽이 지구상에 부상했습니다. 유라시아 육상 세력은, 그 이전에는 바로 다름 아닌 유럽의 존재를 위협한 세력이었습니다. 신유럽들(New Europes)은 바다 한 가운데 발견된 무인(無人)의 육지(陸地)에 창건되었습니다. 아메리카와 오스트레일리아, 어느 정도 사하라 이남의 아프리카조차도 – 과거 영국과 스칸디나비아가 유럽의 부속물이었던 바와 같이 – 현재 유라시아의 종속물이라고 할 수 있습니다. 오늘날, 영국, 캐나다, 미국, 남아프리카, 오스트레일리아, 일본은 – 유라시아의 육상 세력의 접근을 허용하지 않는 해양 세력과 상업을 위한 외측의 도서 기지로 하나의 군(群)을 이루면서 – 대륙을 멀리 돌아 포위하고 있습니다.

그러나, 육상 세력은 여전히 건재(健在)하며 최근 일어난 일련의 사건으로 그 중요성이 다시 부각(浮刻)되고 있습니다. 서유럽의 해양 민족(maritime peoples)은 함대로 대양을 지키면서 외측 대륙을 식민화하고, 아시아의 여러 해안 지역(諸地域)을 다양하게 속령화(屬領化)하였습니다. 반면, 러시아는 – 코사크족을 조직화하고 러시아의 북부 삼림 지대에서 등장하여 러시아의 유목민이 타타르계[1037] 유목민을 몰아내도록 함으로써 – 광대한 스텝 지대를 지배하였습니다. 서구의 여러 나라[西歐 諸國]는, 튜더 왕조[1038] 시대에 바다를 넘어서 팽창하기 시작하였습니다. 동시에 러시아 세력이 모스크바를 기점으로 시베리아로 발전하기 시작하였습니다. 기마

[1037] 터키계 민족 분파이다.
[1038] 1603년까지 지속된 잉글랜드 왕국과 아일랜드 왕국을 지배한 왕조이다.

민족이 아시아를 가로 질러 동쪽으로 급습한 일은 — 희망봉의 우회 항로 발견과 거의 같은 — 의미심장한 정치적 결과를 낳은 사건이었습니다. 비록 이와 같은 두 운동(movement)이 동 떨어져 있습니다만, 하여튼 지적한 정치적 의미의 중요성은 결코 무시할 수 없습니다.

유럽이 해측(海側)으로의 팽창과 대륙으로 발전을 한 것은, 어느 의미에서 보면, 고대 로마와 그리스 간 대립의 연장(延長)이라는 점입니다. 아마도 이것은 역사의 일치(一致) 가운데 가장 흥미로운 사건입니다. 로마가 그리스를 완전히 라틴화하려 했으나 실패한 것 보다 더 의미심장(意味深長)한 사태는 거의 없습니다. 튜턴족을 로마인이 문명화·기독교화하였고 대체로 슬라브인을 그리스인이 그렇게 했습니다. 뒤에 해양에서의 모험을 한 사람은 로마-튜턴족이었고 스텝 지대를 엄습(掩襲)하여 투란계(系) 종족을 정복한 사람은, 그리스-슬라브계(系)에 속한 종족이었습니다. 따라서 오늘날 육상세력은, 그 기동력의 구체적 조건(基礎)에 못지않게, 그 목표[理想]의 원천이란 점에서 보아도 해양 세력과 다릅니다(*이 논문 독회 뒤에 있었던 토론에서 이 부분의 발언이 비판을 받았다. 나는 이 언급을 다시 검토하면서 여전히 타당하여 수정할 필요가 없다고 생각하였다. 더욱이 로마가 고대 그리스를 완전히 정복했다면, 비잔틴[1039]의 그리스인은 과거와는 전혀 달랐을 것이다. 내가 설명한 요지는, 비잔틴풍의 이상이 로마의 이상은 아니라는 점이다.).

코사크족이 광대한 스텝 지대를 장악한 뒤, 러시아는 안심하고 과거의 은둔에서 벗어나 북부 삼림 지대에 등장하였습니다. 19세기 유럽에서 일어난 본질적으로 가장 중요한 사회 변동은, 러시아 농민의 남방 이주(南方 移住)였습니다. 과거 농업 정주 지역이 삼림의 경계[緣邊]에서 끝났으나, 남방 이주의 결과로 서부 러시아(European Russia) 전체 인구에서, 정주 지역의

[1039] 동로마 제국

중심이 변화하였습니다. 그 중심은 현재 스텝 지대 연변(緣邊)의 남쪽 – 약간 스텝 지대의 서측으로 기운 부분이 밀 경작지로 변한 곳 가운데 – 에 있습니다. 이곳의 오데사[1040]는, 미국의 신흥 도시와 같은 속도로, 성장하고 있습니다.

한 세대 전(前) 증기 기관의 발명과 수에즈 운하 개통으로, 해양 세력의 기동력이 육상 세력의 기동력을 상대적으로 능가하게 된 것 같았습니다. 철도망은, 주로 외양 상업(ocean going commerce)의 공급선 역할을 하였습니다. 그러나 오늘날 대륙 횡단·종단 철도망이 발달한 결과, 육상 세력의 상황이 변모(變貌)되고 있습니다. 철도가 발휘할 수 있는 효과는 – 도로 건설을 위한 목재와 석재가 없는 유라시아 내륙의 중심부(heartland)[1041]에서 – 절대적입니다. 더군다나 철도는 스텝 지대에서 더 큰 기적을 일으키고 있습니다. 그 이유는, 이곳에서는 도로 발전 단계(road stage of development)가 생략되었으므로, 철도가 – 도로 건설의 시대를 뛰어 넘어 – 말과 낙타의 기동력을 직접 대체하였기 때문입니다.

보통 상업 수송(商業輸送)의 문제와 연관하여 생각할 때 잊지 말아야 할 점은, 해상 교통에서 비교적 운임(運賃)의 안정(安定)에 영향을 미치는 것이 바로 네 차례의 화물 취급 – 제품 생산 공장에서, 수출용 부두(埠頭)에서 수입용 부두에서, 마지막으로 소매를 위한 발송용 내지의 창고에서, 이루어지는 경우 – 입니다. 거꾸로 대륙 횡단 철도를 이용하면, 교역품(truck)은, 수출 상품 출하 공장에서 수입 상품 창고로 직행할 수 있습니다. 따라서 주

[1040] 우크라이나 남부 흑해 연안에 있는 항구 도시이다.

[1041] 여기에서 heartland는 1919년 『민주적 이상과 현실』에서 지적한 심장 지역을 뜻하는 건 아니다. 이 논문이 1904년 발표된 거라는 걸 기억할 필요가 있다.

변 해상 무역은, 다른 조건이 같다면, 대륙 주변에 침투 지대를 형성하기 쉽습니다. 앞에서 지적한 네 차례의 화물 취급 비용, 해상 수송비, 인접 해안으로부터의 철도 운송비를 합한 비용이, 두 차례의 취급비용 −제품 생산 공장에서의 취급비용, 수입 상품 창고에서의 취급 비용 − 과 대륙철도 운송비를 합한 비용과 같은 선을 따라, 이런 침투 지대의 내측 한계가 대체로 정해지고 있습니다. 영국과 독일이 − 유럽 대륙의 수출용 석탄의 점유 몫을 둘러싸고, 이탈리아의 롬바르디아[1042] 지방을 통과하는 중간선에서 위와 같은 조건으로 − 경쟁하고 있다고 합니다.

러시아 철도는 서부의 비르발리스(Wirballen)[1043]에서 동부의 블라디보스토크[1044]까지 에누리없는 육천 마일[1045]의 노선입니다. 남아프리카의 영국 육군이 해양 세력의 의미심장한 증표(證票)인 바와 같이, 만주 지방의 러시아 육군은 기동력을 지닌 육상 세력의 현저한 증표입니다. 시베리아 횡단 철도가 여전히 단선(單線)의 불안한 교통선이라는 것은 진실입니다. 하지만 금세기가 가기 전에 전아시아가 철도로 뒤덮이게 될 것입니다. 러시아 제국과 몽고 안의 공간은 매우 방대하고, 인구, 밀, 목화, 연료, 금속 등과 같은 잠재적인 자원의 힘은 헤아릴 수 없을 정도로 큽니다. 따라서 해상 무역과 인연을 맺지 않고, 다소 외부와 고립된 이 같은 세계에서, 거대한 독립적인

[1042] 이탈리아 북서부에 위치한 지역이다. 주도는 밀라노이다.

[1043] 현재 리투아니아 남서부에 있는 도시이다. 독일어로는 비르발렌(Wirballen)이다.

[1044] 러시아의 극동에 위치한 도시이다. 보스톡은 동쪽을 의미하며 브라지는 영유 지배라는 의미이다. 동방을 지배하는 도시라는 뜻이다. 러시아의 군사·상업 도시이다.

[1045] 9,656킬로미터

경제 단위가 형성되어 필시 발전할 것입니다.

  지금까지 여러분에게 역사의 큰 흐름을 개관하면서 말씀드렸습니다. 일정의 지리적 요인이 지속적으로 지배하고 있다는 점이 분명해지지 않습니까? 선박이 접근하기 어려우나 고대에 기마 유목 민족의 공격을 받았으며 바야흐로 오늘날 철도망(鐵道網)으로 뒤덮일 유라시아의 광활한 지역이 세계 정치의 전개축(pivot)에 해당되는 지역이 아니겠습니까? 기동력이 있는 군사력과 경제력의 조건이 여기에 죽 구비(具備)되어 있다고 할 수 있습니다. 러시아는 몽고 제국을 대신하여 존재하고 있습니다. 핀란드, 스칸디나비아, 폴란드, 터키, 페르시아, 인도, 중국에 대한 러시아의 압력은, 기미 민족이 스텝 지대의 중심에서 멀리 떨어진 지역에 대한 공격에 해당할 수 있습니다. 일반적으로 러시아는, 세계 전체에서 전략상 중심의 위치를 차지하고 있습니다. 이건, 유럽에서 독일이 점한 것과 비슷하다. 러시아는 북쪽을 제외하고 모든 측면으로 공격을 할 수도 동시에 모든 측면에서 공격을 받을 수도 있습니다. 러시아의 현대적인 철도 기동력이 완성되는 일은 단지 시간 문제일 뿐입니다. 가까운 장래에 러시아에 사회 혁명이 일어날지라도, 러시아의 발전을 크게 제약(制約)하는 지리적 요인이 본질적으로는 변화될 것 같지 않습니다. 러시아는 자신의 세력의 근본적 한계를 현명하게 인지했으므로, 러시아의 지배자들은 알래스카(Alaska)[1046]를 미국에 내놓았던 것입니다. 그 까닭은 영국이 해양에서 우세하였으므로, 해외에서 아무 것도 소유하지 않는다는 것이 러시아 정책상 일종의 철칙이었기 때문입니다.

[1046] 미국의 최북단에 있는 주로 알류샨 열도를 포함한다. 러시아가 크림 전쟁 이후 경제적으로 어렵게 되자, 1867년 중립국이었던 미국에 칠백이십만 달러를 받고 알래스카를 팔았다.

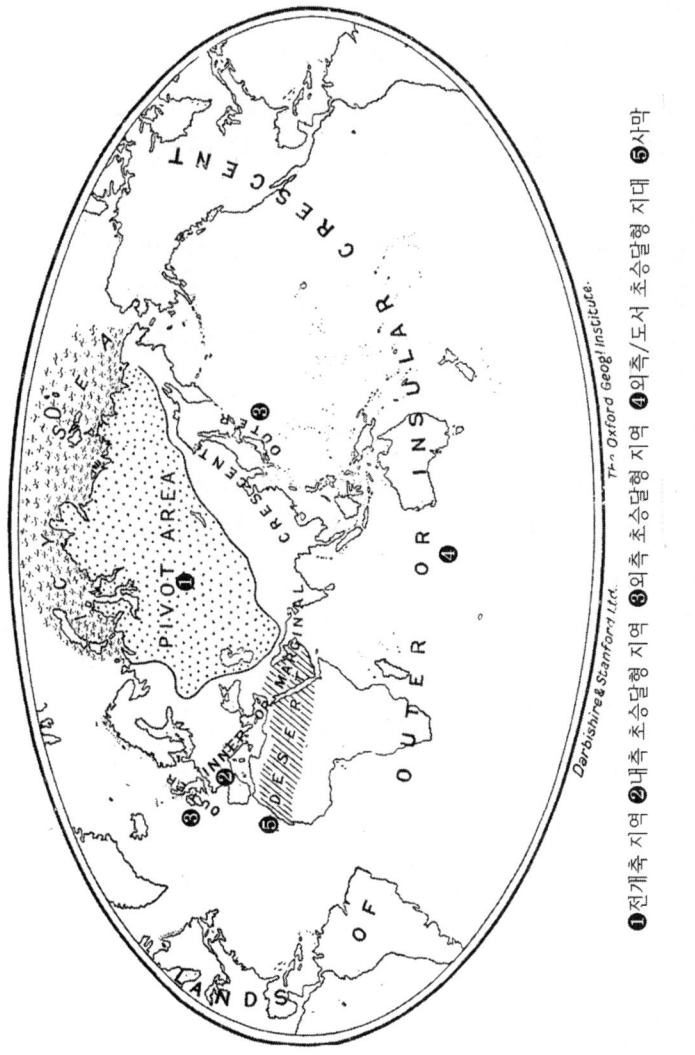

《그림5》 힘과 세력(Power)이 차지하고 있는 자연적 공간과 지역(seat). 전개축 지역 - 완전히 대륙적, 내측 초승달형 지역 - 부분적으로 대륙적이며 동시에 부분적으로 해양적. ❶전개축 지역 ❷내측 초승달형 지역 ❸외측 초승달형 지역 ❹외측/도서 초승달형 지대 ❺사막 외측 초승달형 지역-한전히 해양적,

지리에서 본 역사의 전개축(1904)

전개축 지역 밖 – 내측 대초승달형 지역 – 에는, 독일, 오스트리아, 터키, 중국이 있고 외측 초승달형 지역에는 영국, 남아프리카, 오스트레일리아, 미국, 캐나다, 일본이 있습니다. 세력 균형의 현재 조건에서 보면 전개축 국가 – 러시아 – 는, 주변 여러 나라[周邊 諸國]와 대등한 힘을 지니지 못하고 있습니다. 동시에 프랑스 세력이 서로 버티어 대항할 여지가 남아 있습니다. 미국 세력은 최근 아시아를 지향하고 있으며, 유럽의 역학 관계에 직접 영향을 미치기보다, 반대로 러시아와 외교를 통하여 간접적으로 끼치고 있습니다. 그리고 미국은 – 미시시피 강 이서(以西)의 대서양 연안 자원(沿岸 資源)을 태평양 측에서 활용하기 위하여 – 파나마 운하를 건설할 것입니다.[1047] 이런 관점에서 보면, 진실로 동(東)과 서(西)로의 세계 분할은, 대서양에 이루어지고 있습니다.

유라시아 대륙 주변 여러 지역[諸地域]으로 전개축 국가가 팽창함으로써, 전개축 국가에 유리하게 힘의 균형이 전복된다면, 그 결과로 방대한 대륙의 자원을 이용하여 함대를 건설할 수 있게 될 것입니다. 그 뒤 세계 제국이 나타날 가능성이 있습니다. 만약 독일이 러시아와 동맹을 맺는다면, 이런 일이 생길 것입니다. 따라서 이와 같이 불행한 사태가 발생할 징후가 있으면, 이를 막으려고 프랑스는 해양 세력과 동맹을 맺을 것입니다. 프랑스, 이탈리아, 이집트, 인도, 한반도(韓半島, Corea)는, 유력한 교두보(橋頭堡) 역할을 할 것입니다. 이런 교두보 나라에서는, 바깥쪽 국가들의 해군이 그 상륙 부대를 지원할 수 있고, 이를 막기 위해 전개축 지역의 동맹 국가들이 지상

[1047]   태평양과 카리브해를 연결하기 위해 파나마 지협에 세운 운하이다. 미국이 건설하여 1914년 개통되었으며, 1999년 파나마에 반환되었다. 국제 운하에 해당되며, 길이는 82킬로미터이다.

병력을 확대·배치하고 강화해야만 할 것입니다. 이렇게 되면 전개축 지역의 동맹국이 함대 건조(艦隊 建造)에 전력(專力)을 기울일 수 없을 걸로 예상할 수 있습니다. 소규모로 이를 고찰하면, 반도 전쟁[1048] 시 토레스베드라스(Torres Vedras)[1049]에 있는 포르투갈의 연안 기지(沿岸 基地, sea-base)를 중심으로 전개한 작전(作戰)에서 웰링턴(Wellington)이 성취한게 바로 이것입니다.[1050] 결국 이것이 대영 제국 체계에서 인도의 전략적 기능을 입증할 수 있지 않을까요? 영국 군대의 전선(前線)이 희망봉에서 인도를 통과하여 일본까지 뻗어 있다고 애머리 씨(Mr. Amery)[1051]가 말한 바 있습니다. 이와 같은 고찰의 배경과 위의 설명은, 일맥상통하는 구상은 아니겠습니까?

남아메리카의 막대한 자원을 개발한다면, 이는 체계 전반에 결정적 영향력을 행사할 수 있습니다. 이로써 미국의 세력이 강화될 수 있습니다. 달리 말하면 한편으로 설사 독일이 성공적으로 미국의 먼로 독트린[1052]에 대항할

[1048]　1808~1814, 스페인 독립 전쟁이라고 한다. 나폴레옹 전쟁 중에, 이베리아 반도에서 연합군 − 스페인군, 포루투갈군, 영국군 − 과 프랑스군 사이에 터진 전쟁이다. 연합군이 승리를 거두었으며, 파리 조약(1814)이 체결되었다.

[1049]　포르투갈 서부 리스보아 주에 있는 도시이다.

[1050]　반도 전쟁 시 아서 웰즈리(Arthur Wellesley) 웰링턴 공작은 리스본을 방어하기 위해 토레스 베드라스 방어선 − 해양으로 확장된 방어선 − 을 구축하고 성채화하였다.

[1051]　1873~1955, 영국 보수당 정치가이며 저널리스트, 그는 세계가 평등할 수 없다는 관점에서 국제 연맹 헌장에 반대하였다.

[1052]　미국이 유럽 나라들에 대항하여 아메리카 대륙과 유럽 대륙 간의 상호 불간섭을 주장한 정책이다. 제5대 미국 대통령인 먼로가 1823년 의회에서 발표하였으며, 먼

수 있을지라도, 아마도 베를린 정부가, 내가 칭한 전개축 정책 — 베를린의 내륙 지향 정책 — 을 실현할 수 있는 기회를 잡지 못할 것입니다. 따라서 국가가 개별적으로 힘을 결합하고 균형을 잡는 일은, 실제로 본질적인 문제는 아닙니다. 나의 논점은 — 바로 지리적 관점에서 — 세계의 균형이, 일정(一定)의 전개축 국가(pivot state) 중심으로 전개될 것 같다는 말입니다. 전개축 국가는 항상 대국(大國)이지만, 전개축 국가를 둘러싸고 있는 여러 주변·도서 나라와 비교하면, 그 기동력(교통 수단)은 제약(制約)이 있기 마련입니다.

나는 한 명의 지리학자로서 발언(發言)하였습니다. 역사의 각 시기에 정치적 세력의 실제 균형은 물론 한편으로는 경제적·전략적 의미 양쪽을 포함한 지리적 조건의 산물이고, 다른 한편으로는 — 서로 경쟁하는 여러 민족(民族)의 수, 정력, 장비, 조직 등과 같은 — 상대적 요인에 의해 규정됩니다. 이와 같은 양을 정확하게 평가·비교함에 따라 우리가 노골적으로 무력에 호소하지 않고 분쟁을 해결할 공산(公算)이 클 것입니다. 그리고 이 같은 비교와 평가를 함에 있어, 지리적 요소의 수량화는 인간적 요소의 수량화보다 훨씬 더 정확하고 거의 불변(不變)입니다. 이런 이유에서 우리의 방식[formula, 공식]이, 과거의 역사뿐만 아니라 현재의 정책에도 동등하게 적용되기를 희망합니다. 전 역사를 통틀어 인류 사회의 이동은, 본질적으로 동일한 자연의 특징들에 좌우되었습니다. 나는 아시아와 아프리카에서 건조 지대화가 진행되고 있다는 설명을 들은 바 있습니다. 비록 증명되었을

로 선언이라고 하기도 한다. 유럽 나라들 사이의 분쟁에 간섭하지 않으며, 아메리카의 식민화를 더이상 원하지 않는다는 뜻을 담고 있는데, 미국 고립주의 외교 정책의 대명사라 할 수 있다.

지라도, 나는 인류의 기록에서 이 같은 현상이 인간 환경(人間環境)에 근본적 변화를 초래할 것인가에 대해서는 회의적(懷疑的)이기 때문입니다. 제국의 서진설(西進說)[1053]은 ― 전개축 지역의 남서부·서부 연변(緣邊)을 둘러싼 ― 주변 세력의 단순한 주기 변동(周期 變動)에 불과하였다고 나는 생각합니다. 초승달형 지역 주변의 여러 곳에서 나타나고 있는 내측 국가와 외측 국가 사이의 불안정한 균형 상태는, 근동·중동·극동 문제와 관계가 있습니다. 현재, 주변 초승달형 지역의 지방 세력(local power)은 얼마간 고려할 가치가 없을 것 같습니다.

 결론을 맺겠습니다. 러시아의 지배를 대신하여 어느 새로운 세력이 내륙 지역을 새롭게 지배한다고 해도, 동지역의 전개축 지점의 지리적 중요성이 좀처럼 줄어들지 않을 거라고 지적하는 일은 분명히 유익할 것입니다. 보기를 들어 보겠습니다. 일본인이 중국인을 지배·조직하여, 러시아 제국을 무너뜨리고 그 영토를 정복했다고 가정해 봅시다. 그리하여 형성된 황화론(黃禍論, yellow peril)[1054]은, 세계의 자유를 위협할 것입니다. 단지 그 까닭은 방대한 대륙의 자원을 든든한 배경(背景)으로 해서 바다의 정면(正面, oceanic frontage)이 추가되는 결과 ― 전개축 지역의 점유자인 러시아가 아직 누리지 못한 이점 ― 가 초래될 것이기 때문입니다.

[1053] 문명은 고대 그리스·로마에서 잉글랜드로 이동하여 대서양을 건너 아메리카 대륙으로 이전하여 아시아 대륙으로 일주한다는 견해를 문명의 서진설이라고 한다.

[1054] 19세기 중반부터 20세기 초반에 걸쳐 유럽과 북아메리카 등에서 나타난 황색 인종 위협론이다. 동아시아 민족에 대한 일종의 인종주의적 편견이라 할 수 있다. 일청전쟁으로 일본이 중국을 침략하고 일러 전쟁에서 일본이 승리를 거두자, 황화론은 유럽 전역으로 확산되기도 하였다. 독일의 작가 코체(Stefan von Kotze)는 1900년쯤에 『황화론(die gelbe Gefahr)』이란 책을 발표하기도 하였다.

토론

논문 독회가 시작되기 전에, 의장은 다음과 같이 말하였습니다. 우리 동료 맥킨더 씨가 어느 주제에 대해 우리에게 발표하게끔 설득할 때, 우리는 항상 매우 기뻤습니다. 그 이유는 확실히 그가 우리에게 발표한 건 모두 흥미롭고 독창적이며 가치가 있기 때문입니다. 왕립 지리학회의 오랜 친구를 내가 회의에서 소개할 필요는 없습니다. 그러니 맥킨더 씨에게 그의 논문을 바로 읽도록 요청하겠습니다.

논문 독회가 끝난 뒤, 의장은 말하였습니다. 스펜서 윌킨슨 씨가 맥킨더 씨의 논문에 대한 몇몇 비판을 하기를 우리가 바라고 있습니다. 물론, 어느 정도 지리 정치학를 피할 수 없을 것입니다.

스펜서 윌킨슨 씨[1055]

먼저, 자연스럽고 가장 진지하게 말할 수 있는 건, 엄청난 감사를 표하려고 애써야 한다는 점입니다. 분명히, 여기에 참석한 모든 분이, 오랫동안 독회한 가장 고무적 논문들 가운데 하나라고 느끼고 있다는 점에 대해서 말입니다. 논문 강독을 경청하면서, 나는 독회에 약간의 빈 자리를 보니 섭섭합니다. 나는 빈 자리 가운데 일부를 각료가 채우지 않는 걸 보니 매우 불쾌합니다. 그 이유는 맥킨더 씨의 논문에서 펼쳐진 두 중요한 사상을 내가 거두어

[1055] 옥스퍼드 대학의 전쟁사 교수, 전쟁사가, 저널리스트. 1894년 『바다의 지배(the Command of the Sea)』를 썼다. 그는 해양에서의 영국의 군사적 우위가 영국을 침략으로 부터 지키는 데 충분할 것이라고 강조하였다.

들이고 이해하였기 때문입니다. 첫째 사상은, 전적으로 새로운 건 아니지만 – 내가 생각키로 이 사상은 19세기에 즉 몇년 전에 예견되었는데요 – 증기선 항행의 현대적 진보로, 세계는 하나가 되었으며, 말하자면 하나의 정치 체계가 되었다는 것입니다. 나는 맥킨더 씨가 사용한 정확한 표현은 기억나지 않습니다. 내가 생각하는 바로, 차이가 폐쇄된 구조와 공간에 떨어진 포탄의 차이와 비슷하다고 그가 말하였습니다. 나는 이렇게 말함으로써 같은 개념을 표현하고 싶습니다. 단지 오십 년 전만해도 정치가들은 나머지는 비어있는 체스판[1056]의 몇몇 칸(squares)에서만 게임을 하였던 반면, 오늘날 전세계가 하나의 둘러막힌 체스판으로 변형되었으며, 정치가의 모든 이동은 체스판의 모든 칸을 고려하지 않을 수 없습니다. 저 자신은 그저, 체스판의 모든 칸을 고려하지 않고서는 한 말(piece)도 이동할 수 없다는 관점에서 정책을 연구하는 데 더 많은 시간을 쏟는 각료가 있었으면 하는 바람입니다. 우리는 우리의 정책을 밀폐된 부서들로 잘게 분할된 걸로 고려하는 경향이 아주 강합니다. 각 부서는 나머지 세계와는 연관성이 없습니다. 한편으로 오늘날 위대한 진실은 세계의 한 부분에서 일어난 어느 이동도 국제 관계의 세계 전체에 영향을 미치고 있다는 것입니다. 제가 보기에, 개탄스럽게도 영국의 정책이든 이 정책에 대한 대중적 토의 대부분에서든, 무시되고 있는 사실입니다. 나는 이 논문에서 이 점을 아주 크게 강조한 맥킨더 씨에게 깊은 감사를 드립니다. 그런데 다른 포인트 – 맥킨더 씨가 분명히 하고 있는 의견 – 은, 내가 받아들이고 있는데, 사실상 러시아의 근대적 팽창이 세계적으로 엄청 중대하다는 것입니다. 나는, 맥킨더 씨가 제시한 역사적 비유 혹은 전례를 모두 확신한다는 말은 아닙니다. 물론 그의 논문을

[1056] 서양 장기판. 서양 장기판은 보통 64개의 흑백칸으로 되어 있다.

머나먼 미래로 투사할 수 있다면 예외입니다. 맥킨더 씨는 우리를 사백 년 전으로 데리고 가서 콜럼버스 시대에 대해 말하고 있습니다. 훌륭히, 나는 사백 년 앞으로 나아갈 수 있다고 자부할 수 없습니다. 만약 우리가 한 세대 앞서 갈 수 있다면, 우리 가운데 몇몇 사람이 할 수 있는 한에서만 그러할 것입니다. 그러면, 중앙 아시아 민족의 유럽과 다른 주변 국가들로의 이런 대이동은, 내가 생각하기에, 그 중요성이 과장될 수 있습니다. 이런 민족들은 그들의 과거 흔적을 때때로 남겼지만, 이와 같은 운동은 아주 풍요로운 새로운 사상의 세계를 남기지는 못했습니다. 인류의 조건에 어떤 항구적인 변화도 보여주지 않았습니다. 그밖에, 이런 결과는 중앙 아시아의 팽창적 세력이 크게 분열된 주변을 타격하였기 때문에 가능하였습니다. 보기를 들면, 오스만 터키족의 팽창은, 비잔틴 제국과 과거 비잔틴 제국에 속했던 지역을 터키족이 공격하기 전에, 변함없이 정부가 몰락하거나 낡아빠진 지역들을 공격하는 것이었습니다. 중부 유럽에 타격을 가한 팽창[1057]의 대부분, 흑해의 북부 지역에서의 이동은 – 정부가 거의 형편없이 조직화되었던 시기 그리고 국가들이 서로 거의 유대 관계가 없었던 시기에 – 유럽에서 일어났습니다. 따라서 나는 이런 이동과 혼란 상태가 미래를 위해 필적할만한 걸 크게 제시하지는 않고 있다고 생각합니다. 나는 상쇄(相殺) 역할 현상에 대해 곰곰이 생각하고 싶습니다. 말하자면 서유럽에서 하나의 조그마한 섬 – 정치 통합을 이루었으며, 자신의 독립을 위해 싸움에서 자신의 해양 세력(seapower)를 발전시킨 섬 – 은 주변 지역에 충격을 주고 엄청난 영향력을 획득할 수 있었습니다. 이 영향력은, 아마도 맥킨더 씨가 보여준 지도상 – 대영 제국 – 에서 약간 과장된 것 같습니다. 그 이유는 메르카토르

[1057] 혼란 상태

도법(圖法)[1058]에 따라 작성되어 인도를 빼고 대영 제국의 면적을 과장하였기 때문입니다. 우리 나라와 같은 섬나라는, 자신의 해양 세력을 유지한다면, 대륙 지역에서 활동하는 여러 세력 사이에 균형을 유지할 수 있다고 나는 확신합니다. 대영 제국이 연합 왕국(a United Kingdom)[1059]을 형성한 이후, 대영 제국은 역사적 기능을 하여왔다고 나는 생각합니다. 현재 유라시아 대륙 반대 편에 부상하는 아주 작은 섬나라가 있습니다. 이 국가가 아시아 대륙의 동부 주변부에 영향을 미칠 수 없을거라고 가정할 이유는 전혀 없다고 나는 생각합니다. 물론, 작은 인구를 지닌 영국 제도가 유럽에 행사한 것과 같은, 결정적이고 중요한 세력이라는 뜻입니다.

토마스 홀디치 경(Sir Thomas Holdich)[1060]
맥킨더 씨가 방금 우리에게 발표한 바와 같은 보고를 들을 때, 숙고로 아주 넘치고 아주 완벽하게 적합해서, 이 보고에 포함된 — 상당한 양의 반성할 정신적 양식 — 이런 양식을 소화할 수 있는 엄청난 지성적 이해력이 필요하고, 이걸 비판하거나 더욱이 토론하려면 내가 가지고 있는 것보다 더 큰 능력도 꼭 요구됩니다. 하지만 내가 맥킨더 씨에게 묻고 싶은 단 한 가지 질문이 있습니다. 인류의 역사와 지리적 조건의 상관성을 설명함에 있어, 내가 보기에 중요하지 않는 한 가지 사실이 있는 것 같습니다. 맥킨더씨는, 최

[1058] 1569년 플랑드르 출신의 지리학자 메르카토르가 제시한 지도 투영법이다. 정각 원주 투영법이라고도 한다. 해도, 항로용 지도에 사용되었다.

[1059] 영국을 뜻하는데, 영국 및 북아일랜드 연합 왕국이다. 영국은 잉글랜드, 웨일즈, 스코틀랜드, 북아일랜드가 연합형의 단일 국가 체제를 이루고 있다. 다른 주권 국가인 아일랜드 공화국과 국경을 접하고 있다.

[1060] 1843~1929, 영국 지리학자, 왕립 지리학회 의장을 지냄

초로 몽골족이 전부 아시아의 고원 지대의 중심에서 출발하여, 외측으로, 서쪽으로, 남쪽으로, 동쪽으로 널리 퍼졌지만, 도중에 티베트라는 극복할 수 없는 장벽을 만났으며, 결코 사실상 인도를 점령하는 성과를 낼 수 없었다고 말하였습니다. 그러나 몽고 사람이 널리 퍼지기 전에, 다른 중앙 아시아 종족 – 스키타이족[1061]과 아리안족[1062] – 은, 몽고족이 처음 점령한 장소에서 멀리 떨어지지 않은 지역에서 똑같이 널리 확산되었습니다. 하지만 이건 부차적인 문제입니다. 내가 맥킨더 씨한테 알고 싶은 것은, 인류의 요람이라고 우리가 생각하고픈 지역에서 세계의 다른 여러 부분으로 놀랍도록 넘쳐흐르게 된 원래의 이유가 무어라고 생각하는 가입니다. 그저 민족의 유목적인 본능 – 밖으로 계속 이동하려는 일종의 세습적 충동 – 혹은 이들이 살았던 지역의 자연적 특징의 실질적인 변화였을까요? 세계의 자연 환경은 시간이 흐름에 따라 크게 변화한다고 우리가 알고 있습니다. 생각건대, 대내륙국(a great inland country)에 대한 견해를 받아들일 수 없을 거 같습니다. 말하자면 일찍이 풍부한 인구로 가득해야만 하며, 말하자면, 거대한 농업 잠재력으로 이 인구를 양육할 수 있어야만 하였으며, 이런 조건 아래 민족은, 미지의 것을 찾아서, 세계의 다른 부분으로 확산하려는 욕망을 지니지 않을 수 없었다는 것입니다. 독단적으로 나는, 주요한 이유들 가운데 하나 말하자면 이 모든 이주의 강력한 큰 이유들 가운데 하나가, 지역의 자연 조건의 현저한 변동이었다고 상상할 수 있습니다. 이것이 오히려, 발표한 것과 같은 논거를 토의하는 데 고려할 수 있는 중요한 핵심인

[1061] 중서부 유라시아 스텝 지대에 거주한 이란계 기마 유목 민족으로 기원전 9세에서 서기 4세기까지 활동하였다고 한다. 12세기까지 활동한 기록이 있다.

[1062] 중앙 아시아의 스텝 지대, 인도, 중부 유럽, 중국 서부에 걸쳐 활동한 종족이다.

데요. 이는 역사적 사실에 지리적 조건이 영향을 미친다는 의미입니다. 다소 의심스럽게 맥킨더 씨가 언급한 단지 다른 작은 문제가 있습니다. 이것에 대해 제가 언급하고자 합니다. 맥킨더 씨는, 남부 러시아 주변을 전개축으로 해서 내측 세력에 강제할 수 있는 그런 외측 지대 세력에서 가능한 요소로 아메리카를 지적하였습니다. 그런데, 내가 최근 목격한 바에 의거하여 나는 그렇게 될 거라는 점에 대해서는 전혀 의심하지 않습니다. 해군력으로 남아메리카의 잠재력은 아주 크다고 나는 봅니다. 나는 말하자면 다음 오십 년 안에 ― 현재 아르헨티나가 전함 두 척을 일본에 팔았으며[1063] 칠레가 전함 몇척을 우리에게 팔았다는 사실에도 불구하고 ― 남아메리카의 해군력은 강화될 걸로 나는 생각합니다. 자신이 해안 방어와 자신의 상업 보호를 위한 순전히 자연스러운 이유에서 그러할 것인데요. 이건 지난 반세기 동안 일본에서 우리가 목격한 엄청난 발전과 비교할 수 있을 것입니다. 이것은, 만약 우리가 앞을 내다 볼 수 있다면, 미래 세계 해군 정책에 우리가 감안해야만 할 요소들 가운데 하나가 확실히 될 것 같습니다.

애머리 씨(Mr. Amery, ㄓ1873~1955)[1064]
만약 우리가 때때로 일상 정치의 세세한 일에서 벗어나 총체적으로 사태를 보려고 노력할 수 있다면, 이는 항상 엄청 흥미로울 거라고 나는 생각합니

[1063] 일본의 순양함 Kagusa(春日)을 들 수 있다. 원래 아르헨티나가 20세기 초 이탈리아에 주문한 가르발디급 순양함이었는데, 인도되기 전에 일본에 팔았다. 아마도 재정적 압박과 칠레와의 긴장 완화 때문인 듯하다. 이 군함은 일러 전쟁 당시에 서해에서 활약하였다.

[1064] 영국 보수당 정치가이며 저널리스트, 그는 세계가 평등할 수 없다는 관점에서 국제 연맹 헌장에 반대하였다.

다. 이게 바로 맥킨더 씨가 행한 아주 고무적 강연입니다. 맥킨더 씨는 세계 역사 전체와 일상적 정치의 총체를 하나의 큰 포괄적인 견해에서 우리에게 설명하였습니다. 내가 대학에서 헤로도토스를 공부하였을 때, 헤로도토스가 모든 역사의 기초를 서방과 동방 사이의 거대한 투쟁으로 보았다는 걸 기억하고 있습니다.[1065] 맥킨더씨는, 모든 역사와 정치의 기초를 유라시아 대륙의 거대한 내측 중심부와 외측의 작은 주변 지역과 섬들 사이의 거대한 경제적 투쟁으로 보고 있습니다. 이런 두 대상을 맞대어 검토한 두 투쟁이 동일한 것인지는 불확실하다고 나는 생각합니다. 이유를 대면 현재 우리가, 세계는 하나의 구체(球體, a sphere)이며, 동양과 서양은 상대적 개념이 되었다는 걸 우리가 발견하였기 때문입니다. 나는 한 문제 — 맥킨더 씨가 그리스의 후계자가 러시아라고 기술한 점 — 를 비판하고자 합니다. 그 고대 후계자는, 헬레니즘 시대의 그리스[1066]가 아니라, 동로마 제국이었습니다. 동로마 제국은 옛 동방 군주정 — 그리스어를 사용하고 로마 문명의 몇몇 흔적만을 지닌 정체 — 의 후계자였습니다. 나는, 당분간, 가능하면, 맥킨더 씨가 이 강연의 프레임워크로 세운 이와 같은 지리적·경제적 기초로 돌아가면 좋을 것 같은 생각이 듭니다. 내 생각에는, 두 개가 아니라 세 개의 경제적-군사적 세력이 있습니다. 먼저 고대 세계에서 시작하면 넓게 지리적으로 분할될 수 있는 곳 — 내륙의 "스텝 지대", 농업에 적합한 풍요로운 주변 지대, 연안 지대(coast) — 이 있으며, 이 세 곳은 세 경제적·군사적 체계와

[1065] Herodotus, 479~431기원전, '역사의 아버지'로 불리는 고대 그리스 작가. 어떤 이는 '거짓말의 아버지'라고도 한다. 『역사』에서 그는 페르시아 전쟁을 상세하게 기술하면서, 이를 서방의 그리스 소도시 국가와 동방의 적과의 장대한 투쟁으로 보았다.

[1066] 보통 알렉산드로스 대왕이 죽은 기원전 323년부터 그리스 중심부(heartlands)가 로마 공화정에 의해 정복된 기원전 146년까지의 시기를 헬레니즘 시대라고 한다.

일치합니다. 농업 국가의 경제적·군사적 체계, 연안 지대·해양 민족의 체계, 스텝 지대 체계가 있습니다. 각 체계는 각각의 약점과 강점을 지닙니다. 많은 점에서 아주 강력한 국가 유형은 주변·농업 국가입니다. 여기에 방대하고 확고한 군사 제국 - 이집트, 바빌로니아, 로마 제국 -과 대규모 군대와 시민 보병, 부의 엄청난 성장이 발생하였습니다. 하지만 여기에 몇몇 약점에 해당되는 요소들이 있습니다. 그들의 번영 혹은 그들의 정부 형태의 결함이, 궁극적으로 게으름과 약점을 낳게한다는 것입니다. 그런데, 이 체계 외에도, 다른 두 체계가 있습니다. 스텝 지대 체계가 있는데요, 그 군사력은, 첫째로, 그 기동력에 있으며, 둘째로, 아주 느리게 이동하는 농업 세력이 접근 할 수 없다는 데에 있습니다. 가정하신 내륙에서 온 침략자의 "무리들"과 관련하여, 내륙에 그와 같은 아주 큰 무리와 인구가 있었다는 의견을 나 자신은 갖고 있지 않습니다. 사실은 이렇습니다. 당시 스텝 지대의 인구는 현재처럼 작았습니다. 하지만 그들의 기동력에 직면하여, 중무장의 속도가 느린 군대가 그들을 성공적으로 공격할 수 없었습니다. 일상적인 상황에서, 농업 국가가 강하였을 때, 즉 농업 국가의 우월한 세력에 직면하여 스텝 지대의 유목족은 도망가는 것외는 다른 방법이 없었습니다. 게다가 다른 민족들은 이런 유목족을 지배하기는 아주 어렵다는 걸 알았습니다. 로마 군단이 파르티아 사람과 맞섰을 때 직면한 어려움은 우리가 다 알고 있습니다. 나의 생각은, 문명 국가가 스텝 지대 세력을 정복하면서 경험한 어려움에 대해서는 아주 최근의 보기를 찾을 수 있다는 것입니다. 단지 얼마전에, 영국 군대 전체가 - 건조 스텝 지대에 사는 약 4~5만 명의 농부를 진압하려고 하였는데 - 포위되었습니다. 맥킨더씨 가 보여준 그 사진은, 몇 개월 전 남아프리카에서 보았으면 하는 바를 정확히 나에게 상기시키고 있습니다. 강을 건너는 마차의 그림은, 그 지붕 모양을 빼고, 정확히 얕은 개울을 건너는 보어인 의용군(commando)의[1067] 모습과 아주 흡사합니다. 우리는, 모든 문명 세력이 스텝 지대의 유목 민족과 맞닥뜨릴 때와 같은 어려움을, 보어인들을 진압하려고 할 때 겪었습니다. 그런데, 문명 세력이 주변 지방들에서 약화되어 소규모 용병에게 그 주변 지방을 방어하게 하였을 때마다. 문명 세력은 어려움에 빠졌습니다. 말하자면, 내가 보기에, 이곳에서 바로 스텝 지대의 유목 민족의 세력과 영향력이 항상 나타났습니다. 근본적으로 큰 경제적 세력은 아니라고 할 수 있습니다. 하지만 스텝 지대의 유목족은 접근 불가능한 황무지로 퇴각할 수 있으며, 다른 종족이 약할 때 기습할 수 있었다는 사실은, 스텝 지대 유목족에게 힘을 부여하였습니다. 그 다음에 셋째 체계가 있는데, 다름 아닌 연안의 해양 민족의 체계입니다. 해양 민족은 열등한 군사력을 지녔지만, 강력한 기동력을 발휘하였습니다. 내가 의미하는 기동력이란 지중해를 지배할 때 바이킹[1068]이나 사라센의 기동력, 그리고 엘리자베스 시대 잉글랜드 사람이 카리브해(the Spanish Main)[1069]에서 약탈하였을 때의 기동력입니다. 최근에 들어와, 농업 조건이 계속하여 변화하였으며, 옛 농업 국가 밖에서, 현대 산업 국가가 발전되었습니다. 그리고 스텝 지대였던 많은 나라들이 농업·산업 국가가 되었다는 것도 나는

[1067] the Boer commando(Kommando)는 남아프리카의 보어인에 의해 조직된 게릴라 민병으로, 지원병으로 이루어진 부대이다. 제2차 보어 전쟁(1899~1902) 동안 이 용어가 영국에서 사용되었다.

[1068] 800~1050년을 바이킹 시대라고 하는데, 이 기간 동안 서유럽과 지중해 지역을 침략한 스칸디나비아 출신의 게르만족이다.

[1069] 스페니쉬 메인(the Spanish Main)은 대항해 시대 카리브해 주변 대륙 연안 — 스페인 제국이 지배한 지역 — 을 영국이 부른 명칭이다. 16~18세기 동안 스페인은 이곳의 보물을 스페인으로 실어날랐는데, 이를 노리는 해적과 사략선이 많았다.

알고 있습니다. 말하자면 하나의 체계에 의해서만 몇몇 국가가 강대국으로 부상하였다는 사실은 역사에서 드문 현상입니다. 터키인은 스텝 지대의 유목 민족으로 시작하였는데요, 소아시아를 급습·침략하였습니다. 다음에 정규 군대를 조직하고 대터키 제국을 정복하였습니다. 마지막으로, 얼마 동안 터키인은 지중해에서 주도적인 해군력을 발휘하였습니다. 똑같은 방식으로, 물론 육상 세력이었던 로마인은, 카르타고인을 정복하려고, 해양 세력도 되었습니다. 사실, 강해질 수 있는 세력은 힘의 양쪽 요소들을 지녀야만 합니다. 로마인은 그들의 기지로서 주변 지역을 지닌 강력한 군사 세력이었습니다. 우리 자신은 잉글랜드의 산업적 풍요란 기반을 항상 지니고 있습니다. 러시아 제국이 대스텝 지역을 차지하고 있지만, 더 이상 옛 스텝 지대 유목족의 지배를 받지 않고 있으며, 실제로 농업 세계의 일부이며, 경제적으로는 스텝 지대를 점령하였으며 이 지대를 거대한 농업·사회 세력으로 변모시키고 있습니다. 그러니 스텝 지대의 유목족이 결코 지닐 수 없었던 하나의 세력을 낳게 하고 있습니다. 맥킨더 씨는 이런 사실 ― 다름 아닌 단지 19세기에 들어서야 농업 민족이 러시아 본토의 남부 스텝 지대를 차지하여 거주하게 되었다는 실상 ― 에 대해 언급하였습니다. 러시아는 중앙 아시아에서 같은 일을 하고 있습니다. 사실상, 옛 스텝 지대의 유목 민족은 전체적으로 긴밀히 뭉쳐지고, 더욱더 가까워지면서, 두 개의 지배적인 산업·군사 세력이 되고 있습니다. 하나는 대륙의 중심에서 퍼져나가는 세력이며 다른 하나는 해양에서 시작하고 있습니다. 큰 산업 기지를 필요로 해서 대륙으로 점점 계속 침투하고 있는 세력입니다. 그 이유는, 만약 대규모 산업과 그 배후에 크고 확고한 인구에 기반을 두지 않는다면, 해양 세력만으로는 세계 투쟁에서 실제로 생존에 필요한 군사력이 너무 약하기 때문입니다. 나는 장황하게 늘어놓을 생각이 없지만, 하나의 주안점(point) ― 맥킨더 씨의 한 단어가 제시하고 있는 포인트 ― 이 있습니다. 말과 낙타를 이용한 기동력은 대체로 사라졌습니다. 현재, 해상 기동력에 대항할 수 있는 철도 기동력이 중요한 문제입니다. 나는, 해상 기동력이, 고대(古代)에 비해, 군사적 가치가 엄청나게 커졌으며, 특히 수송할 수 있는 사람의 수를 보면, 그러하다고 말하고 싶습니다. 옛날에, 선박은 기동성이 충분하였지만, 소수의 사람을 수용하였습니다. 그리고 해양 민족의 기습은 비교적 약하였습니다. 나는 현재 정치적인 건 전혀 제시하지 않고 있습니다. 나는 그저 단순한 사실 ― 십오 혹은 이십 개의 철도 평행 철도 네트워크를 제외하고 바다가 군대를 송하는 데 다른 어떤 것 보다 우월하다고 내가 말할 경우 ― 에 한정해서 말하고 있습니다. 여기에 대하여 내가 이르고자 하는 결과는 이렇습니다. 해양과 철도는 미래 ― 어쩌면 가까운 혹은 다소 먼 미래 ― 에 붐비게 될 것이며, 운송 수단으로서 항공(航空)기에 의해 보충될 수 있으며, 그런 정도에 이를 때 ― 광범위한 콜럼버스 시대에 우리가 말하고 있는 바와 같이, 좀더 앞서서 고찰하는 걸 나에게 허용될 수 있을 거라고 내가 생각하는데 ― 지리적 분포는 대부분 그 중요성을 잃지 않을 수 없을 것입니다. 성공적 세력은, 최강의 산업 기지를 지닌 세력이 될 것입니다. 이 기지가 대륙의 중심에 있든지 섬에 있든지 간에, 중요하지 않을 것입니다. 산업력과 발명·과학 능력을 지닌 민족이, 나머지 모든 민족을 압도할 것입니다. 이게 나의 마지막 충고가 되길 바랍니다.

호가드 씨(Mr. HOGARTH)[1070]

[1070] 1862~1927, D. G. Hogarth, 영국의 지리학자이여 고고학자. <Geography of the War Theatre in the Near East(1915)>란 짧은 글을 썼다.

시간이 상당히 늦고 기온도 꽤 떨어졌는데요, 나는 아주 긴 언급으로 여러분의 시간을 빼앗지는 않을 것입니다. 우리는 분명히, 놀랄 정도의 암시적(暗示的) 논문을 접했습니다. 제 생각에는 이 글의 강독자에게 조언할 필요도 없으며 이 논문 독회 참석자 어느 누구도 제국의 관점에서 노력하고 생각할 필요도 없습니다. 단지 나는 맥킨더 씨에게, 답변을 할 경우에, 하나의 포인트를 명백히 밝혀주길 요청합니다. 맥킨더 씨가 정말로, 만약 이런 포인트를 세우려 할 셈이었다면 흥미로운 사실이라고 나는 생각하는데, 의문 — 즉 이런 내측 전개축 지역에 현재 일어나는 사태가, 그 곳에서 과거 보았던 것과 전적으로 다른가? — 에 대해 긍정의 뜻을 지니고 있는가입니다. 말하자면, 정체적(停滯的) 사태와 비슷한 무엇이 발생하였으며, 이 지역이 자신의 생산물을 나머지 세계에 수출할 수 있을 때까지도 개발될 거라는 뜻입니다. 따라서 우리는 고대 역사에서 두루 있었던 사태를 다시 고찰할 필요는 없습니다. 고대사에서는 대중심 지역이 인구를 계속해서 주변 국가들로 보내었으며, 다른 한편 주변 국가들은 그 문화의 영향을 대중심 지역에 되돌려 보냈습니다. 두 지역이 각각 서로 주고 받았습니다. 내가 하고픈 유일의 다른 관찰은 맥킨더의 그리스형 슬라브인(Graeco-slav) 개념 — 러시아가 그리스의 후계자라는 견해 — 에 대한 애머리 씨의 비판을 지지하는 것입니다. 내가 문명을 그리스 문명과 로마 문명으로 구별하는 걸 수용할 수 없을지도 모릅니다. 현재로서는 러시아를 문명 국가로 칭할 수 있는 한, 러시아가 그리스 정교회(Orthodox Church)[1071]로 문명화되었다고 나는 생각하지 않습니다. 사실, 대규모로 그리스 정교회가 문명화의 영향력을

[1071] 동방 정교회라도 한다. 두번째로 큰 기독교 교회이며, 신자(信者)의 수는 약 이억육천만 명이며, 그 가운데 절반이 러시아에 살고 있다.

행사하였는가에 대해서는 아직 나는 알지 못합니다. 러시아 문명은, 표트르 1세[1072]가 도입한 사회 문화에 훨씬 더 신세지고 있으며, 그 기원은 그리스적이라기 보다는 로마적이었습니다. 내가 하고픈 첫 질문에 맥킨더 씨가 명확히 답변해 주기를 원합니다. 나는 – 이처럼 주변 지역과 전개축 중심 지역으로 새로 구분하는 – 세계에, 맥킨더씨가 진지하게 예상하고 있는 바가 어떤 결과를 보일 것인지를 알고 싶습니다.

맥킨더 씨:
나는, 꼼꼼히 살피고 명확히 설명해 주신 모든 분에게 감사드리지 않을 수 없습니다. 나는 나의 방식(formula,공식)이 아주 적절하게 구실을 하고 있다는 걸 보니 만족합니다. 나는 정확히 호가르트 씨가 말씀하신 바를 말하고 있습니다. 이건 정확히 토마스 홀디치 경에 대한 답변인데요, 역사에서 처음으로 스텝 지대에 정주 대인구가 발전되고 있다는 것입니다. 이건 우리가 직면·고려해야 할 세계 혁명입니다. 나는, 이점에서 애머리 씨와 의견이 같은데요, 아시아의 중심부에서 온 사람들의 수가 많았는지가 상당히 의심스럽습니다. 애머리 씨가 설명하신 바와 같이 중요한 건 이들의 기동력이 전체 문제의 본질이라는 것 같습니다. 스텝 지대에서 온 소수가 – 농업 인구와 비교하여 더 큰 기동력을 지녔다고 가정하면 – 많은 일을 할 수 있었습니다. 이들을 이주하게 한 요인에 대한 토마스 홀디치 경의 질문과 관

[1072] 1672~1725, 러시아의 황제, 러시아를 유럽의 강대국으로 만드는 데 기여하였으며, 발트해의 무역로를 확보하고 흑해 연안을 러시아의 영향권에 두려고 하였으며, 해군 창설, 행정 개혁, 정교회의 국가 관리, 서구화 등을 추진하였다.

련하여 말씀 드리면, 클레멘츠 마캄 경(Sir Clements Markham)[1073]은 유목민의 유입은 드문드문 이루어졌지만 계속되었다고 지적하였습니다. 나는 천 년 동안 유목족이 러시아를 가로질렀다는 사실을 다루었습니다. 주변 지역에서 침입자들의 지속적인 도래에 직면하여, 나는 이를 설명할 수 있는 몇몇 특별한 지리적 변동이 필요하다고 생각하지 않습니다. 원시 그리스 시대부터 우리에게 전해진 모든 이야기는 암말의 젖을 먹는 사람을 기술하고 있으며 유목 생활의 양식을 우리에게 그려주고 있습니다. 따라서 나는 이런 민족들이 유목민이었으며 이천 년 동안 유목 생활을 유지하였다는 사실에서 시작하고 있습니다. 나는 어떤 증거 – 중대한 지리적 변동에서 원인이라고 부르지 않을 수 없거나 혹은 정주 대인구의 존재를 가정해야 한다는 증거 – 도 찾을 수 없습니다. 내가 알고 있는 한, 스벤 헤딘(Sven Hedin)[1074]은 착상 – 중앙 아시아의 폐허의 존재를 설명하려고 대규모 기후 변동을 이해할 필요가 있다는 견해 – 을 거부하고 있습니다. 맹렬한 바람과 많은 모래가 있으며, 때때로 모래를 휩쓸어 사막을 가로질러 수백 마일[1075] 떨어진 곳으로 씻어갑니다. 모래는 강의 흐름과 호수의 위치를 결정하며, 강의 흐름을 바꾸는 어느 대폭풍은, 물을 빼앗긴 마을을 몰락시키기에 거의 충분할 거라는 단순한 사실은 나의 이론을 입증하기에 충분할 것 같습니다. 미래에, 생각건대, 다른 두 경제적 지배 세력의 존재 – 하나는

[1073] 1830~1916, 영국의 지리학자, 탐험가, 작가이다. 1863년부터 1888년까지 왕립 지리학회의 서기관(secretary)을 지냈으며, 회장을 12년 동안 하였다. 영국 국립 남극 원정대(British National Antarctic Expedition, 1901~1904)를 조직하는 책임을 맡았다.

[1074] 1865~1952, 스웨덴의 지리학자, 탐험가, 지지학자이다. 중앙 아시아를 네 차례 탐사하였다.

[1075] 백 마일은 약 161킬로미터이다

주로 해양에 기초한 지배 세력, 다른 하나는 대륙의 심장부와 철도에 기반한 지배 세력 – 는 불가피할 것입니다. 나는, 애머리 씨가 함선(a navy)으로 어마어마한 군대를 수송할 수 없다는 사실을 충분하게 고려하지 않고 있다는 생각을 합니다. 독일인은 거의 백만 명을 프랑스를 향하여 진군하게 하였습니다. 이들은 행군하였으며 보급 물자 공급을 위해 철도를 이용하였습니다. 러시아는, 보호 무역 관세를 도입하고 다른 방법을 동원해서, 내가 칭한 비해양(non-oceanic) 경제 체계의 설립을 꾸준하게 서둘렀습니다. 러시아의 전체 정책은 – 보호 무역 관세, 철도 궤간(軌間)[1076]의 변경 덕분에 – 외부 해양을 둘러싼 경쟁에서 분리될 수 있습니다(*말할 것도 없이, 러시아의 관세 고리는 전개축 지역에, 경제적 목적으로, 주변 지역들의 상당한 부분을 첨가하도록 자리잡고 있다. 물론 해양의 연안 지배는 아닐라도 말이다.). 산업적 풍요에 해양 세력이 기초하고 있다는 점에 대해서 나는 전적으로 동감합니다. 내가 제시하고 있는 건, 시베리아와 유럽 러시아(Europenan Russia)[1077]에서 거대한 산업적 풍요와 몇몇 주변 지역의 통합은, 세계 제국을 세우는 데 필요한 해군 기지를 제공할 수 있을 거라는 점입니다. 애머리 씨가 세 부류의 세력 집단을 기술하고 있는 방법은 저의 것과 조금 다릅니다. 하지만 본질적으로 같습니다. 나의 논거는 내측 지역(innerland)이 기동력, 인구 밀도가 높은 주변 지역, 외측 해양 세력을 필요로 한다는 것입니다. 낙타를 활용

[1076] 철도를 구성하는 궤도(레일) 간격을 뜻하는데, 1435 mm는 표준 궤도이다. 이보다 넓은 걸 광궤, 좁은 걸 협궤라고 한다. 러시아는 광궤를 사용하고 있는데 폭은 약 1520mm이다. 한국은 표준궤를 사용하고 있다.

[1077] 러시아의 영토에서 유럽으로 분류되는 서쪽 부분을 의미한다. 러시아 전체 인구의 약 77%가 유럽 러시아에 살고 있으며, 아시아쪽에 속하는 아시아 러시아 지역에는 전체 인구의 22%가 살고 있을뿐이다.

한 유목 민족과 기마족이 퇴장하고 있다는 건 사실입니다. 하지만 나의 충고는, 철도가 동물을 대신할 것이며, 그러니 대륙의 한 측면에서 다른 측면으로 세력(power)을 신속히 전환할 수 있을 것이라는 점입니다. 나의 목적을 이런 저런 나라의 원대한 미래를 예언하려는 게 아닙니다. 어느 정치적 균형에 적합할 수 있는 지리적 방식을 세우려는 것입니다.

그리스형 슬라브인의 논점을 고려해야 합니다. 호가드 씨와 애머리 씨가 나의 말을 이해한 의미에서 보면, 나는 두 분과 의견이 같습니다. 그러나 결국 기독교가 아주 다른 두 토양 – 그리스 철학적 토양과 로마의 법률적 토양 – 위에서 몰락하였으며, 이는 결과적으로 슬라브족과 튜턴족에 다른 영향을 미쳤다고 나는 느끼지 않을 수 없습니다. 그러나 이는 사소한 일입니다. 만약 비잔틴 사람에 대하여 말함으로써 나의 확신을 명확히 표현한다면, 이는 애머리 씨가 질문한 것과 일치할 것입니다. 나는 호가드 씨가 주장한 로마의 보기를 소개할 필요는 없다고 생각합니다. 육지와 인구의 잠재력을 살펴 보면, 유럽 러시아[1078] – 러시아 스텝 지대 – 에 현재 사천만 명 이상이 살고 있다고 내가 짚고자 합니다. 아직 이 지역의 인구 밀도가 결코 높다고 할 수 없습니다. 아마도 러시아 인구는, 세계의 다른 어느 문명 민족 혹은 반(半) 문명 민족보다 빠르게 늘어나고 있다고 내가 지목할 수 있습니다. 프랑스 인구는 줄어들고 영국 인구는 과거와 같은 정도의 속도로 증가하지 않고 있으며, 미국과 오스트레일리아의 본토박이 인구는 거의 늘어나지 않고 정체 상태에 있습니다. 백 년 동안 사천만 명의 인구가 단지 스텝 지대의 한 귀퉁이만을 점유하였다는 사실에 직면해야 할 것입니다. 일 억의 인구가 형성될 거라고 나는 생각합니다. 이것이 바로 – 지리적 방식을 추구하고 있

[1078] 유럽 러시아는 러시아 영토에서 유럽으로 분류되는 서쪽 부분을 뜻한다.

는 힘의 평형 상태의 가변적 수량(數量)에 가치를 할당함에 있어 – 우리가 명심해야 할 경향입니다. 스펜서 윌킨슨 씨가 강조한 한반도와 페르시아만과 연관된 포인트는, 극동·중동·근동 문제 사이에서 내가 제시한 관계를 정확히 실증하고 있습니다. 나는 이 문제를 중간 지대(intermediate zone)에서 현재 일어나는 외측 세력과 내측 세력 간의 일시적 형태의 충돌로 서술하고 있습니다. 중간 지대 자체는 독립적 세력들의 본거지입니다. 영국과 일본의 기능은 팽창적인 내륙 세력에 대항하여 힘의 균형을 유지하면서 주변 지역에서 행동할 수 있어야 한다는 데 전적으로 동의합니다. 세계의 미래는 이런 힘의 균형을 유지하는가에 좌우될 거라고 나는 생각합니다. 우리의 명백한 방식은, 주변 지역에서 우리가 반드시 격퇴당하지 않도록 조처를 취해야 한다는 것입니다. 이 지역에서 우리의 지위을 유지해야만 하고, 그러면, 무슨 일이 생겨도, 우리는 충분히 안전할 수 있습니다. 내측 지역의 인구 증가와 외측 지역의 인구 증가의 멈춤은 상당히 심각할 수 있습니다. 하지만 아마도 남아프리카가 우리를 도울 수 있을 것입니다.

의장:
맥킨더 씨의 논문에 매료되었다고 나는 인정합니다. 나는 – 청중들이 듣고 지켜보신 세심한 관심으로 – 우리 모두가 이 점에서는 나의 생각과 같았을 거라는 점을 알 수 있었습니다. 맥킨더 씨는 – 오르마즈드[1079]와 아리만[1080] 간 투쟁에서 출발하였을 때 – 역사의 여명기에서 시작하여 아주 오래된 역사를 다루었습니다. 그는 우리에게 역사의 여명기부터 시작하여 현재

[1079] 조로아스터교의 선과 빛의 신
[1080] 조로아스터교의 악마의 신

까지 이런 투쟁이 어떻게 계속되었는가를 보여주었습니다. 그는 이 모든 걸 – 탁월한 묘사와 도해(圖解), 주제에 대한 철저한 능력(grasp), 독회에 참석한 우리가 거의 맞설 수 없는 논거의 명료함으로써 – 우리에게 잘 알 수 있도록 밝혀 말하였습니다. 저를 포함한 우리 모두가 오늘 저녁 그의 가장 흥미로운 논문을 발표한 맥킨더씨에게 만장일치로 감사를 표하실 걸로 나는 자신합니다.

공처럼 둥근 세계와 평화의 쟁취[1081]

나는, 과거에 쓴 글에서 다룬 몇몇 주제를 부연(敷衍)하라는 의뢰(依賴)를 받았다. 감안할 핵심 문제는 '심장 지대'의 전략적 개념이 현대전의 여러 조건에서 그 의미를 모두 상실하였는가 그리고 상실하였다면 어떤 것인가였

[1081] 맥킨더의 지리적 세계관은, 1904년의 "지리에서 본 역사의 전개축"과 1919년 발간된 "민주적 이상과 현실"에서 체계적으로 그려졌습니다. 하지만 1939년 제2차 세계 대전이 터지고 미국이 개입하면서, 국제 질서가 재편되기 시작하였습니다. 그러자 «Foreign Affairs»의 편집자는 제2차 세계 대전이 진행되고 있는 시기에, 영국의 탁월한 지리 정치학자인 맥킨더 경에게 그의 지정학적 견해인 전개축 이론과 심장 지대 개념을 최근의 사태를 고려하며 새롭게 해석해 주기를 요청하였습니다.
당시 82세 였던 맥킨더는 "공처럼 둥근 세계와 평화의 쟁취"를 «Foreign Affairs»에 발표함으로써 답하였습니다. 그는 이 글에서도 자신의 심장 지대의 가치를 명확히 하고 있습니다. 제2차 세계 대전은 독일과 러시아가 심장 지대를 지배하기 위한 투쟁이라는 것입니다. 이 글에서 맥킨더는 새로운 지정학 개념인 미드랜드 오션(Midland Ocean)을 제시하면서, 그의 심장 지대 개념을 약간 수정하고 있습니다.
하여튼 맥킨더는 세계 평화는 세계 강대국들 사이의 균형을 통해서 이룩될 수 있다고 강조합니다. 말하자면 "힘의 세계적 균형"이 인류에게 자유를 보장할 수 있다는 결론입니다. 이 글은 그의 마지막 논문이 되는 셈입니다.
이 글을 발표한 뒤 그는 1943년 <미국 지리학회>로부터 지리학에 대한 탁월한 공로로 찰스 데일리 메달(the Charles P. Daley medal)을 받았습니다. 1946년, 왕립 지리학회로부터 금메달 ― 패트론 메달(the Patron's Medal) ― 을 받았습니다. 수상자를 결정하기 전에 국왕의 재가가 필요한 메달입니다.

다. 이 개념을 그 타당한 맥락(脈絡)에 놓고 보기 위하여, 나는 심장 지대란 전략적 개념이 원래 어떤 과정을 거치면서 형성되었는가에 대한 간단한 설명으로 시작하지 않을 수 없다.

국제적 사건에 대한 나의 가장 오랜 기억은 내가 지방 고전 문법 학교(local grammar school)[1082]에 방금 다니기 시작한 소년 시절로 거슬러 올라갈 수 있다. 당시 1870년 9월 어느 날 나는 우체국 입구에 붙은 전보(電報) 문 — 나폴레옹 3세[1083]와 그 배하(配下)의 전 프랑스 군대가 스당(Sedan)에서 프로이센에 항복하였다는 소식 — 을 읽고 집에 전했다.[1084] 이것은 트라팔가르 해전[1085]의 승리와 나폴레옹의 모스크바로부터의 파국적인 퇴각[1086]에 대한 기억에서 벗어나 못한, 영국인에게 큰 충격이었다. 하지만 그 전면적 결과를 충분히 이해하는 데, 몇 년이 걸렸다. 영국의 해양에서의 우위는 여전히 도전 받지 않았다. 당시 영국이 본 해외 대영 제국에 대한 유일의 위협(威脅)은, 러시아가 지녔던 아시아적 지점에 대한 야심이었다. 이 시기 동안 런던 신문들은 — 콘스탄티노플로부터 온 갖가지 소문과 인도 북서 국경 지대에서 발생한 모든 종족 불화에서 — 러시아가 꾸민 음

[1082] 시험에 합격한 11~18세의 아이들이 다니는 학교로 Queen Elizabeth Grammar School, Gainsborough에서 맥킨더는 1870~74년에 걸쳐 공부하였다.

[1083] 1808~1873

[1084] 스당 전투이다. 프로이센-프랑스 전쟁 가운데 한 전투이다. 프랑스군이 전면 항복하고 나폴레옹 3세가 포로가 되었다.

[1085] 1805년 스페인의 트라팔가르 곶 근처에서 터진 해전이다. 영국이 승리를 거두고 나폴레옹 1세의 영국 본토 상륙의 야망을 꺾었다.

[1086] 1812년 나폴레옹은 러시아가 대륙 봉쇄령을 지키지 않았다는 이유로 러시아를 침공하였으나, 패하여 모스크바에서 퇴각하였다.

모의 증거를 신속히 탐지하였다. 그리고 영국 해양 세력과 러시아 육상 세력은 국제 무대에서 중심을 차지하였고 양국의 대결은 임박한 것 같았다.

삼십 년 뒤인 세기의 전환기에, 폰 티르피츠(Alfred von Tirpitz)[1087] 제독은 독일 외양 함대(外洋 艦隊)를 건조하기 시작하였다. 당시 나는 옥스퍼드와 런던의 대학들에서 정치 지리학과 역사 지리학 수업을 위해 분주하였고 시사 문제를 사려 깊게 고찰하면서 교사의 입장에서 항상 그 일반화를 염두에 두었다. 조직화된 최대의 육상 세력을 이미 보유하였고 유럽의 중심적·전략적 위치를 점한 국가[1088]가, 영국 해양 세력의 영향력을 중립화하기에 충분할 정도로, 강력한 자국의 해군을 건조할 의도를 게르만 운동[1089]이 품었다고 나는 보았다. 미국도 강대국의 대열을 향하여 착실히 상승하고 있었다. 그러나 지금까지의 과정을 보면, 미국의 상승 단계는 단지 통계 수치(統計 數値)로만 측정할 수 있을 뿐이다. 비록 내가 어렸을 때, 일부 사람이 이미 미국인의 기략의 풍부함에 깊은 감명을 받았을지라도 말이다. 그 까닭은 나의 학교 교실에 있는 **메리맥함과 모니터함의 전투화**[1090]를 생각해 낼

[1087] 1849~1930, 독일 해군 제독, 해군 장관을 지냈다. 독일 해군의 확장을 추진하였다. 제1차 세계 대전시 무제한 잠수함 작전(unrestricted submarine warfare)을 실행하였다.

[1088] 독일

[1089] 제1차 세계 대전이 터지기 전, 독일 해군과 영국해 해군 사이에 있었던 해군력의 우위를 확보하려는 군비 경쟁을 뜻한다. 독일의 빌헬름 2세는, 티르피츠 제독의 지휘 아래, 독일 함대 확장 계획을 행동으로 옮겼다.

[1090] 미국 남북 전쟁이 진행되는 중인, 1862년 3월 9일 터진 햄프턴 로즈 전투(the Battle of Hampton Roads)이다. 모니터-메리맥 전투(the Battle of the Monitor and the Merrimack)라고도 한다. 북군의 전함 모니터함과 남군의 메리맥함은 모두 기갑함이었

수 있기 때문이다. 전자는 최초의 장갑함(裝甲艦)이었고 후자는 최초의 포탑함(砲塔艦)이었다. 따라서 독일과 미국이, 영국과 러시아와 나란히, 세계 대국의 대열에 등장하였다.

심장 지대(the Heratland)라는 사상의 고찰 방식을 창출한 특별한 사건은, 영국의 남아프리카 전쟁과 러시아의 만주 전쟁이었다. 남아프리카 전쟁[1091]은 1902년 끝났고, 1904년 봄 일·러 전쟁의 발발 기운은 농후(濃厚)해졌다. 내가 1904년 일찍이 왕립 지리학회에서 행한 '지리에서 본 역사의 전개축'이란 강연(講演)은 전개축 지역을 총론적으로 다루었지만, 오랜 동안 행한 관찰과 생각을 배경으로 지녔다.

본국에서 대양을 가로질러 6천마일[1092]이나 떨어진 남아프리카에서 영국인이 싸웠던 보어 전쟁을, 아시아의 광활한 공간을 가로질러 비슷하게 떨어진 만주에서 러시아가 수행한 전쟁과 선선하게 대조할 수 있다. 바스코 다 가마[1093]가 15세기 말 경 희망봉을 우회하여 인도양으로 항해한 사건을, 16세기 초 에르마르크(Yermark)란 이름의 코사크 기마족(騎馬族)이 기병의 인솔 아래 우랄 산맥을 넘어 시베리아로 진입한 사건과 자연스럽게 대비시

으며, 북군이 승리를 거두었다. 기갑함 사이의 최초의 전투였으며, 목재 전함이 기갑 전함에 취약하다는 점을 입증하였다. 이는 해전의 새로운 시대를 여는 출발점이 되었다.

[1091] 1899~1902, 보어 전쟁, 앵글로-보어 전쟁 등으로 불리며, 영국과 보어 공화국들 ― 남아프리카 공화국과 오렌지 자유국―사이에 터진 전쟁으로 영국이 승리하였다.

[1092] 약 9,656킬로미터

[1093] Vasco da Gama, 1649~1524, 포르투갈의 탐험가, 희망봉을 돌아 인도까지 항해한 유럽 최초의 항해가이다

킬 수 있다. 이와 같은 비교를 통하여, 고전 고대와 중세 동안 중앙 아시아 유목 민족이 유럽 아시아 주변의 초승달형 지역 – 유럽 반도, 중동, 인도 제국(諸國), 중국 본토 – 에 정주한 여러 민족이 행한 일련의 습격을 내가 상기하게 되었다. 내가 내린 결론은 아래와 같았다.

따라서 현재의 20세기 초기 동안, 다소 완전한 관점에서, 우리가 세계 지리와 역사의 상호 관계를 처음으로 더 넓게 일반화할 수 있다는 생각이 듭니다. 최초로 전세계적(全世界的) 규모(規模)에서 지형(地形)을 비교·고찰하고 사건을 실질적으로 파악할 수 있으며. 하여튼 세계사 전체에서 지리적인 인과 관계의 명확한 양상을 나타내는 공식을 찾을 수 있다는 의미입니다. 우리가 운이 좋다면, 이 공식은 현재 국제 정치에서 경쟁하는 몇몇 세력을 올바르게 볼 수 있는 실용적 가치도 지녀야만 합니다..

심장 지대(중심부, heartland)란 용어(用語)는 1904년 발표한 논문 '지리에서 본 역사의 전개축'에 단 한번 사용되었으나 우연히 쓴 것이다. 당시 심장 지대란 용어는 이론상의 용어가 아니라 지리적 성격을 묘사하는 용어에 불과하였다. 대신 '전개축 지역(pivot area)'과 '전개축 국가(pivot state)'이란 표현을 사용하였다. 보기를 들면 나는 당시 논문에서 아래와 같이 썼다.

유라시아 대륙 주변 여러 지역[諸地域]으로 전개축 국가가 팽창함으로써, 전개축 국가에 유리하게 힘의 균형이 전복된다면, 그 결과로 방대한 대륙의 자원을 이용하여 함대를 건설할 수 있게 될 것입니다. 그 뒤 세계 제국이 나타날 가능성이 있습니다. 만약 독일이 러시아와 동맹을 맺는다면, 이런 일이 생길 것입니다.

결론을 맺겠습니다. 러시아의 지배를 대신하여 어느 새로운 세력이 내륙 지역을 새롭게 지배한다고 해도, 동지역의 전개축 지점의 지리적 중요성이 좀처럼 줄어들지 않을 거라고 지적하는 일은 분명히 유익할 것입니다. 보기를 들어 보겠습니다. 일본인이 중국인을 지배·조직하여, 러시아 제국을 무너뜨리고 그 영토를 정복했다고 가정해 봅시다. 그리하여 형성된 황화론(黃禍論, yellow peril)[1094]은, 세계의 자유를 위협할 것입니다. 단지 그 까닭은 방대한 대륙의 자원을 든든한 배경(背景)으로 해서 바다의 정면(正面, oceanic frontage)을 추가되는 결과 – 전개축 지역의 점유자인 러시아가 아직 누리지 못한 이점 – 가 초래될 것이기 때문입니다.

제1차 세계 대전 말, 내가 쓴 『민주적 이상과 현실』이 런던과 뉴욕에서 간행(刊行)되었다. 전쟁이 진행되면서 세계 전체 구조의 변혁이란 혁명적 의미로, 국제 정치를 다시 생각하게 되었다. 그 결과 20세기 초 학문적 용어로 적합했다고 생각한 '전개축(pivot)'이란 명칭은, 더 이상 적합하지 않다고 보았다. 그래서 '이상(Ideals)'과 '현실(Realities)', '심장 지대(Heartland)'

[1094] 19세기 중반부터 20세기 초반에 걸쳐 유럽과 북아메리카 등에서 나타난 황색 인종 위협론이다. 동아시아 민족에 대한 일종의 인종주의적 편견이라 할 수 있다. 일청전쟁으로 일본이 중국을 침략하고 일러 전쟁에서 일본이 승리를 거두자, 황화론은 유럽 전역으로 확산되기도 하였다. 독일의 작가 코체(Stefan von Kotze)는 1900년쯤에 『황화론(die gelbe Gefahr)』이란 책을 발표하기도 하였다.

란 용어가 탄생하였다. 추가적·보충적인 기준이 제시되기도 하였다. 그렇다 손 치더라도 ― 십오 년의 세월이 지난 당시에도 ― 1904년 발표한 논문의 테제가 오늘날의 상황을 평가하는 배경적 지식이 될 수 있을 거라고 나는 확신하였다. 계속 내가 추구한 방식은, 1904년 얻은 것과 거의 같다.

II

이 논문의 주제는 ― 제2차 세계 대전의 전후 문제를 처리하기에 앞서 ― 현재의 세계 정세를 개괄하는 데 심장 지대 개념이 어떤 가치가 있을 것인가를 잠정적으로 평가하는 것이다. 제가, 물론 전시(戰時) 못지않게 평시(平時)에도 효과적인, 전략을 다루고 있다는 점을 반드시 이해해야만 한다. 향후 수 세대가 지난 뒤에 장래를 생각하는 대논쟁에 감히 개입할 생각은 없다. 카사블랑카 회담[1095]의 표현을 빌리면 적[1096]의 전쟁 철학[1097]이 지상에서 파괴되고 있는 시기 ― 적의 세력이 회복하지 못하도록 할 시기 ― 에 나는 생각을 집중하고 있다.

심장 지대는, 유라시아의 북부 지역과 내지이다. 심장 지대는 북극해 연안에서 아래로 대륙의 중앙 사막 지대(中央砂漠地帶)를 향한다. 그 서측(西側)의 한계는, 발트해와 흑해 사이의 광대한 지협(地峽)이다. 심장 지대 개

[1095] 1943년 프랑스령 모로코의 카사블랑카에서 개최된 회담이며, 미국의 루스벨트와 영국의 처칠이 독일의 무조건 항복이 있을 때 까지 싸울 방침을 결정하였다.

[1096] 이탈리아, 독일, 일본

[1097] 무조건 항복이란 적국의 인구의 파괴가 아니라, 정복과 다른 민족의 정복에 바탕을 둔 철학의 파괴라고 루스벨트가 말하였다.

념은 지도상(地圖上)에 명확히 한정(限定)할 수 없다. 그 이유는, 기초를 이루고 있는 분리된 세 종류의 자연 지리적 요소를 보면, 상호 보충되고 있으나 지역적으로 완전히 일치하지는 않기 때문이다. 제일 먼저, 심장 지대에는 지구에서 단연 가장 넓은 저지대 평원이 있다. 둘째, 이 평원을 가로질러, 항행 가능(航行可能)한 몇몇 대하천이 흐른다. 그 가운데 일부는 북극해를 향해 북류하고 있고 바다가 빙하로 폐쇄되어 있기 때문에, 외양에서 접근하기 어렵다. 한편 다른 하천은, 바다로 출구가 없는 카스피해와 같은 내륙의 바다로 흐른다. 셋째, 초원 지대 지역이 있다. 이 지역은, 지난 한 세기 반이 지나도록, 낙타와 말을 이용한 유목민이 높은 기동력을 발휘할 수 있었던 이상적 조건을 제공하였다. 이상(以上)의 세 특징 가운데 지도 제작에서 가장 쉽게 나타낼 수 있는 것은, 하천 유역이다. 즉 북극해로 흐르는 하천과 다른 '대륙형' 하천으로 이루어진 분수계(分水界)[1098]는 지도상에서 하나의 단위를 이룬다. 이와 같은 특정 기준의 범위에 속하는 이곳이, 일련의 방대한 지역이며 다름 아닌 심장 지대이다. 그러나 해상 기동력과 해양 세력의 관계가 희박하다고 지적하는 것은, 소극적일지라도 중요한 기준이라 하지 않을 수 없다. 다름 아닌 평원과 초원 지대가 ― 다른 유형의 기동력에 도움이 되는 즉 프레리(prairie)[1099]에 적합한 ― 조건을 마련하였다. 초원 지대를 보면, 평원의 전폭을 가르지고 있지만 전체 지표면을 점하지는 않는 특징이 있다. 심장 지대를 정의(定義)하면, 일견(一見) 통일된 부분이 없는 것 같다. 하지만 심장 지대 전체의 지형적 특징은 전략적 사고를 위한 기초

[1098] 지하수와 지표수를 포함하는 물의 흐름의 방향을 경계짓고 유역을 분리하는 경계선을 가리키는 용어이다. 분수령이라고도 한다.

[1099] 대초원

로 충분하다. 따라서 이 이상(以上)의 부자연스러운 지리적 단순화에 의거하여 설명을 하는 것은, 오해의 소지(素地)가 다분하다.

당면 목적에서, 소련의 영토가 – 한 방향을 제외하고 – 심장 지대에 해당한다고 말하는 것은 충분히 정확하다. 크게 예외적인 곳을 명확히 하기 검토해 보자. 베링 해협에서 서쪽으로 루마니아까지 약 삼천오백마일[1100]의 긴 직선을 그어보자. 베링 해협[1101]으로부터 삼천마일[1102] 되는 곳에 있는 이 직선은, 예니세이 강[1103]을 가로 지를 것이고, 예니세이 강은 몽고의 경계로부터 북쪽 즉 북극해 방향으로 흐른다. 이 대하천(大河川)의 동측에는, 산맥, 고원, 계곡으로 이루어진 일반적으로 험악한 지역이 있다. 그 대부분은 침엽수림(針葉樹林)으로 덮여 있다. 에니세이 강에서 동쪽 지방에서 가장 두드러진 특징은 레나 강[1104] 유역이다. 따라서 나는 이 지역을 레나랜드(Lenaland)로 부를 것이다. 레나랜드는 심장 지대인 본래 러시아에 포함되지 않는다. 레나랜드의 총면적은 375만평방마일[1105]이나, 그 인구는 겨우 약 육백만 명이다. 그 가운데 거의 오백만 명이 이르쿠츠크[1106]에서 블라디

[1100] 약 5,633킬로미터

[1101] 미국 알래스카의 스워드 반도와 시베리아의 축치 반도 사이에 있는 해협이다. 미러 해협이라고 할 수 있다.

[1102] 약 4,828킬로미터

[1103] 북극해로 흐르는 러시아의 하천으로 길이는 5,539킬로미터이다.

[1104] 러시아 시베리 동부지역을 흐르는 강으로, 레나 강 유역은 북반구에서 가장 추운 혹독한 지역이다. 길이는 4,400킬로미터이다.

[1105] 약 9,712,455제곱킬로미터

[1106] 시베리아 동부의 교통 중심지이며 모스크바에서 시베리아 철도로 연결되어

보스토크에 이르는 대륙 횡단 철도선의 연선(沿線)에 정주한다. 그 나머지 레나랜드 지역의 인구 밀도는 3평방마일[1107]당 평균 1명이 넘는다. 풍요한 자원 — 임자원(林資源), 수력, 광물 자원(鑛物資源) — 은 아직도 사실상 손도 대지 않은 상태이다.

에니세이 강의 서부에는, 내가 심장 지대 러시아로 명한 곳 — 북쪽과 남쪽으로 이천오백마일[1108], 동쪽과 서쪽으로 이천오백마일이나 펼쳐 있는 평원 — 이 있다. 이 지역은 오백이십오만평방마일[1109]이고 그 인구는 일억칠천만 명이 넘는다. 그 인구는 연 삼백만 명의 비율로 증가한다.

러시아 심장 지대의 전략적 가치를 생생하게 설명할 수 있는 가장 간단하고 아마도 가장 효과적인 방법은, 프랑스의 전략적 가치와 비교하는 일이다. 하지만, 프랑스의 경우에는 역사적 배경이 제1차 세계 대전이고 러시아의 경우에는 제2차 세계 대전이란 차이가 있다.

프랑스는, 러시아처럼, 동서남북의 비례에서는 조밀한(compact) 지역이다. 그러나 프랑스의 지형으로 보면, 심장 지대처럼 네 주변을 자연 장애물이 지켜주지는 않고 있다. 따라서 프랑스의 면적은, 인위적으로 방어해야만 할 국경의 길이에 비하면 작은 편이다. 프랑스는, 북동쪽을 빼고, 바다와 산맥에 에워싸여 있다. 1914~18년 동안[1110] 알프스·피레네 산맥 배후(背後)에

있으며, 19세기 러시아 지식인의 유배지로 유명하였다.

[1107]   약 7.8제곱킬로미터

[1108]   약 4,023킬로미터

[1109]   13,597,438제곱킬로미터

[1110]   제1차 세계 대전은 연합국 — 프랑스, 영구, 일본, 이탈리아, 미국 그리스, 러시아 등 — 과 중앙 동맹국 — 독일, 오스트리아, 오스만 제국, 불가리아 — 사이에 터진

적국은 하나도 없었고, 프랑스 함대와 연합국 해군은 해양을 지배하였다. 훤히 트인 북동부 전선을 가로질러 배치된 프랑스·연합국의 군대는 따라서 양측을 양호하게 방어할 수 있었고, 후방은 안전하였다. 역사상 수많은 적군과 아군이 안팎으로 파도처럼 밀려 통과했던 북동 국경의 비극적인 저지대 출입구의 폭은, 보주 산맥(the Vosges)[1111]과 북해 사이의 삼백 마일[1112]이었다. 1914년 보쥬 산맥을 전개축으로 선회한 전선은, 마른 강[1113] 선(線)까지 후퇴를 하였다. 그리고 전쟁 말기인 1918년 이 전선은 동일한 전개축에서 전방(前方)으로 전진하였다. 사 년 간의 전쟁에서, 휘청거리는 이 전선은 기운이 빠져 휘게 되었으나, 1918년 봄의 독일 대공세[1114]에 직면해서도 와해되지 않았다. 따라서 이상의 설명에서 입증된바처럼, 깊이 있는 방어와 전략적 후퇴 양쪽을 위한 충분한 공간이 프랑스 안에 있었다. 그러나 불행하게도 프랑스의 중요 산업 지대는, 끊임없이 전투가 행해진 북동부 지역이었다.

  현재의 러시아에서도 기본적으로 프랑스와 같은 패턴이 반복되고 있다. 하지만 러시아의 경우 그 규모가 더 크고 러시아의 변경은 북동측이 아니라 전쟁이다.

[1111] 프랑스 동북부에 위치한 낮은 산맥이다. 독일어로는 포게젠(Vogesen)이라고 한다.

[1112] 약 483킬로미터

[1113] 프랑스의 파리 동부에서 남동부를 흐르는 강으로 센 강의 지류이다. 제1차 세계 대전의 제1차 마른 전투(1914)에서 프랑스가 독일에 승리하였다. 이 전투는 마른 강변에서 터졌다.

[1114] 춘계 공세(Offensive du Printemps)를 말한다. 서부 전선에서 일어난 독일의 마지막 공세이다. 황제 전투(Kaiserschlacht)라고 한다.

서측으로 훤히 트여 있다. 제2차 세계 대전에서 러시아 군대는, 개방된 서측의 국경을 가로질러 나란히 배치되어 있다. 깊이 있는 방어와 전략적 후퇴 양쪽에 용이한 심장 지대의 대평원이, 러시아 군대의 배후에 있다. 이 평원은 동측으로 일종의 자연적 방벽(防壁)을 향하여 물러나고 있다. 이 자연적 방벽은, 바다에서 '접근하기 어려운' 북극 해안, 예니세이 강 후면의 레나랜드 황무지 그리고 고비·티베트·이란 사막의 배경을 이루는 알타이 산맥[1115]에서 힌두쿠시 산맥[1116]에 이르는 산맥의 외변으로 구성된다. 이런 자연(自然)의 3대 장벽(障壁)은 넓고 실질적이며 – 프랑스를 에워싸고 있는 바다와 산맥에 비교하면 – 그 방어적 가치가 훨씬 크다.

  수년 전 까지만 해도 엄밀한 의미에서 보면 북극해 연안은 사실 절대 접근할 수 없는 곳이었다. 그러나 현재 사정이 변하고 있다. 강력한 쇄빙선(碎氷船)의 도움을 받고 부빙군(浮氷群) 사이의 전방 항로를 정찰하는 항공기의 유도를 받아, 일정한 규모의 상선단(商船團)이 오비 강과 에니세 강 그리고 레나 강까지 출입하면서 화물을 운송하였다. 그러나 외부의 적(敵)이, 주극(周極) 지방의 광대한 빙해역(氷海域)을 돌파하여 북부 시베리아의 툰드라 모스(moss)[1117] 지대와 타르가(Targa) 삼림 지대[1118]를 넘어서 지상 기지

[1115] 서부 시베리아와 몽골에 걸쳐 있는 산맥이다. 몽골어로 금의 산맥(Mountains of Gold)라는 의미이다.

[1116] 아프가니스탄의 북동에서 남서쪽으로 퍼진 산맥이다. 길이는 1,200킬로미터이다.

[1117] 북극 지방에 자라는 이끼로 순록의 주요 먹이이며, 사람이 먹기도 한다. 툰드라는 주로 시베리아 북부 등에 나타나는데, 영구 동토 지대를 뜻한다. 여름에는 토양이 녹아 이끼, 지의류, 관목 등이 자생하기도 한다.

[1118] 아한대 침엽수(亞寒帶 針葉樹)의 대밀림(大密林)

(地上 基地)에 있는 건재한 소련 방공군(防空軍)을 거의 공격할 수 없을 것 같다.

　프랑스와 러시아를 철저히 비교하기 위하여, 위에서 열거한 내용과 조응(照應)될만 한 몇몇 사실의 상대적 규모를 낱낱이 죽 늘어놓기로 하자. 러시아 심장 지대의 인구는, 프랑스의 인구보다 네 배 많고, 그 개방된 국경선은 프랑스보다 네 배 길고, 그 면적은 프랑스 보다 이십 배 넓다. 그 개방된 국경선의 길이와 인구에 비례하면, 프랑스와 러시아의 인구는 균형을 이룬다고 할 수 있다. 그 광대한 폭을 따라 배치된 러시아 병력(兵力)에 대항하려고 독일은 – 독일의 속국에서 비효율적인 병원(兵員)으로 병력을 충원함으로써 – 독일의 제한된 인력을 보충하지 않을 수 없었다. 결과적으로 독일의 제한된 인력은 희석(稀釋)·약화(弱化)되었다. 그러나 하나의 중요한 점에서, 러시아가 –1914년 당시 프랑스가 점하였던 입장보다 불리한 상황에서 – 독일과 제2차 전쟁[1119]을 시작하였다는 것이다. 프랑스와 마찬가지로, 러시아에서 가장 발전된 농업 지대과 공업 지대는 전적으로 침입자의 통로에 있었다. 만약 독일의 침략을 수년 동안 늦추었다면, 제2차 국민 경제 5개년 계획[1120]으로 이처럼 불리한 상황은 극복되었을 것이다. 이게, 1941년 스탈린과의 조약[1121]을 히틀러가 파기한 이유 가운데 하나였을 것으로 추측할 수 있다.

[1119]　동부 전선에서 터진 독일과 소련 사이의 전쟁을 뜻한다.

[1120]　소련의 중앙 집중 경제 계획으로, 제2차 계획은 1933~1937년 동안 실행되었다. 제2차 계획(1938~1941)은 제2차 세계 대전으로 1941년 중단되었다.

[1121]　독소 불가침 조약이다. 몰로토프-리멘트로프 조약이라도 한다. 독소 전쟁으로 이 조약은 폐기되었다.

하지만 심장 지대의 광활한 잠재력은, 레나랜드의 천연 자원(reserves)은 말할 것도 없이, 전략적(戰略的)으로 적절히 배치되어 있다. 공업은 – 남 우랄 지방[1122]과 같은 곳, 전개축 지역(pivot area) 안에 있는 진정한 전개축, 예니세이 강 상류 동쪽의 자연적 대장벽 아래에 있는 풍요한 쿠츠네츠크 탄전에서 – 급속히 발전하고 있다. 1938년 러시아는, 식량 – 밀, 보리, 귀리, 라이, 사탕무우 – 생산고는 세계1위였다. 러시아는 세계 최대 망간 생산국이었다. 러시아는 제철업에서 미국과 함께 수위 자리를 다투고 있고 석유 생산량은 세계 2위이다. 석탄은 어떠냐 하면, 미하일로프[1123]의 설명에 따르면 쿠츠네츠크와 크라스노야르스크[1124] 탄전이 각각 삼백 년 동안 전세계의 수요를 충족할 수 있다고 한다(N. Mikhaylov, "Soviet Geography" London: Methuen, 1937). 소비에트 정부의 정책은, 제1차 5개년 계획 동안 수출과 수입을 균형화 하는 것이었다. 극소수의 예외적 상품을 제외하고, 소련은 필요로 하는 모든 걸 자국에서 생산할 수 있다.

　모든 조건을 고려해 볼 때, 만약 소련이 독일의 정복자로서 제2차 세계 대전 이후 등장한다면, 지구상에서 가장 강력한 대륙 국가로 소련을 분류해야만 한다는 결론은 불가피하다. 더욱이 소련은 전략적으로 보면 최강의 지위를 점한다. 특히 가장 강력한 방어적 위치에 있다. 심장 지대는 지구상에서 찾을 수 있는 최대의 자연적 요새이다. 역사상 처음으로 이 요새에, 수적으로나 질적으로 충분한 수비 병력(守備 兵力)이 배치되었다.

[1122]　우랄 산맥에서 가장 넓은 지역이다.

[1123]　1905~?, 러시아의 사회주의적 성향의 저술가, 그의 『소련 지리: 소련의 새로운 산업·경제 분포』란 영어판 서문을 맥킨더가 썼다.

[1124]　시베리아 중부의 공업 도시이며, 예니세이 강변에 있다.

III

내가 이 소논문(小論文)에서, 심장 지대 —세계 최대 육상 세력의 요새— 주제를 속속들이 규명할 수 없다. 그러나 심장 지대를 비교·평가할 수 있는 몇몇 다른 개념을 소개하기로 한다.

최근[1125] 카사블랑카 회의에서 독일의 파괴가 아니라 독일의 전쟁 철학을 파괴한다는 취지의 성명이 발표되었다. 이런 전쟁 철학에 맞설 수 있는 사상의 청수(淸水)를 끌어들여 독일인의 정신을 씻어 내려야 한다. 말하자면, 연합국이 '휴전' 명령을 발한다면 그 후 2년 동안 연합국은 베를린을 점령하고 전범을 재판하고 현장 검증과 동시에 국경을 획정할 때가 올 거라고 나는 생각한다. 그리고 개전의 정을 보이지 않고 서럽게 죽어 갈 독일의 구세대가 다시는 신세대에게 역사를 왜곡(歪曲)하지 않도록 하기 위해 이와는 다른 외과 수술(外科手術)을 끝마칠 거라고 나는 본다. 그러나 자유주의 이론을 독일인에게 주입하려고 교사를 파견하는 일은 백해 무익(百害無益)이다. 자유는 결코 가르칠 수 있는 성질의 것은 아니다. 단지 자유를 이용할 수 있는 자에게만 자유가 주어진다. 하지만 오염된 수로(the polluted channel)는, 양측에 강력한 제방(堤防)을 세워 효율적으로 정화(淨化)할 수밖에 없다. 그 제방의 한 측인 동쪽으로 심장 지대의 육상 세력이 있고 다른 측인 서쪽으로 북대서양 주변의 해양 세력이 있다. 장래에 독일이 **확고 부동한** 양 방면을 향해 전쟁을 한다면 절대 승리할 수 없을 것이란 점을 철저하게 수용하도록 한다면, 독일인 자신이 문제를 해결할 것이다.

[1125]   1943년

이상을 실현하기 위해 첫째, 삼국 — 미국, 영국과 프랑스 — 이 효과적이고 영속적인 협력을 꼭 해야만 한다. 말하자면 미국은 종심적(縱深的) 방어의 면(面)을 담당하고 영국은, 지중해의 몰타[1126]를 확대하여, 외호(外濠)로서 전진 기지(前進基地)의 역할을 하고 프랑스는 방위 가능한 교두보(橋頭堡)의 몫을 하면서, 협동하는 것이다. 프랑스는 다른 두 나라 못지않게 중요하다. 이유는 해양 세력이 육상 세력과 균형을 이룰 수 있다면, 해양 세력은 결국 수륙 양용적(水陸兩用的) 성격(性格)을 지녀야만 하기 때문이다. 둘째, 미국, 영국, 프랑스 삼국과 넷째 정복자 — 러시아 — 가, 평화 침해의 위협이 있을 때, 즉시 함께 협동할 것이라는 점을 공약해야 한다. 따라서 장래 독일인의 마음에 악마의 기운이 결코 돋지 못할 것이며, 절대 그 수족(手足)을 들지 못하게 해야 한다.

오늘날 일부 사람은, 세계적 공군력(air power)의 발달로 함대와 지상군이 '약화될 것'으로 상상한다. 그러나 경험이 풍부한 비행사의 최근 발언 '공군력(airpowe)[1127]은 그 지상 시설 조직의 효율성에 절대 의존한다.'는 광범위한 암시에, 나는 깊은 감명을 받았다. 이건 논문의 범위에서 토론하기에는 너무나 큰 주제이다. 모든 유의 전쟁사에서 공격적 전술적 우위가 방어적 전술적 우위가 오락가락하고 있다고 제시함으로써, 공중전이 지금까지의 모든 유의 전투사(戰鬪史)의 전형을 따르지 않을 거라는 충분한 증거도 여전히 가리켜지지 않고 있다.[1128]

[1126] 현재 몰타는 영연방·유럽연합 회원국이다. 지중해 가운데 있는 섬나라이다. 인구는 2019년 현재 약 49만 명으로 미니 국가이다.

[1127] 제공권, 항공 세력

[1128] 램버스(Lambeth)에 따르면, 한반도에서 전쟁이 터질 때 공군력은 승리의 열

나는 인류의 미래를 예언하려는 의도는 전혀 없다. 나의 관심은 제2차 세계 대전에서 승리하였을 때 평화를 쟁취할 수 있는 조건이 무엇인가이다. 현재 여러 사람이, 전후 세계의 패턴을, 처음으로 연구하고 있다. 하지만 중요한 것은 이상주의적 청사진(靑寫眞)과 현실적이고 학문적 구도(構圖) — 완고한 사실의 인식에 바탕을 둔 정치적·경제적 전략적 개념 등을 제시하는 것 — 사이에 주의 깊게 선을 그어야만 한다.

이상(以上)을 염두(念頭)에 둠으로써, 세계 지리에서 나타나는 하나의 큰 특징에 눈을 돌릴 수 있다. 말하자면, 북극권의 주위에 걸려 있는 하나의 환대(a girdle)이다. 이 지역은 사하라 사막에서 시작하여, 동쪽으로 이동하면서, 아라비아 사막, 이란 사막, 티베트 사막, 몽고 사막을 따라 전개되면서 그 다음에 레나랜드 황무지, 알래스카와 캐나다 순상지(로렌시아 순상지 the Laurentian shield of Canada, 楯狀地)[1129]를 경유하여 미국 서부의 반건조지대(半乾燥地帶) 까지 펼쳐진다. 사막과 황무지로 된 이런 환대는, 세계 지리를 고찰하는 데 가장 중요한 특징이라고 하지 않을 수 없다. 이 같은 환대(環帶) 안에 두 연관된 특징 — 심장 지대 그리고 네 개의 부속해(subsidiaries, 지중해, 발트 해, 북극해와 카리브 해)를 지닌 미드랜드 오션(Midland Ocean)[1130]의 연안 지방(basin) — 이 있다. 양 특징의 중요성

쇠이지만, 북한군의 지상 침략을 공군력만으로는 막을 수 없다고 한다. *Air Power, Space Power and Geography*(2000) 참고

[1129] '로렌시아 고원'라고도 한다. 북아메리카 대륙 중앙에서 북부 캐나다에 걸쳐 확산된 선캄브리아 시대에 형성된 아주 오래된 암반이다. 해발 300~600미터의 낮은 산지이다.

[1130] 맥킨더는 미국 동부, 대서양 연안의 북유럽과 서유럽을 미드랜드(Midland) 연안으로 명명하고 있다.

은 비슷하다. 이 환대 밖에는 대양(태평양, 인도양과 남대서양) 및 이 대양으로 유수되는 하천 유역 지역들(아시아 몬순 지역, 오스트레일리아, 남아메리카와 사하라 이남의 아프리카)이 있다.

긴 지렛대가 있고 이 지렛대를 올릴 수 있는 지렛대 받침을 찾을 수 있다면 지구라도 들어 올릴 수 있다고 아르키메데스(Archimedes)[1131] 가 말한 바 있다. 전세계(全世界)를 한번에 번영으로 되돌릴 수 없다. 우리의 초미(焦眉)의 관심사(關心事)는 미주리 강[1132]과 예니세이 강이 있는 지역 — 여기는 시카고-뉴욕과 런던-모스크바 사이의 상업 항공용 대간선로가 있는 곳 — 이다. 왜냐하면 이 지역의 경제 발전이 전후 세계의 부흥에서 지렛대 받침 역할을 분명히 할 것이기 때문이다. 현명하게, 일본에 대한 공격을 당면 목표에 얼마 동안 포함하지 않고 있다. 중국은 지극히 동양적이지도 지극히 서양적이지도 않은 독자적인 새로운 문명 — 인류의 사분의 일을 위한 장대한 낭만적(浪漫的) 모험 — 의 발전을 위하여 정당한 절차를 통하여 신용 차금으로써, 풍부한 자금(資金)을 얻을 수 있을 것이다. 따라서 — 중국, 길을 인도하는 미국 영국과 함께 — 외측 세계(the Outer World)의 배열은 비교적 쉬울 것이다. 미국과 영국은 각각 자유 국가로 이루어진 연방의 흔적을 남길 것이다. 그 까닭은 양쪽의 역사가 다를지라도 그 결과는 비슷할 것이기 때문이다. 그러나 경제 부흥을 한 첫 과업(enterprise)은, 전문명이

[1131]　287?~기원전212, 고대 그리스 시칠리아 출신으로, 수학자, 물리학자, 천문학자, 인류 역사에서 가장 위대한 과학자이며 수학자 가운데 한 사람이다.

[1132]　미국 중부를 흐르는 하천이다. 미시시피 강의 가장 큰 지류인데, 길이는 4130 킬로미터이다. 유역 면적은 미국 본토의 약 육분의 일에 달한다.

혼동으로 빠지지 않도록 하기 위해 반드시 사막 환대(desert girdle)[1133] 안에 있는 지역에서 착수해야 한다. 베르사유 조약[1134] 직후, 미국 영국 프랑스 3국 동맹이 실행되지 않았다니 얼마나 유감스러운 일인가! 실행되었다면 우리가 겪은 수많은 불행과 슬픔을 피할 수 있었을 것이다!

IV

그러면, 공 같은 지구의 패턴에 대한 나의 그림을 완성하기 위해, 앞에서 마음속에 그린 두 개념에 덧붙여 세 개념을 약술(略述)하기로 한다. 미국인의 책에서 '대전략(Grand Strategy)' 개념[1135]이 나타나고 있다. 내가 대전략을 이해하고 있으므로, 역사와 경제 문제 못지않게, 지리적인 면도 일반적 개념으로 정리해야 한다.

나는 심장 지대란 개념을 기술하여 왔다. 이십 년 또는 사십 년 전보다 오늘날 이런 개념이 더 가치 있고 유익하다고 나는 망설이지 않고 주장할 것이다. 나는 심장 지대에 그 방대한 자연 방어물의 환대 — 빙하로 덮인 북극해, 삼림으로 우거진 험악한 레나랜드, 중앙 아시아 산맥과 건조한 고원 지대 — 가 어떻게 놓여 있는가를 설명하였다. 그러나 발트해와 흑해 사이의

[1133] 위에서 지적한 아라비아 사막, 이란 사막, 티베트 사막, 몽고 사막 등을 떠올릴 수 있다.

[1134] 제1차 세계 대전이 끝난 뒤인 1919년 독일과 연합국 사이에 체결된 강화 조약이다.

[1135] 국가 목표를 달성하기 위해 모든 국력을 효과적으로 운용하는 전략을 뜻한다. 국가 전략, 전체 전략(total strategy), 통합 전략(joint strategy)라고도 한다.

넓은 지협을 통하여 유럽 반도부에서 내륙의 저지평 원으로 출입할 수 있는 약 천마일[1136] 넓이의 훤히 트인 출구[1137] 때문에, 심장 지대의 자연 방어물의 환대는 불완전하다. 전역사(全歷史)를 통틀어 처음으로 이 방대한 자연적 요새를 수비할 수 있는 충분한 병력이 존재하였고, 이는 독일군의 침입을 저지하였다. 이와 같은 사실을 고려하고 내가 기술한 양측면과 배후의 방어를 감안할 경우에, 유력한 장벽이 존재하는 것 이상으로, 심장 지대로 출입하는 통로의 넓은 폭은 러시아에 이점(利點)을 준다. 왜냐하면 외부의 적이 그 병력을 넓게 산개(散開)하지 않을 수 없도록 함으로써 이로 말미암아 외부의 적(敵)을 물리칠 수 있는 기회를 얻을 수 있기 때문이다. 심장 지대의 지상과 지하에, 경작할 수 있는 비옥토가 있으며 뽑아 낼 수 있는 광석과 연료가 풍부하게 매장되어 있다. 그 양은 미국과 캐나다 자치령(Canadian Dominion)[1138]은 의 지상과 지하에 있는 전체 규모와 같거나 거의 비슷하다.

나는, 전쟁 철학(counterphilosophy)을 세정(洗淨)할 수 있는 대응 철학 — 절대 돌파할 수 없는 강력한 제방을 양측에 세우고 그 사이로 독일이 나아갈 길을 열어준 사상 — 의 흐름이 독일인의 정신에서 악마의 마술을 추방할 거라고, 제안하였다. 확실히 어떤 이도, 패전 독일 민족의 정신에서 악

[1136]   약 1609킬로미터

[1137]   지협(地峽)

[1138]   Dominion은 라틴어의 dominus에서 나왔는데, 지배란 뜻이다. 영국이 식민지와 해외 부속 영토를 지칭하는 데 Dominion이라는 용어를 사용하였다. 자치령이다. 캐나다 자치령은 19세기와 20세기 캐나다를 지칭하였는데, 1953년까지 이 명칭이 사용되었지만, 1982년 폐기되었다.

령(惡靈)을 쫓아 버리기 위해 외국인 교사를 독일에 파견할 정도로 광기를 부리지 않을 것이다. 전후 몇 년 간의 피할 수 없는 처벌적 시기 — 연합군의 독일 주둔(駐屯) — 가 끝난 뒤, 승전 민주주의 국가들이 **패전 지역에 수비대** —그 정신적 영향력이 독일인에게 흡족히 미칠 정도의 병력 — **를 유지할 것**이라는 점에서 대해서, 나는 충분히 신뢰하지 않고 있다. 왜 그런가 하면 민주주의의 신봉자(信奉者)에게 민주주의의 진정한 정신과 본질에 반대되는 태도와 행동을 기대하는 것은, 아무 소용이 없기 때문이다. 독일인이 재생되고 있는 정신의 정화(淨化)을 풀어 쓰면, **독일인 자신**에서 발원하는(*German* source) 세정적(洗淨的) 흐름(cleaning stream)이 나와 내가 명명한 강력한 양제방(兩堤防) — 심장 지대 안의 제방과 수륙 양용적인 세력 [1139] 안의 제방 — 사이로 방출되어 이루어지는 편이 나을 것이다. 이 수로의 흐름을 가로질러 상호 대면하고 있는 두 우호세력은, 동일한 강국이고 항상 균일하게 필요한 행동을 준비해야만 한다. 그리고 구체적인 전쟁 준비를 금지한 또는 전쟁 준비의 또 다른 방법인 청년의 현혹을 금지한 조약을 독일이 여하튼 파기하고 여기에 양심의 가책을 느낀다면, 독일은 두 전선[1140]에 걸쳐 직접 전쟁이란 위험 속에서 계속 생활하게 될 것이다. 민주적 군대는, 그의 모국에 있는 교사(敎師)처럼, 모범의 힘으로 일종의 실물적(實物的) 교훈이 될 수 있다.

  이상(以上)의 제안을 함으로써 내가 제시한 둘째 지리적 개념을 이해할 수 있다. 즉 미드랜드 오션(內陸海, the Midland Ocean) — 북대서양 — 과

[1139]   미국·프랑스·영국 영토
[1140]   서부 전선과 동부 전선

이에 딸린 바다와 하천 유역의 개념[1141]이다. 이 개념에 포함된 세목을 장황하게 논하지 않기로 한다. 그 세 가지 요소 — 프랑스에서의 교두보, 영국에서의 외호(外濠)를 두른 비행 기지, 미국 동부와 캐나다에서의 숙련된 인력과 농업과 산업의 잠재력 — 로써 미드랜드 개념을 다시 설명하도록 하겠다. 전쟁 가능성에 관한 한, 영국과 캐나다 양국은 대서양 국가이다. 그리고 긴급한 지상 전투가 항상 발생할 수 있으므로, 교두보와 외호의 비행 기지는, 수륙 양용 세력이 전투를 감행하는 데 절대 필요하다.

나머지 세 개념에 대해서는, 개요 이상은 말하지 않겠다. 단지 지구를 한 번 고찰한다는 의미에서 완결(完結)과 균형을 목적으로 하고 있기 때문이다. 방금 기술한 쌍둥이 단위 — 심장 지대와 미드랜드 오션 유역 — 를 둘러싼다면, 약 천이백만 평방마일[1142] — 말하자면 지구 전체 육지의 사분의 일 — 을 덮고 있는 사실상 대륙 공간을 구성하는 일련의 과소(過疎) 지역이 여기에 있다. 이 광활한 지대에, 현재 전체 인구에 해당되는 삼천만 명 미만 — 달리 말하자면 세계 인구의 칠십분의 일 — 이 살고 있다. 물론 장래에 항공기가 많은 항로를 따라 이런 황무지의 환대 위를 비행할 것이고, 이 환대를 가로질러 자동차 간선 도로가 건설될 것이다. 그래도 앞으로 오랫동안, 이와 같은 자연의 장벽은 양측에 있는 세계 인류의 중요 공동체들 사이 사회적 연속성을 크게 방해할 것이다(2. 어느 날 갑자기, 석탄과 석유 자원이 지구상에 고갈되었을 때, 사하라 사막은 태양으로부터 에너지(power)를 직접 포착할 트랩이 될 수 있다.).

[1141] 맥킨더는 미국 동부, 대서양 연안의 북유럽과 서유럽을 미드랜드(Midland) 연안으로 명명하고 있다.

[1142] 약 3,108제곱킬로미터

나의 네 번째 구상(構想)은, 남대서양의 양쪽에 있는 남아메리카와 아프리카의 열대 다우림 지대를 포함한다. 만약 양 지역이 농업에 적합하도록 개간되고 열대 지방에 속하는 자와(Java)[1143]의 현재 인구 밀도만큼의 사람이 이 지역에 정주한다면 그리고 언제라도 열대 의학[1144]이 발달하여 이 지역에서 온대 지대와 같은 정도로 인간 에너지를 낮게 한다면, 이 지역의 생산력은 십 억의 인구를 부양할 수 있게 될 것이다.

다섯째, 그리고 마지막으로, 고대 동양 문명 출신의 십억 인구는, 인도와 중국 등의 몬순 지역(the Monsoon lands)[1145]에 살고 있다. 인도와 중국을 중심으로 한 십 억의 인구는 — 독일과 일본이 문명 사회의 규범에 따라 순화될 시기와 나란히 — 번영·성장해야만 한다. 그러면 이들은 미주리 강과 예니세이 강 사이에 사는 다른 십억의 인구와 균형을 유지할 것이다. 말하자면 전인류(全人類)의 생활은 균형을 이룰 것이다. 그리고 균형을 바로 잡고 따라서 자유롭기 때문에, 적절할 수 있다.

[1143] 영어로는 자바이며, 인도네시아어로는 자와(Jawa)이다. 자바섬의 인구 밀도는 세계 1위이다. 인도네시아의 수도 자카르타가 있는 곳이다. 제2차 세계 대전이 터지자 일본군이 자바섬을 점령하였다.

[1144] tropical medicine, 열대·아열대 지방에서 나타는 질환과 보건 문제에 초점을 둔 의학의 한 분야이다.

[1145] 몬순은 계절풍을 의미하는데, 남아시아(인도, 네팔, 방글라데시), 동아시아(중국, 한국, 일본)를 비롯하며, 여러 지역이 계절풍의 영향을 받고 있다.

역자 해제: 강의 노트 [1146]

"지리 정치학이란 지리적 요소들이 인간 행동에
미치는 영향을 연구하는 분야이다."
_Jean Gottman(1942,197)

목차

1 맥킨더(1861~1947) 연보
2 맥킨더의 저술과 강의록
  1. 저술
  2. 강의록
  3. 맥킨더 저술의 분류
3 맥킨더 심장 지대 이론의 변천과 영향: 지리 정치학과 국제 문제
  1. 1904 「지리에서 본 역사의 전개축」
  2. 1919 『민주적 이상과 현실』: 전개축에서 심장 지대로
  3. 1943 「공처럼 둥근 세계와 평화의 쟁취」: 심장 지대의 마지막 개정
  4. 영향
4 비판
  1. 일반적 비판
  2. 소련(러시아)의 견해
  3. 공군력 이론
  4. 핵무기와 미사일의 시대
  5. 마한(Alfred Mahan)의 전략 지정학: 아시아
  6. 스파이크맨(Spkyman)의 연변 지대 이론(rimland theory)
  7. 라첼의 「유기체적 국가관(the organic state theory)」
  8. 애머리의 견해
5 의의
  1. 의의
  2. 한반도(Corea)에 대한 맥킨더의 언급

[1146] 이 번역서를 펴내는 데 도움을 주신 공주대학교 출반부장(도서관장) 허무열 교수님에게 감사드립니다.

1 맥킨더(1861~1947) 연보

1861. 2. 15	잉글랜드 린코셔의 게인즈버러에서 외과 의사의 아들로 태어남 엘리자베스 문법학교를 다님
1880	옥스퍼드 크라이스트처치에 입학 자연과학 특히 생물을 공부
1883	옥스퍼드 유니온(Oxford Union)의 회장 생물학 학위 취득
1884	현대사 학위 취득
1886	런던의 법률 대학(the Inner Temple)에서 변호사 공부를 하여 법정 변호사 자격을 얻음
1887	「지리학의 범위와 방법(On the Scope and Methods of Geography)」을 발표 지리학 연구의 새로운 학습 연구법 – 신지리학 –을 주창 영국의 물리학자 틴들(Tindle)의 영향을 받음
1892	지리학 협회의 창건 멤버가 됨, 1913~1946 의장을 지냄 왕립 지리학회에서 지리가 대학의 정규 강좌 개설을 위한 운동
1899	옥스퍼드 대학에서 지리학 강의 케냐 산(山) 정상에 처음으로 도착
1899~1904	지리학 연구소인 지리학 학원(School of Geography)을 세우고 원장을 지냄 1899~1902 보어 전쟁 1904 만주 사태 1904 「지리에서 본 역사의 전개축(The geographical pivot of history)」발표
1903~1908	런던 정치 경제 학원 원장
1910~1922	하원의원(보수당)
1919	『민주적 이상과 현실』(Democratic Ideals and Reality: A Study in the Politics of Reconstruction)
1919~1930	남아프리카에서 영국 고등 판무관을 지냄
1926	추밀고문관
1920~1945	선박통제위원회 의장
1926~1931	대영 제국 경제 위원회의 의장
1943. 7.	마지막 글 「공처럼 둥근 세계과 평화의 쟁취(the Round World and the Winning of the Peace)」를 Foreign Affairs에 발표
1943	미국 지리학회에서 찰스 데일리 메달을 받음
1946	영국 왕립 지리학회로부터 금메달 –패트론 메달– 을 받음.
1947. 3. 6.	86세로 잉글랜드 햄프셔 본머스에서 서거

② 맥킨더의 저술과 강의록

1. 저술

"**On the Scope and Methods of Geography**", Proceedings of the Royal Geographical Society and Monthly Record of Geography, *New Monthly Series*, Vol. 9, No. 3 (Mar. 1887), pp. 141-174.
- * University extension: has it a future?, London, Frowde, 1890.
- * "The Physical Basis of Political Geography", Scottish Geographical Magazine Vol 6, No 2, 1890, pp. 78-84.
- * "A Journey to the Summit of Mount Kenya, British East Africa", The Geographical Journal, Vol. 15, No. 5 (May 1900), pp. 453-476.
- * Britain and the British Seas. New York: D. Appleton and company, 1902.
- * "An Expedition to Possil, an Outpost on the Frontiers of the Civilised World", The Times. 12 October 1903.

"**The geographical pivot of history**". The Geographical Journal, 1904, 23, pp. 421-37.

"**Man-Power as a Measure of National and Imperial Strength**", *National and English Review*, XLV, 1905.
- *"Geography and History", The Times. 9 February 1905.
- * Our Own Islands: An Elementary Study in Geography. London: G. Philips, 1907
- * The Rhine: Its Valley & History. New York: Dodd, Mead. 1908.
- * Eight Lectures on India. London : Waterlow, 1910.
- * The Modern British State: An Introduction to the Study of Civics. London: G. Philip, 1914.

Democratic Ideals and Reality: A Study in the Politics of Reconstruction. New York: Holt, 1919.

"**The round world and the winning of the peace**", *Foreign Affairs*, 21 (1943) 595-605.

2. 강의(1909~1910)

        India: lecture I ~ lecture VIIII
        The United Kingdom: lecture I~lecture VIII 등

3. 맥킨더 저술 분류

(1) 지리 교육 : 지리 교과서
　　① Britain and the British Seas(1902),
　　② the Rhine (1907, 1908).
　　③ Distant Lands(1910)
　　④ On the scope and methods of geography (1887)
　　　　■ 지리 교육의 중요성과 방법을 가장 잘 제시
(2) 영국과 대영 제국
　　① The Modern British State: An Introduction to the Study of Civics. (1914).
　　　　■ 지리학과 정치학을 결합한 시민 교육 교과서
　　　　■ 위의 저술 에서 지리학, 국제 문제, 역사, 지리 정치학 등을 다룸
(3) 정치 지리학과 국제 문제: 가장 중요한 저술
　　① Geographical pivot of history'(1904)
　　② Man-power as a measure of national and imperial strength(1905)
　　③ Democratic Ideals and Reality (1919).
　　④ The round world and the winning of the peace(1943)

③ 맥킨더 심장 지대 이론의 변천과 영향: 지리 정치학과 국제 문제

1. 「1904 지리에서 본 역사의 전개축」
(1) 배경
　　① 전개축 지역 개념과 전개축 국가는, 맥킨더 심장 지대 이론의 핵심.
　　② 전통적 유럽 중심의 세계관에 대한 의문
　　　　■ 지리적 현실이 인간행동을 지배
　　③ 동양에 의한 서양의 역사의 형성
　　　　■ 유럽의 역사는 아시아의 역사에 종속
　　　　■ 유럽 문명 = 아시아 민족에 침입에 대항한 세속적 전쟁의 결과
　　④ 전개축의 위험성

(2) 역사와 지리: 정치 지리학
    ① 힘과 세력이 차지하고 있는 자연적 공간과 지역의 분류
- 전개축 지역(pivot area)
- 내측 초승달형 지역
- 외측/도서 초승달형 지역

    ② 전개축 지역: 세계사에서 지리적 인과 관계의 명확한 양상을 나타낼 수 있는 공식
    ③ 유럽의 역사
- 아시아 유목 민족의 공세로 인하여 일어난 변동
- 유럽의 역사는 아시아 역사에 의해 형성
- 기마/유목 민족의 유럽 침공,
- 훈족과 아시아 유목 민족의 유럽 침입
- 14세기 몽고의 세계 유린 등
- 십자군 전쟁에 의한 유럽의 각성과 통합
- 산업 혁명, 지리상의 발견, 대항해 시대, 유럽의 세계 지배

(3) 전개축 국가:
    ① 20세기 철도와 도로망을 뒤덮일 유라시아의 광활한 지역
- 자연 장벽을 극복하고 자원, 인력, 산업 기술과 식량 생산 능력 ↑
- 육상 세력의 변모

    ② 전개축 지역
- 전개축 지역(pivot area): 유라시아 지역의 핵심
- 육상 세력(landpower)
- 방어는 쉽고, 공격하기는 어려운 지대
- 유라시아 대륙의 내지: 대체로 러시아 + 중앙 아시아
- 평지, 해양 세력의 접근은 어렵고
- 훈족, 아바르족, 마자르족, 하자르족, 쿠만족, 칼무크족,
- 몽골족의 거점

(3) 전개축 지역을 포위하고 있는 지역
    ① 내측 초승달형 지역
- 전개축과 경계하고 있는 유럽, 아시아, 중동(독일, 오스트리아, 터

키, 중국)
② 외측/도서 초승달형 지역
- 북아메리카, 남아메리카, 오스트레일리아, 영국, 일본, 남아프리카, 뉴질랜드, 캐나다
- 육상 세력을 포위
- 해양 세력(seapower)

(4) 최적의 지리적/전략적 위치를 점하고 있는 국가들: 독일, 러시아, 중국
① 독일, 러시아, 중국이 세계 제국의 패권을 잡으려고 충돌 가능성
② 전개축 지역의 내측 초승달형 지역에 대한 위협
③ 외측 도서 초승달형 지역은 전개축 지역을 통제하고 균형을 이룰 필요성
- 외측 초승달형 지역은 전개축 지역이 전개축 외부 지역인 유럽과 아시아 지배를 막기를 원하지요
- 프랑스, 이탈리아, 이집트, 인도, 한반도(Corea) - 유력한 교두보 역할
- 세력 균형은 전개축 국가를 중심으로 전개
- 일본이 중국의 인력을 이용하여 러시아를 전복한다면 서구에 대한 심각한   위협을 구성
- 전개축 지역을 지배하는 육상 세력에 유리한 균형을 초래
최근의 과학 기술 발전
항공기, 철도, 도로.

(5) 결론
① 해양 세력은 육상 세력보다 약하다.
- 해양에 기초한 지배 세력_해양세력
- 대륙의 심장부와 철도에 기반한 지배 세력_육상 세력
② 육상 세력이 해양 세력의 모든 기지를 점령할 수 있으며
③ 해양 세력이 지닌 것보다 더 큰 자원 기지를 정복하여 해양 세력에 맞설 수 있는 해군 기지를 세울 수 있기 때문
④ 20세기 철도, 항공기, 도로로 뒤덮일 전개축 지역으로 인하여 육상 세력에 유리하게 전개.
⑤ 해양 세력은 불안정...

■ 국가들의 사이의 항쟁

(6) 의의
① 독일어를 유창하게 구사한 맥킨더의 전개축 이론은 독일의 전략가들에게 사고의 양식을 제공한 듯..
② 지리는 외교 정책과 역사, 국제관계에 지속적인 영향
③ 지리학의 지혜를 담고 있는 고전적 정치 지리학 논문
④ 개념의 수정: 전개축은 뒤에 심장 지대로 유라시아 대륙은 세계도로 고침
⑤ 역사와 국제 문제에 주요한 영향을 미치는 건 자연 환경.

2. 1919 『민주적 이상과 현실』: 전개축에서 심장 지대로

(1) 배경
① 지리적 현실에 자유의 이상이 순응할 수 있는 최선의 방법
② 러시아 혁명으로 차르 제국이 몰락한 뒤에, 발표한 『민주적 이상과 현실』
③ 전개축 개념을 심장 지대(heartland)로 재명명하면서, 다시 수정.
④ 제1차 세계 대전을 끝나자, 맥킨더는 폐쇄된 유라시아 심장 지대가 1904년의 전개축 지역보다 훨씬 더 넓다는 점을 깨달음.
⑤ 파리 평화 회의(1919)에 대해 비판적
⑤ 민주적 이상 - 국제 연맹 - 과 현실 - 사태의 진상 - 의 차이
■ 특히 해양 세력의 지리적 제약
⑥ 동유럽의 중요성을 강조.

(2) 세계도(World Island)의 중요성
① 유럽, 아시아, 아프리카로 연결된 하나의 대륙
② 지표의 2/3를 차지, 세계 인구의 약 87.5%가 거주

(3) 육상 세력_ 해양 세력의 대결
① 육상 세력의 거대한 자연 성채: 심장 지대
■ 현대 유럽을 형성하게 한 절굿공이의 역할
■ 훈족(4~5세기), 터키/하자르족(6~10세기), 아랍 사람(7~13세기),

셀주크족(11~12세기)
- 몽고족(13~14세기), 티무르 제국(14~15세기), 오스만 제국(15~20세기), 사파비 제국(16~18세기) *(러시아, 소련 18~20세기)

② 중간 지대(Middle Tier): 서유럽과 러시아 사이의 중간 지대.
- 중간 지대가, 독일 혹은 러시아가 동유럽과 심장 지대 자원을 조직화하려는 시도를 막을 수 있다.
- 러시아가 유라시아 심장 지대를 장악할 수 있으며
- 독일이 분리된 동유럽을 장악하고 심장 지배를 지배하고, 세계도 이어서 세계를 지배할 수 있다.

"맥킨더는 독립 소국가들로 이루어진 지대(a tier)가 결국 동유럽과 심장 지대 자원을 조직하려는 강대국의 시도를 막을 수 있게 해야 한다고 한다. 그는 이게 바로 중간 지대이며 독일과 러시아, 영국을 분리할 수 있을 거라고 강조한다. 중간 지대에 위치한 국가들의 사이의 인구 이동을 통한 정치적 균형에 의한 평화를 그리고 있다. 중간 지대를 지배하는 어느 국가라도 세계를 지배할 수 있다는 뜻이다."

③ 심장 지대
　남쪽으로는 힌두쿠시 산맥, 동쪽으로는 알타이 산맥, 북쪽으로 흑해가 둘러싸고 있는 자연 장벽. 특히 발트해 연안과 흑해 연안 지대, 몽고와 아르메니아의 일부, 소아시아(터키), 다뉴브 강 중류와 하류를 심장 지대에 포함. 전개축 지역보다 더 넓은 유라시아의 전략적 중심으로 심장 지대로 다시 이름 짓고 있다[그림24].

④ 러시아와 독일의 결합과 대립은 해양 세력에 대한 심각한 위협을 구성
- 동유럽은 심장 지대를 침략할 수 있는 잠재적 지역
- 발트해에서 아드리아해로 이어지는 중간 지대 국가들은 심장 지대의 유럽 측 주변 지대를 억제할 수 있다. 따라서 유럽을 동유럽과 서유럽으로 분리.
- 중간 지대가 없다면, 이 분리선은 게르만족과 슬라브족이 서로 장악하려 갈등과 투쟁의 구역이 될 수 있다.

(4) 결론
    ① 롤리 경(1554~1618)의 구절을 수정/변경하여 제시.
        동유럽을 장악하는 자가 심장 지대를 장악하고 :
        심장 지대를 장악하는 자가 세계도를 지배하고 :
        세계도를 지배하는 자가 세계를 지배할 것이다.
    ② 피어스(A. J. Pearce)의 『민주적 이상과 현실』에 대한 평가
        세계 제국을 둘러싼 모든 항쟁을 지배하여온 불변의 전략적 요소들에 대한 탁월한 분석
    ③ 지리 정치학의 현실인 심장 지대의 불가피성
        "유라시아 대륙 주변 여러 지역[諸地域]으로 전개축 국가가 팽창함으로써, 전개축 국가에 유리하게 힘의 균형이 전복된다면, 그 결과로 방대한 대륙의 자원을 이용하여 함대를 건설할 수 있게 될 것입니다. 그 뒤 세계 제국이 나타날 가능성이 있습니다. 만약 독일이 러시아와 동맹을 맺는다면, 이런 일이 생길 것입니다." - 맥킨더-
    ④ 해양세력인 영국 출신의 지리학자 맥킨더의 유일한 희망
        ■ 주변 지대의 해양 세력과 외측 초승달형 지역 간의 동맹
        ■ 심장 지대의 지배와 인류의 이상 사이의 갈등과 긴장의 가능성
    ⑤ 국제 사회의 불균형 성장 - 제국을 낳을 위험성
        ■ 균형 잡힌 국가와 지방 자치
        ■ 박애
    ⑥ 강국이든 소국이든 모든 주권 국가가 평등한 권리를 지닌다는 가정(X)
        ■ 현실의 세계를 지배하는 건 여전히 힘이다
        ■ 민주주의는 현실을 정확히 보아야 한다.

3. 1943 「공처럼 둥근 세계와 평화의 쟁취」: 심장 지대의 마지막 개정

(1) 배경
    ① 양차 대전 시기를 거치고 제2차 세계 대전에 미국이 개입
    ② 맥킨더의 심장 지대 이론의 타당성이 다시 시험대에 올랐다. 하지만
    ③ 맥킨더의 경고: 심장 지대 이론을 재확인하면서, 소련이 독일과 동유럽을 모조리 지배하면 결국 세계를 지배할 수 있다는 견해를 확신

④ 심장 지대를 조금 수정
- 맥킨더 심장 지대 이론의 마지막 개정

(2) 제2차 세계 대전
① 독일과 러시아의 심장 지대의 지배를 둘러싼 투쟁
② 보어 전쟁(남아프리카)과 일러 전쟁: 해양 세력과 육상 세력
③ 소련이 독일과 싸워 승리한다면, 소련은 지구상에 가장 강력한 육상 세력으로 부상

(3) 심장 지대의 수정
"심장 지대는 지구상에서 찾을 수 있는 최대의 자연적 요새이다. 역사상 처음으로 이 요새에, 수적으로나 질적으로 충분한 수비 병력(守備 兵力)이 배치되었다." - 맥킨더-

① 심장 지대의 경계를 약간 서쪽으로 이동시키고 있음.
② 대체로 소련의 영토와 심장 지대가 대체로 일치
- 예니세이 강 서부
- 예니세이 강 동쪽의 레나랜드(Lenaland) 방향은 제외
③ 세계 최대 육상 세력의 요새

(4) 미들랜드 오션(Middle land ocean) : 전략적 중요성
① 심장 지대의 중요성을 강조하면서, 맥킨더는 내측·외측 초승달 형 지대에 속한 나라들의 역할을 전략적으로 강조
② 미들랜드 오션: 북대서양과 이에 딸린 바다와 하천 유역
- 정치경제 역사 문화적으로 유사한 지역
- 프랑스의 교두보, 영국의 외포를 두른 비행 기지, 미국과 캐나다의 인력, 농업, 산업 잠재력은 미들랜드 오션 유역에 아주 중요(NATO를 연상 시킴.)
- 수륙양용의 세력
- 심장 지대만큼이나 중요
③ 미들랜드 오션 유역은 심장 지대와 동유럽 - 소련이 지배한 지역 - 와 균

형을 이룰 수 있다.
  ④ 심장 지대와 미드랜드 오션
    ▪ 미래의 지정학의 현실: 심장 지대와 미들랜드 오션 유역 사이의 투쟁.
    ▪ 이는 냉전시 미국과 소련의 대립을 정확하게 예견한 듯….

(5) 결론
  ① "나는 심장 지대란 개념을 기술하여 왔다. 이십 년 또는 사십 년 전보다 오늘날 이런 개념이 더 가치 있고 유익하다고 나는 망설이지 않고 주장할 것이다." - 맥킨더-
  ② 맥킨더의 심장 지대 이론은 지리적 현실과 지리적 조건들을 고려함으로써 민주적 이상을 실현할 수 있는 여러 방법들 가운데 하나를 우리에게 제시
    ▪ 국제사회에서 세력 균형
    ▪ 국내사회에서 자치와 분권

4. 영향

(1) 맥킨더의 심장 지대 이론은 국제 질서 형성과 이해에 큰 영향
  ① 영국에서 그 영향은 적었으나
  ② 독일의 전략가에게는 사고의 양식을 제공
  ③ 미국에서는 루스벨트 대통령이 대 독일 전쟁을 대 일본 전쟁보다 중요시하게 한 이론적 기초를 마련
  ④ 히틀러, 냉전, 미국의 봉쇄 정책, 미소의 대립, 동유럽 문제에도 영향을 미침

(2) 현실주의에 대한 기여
  ① 인간 본성에 바탕(X)
  ② 지리적 현실과 요소(O)
  ③ 인간 행동과 국제 문제, 역사의 이해 = 서로 다른 자연 환경(지리적 요소들)

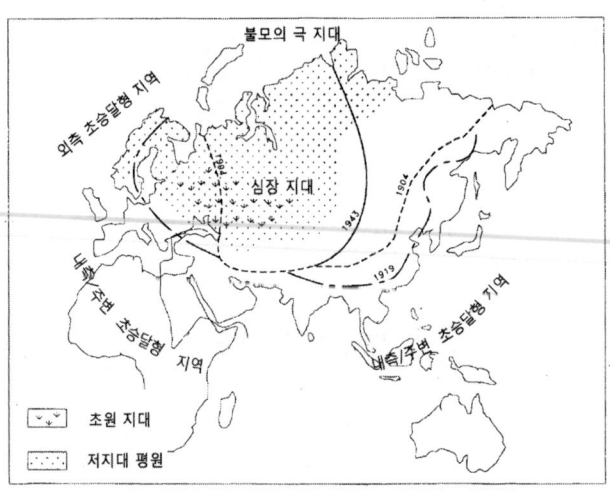

<그림> 맥킨더 심장 지대의 변천: 1904년 → 1919년 → 1943년
(출처: chapter4, evolution and analytical framework of Heartland Concept Critical Evaluation and Modification)

4 비판

1. 일반적 비판

(1) 심장 지대 이론의 수정으로 인한 전개축 지역의 독창성을 넘어 포괄적이라는 비판
(2) 해양 세력과 육상 세력 사이의 투쟁이라는 지나친 단순화와 결정론
(3) 역사에 지리적 요소만이 영향을 미치는 건 아니라는 비판
(4) 지나치게 해양 세력인 영국적 관점에서 편협하게 심장 지대를 해석
(5) 심장 지대에 대한 일종의 피해 망상에서 출발?
(6) 이상과 현실이라고 하지만 그의 이론은 이상과 현실 사이에 오락가락

2. 소련(러시아)의 견해

　　　심장 지대 이론은 제국주의 국가들의 침략적 정책을 무기화한 위험한 지리학

3. 공군력 이론
(1) 공군력의 출현으로 맥킨더의 육상 기반 세계 제국 이론의 타당성(X)
(2) 맥킨더는 공군력이 심장 지대의 중요성을 감소시키 않을 거라고 강조.
(3) 맥킨더는 공군령을 육상 세력의 팔이라 한다.

4. 핵무기와 미사일의 시대

　　　맥킨더의 시대에서는 거의 알려지지 않았던 현실에 대한 설명(X)

5. 마한(Alfred Mahan)의 전략 지정학: 아시아

(1) 마한은 바다의 클라우제비츠라고 불리기도 한다.
(2) 마한의 아시아 분류(the Problem of Asia and Its Effect upon international politics, 1900).
　　　① 북부 지배 육상 세력(a land dominated north),
　　　② 남부 지배 해양 세력(a sea dominated south),
　　　③ 그 사이에 있는 경쟁적인 완충 지역(a competitive buffer zone)

(3) 해군 세력과 육상 세력, 완충지역, 요충
　　　① 해군 세력(sea powers)이 아시아 남부를 지배하고
　　　② 육상 세력은 아시아 북부를 지배
　　　③ 완충 지역
　　　　　▪ 북위 30~40도 지역
　　　　　▪ 북부 육상 세력과 남부 해양 세력이 아시아를 지배하는 전장 가능성
　　　　　▪ 완충 지역을 지배하기 위한 북부 육상 세력과 남부 해군력 사이의 갈등과 충돌
　　　④ 해군세력: 영국, 일본, 미국
　　　⑤ 육상 세력: 러시아,
　　　⑥ 요충(choke point): 전략적으로 중요한
　　　　　▪ 수에즈 운하, 다르다넬스 해협, 지브롤터 해협, 덴마크 해협

(4) 결론
    ① 바다를 지배하는 해양 국가가 세계 대국이 될 수 있다.
    ② 해양 국가는 해양 세력이 필요
- 해양 세력의 성립 조건
- 국토의 지리적 위치(해상 교통로와 국토, 항만시설)
- 국토면적
- 인구
- 국민의 자질(해양 문화와 항해 기술……)
- 정부의 질(정부의 해양 전략)

"해양 세력(해양 권력)의 역사는, 결코 유일한 것이라고 할 수 없지만, 국가들 간의 대립, 상호 각축, 자주 전쟁으로 막을 내리는 폭력을 대체로 설명하고 있다." -마한-

6. 스파이크맨(Spkyman)의 연변 지대 이론(rimland theory)

(1) 스파이크맨은, 사후 출판된 the geography of the peace(1944)에서, 마한의 해양 세력 이론과 맥킨더의 육상 세력이론을 통합하여 연변 지대 이론을 제시
(2) 연변 지대를 지배하는 자가 심장 지대를 압도할 수 있다.
    ① 심장 지대를 포위하여 심장 지대 국가들을 예속시킬 수 있다.
    ② 맥킨더의 구절을 수정해서 연변 지대 이론을 다음과 같이 정의한다.
        "연변 지대를 장악하는 자가 유라시아를 지배하며
         유라시아를 장악하는 자가 세계의 운명을 지배한다.
         who controls the rimland rules Eurasia:
         who rules Eurasis controls the destinies of the world."
                          (Geography of the Peace, p. 43)
    ③ 연변 지대(rimland)가 유라시아 지배와 세계 지배의 열쇠이다.

(3) 연변 지대: 중동, 유럽, 인도, 중국 - 스파이크맨-
    "국가들은 자신이 처한 지리적 상황에서 벗어날 수 있다…… 일국의 외교 정책은 지리적 사실을 감안해야만 한다. 국가는 이런 사실을 능숙하게 혹은 서투르

게 다룰 수 있지만, 무시할 수 없다. 지리는 논하거나 주장하지 않기 때문이다. 그저 있는 그대로 있을 뿐이다."
" 지리는 외교 정책에서 가장 근본적인 요소이며, 뭐라고 해도 지리는 거의 불변이다."
" 지리적 사실은 변하지 않지만, 외교정책에서 그 의미가 변할 것이다."

7. 라첼의「유기체적 국가관(the organic state theory)」

(1) 국가 = 살아 있는 유기체
(2) 생존하기 위해 국가는 정치권력을 획득할 수 있는 자양분이 필요하다.
(3) 자양분 = Lebensraum(생존권, 生存圈, 생의 공간)
(4) 생존권 = 국가가, 자급자족을 위해 필요한 지역
(5) 국가는 생존권을 확장해야 하며 이는 자기 보존을 위한 국가의 권리
　　　국가의 공간적 성장=희소한 자원을 찾기 위한 살아 있는 유기체의 경쟁

8. 애머리의 견해

(1) 최강의 산업 기지 세력이 세계를 지배할 것이다.
(2) 위치가 대륙이든 섬이든 문제 되지 않음.
(3) 산업력과 발명/과학 능력을 지닌 민족이 세계를 지배

5 의의

1. 의의
(1) 지리적 지혜와 지식 - 지리적 현실 - 에 바탕을 두어, 정치적 지혜를 얻을 수 있는 지리 정치학에서 최고의 고전이며 지리 정치학 교과서

(2) 불변의 지리적 요소를 활용하며 국가 발전과 성장 및 평화, 승리를 쟁취할 수 있는 국가 전략의 지침을 마련

(3) 지리적 현실의 지배에서 시작된 현실주의에 근거한 세계사 저술
(4) 미국, 러시아, 중국, 유럽 연합, 일본, 영국의 외교 정책을 검토할 수 있는 하나의 시금석

(5) 대국들의 항쟁에 대한 전략적 사고의 바탕을 제공

2. 한반도(Corea)에 대한 맥킨더의 언급

"만약 독일이 러시아와 동맹을 맺는다면, 이런 일이 생길 것입니다. 따라서 이와 같이 불행한 사태가 발생할 징후가 있으면, 이를 막으려고 프랑스는 해양 세력과 동맹을 맺을 것입니다. 프랑스, 이탈리아, 이집트, 인도, 한반도(韓半島, Corea)는, 유력한 교두보(橋頭堡) 역할을 할 것입니다. 이런 교두보 나라에서는, 바깥쪽 국가들의 해군이 그 상륙 부대를 지원할 수 있고, 이를 막기 위해 전개축 지역의 동맹 국가들이 지상 병력을 확대·배치하고 강화해야만 할 것입니다. 이렇게 되면 전개축 지역의 동맹국이 함대 건조(艦隊 建造)에 전력(專力)을 기울일 수 없을 걸로 예상할 수 있습니다."

"스펜서 윌킨슨 씨가 강조한 한반도와 페르시아만과 연관된 포인트는, 극동·중동·근동 문제 사이에서 내가 제시한 관계를 정확히 실증하고 있습니다. 나는 이 문제를 중간 지대(intermediate zone)에서 현재 일어나는 외측 세력과 내측 세력 간의 일시적 형태의 충돌로 서술하고 있습니다. 중간 지대 자체는 독립적 세력들의 본거지입니다. 영국과 일본의 기능은 팽창적인 내륙 세력에 대항하여 힘의 균형을 유지하면서 주변 지역에서 행동할 수 있어야 한다는 데 전적으로 동의합니다."

역자 후기

이 책은 오래전 번역한 『국제 관계의 지리학: 민주주의의 이상과 현실』을 고치고 다듬어 다시 편집하여 낸 것입니다. 과거 번역본은 지리학 용어의 오류, 지명과 인명의 부정확한 표시, 역주와 원주의 표기 혼동, 30컷이 넘는 지도의 부실로 인하여 비판을 많이 받았습니다. 그래서 다시 출판한 게 『민주적 이상과 현실』입니다.

첫째, 제목을 고쳤습니다. 『민주적 이상과 현실』은 지리의 관점에서 본 세계사 저술입니다. 이 책은 고대 이집트의 국제 정치에서 시작하여 20세기 초까지의 세계사를 다루고 있습니다. 서양이 아니라 동양 중심의 웅장한 세계사입니다. 국제 관계의 지리학은 뺐습니다. 이 책은 민주주의의 이상과 현실을 분석하고 있지 않습니다. 민주적 이상들 — 자유, 평등, 박애, 인권, 자유방임형 경제 등 — 과 냉혹한 지리적·경제적 현실을 지리학자의 관점에서 명료화하고 있습니다. 후자는 현실을 고려하는 조직자가 수단과 방법에 의지하고 막연한 목적에 매달리지 않는 실재 세계입니다. 『민주적 이상과 현실』로 수정하였는데요, 현실에는 민주주의의 현실이라는 의미는 거의 없기 때문입니다. 더 정확한 제목은 '민주적 이상들과 현실'입니다. 판형도 바뀌고 내용도 역주를 포함하면 두 배 정도 늘어서 개정판으로 내지 않고 초판으로 내게 된 것에 대해, 독자의 양해를 구합니다.

둘째, 지리학 용어는 모두 일관성 있게 수정하였습니다. 주로 일본 지리학 사전을 참고하였습니다. 외래어 표기와 맞춤법은 국립국어연구원의 '문장 부호 표기법(2014)'을 따르려고 노력하였습니다. 지리학 용어의 수정입니다. 특히 핵심 개념인 heartland는 심장 지대로 pivot는 전개축으로 바꾸었습니다. <지리에서 본 역사의 전개축>에 나온

heartland 개념은 심장 지대로 옮기지 않았습니다. going concern은 이탈리아어 판을 참고하여 활동 기업형 조직으로 번역하였습니다. 나머지는 뒤에 실은 용어 대조표와 본문을 참고하기 바랍니다.

셋째, 이 책에 실린 글의 대부분은 약 100년 전에 발표되었습니다. 독자가 이해하기는 아주 어렵습니다. 독자의 이해를 돕기 위해 본문 내용보다 더 많은 1000개가 넘는 역자주를 달았습니다. 독자가 역주를 참고하면서 쉽게 이 책을 이해할 수 있었으면 좋겠습니다. <지리에서 본 역사의 전개축> 번역은 「*foreign affairs*」지에 실린 논문에서 직접 옮긴 것입니다. 번역 텍스트에 없는 토론을 추가하였습니다. 이 번역은 이탈리아어 판을 참고하였습니다.

넷째, 각 장 앞에 글의 내용을 소 제목으로 나누어 표기하고 쪽수를 달았습니다. 이건 색인의 역할을 해서 쉽게 글의 내용을 체계적으로 파악하는 데 도움을 줄 수 있습니다. <역자 해제: 강의노트>에서 맥킨더의 정치 지리학 개념의 형성과 변천 과정, 비판, 의의, 한반도에 주는 시사점 등을 요약하였습니다. 독자는 이 강의노트를 참고하기 바랍니다.

마지막으로 <지리학의 범위와 방법>은 영국 지리 전공자를 제외하고는 번역하기 어려운 내용입니다. 하지만 지리 용어에 대한 해석을 달고, 영국의 지리와 지명을 꼼꼼히 대조해서 오역을 최소화하려고 하였습니다. 이 책이 － 비스마르크처럼 지리적·경제적 현실에 입각한 정책을 세워 한반도의 번영과 발전에 이바지할 수 있는 － 경제적·현실적 지정학적 전략을 세우는 데 기여할 수 있었으면 합니다.

외국어로 된 글을 우리말로 옮기는 작업은 힘들고 거의 보상이 없는 것 같습니다. 역자는 이 번역서가 과거 번역서에서 비하여, 더 나은 실패(a better failure)였으면 하는 희망을 품어 봅니다.

2019년 12월 20일
R. B. H.

번역 대조표 [영어 (한글)]

aggregation (집합체)
air power (공군력)
anticline (ridge, 背斜)
atmosphere (대기)

basin (沿岸)
bastion (산괴)
bed of ocean (해저)
Belgrade (베오그라드)
belt (지대)
borderland (국경 지대)
bridge (선교)
brink (가장자리)
brink (연변)
British Isles (영국 제도)

calling port (기항지)
calm zone (적도 무풍 지대)
camel man (낙타를 활용한 유목 민족)
Center (중심)
centrifugal (지방분권적)
clearing (개간지)
closed sea (폐쇄해)
coast land (연안 지대)
coastman (연안(해안) 민족)
commons (일상적으로 사용하는 목초)
complex (복합 지대)
concentric (중심)
Continent (대륙)
continuation (연속 부분)
core(중심부)
Corridor (회랑 지대, 통로)
crossing (교차점)
crust (지각)
curve (굴곡)
dead capital (잠자는 자본)
debris (암석 퇴적물)

Democracy (민주주의, 민주 정체)
depression (저지)
descent (斜面)
descriptive geography (인문 지리)
dip slope (경사 사면)
dip-slope (경사 사면)
dominion (영지)
drainage system (배수지)
drainage (하천 유역)

edge (경계선)
end (말미)
escarpment (단층애)
European Russia (서부 러시아)
expansion (확장부)

face (表側)

번역 대조표 **457**

fold (습곡)
Forest Zone (삼림 지역)
formula (방식, 공식)
fringe (주변부)
frontier (변경)

ganges valley (갠지스 강 유역)
gateway (문호)
geographical feature (지형)
girdle (환대)
going concern
　　(활동 기업형 조직, un'impresa in attivita)
gorge (협곡)
grass plain (초원)
grassland (초원 지대)
Grassy Zone (초원 지역)
great basin (대분지)
Great Contient (거대 대륙, 세계도)

halting place (정류장)
hard chalk (경질 백악)
heart (중심부)
heartland (심장 지대)
height (고지, 丘)
high land (고지)
highway (교통로)
hill range (산맥)
Home base (본거지)
home (본거지)
horde (무리)
horseman (기마 민족)
hydrosphere (수계)
hydrostatic law (유체 역학 법칙)

Indies (인도 諸國)
nland country (내륙국)
inlet (후미)
inner land (내측 지역)
inner or marginal crescent
　　(내측/주변 초승달형 지대)

insular people (도서 국민)
Interior (내륙)
intermediate zone (중간 지대)
International Combine (국제 기업 합동)
Islanders (도서국의 국민)
Islands (도서국가군)

lake basin (胡粉地)
land man (육상 사람)
land power (육상 세력)
land way (내륙 교통로, 육로)
landing place (상륙 지점)
landward (육상 방향의)
lie (형세)
limb (돌출부)
lip (가장자리)
lithosphere (암권)
lowland (저지대)

Magyar (마자르족)
marginal land (주변 지역)
mariner (항해자)
maritime people (해양 민족)
marsh (소택지)
Mediterranean Power (지중해 강국)
Middle Tier (중간 지대)
Midland (미드랜드)
mobility (기동력)
momentum (관성)

national base (국민적 기반)
naval power (해군력)
nomad (유목민)

Oceanic People (해양 민족)
open sea (외양, 외해(公海))
opening (공지)
outer or insular crescent
　　(외측/도서 초승달형 지대)
Outer World (외측 세계)

outpost (전초 지대)
outpost (전초)
overland way (육상로)

part (지역)
pass land (통과 지대)
pass (고개)
patch (소지역)
peak (산정)
physical feature (자연 형상)
physical features (지형)
pivot state (전개축 국가)
pivot (전개축)
plateau (고원 지대)
plough man (농부)
polar desert (극지 사막)
presidency (관구)
prolongatio (연장 부분)
promontory (岬)

ravine (협곡)
ribbon (대상(帶狀), 대상 지대)
ridge (산등성이, 산마루)
ridges (산맥)
right of ways (통행권)
rimland (연변 지대, 스파이크맨)
rimland (주변 지대)
river basin (하천 유역)
river power (하천 세력)
rock (암석)
Russia proper (러시아 본토)

Sailor (선승족)
satellite (위성 지대)
scarp (斷崖)
sea base (해양 기지)
sea faring people (해양 민족, 항해 민족)
sea man (뱃사람, 해군 승조원)
sea mobility (해상 기동력)
sea people (해양 민족)

sea power (해양 세력)
seabed (해저)
seafront (해양 정면, 바다에 면한 측)
seat (본거지)
seaway (해로)
settlement (거주지, 정착지)
ship men(항해 기술을 터득한 민족)
short way (近路)
shrinkage (수축)
slope (사면)
soft clay (연점토)
solid ground (단단한 지반)
Souther Heartland (남부 심장 지대)
specialism (전문화)
spot (지대)
springer (아치의 기공석)
steppe (스텝 지대)
strip (대상, 지대)
submarine (해저)
surface (지표, 지층)
syncline (furrow, 向斜)
system (계통)

table land (고원 지대)
temperate forest (온대림)
trackway (통로)
tropic (회귀선)
tropical desert (열대 사막)

upland (고원, 고지대)

Valley of the Nile (나일 강 유역)
very heart (심장부)
Viking (바이킹)

Ways and means (수단과 방법)
widening (廣幅)
world power (세계 강국)

Zone (대(帶), 지대)

지은이 - 핼포드 맥킨더(Halford Mackinder, 1861~1947)

    영국의 지리학자이며, 정치 지리학과 전략 지정학의 창건에 기여하였으며, 정치 지리학의 아버지로 불린다. 영국 왕립 지리학회 의장, 옥스포드 대학 지리학 교수, 하원 의원, 대영 제국 경제위원회 의장을 역임하였다. 정치 지리학의 고전인 『민주적 이상과 현실』, 「지리에서 본 역사의 전개축」 등을 통하여, 심장 지대, 육상 세력, 해양 세력, 중간 지대, 미들랜드 등의 지정학적 틀을 제시하였다.

옮긴이 - 이병희(Rhee, Byounghee)

    경주 출신으로 정치학을 공부하였으며, 오랫동안 공주대학교에서 기르치고 있다. 옮긴 책으로는 가에타노 모스카의 『정치사상사 강의』와 『지배하는 계급』, 빌프레도 파레토의 『민주주의의 변환』, 니콜로 마키아벨리의 『군주론』, 오스발트 슈펭글러의 『인간과 기술』 등이 있다.

민주적 이상과 현실

지은이: 핼포드 맥킨더
옮긴이: 이병희
발행인: 원성수
초판 1쇄 발행일: 2020년 5월 25일
펴낸 곳: 공주대학교 출판부
        주소: 충남 공주시 공주대학로 56
        대표 전화: 041-850-8752
        등록 번호: 1981년 11월 17일, 제5호
ISBN: 979-11-86737-25-5 93300
인쇄한 곳: 도서출판 보성

값 24,000원

이 도서의 국립중앙도서관 출판예정도서목록(CIP)은 서지정보유통지원시스템 홈페이지(http://seoji.nl.go.kr)와 국가자료종합목록 구축시스템(http://kolis-net.nl.go.kr)에서 이용하실 수 있습니다. (CIP제어번호 : CIP2020019439)